中央文史研究馆
馆 员 传 略 (增订版)

中央文史研究馆编

中华书局

图书在版编目（CIP）数据

中央文史研究馆馆员传略(增订版) / 中央文史研究馆编.—北京：中华书局，2001.9 (2014.3重印)
ISBN 978-7-101-02877-5

Ⅰ.中... Ⅱ.中... Ⅲ.中央文史研究馆-工作人员-列传 Ⅳ.K820.7

中国版本图书馆CIP数据核字 (2001) 第22775号

书　　名	中央文史研究馆馆员传略（增订版）
编　　者	中央文史研究馆
责任编辑	朱振华
出版发行	中华书局
	（北京市丰台区太平桥西里 38 号 100073）
	http://www.zhbc.com.cn
印　　刷	北京瑞古冠中印刷厂
版　　次	2001 年 9 月北京第 1 版
	2014 年 3 月北京第 2 次印刷
规　　格	850×1168 毫米　1/32
	印张 20　字数 400 千字
印　　数	3001-6000
国际书号	ISBN 978-7-101-02877-5
定　　价	96.00 元

《中央文史研究馆馆员传略》（2001版）

主　　编：启　功

副 主 编：王楚光　　袁行霈

编　　审：尚爱松　　蒋　路　　程毅中

执行编辑：吴志希　　傅春然

《中央文史研究馆馆员传略》(2013 增订版)

主　　编:陈进玉　　袁行霈

副 主 编:方　宁　　冯　远　　王明明　　王卫民

编　　审:程毅中　　程大利

执行编辑:陈思娣　　郑宏英　　耿识博

编　　辑:杨志新　　公　宁

增订再版前言

　　中央文史研究馆是毛泽东主席亲自倡议设立的。北京解放前夕,毛主席在石家庄对他的老师符定一先生说,共产党对德高望重、生活困难的老学者的生活应有一个安排,要设立一个机构。1949年12月2日,毛主席致柳亚子先生信中又提到"文史机关事"已交周恩来总理办理,"便当询之"。嗣后,毛主席、周总理请符定一、柳亚子、章士钊诸位先生参加筹划事宜,并指定林伯渠、齐燕铭同志负责此项工作。1951年7月29日正式成立了"中央人民政府政务院文史研究馆",并聘任符定一先生为第一任馆长,叶恭绰、柳亚子、章士钊先生为副馆长,聘任齐白石、陈云诰、陈半丁、萧龙友、潘龄皋、邢端、王治昌、邢赞亭、康同璧、邵章等26位老先生为第一批馆员。董必武、吴玉章、李济深、马叙伦等领导同志出席了成立大会。1958年符定一馆长逝世后,由章士钊先生继任馆长,又增聘各地名流徐森玉、陈寅恪、沈尹默、邢赞亭、谢无量、商衍鎏为副馆长。第三任馆长是杨东莼先生,第四任馆长是叶圣陶先生,第五任馆长是萧乾先生,第六任馆长是启功先生,王楚光同志和我为副馆长。启功馆长逝世后，我受聘继任第七任馆长。2012年冯远同志受聘为副馆长。

中央文史研究馆的馆长、副馆长、馆员均由国务院总理聘任。建馆六十二年来，已先后聘任了298位，他们均为学术界和文化界"德、才、望"兼备的耆年硕学之士。建馆初期，馆员中有前清的探花、翰林、进士，有北洋政府的代总理、总长，有著名的学者、书法家、画家、诗人、社会活动家、文物收藏家。他们大都出生于19世纪后期至20世纪初期，历尽坎坷，饱经沧桑，具有强烈的爱国主义精神。有的参加过推翻清王朝、反对袁世凯和北洋军阀的斗争，有的参加过抗日救亡活动，有的参加过国统区的爱国民主运动，还有的长期同中国共产党携手合作，为民主革命的胜利做过许多有益的工作。建国以后，他们虽已进入古稀耄耋之年，仍在各自的专业领域内辛勤耕耘，为国家和人民尽自己的一份力量。

改革开放以来，党和政府更加重视文史研究馆工作，文史研究馆的发展进入了新阶段。为适应新时期国家文化建设的需要，团结和发挥老年知识分子的作用，一批批在文史研究、艺术创作和资政建言方面成就卓著的名家进入馆内。中央文史研究馆现有的馆员，来自文、史、哲、考古、民族、宗教、中医、书法、绘画、音乐、民俗等众多领域。馆员们以老骥伏枥的精神，各尽所能、各展所长，在存史资政、文化建设、统战联谊等方面发挥了独特作用。

编辑出版这部馆员传略，既是社会的需要，也是各位馆员及其海内外亲友、家属的愿望;既是对前辈的怀念,也是对后辈的激励。1996年我馆建馆45周年之际,在时任馆长萧乾先生的倡导下,编撰出版了《中央文史研究馆馆员传略》,供内部交流。后来在启功馆长主持下,经补充修订,于2001年由中华书局正式出版发行。此次再版,对原来的内容又有所修订,并增加了1999年之后聘任的50位馆员的传略。

此书具有一定的历史档案价值,如能受到读者的欢迎,我们深感欣慰。

中央文史研究馆馆长: 袁行霈

2013年3月

目　　录

符 定 一

(1879—1958)

符定一,字宇澄,号悔庵,湖南衡山人,1879年生。文字学家,毛泽东的老师。中央文史研究馆第一任馆长。

符定一幼读家塾,稍长入衡阳师范学堂,后入京师大学堂,1908年毕业,奏奖举人,中书科中书。曾任资政院秘书、顺天高等学堂教习。辛亥革命后回湖南从事教育工作,历任岳麓书院院长、湖南省教育总会会长、湖南省立第一中学校长、湖南师范学校校长。1912年创办省立一中,招收新生时,见毛泽东国文考试名列第一,疑其有伪,当面再试,果然妙笔惊人,文采斐然,即希望他一定入校。入校后又经常为他讲解古典文学作品,传授爱国主义思想,从此师生来往甚密,情谊弥笃。1913年被补为国会众议院议员,定居北京。1918年8月,任安福国会众议院议员。1925年毛泽东回家养病,后经长沙去广州,不料遭到赵恒惕军警的追捕。此时符正好回湖南省亲,闻知此事,便凭借自己宿儒的身份和赵恒惕是小同乡的关系,从中疏通,为毛作保。几经周折,终于使毛脱离虎口,安抵广东。1926年6月,符任北洋政府财政部次长,兼盐务署署长、稽核总所总办。1927 年 3 月辞职，专心著作《联绵字典》，1940 年成书。

1946 年 6 月，符定一通过叶剑英与毛泽东主席取得联系，毛主席立即邀请他去延安共商大计。他到延安后，在毛主席亲自主持召开的欢迎大会上，揭露蒋介石政府之腐败与反人民实质，分析其必然灭亡之趋势，要求共产党出义师，拯民于水火之中。从延安返回北平后，在叶剑英领导下，积极参加并扩大反蒋统一战线，向教育界文人学士和亲朋宣传共产党的政策和优良作风。1947 年初，国民党出动军警搜查他的住宅，逮捕了他。毛主席闻讯，即电请叶剑英组织营救。北平各大学著名教授八十余人向国民党提出抗议，报纸全文转载。他也不顾个人安危，据理驳斥反动当局逮捕他的荒谬托词。国民党无可奈何，只得派人送他回家。1948 年 8 月，国民党在平津大批逮捕青年学生与社会贤达。经毛主席亲自安排，他于 10 月秘密进入解放区转西柏坡，受到周恩来副主席和毛主席的迎接，常同毛主席畅谈。

1948 年底人民解放战争取得巨大胜利，毛主席在 1949 年新年献词中发出"将革命进行到底"的号召。符和先后到达解放区的李济深、沈钧儒、马叙伦、郭沫若等五十五人，在同月 22 日发表《对时局的意见》，坚决支持中共中央对时局声明中提出的八项和平条件。1949 年符到北平，出席中国人民政治协商会议第一届全体会议。新中国成立后，出任政务院文化教育委员会委员。那时社会上有一批文人耆宿生活无着，毛主席、周总理多次同符定一、柳亚子商谈筹建中央文史研究馆，以团结安置这些老人。符还受周总理委托，召集老人征求意见。1951 年 6 月又致信毛主席，反映情况。

主席立即在信上批示："请齐燕铭同志办。生计太困难者,先行接济,不使捱饿。"7月29日,中央人民政府政务院文史研究馆正式成立,聘任26位知名耆宿为第一批馆员,符定一为第一任馆长。他还是第一届全国人大代表,第一、二届全国政协委员。1958年5月3日病逝,终年79岁。5月6日举行公祭,毛主席和刘少奇、周恩来、朱德、陈云、邓小平等送了花圈,悼词对他的一生作了崇高的评价。周总理总结符的一生,认为有三大贡献:一是首先发现毛泽东同志为中国的有用人才;二是建党初期,支持党的活动,营救党的领袖;三是晚年参加反蒋斗争,对建设新中国有贡献。

符定一著有《联绵字典》、《说文本书证补》、《说文古籀本书证补》等。

叶 恭 绰

(1881—1968)

叶恭绰,字裕甫,又字玉甫、誉虎、玉虎、玉父,号遐庵,晚年号遐翁,别署矩园,广东番禺人,1881年10月3日生。高级民主人士、学者、书画家、文物鉴赏家。曾任中央文史研究馆副馆长、代理馆长,第二届全国政协常委。

叶恭绰，清廪贡生。1902年入京师大学堂仕学馆。1904年起任湖北农业学堂、方言学堂、西路高等小学堂、两湖师范学堂教习。1906年捐通判，入邮传部，任总务股帮稿兼办京汉铁路事宜。嗣后历任铁路总局建设科总科员兼承政厅机要科员、路政司员外郎、路政司郎中、承政厅佥事、机要科科长、承政厅副厅长、参议上行走、承政厅厅长、铁路总局提调，旋升芦汉铁路督办。辛亥革命时，任内阁议和处参议。1912年5月，任北洋政府交通部路政司司长兼铁路总局局长；同年任中华全国铁路协会副会长。1913年9月代交通部总长；12月改任交通部路政局局长。1914年6月任交通部次长兼邮政总局局长，次年6月因故暂行停职。袁世凯称帝时任大典筹备处会办，1916年6月去职。1917年7月复任交通部次长，兼铁路督办、邮政总局局长；7月张勋复辟，段祺瑞任其为讨逆军总部交通处处长。1918年赴欧洲考察实业，翌年归国。1920年8月任交通部总长。1921年3月，交通部将原有北京铁路管理学校、上海工业专门学校、唐山工业专门学校合并，改为交通大学，以交通部总长兼校长；5月辞任；12月任梁士诒内阁交通总长，1922年4月去职，出走日本。次年5月，孙中山任其为广州大本营财政部部长，兼理广东财政厅厅长，未几辞兼职；7月代理大本营建设厅厅长，统一广东财政委员；11月奉派往东北，与张作霖洽商讨伐直系军阀事宜；12月任广州大本营财政委员会委员。1924年4月兼盐务督办；8月任中央银行董事；9月去财政部部长职；10月去盐务督办兼职；11月任北洋政府交通部总长,1925 年 11 月去职。1927 年任关税特别会议委员会委员、国学馆馆长等职。次年 1 月任张作霖安国军财政讨论会副会长、全国第一次美术展览会评审员。1929 年与朱启钤组织中国营造学社,与朱祖谋等组织词社,与龙榆生创《词学季刊》;同年兼故宫博物院常务理事、管理中央庚款董事会董事。1931 年 12 月任国民政府铁道部部长,翌年 1 月去职。1933 年任中山文化教育馆常务理事兼总干事,倡设上海博物馆;同年 10 月任国民政府全国经济委员会委员。1934 年被聘为伦敦中国艺术国际展览委员会委员,又被选为中国红十字会监事。1939 年在香港发起组织中国文化协进会。1941 年 12 月,香港沦陷,移居九龙。翌年 10 月转往上海,拒受伪职,以书画自娱。抗日战争胜利后,由沪返穗。1948 年移居香港。

新中国成立后,叶回到北京。1951 年任中央人民政府政务院文化教育委员会委员,同年 7 月被聘任为中央文史研究馆副馆长。1952 年 5 月任中国文字改革研究委员会委员。1953 年任中国文学艺术界联合会第二届全国委员会委员、中国美术家协会第一届理事会常务理事。1954 年任中国文字改革委员会常务委员。次年任北京中国画院院长。1957 年加入中国农工民主党。是第二届全国政协常委、第三届全国政协委员。叶恭绰还是中国佛教协会发起人之一,曾被选为中国佛教协会第一、二、三届理事。1958 年,被错划为右派分子,停止全国政协常委职务和解聘代理中央文史研究馆馆长职务。1959 年摘掉"右派分子"帽子。"文化大革命"中遭受迫害,于 1968 年 8 月 6 日病逝,终年87岁。1979年改正了1958年将他划为右派的错误。1980年3月全国政协为他举行追悼会,平反昭雪。遵其遗嘱,骨灰葬于南京中山陵东侧仰止亭旁(仰止亭是在中山先生奉安中山陵之前,由叶氏捐款修建,以志他对中山先生知遇之情)。

叶恭绰除早年致力于交通事业外,生平于艺术、书画、诗词、文物鉴藏无不精通。书工楷、行、草,主张以出土竹木简及汉魏六朝石刻、写经为宗。他用笔运腕,独有心得,笔法雄强朴厚,妍媚动人,自成一家。人称其书有褚之俊逸、颜之雄浑、赵之润秀,誉为当代高手。画则竹梅松兰,尤善画竹,秀劲隽上,直抒胸臆。画就辄题诗词。全国性美术展览及书、画团体无不参加。为了保护祖国文化遗产,使之不流入外国人之手,他购买了许多珍贵字画、碑帖、磁器、铜器、孤本、善本、外国难得之名著与故宫禁物,装成八大箱,惜均毁于沙面之变。一次他重金购得稀世珍品——晋朝王献之的《鸭头丸帖》真迹,慨然捐献给了上海博物馆。年登八十,又先后将全部收藏品捐给北京、上海、广州、苏州、成都等市有关机构,以垂永远。为弘扬传统文化,他刻印了很多典籍,尤笃于师友风义,近代文坛名流如文廷式、罗瘿公、潘兰史、曾习经等人的遗作,均系经他整理出版。他的诗词亦达到很高水平。叶恭绰著作甚丰,主要有《遐庵诗》、《遐庵词》、《遐庵谈艺录》、《遐庵汇稿》、《交通救国论》、《历代藏经考略》、《梁代陵墓考》、《矩园余墨》、《叶恭绰书画选集》、《叶恭绰画集》等。另编有《全清词钞》、《五代十国文》、《清代学者像传合集》、《广东丛书》等。

柳亚子

(1887—1958)

　　柳亚子，原名慰高，号安如，改名人权，号亚庐，再改弃疾，字亚子，江苏吴江人，1887年5月28日生。坚定的民主主义革命战士，爱国诗人，南明史家，中国近代革命文学团体——南社的领导者，中国国民党革命委员会创始人之一。曾任中央文史研究馆副馆长，中央人民政府委员，全国人大常委。

　　柳亚子幼入家塾，从少年时代就喜爱写诗。1902年考中秀才，次年入上海爱国学社，受教于蔡元培、章太炎，并与邹容结为好友，确立了反清革命思想。1904年回乡进同里自治学社求学。1906年入上海理化速成科学堂习化学，未毕业即任教于健行公学；同年加入中国同盟会，不久又参加光复会，成为"双料的革命党"，并负责主编第1至第11期《复报》，宣传革命。《复报》被禁后，回吴江黎里。1909年冬与陈去病、高天梅创立革命文学团体南社。

　　辛亥革命后，柳曾任孙中山临时大总统府秘书。旋辞职返沪，任《天铎》、《民声》、《太平洋》三报主笔和文艺编辑，著文反对同袁世凯议和，抨击北洋军阀。1913年一度致力于新剧运动。次年当选为南社主任。他写了许多悼念烈士、声讨民贼的诗篇，并陆续编印了几部烈士遗集，作《孤愤》等诗，怒斥袁世凯窃国。"五四"运动前后，他同情新文化运动，许多南社成员则表示反对，使他很失望，遂于1918年辞去南社主任职务。1923年3月，他在家乡创办《新黎里》半月刊，任总编辑，提倡新文化，被指为"过激党"，几遭不测，不久被迫停刊。10月，他与叶楚伧、邵力子、陈望道等在上海发起新南社，任社长。新南社成立布告宣称："新南社的精神，是鼓吹三民主义，提倡民众文学，而归结到社会主义的实行。"对于白话诗，柳也由"五四"时期的怀疑态度变为热烈支持。1924年中国国民党改组，他以同盟会会员资格重新加入改组后的国民党。次年任国民党江苏省党部执行委员会常务委员兼宣传部部长，积极拥护孙中山联俄、联共、扶助农工三大政策，和共产党人团结合作。1926年1月被选为国民党第二届中央监察委员。这年5月到广州参加国民党中央执、监委员会议，蒋介石控制了这次会议，强迫通过打击共产党人的"整顿党务案"，当会议举手表决时，他和何香凝不举手，坚决反对这一议案。毛泽东常常提起这件事，赞扬他们坚决的革命性，说他们是忠于孙中山先生的国民党左派、硬骨头。同年10月，柳亚子被五省联军总司令孙传芳下令通缉，化名唐隐芝，匿居上海，致力《苏曼殊全集》的编辑与研究工作。1927年3月，任江苏省政府委员兼教育厅厅长。"四一二"反革命政变后，遭到蒋介石通缉和搜捕，脱险后流亡日本。1928年4月回国，定居上海。次年任江苏通志编纂委员会委员。"九一八"事变后,他和何香凝一起,组织国难救护队后方理事会,何任主席,他为副主席兼经济部长,呼吁抗日救亡。1931 年 12 月当选为国民党第四届中央监察委员。1932 年任上海通志馆馆长。1935 年 11 月当选为国民党第五届中央监察委员。

1937 年秋日寇侵占上海后,他因病留居租界,自题居室为"活埋庵",从事南明史的写作。1940 年底离沪赴香港。次年皖南事变发生,他和宋庆龄、何香凝、彭泽民联名发表宣言,谴责国民党政府制造分裂、破坏抗战的罪行(文由柳亚子起草)。他还拒绝国民党中央党部的邀请,未赴重庆参加国民党五届八中全会。在其亲笔代电复函中,抗议对皖南事变处置不当,称国民政府为"小朝廷",不愿向其求活,因而被国民党开除党籍。同年 12 月日寇进攻香港,他离港经东江抗日根据地,于次年 6 月抵桂林。1944 年 9 月迁居重庆后,和周恩来、董必武、王若飞有密切交往。毛泽东到重庆进行国共谈判时,他与之数次畅谈,还写下了"阔别羊城十九秋,重逢握手喜渝州","与君一席肺肝语,胜我十年萤雪功"的诗句,以表达他内心的喜悦和对毛泽东的由衷崇敬。毛泽东回访时,以手书《沁园春·雪》一词相赠,柳步韵和之。毛泽东这首词在大后方流传,引起了巨大反响。同年,加入中国民主同盟,任中央委员。

抗战胜利后,1945 年 10 月,同谭平山、李济深、陈铭枢等发起成立三民主义同志联合会,并任中央常务理事、文教委员会主任委员,同月由渝返沪。1947 年 10 月由上海迁居香港。1948 年 1 月与李济深、何香凝、谭平山等发起成立中国国民党革命委员会，任中央常务委员兼秘书长。1949年3月应毛泽东主席电邀，由香港来北平;9月作为民革的代表出席中国人民政治协商会议第一届全体会议，当选为中华人民共和国中央人民政府委员。

新中国成立后,兼任政务院文教委员会委员、华东军政委员会副主席。1951年7月被聘任为中央文史研究馆副馆长。1954年9月出席全国人民代表大会第一次全体会议,当选为常务委员会委员。在中国国民党革命委员会第二、三届全国代表大会上，继续当选为中央常务委员。1958年6月21日在北京病逝,终年71岁。

柳亚子不仅是一位坚定的革命者,而且是杰出的爱国诗人。他特别重视文学的思想性,反对叹老嗟卑的个人主题的吟咏,反对风花雪月的沉湎光景之词,主张"国恨家仇,耿耿胸臆间,吐之不能,茹之不忍,于是发为文章"。他是一位以诗歌为武器的政治诗人。他的诗紧密结合资产阶级民主革命的发展,洋溢着强烈的爱国主义、民主主义激情,具有鲜明的战斗性和撼人心灵的艺术力量。诗格慷慨激昂,沉郁苍凉,才气纵横。他与毛泽东主席交谊深厚,在新民主主义革命时期曾有三次会面，互相之间有诗词赠酬。他对毛主席一直推崇景仰,毛主席对他的诗文很欣赏,曾赞誉"慨当以慷,卑视陆游、陈亮,读之使人感发兴起"。郭沫若称他"有热烈的感情,豪华的才气,卓越的器识","是一位能够不断革命的诗人"。茅盾称他的诗为"史诗",称他"是前清末年到解放后这一长时期内在旧体诗词方面最卓越的革命诗人","称它为史诗,我以为是名副其实的"。他的文章如《郑成功传》、《台湾三百年史》、《花木兰传》等，感情充沛，文气奔腾，早年亦很有时誉，产生过一定影响。他研究南明史，乃有感而发，掌握了大量史料，所作当能补史学研究领域这一方面之缺。

　　柳亚子一生诗文著作颇丰，主要有：《乘桴集》、《南游集》、《左袒集》、《图南集》、《羿楼文集》、《骖鸾集》、《剑头词》、《南社纪略》、《羿楼年谱》、《羿楼日札》、《河东纲目》、《南明纪年史纲》、《南明人物志》第一辑、《南明后妃宗藩志》、《怀旧集》、《苏曼殊研究》、《柳亚子文集》、《柳亚子诗词选》、《磨剑室诗词集》、《柳亚子家书》等，辑有《苏曼殊全集》、《孙竹丹烈士遗集》等，1994 年《柳亚子全集》出版。

章士钊

(1881—1973)

　　章士钊，字行严，笔名黄中黄、烂柯山人、孤桐、青桐、秋桐等，湖南长沙人，1881 年 3 月20 日生。高级民主人士、学者、作家、教育家和政治活动家。曾任中央文史研究馆副馆长、第二任馆长，第二、三届全国政协常委，第三届全国人大常委。

　　章士钊幼年在家读私塾。13岁时在长沙买到一部《柳宗元文集》，从此攻读柳文。16岁在亲戚家为童子师。1901年寄读于武昌两湖书院，在此结识黄兴。后执教于朱启钤家私塾。1902年入南京陆师学堂学军事。次年进上海爱国学社；5月任上海《苏报》主笔，由于该报连续登载章太炎等人的反清文章，7月被查封；8月他与陈独秀、张继等人又创办《国民日报》，建立大陆图书译印局；同年冬与黄兴等组织华兴会，从事反清活动。1904年2月，与杨守仁等在上海建立爱国协会，任副会长。因密谋起义被捕，后在蔡锷等人营救下保释。1905年入东京正则学校习英语。1908年赴英国入爱丁堡大学学法律、政治，兼攻逻辑学。1911年武昌起义后返国。次年春抵南京，受黄兴、于右任之邀，任上海《民立报》主笔，兼江苏都督府顾问；9月又与王无生另创《独立周报》。1913年为二次革命草拟宣言书；7月由孙中山任命为讨袁军秘书长。二次革命失败后逃往日本。1914年5月在东京与陈独秀等创办《甲寅》杂志，提倡共和，反对袁世凯；7月任欧事研究会书记。1916年5月肇庆军务院成立，任秘书长，并兼两广都督司令部秘书长；6月黎元洪继任总统，赴北京与黎洽商善后。1917年11月，任北京大学文科研究院教授，兼图书馆主任，并被选为国会众议员。1918年5月任护法军政府秘书长。次年在上海举行南北和平会议，当选南方代表。1921年春赴欧洲考察政治，翌年归国，任北京国立农业专门学校校长。1923年6月离京赴上海。10月曹锟贿选为总统，章时任上海《新闻报》主笔，撰文痛斥受贿议员。1924年11月任段祺瑞执政府司法部总长。次年4月兼教育部总长;7月发行《甲寅》周刊,反对新文化运动。1927年李大钊蒙难时,章曾设法营救。1928年国民革命军光复北京后,因章系执政府之高级官员,曾被通缉,乃赴欧洲游历。1930年受张学良之聘回国,任沈阳东北大学文学院教授,次年任院长。1931年"九一八"事变后,回沪执行律师业务。1934年任上海法学院院长。1937年4月任冀察政务委员会委员、法制委员会主席。抗日战争爆发后,留居上海租界,不久前往香港,后赴重庆。从1938年6月起,历任第一、二、三、四届国民参政会参政员。1945年抗战胜利后,毛泽东主席到重庆与国民党谈判战后问题,"双十"协定签字后,毛因事滞留重庆,章乃以"三十六计走为上策"向毛进言。1946年回上海,续任律师;同年11月当选为制宪国民大会代表。1948年行宪后,当选为立法院立法委员。1949年4月,受李宗仁代总统委派与邵力子、张治中、黄绍竑、刘斐同来北平,与中国共产党举行和平谈判。因国民党政府拒绝签订双方代表草拟的协定,乃留居北平;继而去香港;6月致函程潜,劝说程、陈(陈明仁)起义;9月出席中国人民政治协商会议第一届全体会议。

新中国成立后,任政务院政治法律委员会委员,并被推选为政治协商会议第一届全国委员会委员和第二、三届全国委员会常委。先后当选为第一、二、三届全国人民代表大会代表、第三届全国人大常委。1951年7月被聘任为中央文史研究馆副馆长,1959年10月任馆长。晚年以大部分时间从事文史研究工作,并曾在中国人民大学汉语教研室讲授柳文。既而以其研究心得,集为《柳文指要》一书。1973 年 5 月赴香港探亲,7 月 1 日病逝香港,终年 92 岁。

章士钊著有《长沙章氏丛稿》、《中等国文典》、《为政尚异论》、《名家稧古》、《甲寅杂志丛稿》、《逻辑指要》、《柳文指要》、《章孤桐先生南游吟草》等。译有《菲罗乙德叙传》、《情为语变之原论》。2000 年 2 月,上海文汇出版社出版了《章士钊全集》,共十卷,近五百万字。

章士钊之政论文章,秀健峻洁,风格特异,虽议论纵横,而条理井然,是继梁启超“新民体”后又一新制。其于书法,早年不甚擅长,晚年则甚精于行楷与隶书,气质内敛,雍容醇正,自是高手。又其晚年曾刻意为诗,居重庆时,一、二年间,曾作诗数千首,洵为文坛奇迹。

王治昌

(1876—1956)

王治昌,字槐青,天津人,1876 年 12 月 19 日生。全国人大常委会副委员长、全国工商联名誉主席王光英之父。早年入北洋大学堂习法律,毕业后入日本早稻田大学习商业,获商学士学位。毕业回国,应留学生考试,授商科举人。1910 年任农工商部七品京官,旋改任天津高等师范学堂、天津商业专门学校、北京法政学校讲师。1912 年任南京临时政府工商部主事。次年任北洋政府工商部商务佥事,代理商务司司长。未几任农商部佥事、参事兼农商部商品陈列所所长。1919 年任巴黎和会中国代表团专门委员。1921—1927 年任农商部工商司司长。1921 年 8 月兼农商银行监理官;9 月任出席华盛顿会议中国代表团专门委员,回国后兼税则改良讨论会副会长。1923 年 1 月兼关税会议筹备处委员;2 月兼修正工商法规委员会副委员长、侨工事务局专门委员。1924 年兼商标局局长。曾以记名全权公使交国务院存记。1925 年兼任善后会议经济委员会委员长。1927 年后,执行会计师业务。抗战初期,日寇曾多次请王治昌出任官员,并游说其夫人,王氏坚决拒绝,表现了崇高的民族气节。

新中国成立后,致力于儿童福利事业。王家在北京西单旧刑部街三十二号的一所住宅有房五十余间,除自用四间外,全部无偿提供兴办托儿所,这对解决当时干部、职工托儿难问题起了重要作用。1951 年 7 月,王治昌被聘任为中央文史研究馆馆员。1956 年 7 月 18 日在北京病故,终年 80 岁。

田名瑜

(1892—1981)

田名瑜,号个石,湖南凤凰人,1892年2月12日生。中国国民党革命委员会成员。幼读经史。湖南高等学堂肄业。辛亥革命时任凤凰县演讲所所长,加入中国同盟会。后赴常德任《沅湘日报》总经理兼编辑。复回本县在中小学任教。1915年任张容川之护国军总司令部秘书,次年任辰溪道尹公署秘书。1917年护法之役,奉派任宜昌前敌总指挥部秘书,后任湘西民政长公署秘书、国民革命军临时第十师司令部秘书。1927年后历任湖南大庸、沅陵、黔阳县县长、闽沂赣皖边区主任公署秘书等职。抗日战争军兴,任第十集团军总司令部秘书兼一二八师驻衢州办事处主任。及至办事处迁武昌,部队改组,乃回沅陵,先后在沅陵中学、辰溪楚屏中学任教。抗战胜利后历任湖北省政府秘书、湖南省政府秘书。1948年9月派任凤凰县长。次年4月任湘西行署参议长。8月程潜起义,中国人民解放军进入湘西,田名瑜响应起义。

1950年代理辰溪楚屏中学校长兼教员,次年先后被聘为湖南省文物保管委员会委员和中央文史研究馆馆员。1981年3月17日病故,终年89岁。

　　田名瑜博览群书,酷爱文学,诗文均有相当高的造诣。早年曾参加柳亚子等创办的革命文化团体南社和金松岑等创办的国学会。著有《忍冬斋诗文集》、《湘西献徵初稿》、《思庐诗集》十二卷、《思庐文集》六卷、《庸言》二卷、《湘西献徵续编》四卷、《楚游屑录》四卷、《悔红词》一卷。

　　田名瑜为人处事的信条是:人以国士待我,我以国士报之;人以常人待我,我以常人报之。平生对贪官污吏深恶痛绝,任县长时安分守道,廉洁自律,以期转移社会风气。

邢赞亭

(1880—1972)

　　邢赞亭,又名之襄,号詹亭,河北南宫人,1880年12月11日生。高级民主人士。曾任北京市文史研究馆第一任馆长、中央文史研究馆副馆长。

　　邢赞亭,前清附生,日本东京帝国大学法律系毕业。历任直隶优级师范学堂监督,北洋政府司法部参事,安徽督办军务善后事宜公署秘书长,全国烟酒事务总署总务厅厅长,天津市政府秘书长,冀察政务委员会法制委员会委员,天津德顺隆新纪窑业股份有限公司董事长,保定莲池学院副院长,北平最高法院顾问等职。

1951年7月被聘任为中央文史研究馆馆员,次年任北京市文史研究馆第一任馆长,1960年7月任中央文史研究馆副馆长。并先后任北京市各界人民代表会议代表,北京市政协第一至第四届常委,全国政协第三、四届委员,中国人民救济总会北京分会副主席,北京市人民政府政法委员会委员。1972年6月4日病故,终年92岁。著有《求己斋诗集》等。

邢赞亭晚年对于古典文学遗产的研究,主张用历史唯物主义的观点,辩证的方法和批判的态度,分清糟粕与精华,博采约取,使宝贵的古典文学遗产得以发掘和继承。

邢　端

(1883—1959)

邢端,字冕之,号蛰人,笔名新亭野史,贵州贵阳人,1883年8月6日生。1901年辛丑科举人,1904年甲辰科进士。毕业于日本大阪高等工业预备学校及东京法政大学。历任翰林院检讨、奉天八旗工厂总办、天津工业学堂监督、北洋政府工商部佥事、图书馆主任、农商部技监。1917年9月起历任农商部矿政司司长、工商司司长、普通文官惩戒会委员、善后会议代表、井陉矿务局总办。1928年后赋闲。

1951年7月被聘任为中央文史研究馆馆员。1959年3月3日病故，终年76岁。

邢端长于山志掌故，精书法，工楷、行书。著有《黄山游记》、《齐鲁访碑记》、《于钟岳别传》、《黔人馆选题名》、《读南北史劄记》、《续魏书宗室传补》、《山游日记》、《贵州方志提要》等。他在日寇陷据北平时，很有民族气节，不与敌伪往来，经常赋诗明志。1960年其家属将其遗稿厘为诗、文、游记三类，合成一集，订名《蛰庐丛稿》，线装出版面世。

宋紫佩

(1887—1952)

宋紫佩，原名盛琳，后改名琳，字子培或子佩，浙江绍兴人，1887年生。1901年考取秀才，继入大通学堂学习，1907年入绍兴府中学堂。曾加入中国同盟会，参与组织匡社。后又考入浙江两级师范学堂，参加革命文化团体南社。1910年毕业，即应山会师范学堂之聘，讲授修身、教育学。次年任绍兴府中学堂教务兼庶务，并兼理化讲席。发起组织越社，任《越锋日报》编辑。1912 年 2 月辞职，4 月与马可兴另办《民兴日报》，11 月被迫停刊，又筹办《天觉报》。1913 年 3 月由鲁迅推荐，筹备京师图书馆分馆，后即在该馆工作。

　　1951 年 7 月被聘任为中央文史研究馆馆员。1952 年 11 月 9 日病逝，终年 65 岁。

志　琮

(1873—1951)

　　志琮，字叔瑜，号地山，河北大兴人，1873 年生。1897 年丁酉科举人，次年戊戌科进士，翰林院庶吉士。1903 年起，历署广西岑溪、昭平、贺县知县；浔州府、梧州府、广州府知府；苍梧道尹、潮循道尹。后历任陆荣廷、吴佩孚顾问。

　　1951 年 7 月被聘任为中央文史研究馆馆员。1952 年 4 月 18 日病故，终年 79 岁。

　　志琮精于鉴赏，书法亦精。

邵 章

(1872—1953)

邵章,字伯绚,号倬庵,浙江杭州人,1872年7月生。书法家。

邵章,1901年创建杭州藏书楼,任监理。1903年癸卯科进士。毕业于日本法政大学速成科。历任翰林院编修,杭州府中学堂、浙江两级师范学堂、湖北法政学堂及东三省法政学堂监督,法律馆谘议官,奉天提学使。民国成立后,历任北京法政专门学校校长,约法会议议员,司法官惩戒委员会委员,北洋政府平政院评事、庭长、代理院长。1925年任善后会议代表、临时参政院参政。1929年被班禅额尔德尼聘为秘书长,1934年辞职。后家居不仕。

1951年7月被聘任为中央文史研究馆馆员。1953年7月8日病故,终年81岁。

邵章的书法艺术水平很高,声名很大。善行草,主要取法于二王,又渗透了章草的神韵。用笔洒脱奔溢,气脉畅通,章法严密,既有古雅隽迈之气,又具浑厚庄重的风格。诗文亦佳,著有《云淙琴趣词》四卷,《倬庵诗稿》、《倬庵文稿》八卷。

康同璧

（1886—1969）

　　康同璧，女，字文佩，号华鬘，广东南海人，1886年2月生。康有为次女。早年赴美国留学，先后入哈佛大学及加林甫大学，毕业后回国。历任万国妇女会副会长、山东道德会长、中国妇女大会会长。曾在傅作义召开的华北七省参议会上被推为代表，与人民解放军商谈和平解放北平事宜。

　　1951年7月被聘任为中央文史研究馆馆员，是北京市人民代表，第二、三、四届全国政协委员。1969年8月17日病故，终年83岁。

　　康同璧擅长诗词书画。她的画勾勒精妙，情趣天然，笔法苍古清隽，有深厚的功力。《梅鹤图》是她晚年的代表作，现藏于中央文史研究馆。晚年还从事康有为遗著整理工作，出版的有《康南海先生年谱续编》、《万木草堂遗稿》等。曾将康有为的"宇宙谁开辟，江山此郁盘"行书中堂赠中央文史研究馆。

周嵩尧

(1873—1953)

周嵩尧，字峋芝，笔名熏士，浙江绍兴人，1873年8月10日生。1897年丁酉科举人。清末曾任内阁中书、江淮巡抚、两江总督之总办文案。1907年江北提督王士珍保荐他入京，历任内阁侍读、邮传部郎中、路政司员外郎、图书通译局纂修、统计处纂修、参议厅副厅长、资政院政府特派员等职。入民国后，1912年被南京临时政府副总统黎元洪聘为高等顾问，次年由署理江西都督李纯聘为高等顾问兼书记处处长，后改任昌武将军行署高等顾问、江苏督军高等顾问兼秘书处处长。1915年入京任海陆军统率办事处秘书，次年分发江苏道尹。1918年任江苏督军秘书长代行督军事兼浦口高埠帮办，1920年北洋政府大总统徐世昌令以省长记名。次年被苏皖赣三省巡阅使王士珍聘为高等顾问，仍兼浦埠帮办。1922年8月辞职，归隐淮安，嗣迁扬州。

1951年7月被聘为中央文史研究馆馆员。1953年9月病故，终年80岁。

周嵩尧有《似昇长生册》、《似昇所收书画录》、《金粟如来记》等著作。

查安荪

(1886—1953)

　　查安荪，湖北京山人，1886年生。1909年湖北武昌文普通中学堂毕业，与董必武同学。1911年参加辛亥革命活动。1914年任山西大怀阜民水利局主任。1920年后历任黑龙江省教育厅科员、科长，黑龙江军署军法课员、军务课员，黑龙江省公署科员。1931年东北沦陷后，赴天津从事抗日救亡活动。1932年返回黑龙江，在海伦县开设同寿药房，行医十四年之久。

　　1946年民主联军解放齐齐哈尔市，被推举为嫩江省临时参议会筹备委员、齐齐哈尔市临时参议会筹备委员，当选为嫩江省人民代表、齐齐哈尔市临时参议会副参议长，出席东北九省行政联席会议。还担任过齐齐哈尔市防疫委员会副主任委员、建设委员会副主任委员、遣送日侨委员会委员、修建西满烈士墓筹委会委员等职。1951年7月被聘任为中央文史研究馆馆员。1953年2月28日病故，终年67岁。

　　查安荪擅诗词，著有《鹏溟诗稿》、《鹤语词》等。

夏仁虎

(1874—1963)

夏仁虎,字蔚如,号枝巢,江苏南京人,1874年4月生。曾肄业于江阴南菁书院。1897年丁酉科拔贡,1902年壬寅科举人,清政府记名御史。1912年起任北洋政府盐务署秘书、财政部参事,后任镇威将军公署政务处处长。1918年当选为安福国会众议院议员。1926年7月任财政部次长,代理部务。1927年6月任国务院 (潘复内阁) 秘书长,1928年兼关税自主委员会委员。退出仕宦后接任中山公园董事长,参加寒山社、梯园、蛰园、似园等诗社活动。抗日战争期间,先后任北京大学、北京师范大学教授。

1951年7月被聘任为中央文史研究馆馆员。1963年7月7日病故,终年89岁。

夏仁虎著有《旧京琐记》八卷、《玄武湖志》八卷、《枝巢四述》四卷、《清宫词》二卷、《枝巢文稿》十卷、《枝巢编年诗》四十卷、《秦淮志》一册,并主修《北京市志稿》等。

夏仁虎的著作很有参考价值,如《枝巢四述》中之论曲部分,很有见解;又如《旧京琐记》,便是一部研究北京地区历史、地理、风俗、民情及宫廷生活的重要参考书籍。

唐 进

(1879—1952)

　　唐进，字长风，湖南长沙人，1879年生。早年留学日本，授东京法政大学学士。又赴法国深造，获巴黎大学法学士、岗城大学工业化学硕士学位。曾在比利时戈克利钢铁厂担任实习技师，并游历俄罗斯、英国、德国、意大利、瑞士、丹麦、西班牙等国。回国后，历任北洋政府农商部秘书、技监，北京劝业场场长，天津商品出口检验局局长，部派调查全国工厂专员，出席瑞士国际劳动大会代表，北洋政府司法部参事，修订法律馆编纂等职。1922年起从事教育工作，先在北京俄文法政学校任教，1926年该校改为国立中俄大学，任教授兼总务长，翌年任校长。后历任北平、武汉、中国、民国、朝阳、南方、平民、华北各大学教授、讲师，还担任北宁高等专门产科学校、维新中学、文治小学等校董事长。

　　1951年7月被聘任为中央文史研究馆馆员。1952年10月16日病故，终年73岁。

　　唐进著有《桃坞嗣响诗集》、《法文文法学》、《法文语言学》等。

陈云诰

(1877—1965)

陈云诰，号紫纶，又名蛰庐，河北易县人，1877年10月26日生。书法家,擅诗词。

陈云诰,前清翰林,任翰林院编修。辛亥革命后未出任公职,靠鬻文卖字为生。

1951年7月被聘任为中央文史研究馆馆员。曾任北京市政协委员、中国书法研究社社长。1965年1月5日病故,终年88岁。

陈云诰书法造诣精湛,善楷书、行书,结体苍健雄壮,古朴庄重,将魏碑的某些特征融于颜书,而形成自己的艺术风格,蜚誉书坛。

陈半丁

(1876—1970)

陈半丁，原名陈年，字静山，号不须老人，又名半痴，浙江绍兴人，1876年生。国画家。

陈半丁出身贫寒，六岁丧母，由外祖母、祖母抚养到14岁，后自出家门谋生。他是在钱庄当学徒时开始接触文化的，从此爱上了书画，矢志于艺术。19岁时在上海从名家任伯年、吴昌硕学习中国画，很受器重，在任、吴的熏陶下，苦练不辍，诗文、金石、书画均得以全面发展。同时，他还结识了不少书画名家，汲取诸家之长，造诣日深。1906年来北京定居，以卖书鬻画为养生之计。又得吴昌硕介绍，以画求教交友，使他在北京有了一席之地，逐渐成为一位颇有名气的画家。1916年通过蔡元培的介绍，到北京大学图书馆工作，此时他与章士钊相识，耳濡目染章的文学修养和渊博学识，使他的才学得以进一步提高。1921年应邀参加中国画研究会。1928年任杭州国立艺术专科学校教授。1931年应聘为北平国立艺术专科学校教授。1937年北平沦陷后，他拒不接受日伪政府的聘请，一直坚持以卖画刻章为生。这期间，他以庭院中的两株槐树为题，命画室为"二树学堂"，一为树人品，二为树画品；同期还刻了两方闲章,一为"强其骨"一为"不使孽钱",充分表达了他严肃认真的创作态度和刚毅正直的为人品格。

新中国成立后,古稀之年的陈半丁以日益旺盛的精神投入到艺术创作之中。他以极大的热忱参加抗美援朝书画义卖活动。他的画被作为"国礼"赠送许多国家元首和政府首脑。1955年印度总理尼赫鲁访华,他作了八尺整纸的《达摩像》,自题五言诗:"佛自西方来,乐在东土住,今日送将归,多情勿忘故。"此图得到了周恩来、陈毅等国家领导人和外宾的赞誉。他常为宾馆、饭店、客厅、礼堂义务作大幅装饰画。他和美术界的画家们经常在一起合作大型画幅,如《和平颂》、《五一颂》、《百花齐放》和《普天同庆》等。他的作品多次入选国内外大型美术作品展览及在多种专业报刊上发表,入选《中南海珍藏画集》者除合作的《百花齐放》、《普天同庆》外,还有个人作品《寿桃》、《得众动天》。1956年在北京举办了个人作品展览。1960年应日本文化部门之邀,在东京、大阪展出了他的作品。他为弘扬我国传统文化作出了重要贡献。

1951年7月被聘任为中央文史研究馆馆员。先后担任中国文联委员、中国美术家协会理事、民族美术研究所研究员、中国画研究会副会长、北京中国画院(后改名北京画院)副院长。他还是第二、三、四届全国政协委员。

"文化大革命"中,陈半丁身心遭受严重摧残,于1970年1月29日在北京含冤逝世,终年94岁。粉碎"四人帮"后,他的冤案得到昭雪,有关部门为其补开了追悼会。

陈半丁的绘画艺术在中国画坛影响甚广。他早年得到任伯年、吴昌硕传授，又广泛吸收明清陈白阳、徐渭、石涛、恽寿平、华嵒、李鲟诸家画法。擅写意花卉、山水、人物。以花卉见长，状物描情，生动自然，形神兼备，设色芳丽和谐，具秀润苍古之意趣，形成了自己的独特风格。他的书法入手王羲之、王献之父子，兼学褚遂良、李北海与米芾之笔意，形成自家体系，遒劲、秀健、严谨，尤以行书为佳。他的配画诗文，紧切画题，白而不俗，淡中有味。又篆刻精湛，古朴天然，配画而制，合文而作，相辅相成，巧拙互见，金石味极浓。他以诗、书、画、刻为一体，将其汇粹于尺幅之中，再现了中国文人传统笔墨的意境，享誉甚隆。出版有《陈半丁画集》、《陈半丁花卉画谱》等。

(据崔普权《回忆著名画家陈半丁》一文改写)

黄　复

(1890—1963)

黄复，号晏生，江苏吴江人，1890年6月6日生。前清优附生，江苏存古学堂及江苏法政专门学校毕业。历任国史馆总校、清史馆协修、北京市文献研讨会秘书长等职。继在北京教私塾多年，后赋闲。曾参加梯园诗社、蛰园诗社。抗战胜利后,在北平电信局秘书室主编月刊。

1951 年 7 月被聘任为中央文史研究馆馆员。1963 年 9 月 3 日病故,终年 73 岁。

黄复与柳亚子为总角之交,曾参加柳亚子等创办的革命文化团体南社。书法诗文俱佳。所写小楷,结构严谨,笔力遒劲,疏密匀称,曾佐柳亚子抄写文稿。著有《明史考证补》四卷、《清史考异》六卷、《戊申大丧述闻》二卷、《须曼那室杂著》五卷、《须曼那室长短句》四卷等。

叶瑞棻

(1874—1955)

叶瑞棻,字筱嵩,湖南平江人,1874 年 2 月 17 日生于平江冬塔村。幼承庭训,以家境清贫,弱冠即在乡里教书。1899 年入邑庠生,旋食饩。1904 年入湖北武昌道师范学堂,1906 年毕业。由两湖总督派送日本,入早稻田大学政治经济科。1910 年毕业回国。应学部考试,授法政科举人,翌年朝考列甲等,以七品京官签分邮传部候补主事。辛亥革命后,历任交通部主事、金事科长,兼统一铁路会计委员会委员，制定铁路特别会计则例。1920年兼任财政部秘书。1926年任交通史编纂委员、副总编纂。1928年任胶济铁路会计处处长。旋调任津浦铁路局会计处处长，因与该局国民党特别党部政见不合，愤而辞职回京。此后专致力于社会教育及救济事业。先后在香山慈幼院、文达小学、昭慧小学供职并为湖南赈灾服务。

　　1951年7月被聘任为中央文史研究馆馆员。1955年8月8日病故，终年81岁。

巢功常

(1882—1973)

　　巢功常，字君衡，湖南湘阴人。1882年6月生。1909年己酉科优贡，翌年朝考一等，以七品京官签分大理院。民国初年毕业于直隶法政专门学校法律科。1914年考取甲等县长，分发河北，历署安平、饶阳等县县长。嗣后历任京奉、京汉各铁路局文牍员，北平市西郊自治区区长等职。1937年"卢沟桥事变"时辞职，后即闭户潜修，课子求学。

　　1951年7月被聘任为中央文史研究馆馆员。1973年

8月19日病故,终年91岁。

　　巢功常著有《政法研究随笔》、《古今名言辑要释义》、《时事日知录》、《读经感言》等。

齐白石

（1864—1957）

　　齐白石,原名纯芝,字渭清,号兰亭,后改名璜,字濒生,号白石,别号借山吟馆主者,寄萍老人等(其他署名颇多,不一一列出),湖南湘潭人,1864年元旦生。国画艺术家、篆刻家、书法家和诗人。

　　齐白石出身贫苦农民家庭,8岁从外祖父读书,一年后辍学务农。劳动之余,喜绘画写生。1877年学木匠。1881年学徒期满,赖雕刻为生。1882年临摹《芥子园画谱》,为人画神像。1888年从肖像画家萧芗陔学画。1889年从胡沁园、陈少蕃学诗文绘画,改以画肖像为主。1892年代人画山水、花鸟和仕女,从萧芗陔学裱画。1894年起临摹名人字画,还先后与诗友们结"龙山诗社"和"罗山诗社",又自学篆刻和书法,奠定了后来作为艺术大师必需具备的诸方面基础——诗书画印,开始全面艺术实践。从1902年到

1909年，他曾先后五次游历南北各地，足迹遍及北京、西安、桂林、梧州、广州、钦州、香港、上海、苏州、南京等大城市及名山大川，结识了很多有真才实学的朋友，观摩了不少珍籍、名画、书法、碑拓，从而开阔了胸怀，扩大了眼界，作山水画稿甚多。1909年秋，他回到故乡茹家冲定居，在这里一住十年，潜心读书、写字、作画、写诗、治印，所作速写或工笔画稿，数以千计，由52幅作品组成的《借山图卷》和《石门二十四景》等，即完成于这一时期。通过刻苦锤炼，基本形成了明快而自然的画风。1919年后定居北京，以卖画和篆刻为生。当时他年过半百，且学已有成，为使自己的作品为更多的人所理解和喜爱，为求艺术上再有所突破，他要破釜沉舟，"决心从此大变"，这就是众所周知的齐白石"衰年变法"。为此，白石老人付出了极大代价，总是长夜镌印，晨起临池，经过十年的持续努力，"变法"成功，培育出清新雄健、朴茂明丽的齐派艺术之花。他的作品得到脱胎换骨的改造，形成了"红花墨叶"，兼有文人画和民间艺术之长的独特风格，不论在绘画、篆刻、书法、诗词上，都达到了前所难见的境界。其间，1927年他被聘为国立北平艺术专科学校和京华美术专科学校教授。1937年卢沟桥事变后，北平沦陷，齐白石辞去北平艺专教授职务，闭门在家，公开宣布不见客、不赴宴、不照像，并借画幅抒发自己的苦闷与义愤。他在《群鼠图》上题曰："群鼠群鼠，何多如许，何闹如许，既啮我果，又剥我黍。烛炧灯残天欲曙，严冬已换五更鼓。"又在水墨螃蟹画上题曰："处处草泥乡，行到何方好，昨岁见君多，今年见君少。"充分表现了这位艺术老人的民族气节和爱国主义感情。1946年恢复卖画刻印,赴南京参加中华全国美术会画展,旋赴上海展览。

新中国成立后,齐白石愉快地担任了中央美术学院名誉教授。1950年4月间的一天,他很幸运地第一次作为毛泽东主席的客人,和毛主席同进晚餐,朱德副主席作陪。领袖对他的健康和艺术生活极为关怀,使他深受感动。1951年7月,他被聘任为中央文史研究馆馆员。1952年被选为中国文学艺术界联合会主席团委员,并为祝贺亚洲及太平洋区域和平会议在北京召开,创作了大幅画《百花与和平鸽》,赢得国际和平战士的声誉。这一年,他还与徐石雪等9人共同创作《普天同庆》绘画一轴,赠送毛主席,毛主席收到后,曾致信齐白石,向作者们致谢。1953年,中央人民政府文化部授予他"中国人民杰出的艺术家"荣誉奖状。他被选为北京中国画研究会和中国美术家协会主席,这年的绘画作品大小六百多幅。所作《荔枝鸽子》、《和平鸽》、《牡丹》等作品,充满着老人对新中国成立后的和平幸福生活的歌颂。又作《祝融朝日》立幅,歌颂伟大领袖毛主席。1954年当选为全国人民代表大会代表,同年,北京举办了"齐白石美术展览会"。次年6月他与陈半丁、何香凝、于非闇等十四位画家用半个月的时间,集体创作巨幅《和平颂》,由我国出席世界和平大会的代表团带往芬兰赫尔辛基,献给大会。12月,德意志民主共和国授予他共和国艺术科学院通讯院士荣誉状。1956年获世界和平理事会颁发的1955年度国际和平奖金。为此,在北京隆重举行了授奖仪式,周恩来总理莅临向他表示热烈祝贺。1957年担任北京中国画院名誉院长。这年春夏之际,齐白石开始患病,毛主席特派人到寓所慰问。1957年9月16日6时40分在北京医院逝世,终年94岁(这年自署97岁)。9月22日上午在嘉兴寺举行公祭,周总理和中央许多负责同志以及外国驻华使馆代表前往参加,由郭沫若主祭。1963年,齐白石被选为世界十大文化名人之一。

　　齐白石的一生是辛勤劳动的一生,也是不断丰富艺术创造的一生。他留下了数以万计的画稿,以及大量印章、书法和诗作。在绘画上,他推崇古人徐渭、朱耷、原济、李鱓及近人吴昌硕诸家,但又不拘泥前人技法,而勇于探索,大胆创新,融汇了传统写意画和民间绘画的表现方式,主张作画"妙在似与不似之间,太似为媚俗,不似为欺世",笔墨纵横雄健,造形简练朴质,色彩鲜明强烈,格调清新隽永,达到了巧夺天工的境界。他的画,题材非常广泛,人物、山水、花卉都有很高的艺术成就,尤精于花鸟、草虫和鱼虾。他说自己的一生是"为万虫写照,为百鸟传神"。他对中国传统绘画艺术的发展作出了辉煌的贡献。其篆刻初学丁敬等浙派,后多取于汉代凿印刀法,布局奇肆朴茂,劲健有力,逸趣天成,独具一格。在书法上,他主张先阅古人真迹,然后脱尽古人习气,另创新风。其篆书汲取周、秦、两汉精华,得力于《三公山碑》及《天发神谶碑》,最后形成了自己的风格。行书初学何绍基,后师王铎、米芾、李邕。用笔老辣,苍劲豪迈。他晚年的行书,笔墨酣畅,气势贯通,已臻于炉火纯青境界,更是个性鲜明,充满活力。

　　齐白石逝世后,1958年元月,文化部和中国美术家协会在北京举办了"齐白石遗作展览会",展出他从 1883 年到 1957 年所作的画 584 件,画稿、手稿、诗笺、画集、印谱和手治石印 306 件。还由中国美术家协会召开了几次座谈会。全国各大城市也先后举办了类似的展览和座谈会,以观摩这位艺术大师凝结着民族精神的传世之作,学习他坚韧不拔的毅力和极为丰富的创造力。出版的作品颇多,有《齐白石作品集》、《齐白石绘画精品集》、《齐白石山水画选》、《齐白石画选》、《白石画稿》、《借山吟馆诗草》、《白石诗草》、《齐白石印草汇》、《齐白石书法篆刻》、《齐白石谈艺录》、《白石老人自述》、《寄园日记》等。国内外各大博物馆均藏有其作品。他为中国和世界艺术宝库留下了不朽的精神财富。"齐派艺术",已成为我国艺术发展史上一座高大的里程碑。

齐之彪

(1881—1954)

　　齐之彪,号景班,笔名潜斋,原为正蓝旗蒙古人,民国元年改入顺天民籍,1881 年生。齐燕铭之父。8 岁至 14 岁在家塾上学。16 岁考入八旗官学,在正蓝旗官学肄业。18 岁考入顺天府为文生员。戊戌变法时,开始研究新学。23 岁结婚,因家累日重,以应家馆授课为业。后经友人介绍,入外务部译电处工作。1906 年考入丙午科优贡,次年朝考一等,以七品京官签分邮传部,派在电政司学习。1908 年派该部办稿及撰写电政史料。民国成立后,历任北洋政府交通部电政股办事员、电政司稽核科副科长。1928 年南京国民政府交通部派员接收该部及所属机关,先后被派任北平保管处保管员、交通史编纂委员会纂修,兼办北平电报局局长室稿件。1936 年 1 月起历任河北电政管理局文书主任、文书股长、秘书,前后七年,专为局长办理书牍,不涉局务。电政局改隶日伪华北电报电话股份有限公司不久即辞职,旋任故宫博物院秘书,司整理古籍,曾于乱纸堆中发现宋元版书籍多种。抗日战争胜利后,平津交通电信接收办事处成立,恢复电报业务,得任该处及第七电信管理局秘书。1946 年 7 月因年老退休。

1950 年经友人介绍入大众文艺创作研究会为会员,1951 年 7 月被聘任为中央文史研究馆馆员,1952 年被聘任为北京市文史研究馆副馆长。1954 年 11 月 7 日病逝,终年 73 岁。

齐之彪著有《槐簃笔录》、《二十四式立操法》、《坐操法》。

刘 武

(1883—1957)

刘武，字策成，湖南邵阳人，1883年3月23日生。1909年毕业于广西优级师范选科，后在南宁省立第三师范任教。1912年返湘，历任湖南第一师范学校、长沙兑泽中学教员，邵阳中学(设在长沙)教员、校长。在邵中校长任内，参加反对袁世凯的活动，蓄藏枪械，待机发动，因事泄被捕，判刑十五年。1916年湖南宣布反袁独立后出狱，旋继任邵中校长及省立第一中学校长。1920—1925年，历任浏阳、衡山、郴县县长、长沙警察厅厅长等职。在浏阳县长任内，毛泽东在长沙设文化书店，刘出资200元为股友。在警厅任内，专事建设公园，拓宽街道，落成后辞职。嗣后除仍在长沙各校任教外，专为社会服务，被公推为湖南旱灾救济委员会常委、水灾救济委员会监察常委、非常时期难民救济委员会常委、抗敌后援会常委、抗敌自卫军军事参议院常务参议长；长沙防空委员会常委、救济产款清算委员会委员。1938年冬长沙大火后，返原籍乡居，创办族中小学，并专心研究诸子哲学。

1951年7月被聘任为中央文史研究馆馆员。1957年9月14日病故，终年74岁。

刘武著有《庄子集解补正》、《格物臆说》、《师竹山房文集》。

刘契园

(1885—1962)

刘契园,字壬父,曾用名文嘉,荣敷,湖北嘉鱼人,1885年5月20日生。1909年日本早稻田大学法律科毕业。回国后任黑龙江省财政局编辑科长,并在法政学堂任教。1910年应民政部部试,中法政科举人,旋授七品京官,分民政部。1911年分补直隶州知州。次年回湖北,任本省军政府内务司顾问、财政司参议,民政长公署主任秘书兼财政科佥事。1913年任财政部盐务署两淮科科长,旋改任总务处科长,次年调任财政部佥事、钱币司科长。1915年任黑龙江省巡按使署参议兼教育科科长,迭经保荐交国务院存记,以简任职任用。1918年任农商部经济调查会委员,中国大学讲师。翌年任湖北省长公署秘书兼科长,旋任秘书长,复改聘为顾问。1926年任全国赈务督办公署委员。1930年任中东铁路管理局委员,"九一八"事变后辞职回北平,此后从事菊花栽培三十馀年。

新中国成立后,他的菊园吸引了许多观众前来观赏,尤其是党和国家领导人毛泽东、周恩来、朱德、董必武、邓小平、彭真、宋庆龄等光临,使菊展远近闻名。周恩来总理、朱德副主席、董必武副总理赏菊后曾撰联题词。周总理的题词:"推陈出新,百花齐放。"朱副主席题词:"一年更比一年好,京师人士幸福增。"董必武副总理撰联:"习劳自种千盆菊,爱客同看百日花。"1960 年他将菊园无偿献给北京市政府公园管理委员会,被聘为该委员会顾问。1951 年 7 月被聘为中央文史研究馆馆员。曾是北京市政协委员。1962 年 6 月 27 日病逝,终年 77 岁。著有《硌园存稿》等。

潘龄皋

(1866—1954)

　　潘龄皋,字锡久,河北安新人,1866 年 1 月 9 日生。1894 年甲午科举人,翌年乙未科进士,授翰林院庶吉士。曾任甘肃隆德、张掖、皋兰等县知县,秦州、肃州知州,兰州府知府(未到任)。嗣简放省巡警道,历署提学使、布政使。1914 年 6 月任安肃道道尹兼嘉峪关监督,1917 年去职。1921 年夏任甘新勘查禁烟大员。同年

10月任甘肃省省长，翌年8月辞职。晚年鬻字为生。新中国成立后，曾任中央人民政府人民革命军事委员会参议、北京市人民代表。

1951年7月被聘为中央文史研究馆馆员。1954年6月19日病逝，终年88岁。

潘龄皋书法造诣颇高，擅楷、行书，结体平正匀称，用笔圆润流畅，风格秀美典雅，深受书家好评。

萧龙友

(1870—1960)

萧龙友，本名方骏，字龙友，别号息园、息书、息翁，晚年改号不息翁，笔名蛰公，四川三台人，1870年2月13日生于雅安。中医学家，中国科学院学部委员。

萧龙友幼受父教，读经史诸子及名家诗赋。少年时因母亲多病，乃留心医药，经常去族人所设药铺请教，并阅读古代医学名著。1890年赴成都，入尊经书院词章科，课余仍读医书，加深了对中医理论的兴趣。1892年川中霍乱流行，他与陈蕴生医师沿街巡视，用中草药进行救治，控制了这场疫情蔓延。1897年被考选为丁酉科拔贡,旋入京任八旗官学教习。1900年八国联军攻入北京,他前去山东,历任嘉祥、济阳、淄川等县知县,济南高等学堂教习。

入民国后,任山东省公署秘书。1914年奉调北京,历任北洋政府农商部秘书、财政部经济调查局参事、农商部有奖实业债券局总办等职,并被内务部聘为中医顾问。这期间,虽日理公务,但对医学的钻研从未间断。由于医术精湛,求医者络绎不绝,名声日噪。1928年弃官行医,曾撰《息园医隐记》一文,刻于扇骨,以述其志。他不仅研读中医古籍,也读当时新译的西医药书籍,互相参照,又不断总结临床经验,从而提高了疗效,治好很多疑难大症。当时北京有的西医院闻其盛名,经常请他会诊。1934年与中医孔伯华等创办北京国医学院,萧任院长,孔任副院长,苦心经营十多年,毕业学生达数百人,对中医事业起到承先启后的作用。还曾任北平市中医考试委员会委员和北平国医分馆董事等职。他医术过人,德高望重,被尊为北京四大名医(萧龙友、孔伯华、施今墨、汪逢春)之首。

新中国成立后仍操旧业,并经常为中央领导人诊病。1949年任北京市各界人民代表大会代表。次年任北京市中医师考试委员会委员。1951年7月被聘任为中央文史研究馆馆员。1954年起历任第一、二届全国人民代表大会代表,中医研究院顾问、名誉院长,中华医学会副会长,中国科学院生物学地学学部委员,北京中央人民医院中医顾问等职。1960年10月20日病逝,终年90岁。

萧龙友重视辩证论治,主张四诊合参,更重问诊。精内科,尤擅治慢性弱症。他十分重视医德,曾作医范十条,认为医家应该心正意诚,有道有术,重伦理。他强调治医必学医史,不知史者无以为良医。他念念不忘培养中医人才,于1954年召开的第一届全国人民代表大会上,提案设立中医学院,后被政府采纳。萧龙友的临症方案及遗稿很丰富,去世后,家属遵照他的遗愿,将他珍藏的数千册医书和文物古董分别捐献给中医研究院、北京中医学院和故宫博物院,政府向家属颁发了奖状。

萧龙友于医学之外,诗词书法造诣亦深。其医诊脉案,不仅有医道价值,且为书法精品。他九十高龄时,臂虽痛指尚强,所作楷书册页,仍结构严谨,笔力雄健浑厚,现为中央文史研究馆收藏。

主要著作及遗稿有《整理中国医学意见书》、《现代医案选》、《医药长编》初稿、《医籍选录异同论》、《群书撮要释疑》、《不息翁诗文集》等。

罗介丘

(1891—1981)

罗介丘,曾用名罗猎,湖南邵阳人,1891年11月19日生。幼时读私塾。毕业于湖南中路中学预科(1911 年)、湖南旅鄂中学(1915 年)及北京朝阳大学法律科(1924 年)。因系农家子弟,生计不裕,学膳杂费,多赖自己筹措,故有时就工罢学,有时半工半读。辛亥革命时期,曾参加湖南学生军。袁世凯称帝时,参加讨袁活动,担任联络湘鄂军警工作。在北京入学时,参加"五四"运动,为被拘禁太和殿的学生之一。大学毕业后,在京、津、沪、宁任报社编辑,倾向革命,因反对段祺瑞政府的善后会议,被军警索捕。1929 年后历任山东、安徽财政厅主任秘书、安徽大学教授、安徽通志馆编纂。1937 年后历任湖南财政厅主任秘书、湖北财政厅主任秘书代行厅长职务、财政部湖南田赋管理处主任秘书。1942 年转入重庆,任财政部财政研究委员会专任委员兼主任秘书,嗣任国库署主任秘书。抗日战争胜利后赴南京,仍在国库署供原职。在财政部期间,先后参与编纂《田赋会要》、《财政年鉴续编》等书。

新中国成立后,参加前财政部员工联合会帮同办理接收工作,曾任南京私立重辉商业专门学校教授、财政部税务总局专卖总公司编辑兼中央税务学校教授。1950 年春,董必武召他来京,先在财政部税务总署秘书室工作,1951 年 7 月被聘任为中央文史研究馆馆员。1981 年元旦病逝,终年 90 岁。

罗介丘著有《安徽通志稿财政考》二十卷、《物产考》五卷、《安徽通志职官考》、《南明史劄记》等。其《历代科技列女传》已成初稿。他对南明史很有研究,在文史馆期间曾与柳亚子合作撰写《南明史》。后因柳卒作罢。新中国成立后,他心情舒畅,赋诗甚多,多联系时事,可助考史,有关中央文史研究馆学术活动之作逾百首,弥足珍贵。

梁启勋

(1876—1965)

　　梁启勋,字仲策,广东新会人,1876 年 4 月 16 日生。梁启超之弟。早年在康有为万木草堂修业。1896 年在上海《时务报》担任修改译稿工作。1902年入上海震旦学院(后改为复旦大学)读书。后旅居美国数年。1912 年任天津《庸言》杂志撰述,翌年任《大中华》杂志撰述。1914 年任北京中国银行监理官,又任币制局参事。1928 年脱离政界。1931 年执教于青岛大学。1933 年在交通大学、北京铁道管理学院任训育主任。1938 年任职于中国联合准备银行。北平解放前夕,他为北平地下党组织做过有益的工作。

　　1951 年 7 月被聘任为中央文史研究馆馆员。1965 年11 月 14 日病故,终年 89 岁。

　　梁启勋著有《词学》二卷、《稼轩词疏证》六卷、《中国韵文概论》三卷、《曼殊室随笔》五卷、《海波词》四卷。还翻译过《大社会》,后更名为《社会心理之分析》。

梁启勋还擅长填词,其《海波词》专门咏梅者,用《菩萨蛮》调,先后达二百余首,邵章评之为"不雕琢而自成格调,宋人之佳境也"。他甚擅艺花,亦享誉北京。

楚中元

(1893—1975)

楚中元,号吟豪,笔名楚原,湖南湘潭人,1893 年 7 月 11 日生。先后毕业于湖南第一师范学校和北京师范大学史学研究科。历任广西大学、江苏省立第十一中学、湖南省立湘潭女子师范学校、湘潭中学、长沙岳云中学等校文史教员共约 30 年。

新中国成立后,曾入华北革命大学政治研究院学习。1951 年 12 月经毛主席批示,被聘任为中央文史研究馆馆员。1975 年 10 月 29 日病故,终年 82 岁。

楚中元学识渊博,一生献身教育事业,诲人不倦,于授课中,经常给学生讲时事,抨击时弊,伸张正义,引起当局不满,多次被辞退。他擅诗词,著有《楚原诗痕》。

彭主邕

(1866—1957)

彭主邕,字居余,湖北武昌人,1866年12月11日生。前清武昌府学优廪贡生,1906年以知县分发山东,历署平原、招远、德平、临沂等县知事。曾任长清、沂水知事,署琅琊道道尹。1928年到北京,历任河北大学、郁文大学、中国大学、华北大学、北京师范大学讲师、教授等职。新中国成立后,因年迈休职。

1951年12月被聘任为中央文史研究馆馆员。1957年11月18日病故,终年91岁。

彭主邕擅诗词,早年曾参加稊园诗社。工楷书。

汪曾武

(1866—1956)

汪曾武,字仲虎,晚号鹣庵,江苏太仓人,1866年1月

16日生。1884年入镇洋县学为附生。1890年湖广总督张之洞聘为文案。1894年江南乡试中举人。次年在北京参加会试期间,曾参加康有为发起的"公车上书"活动,公推为代表呈书光绪,授五品衔。1903年,张之洞奏保人才,授四品衔,发交巡警部以主事补用。旋改民政部借补七品京官,历任承政厅机要科帮主稿、三海工程监督、大明濠工程监督等职。1909年任民政部机要科正主稿、宪政编查馆《光绪政要》协修、内阁法制院第二科主任。次年升员外郎。民国成立后,任北洋政府内务部荐任佥事、平政院第一庭书记官。1929年起,回原籍休养治足疾。1949年7月重返北平。

1951年12月被聘任为中央文史研究馆馆员,1956年2月病故,终年90岁。

汪曾武著有《味莼词》六卷、《唐言问答》一册、《娄东书画见闻录》四卷、《述德小识》、《平阳杂识》、《历代泉币考略》等。

陈枚功

(1878—1975)

陈枚功,字畅清,广西临桂人,1878年11月生,清光绪庚子、辛丑并科举人，以知县分发安徽任婺源县太白税局总办。民国成立后，曾任宜昌关监督署、长沙关监督署科长，湖北应山县财政委员，阳新、汉川、宜都等县县长。后又历任河北印花税局主任秘书、山东盐运使署秘书、北平市管理坛庙事务所股长、北平市烈毒人犯审判处副处长、处长等职。

　　1951年12月被聘任为中央文史研究馆馆员。1975年7月25日病逝，终年97岁。

李广濂

(1879—1968)

　　李广濂，字芷洲，河北深县人，1879年11月生。中国国民党革命委员会成员。1909年己西科优贡。日本东京弘文学院理化专修科毕业。回国后在山东省优级师范学校任教四年，在山西省任视学一年。入民国后，当选为顺直省议会议员、第一届国会参议院议员。1917年追随孙中山先生参加护法运动，南下广州出席护法国会，驻粤五年。1924年12月第一届国会解散后，又任河北省议会议员三年。后来京寓居教授生徒，嗣任保定莲池学院学监兼讲师。"七七"事变后一直赋闲。

　　1951 年 12 月被聘任为中央文史研究馆馆员。1968 年 12 月 10 日病故,终年 89 岁。

　　李广濂长于诗文及考古金石之学,著有《芷洲诗钞》、《静颐斋文稿》、《古泉拓本》五卷。

戴宝辉

(1876—1952)

　　戴宝辉,字伯璇,贵州贵阳人,1876 年生。清廪生,1903 年癸卯科举人,次年甲辰科进士。签分刑部主事,兼在进士馆学习法政。旋派赴日本,1907 年在东京法政大学毕业。回国后,历任法部举叙司、审录司、制勘司管股主事,直隶法律学堂监督、教务长,嗣被直隶提法使齐跃琳聘为法律顾问,直隶提学使傅增湘聘为己酉科考试优拔贡襄校官。辛亥革命后,加入同盟会,历任南京民国大学法科教授、代理校长、上海江宁地方审判厅推事、江苏法政专门学校教员、江苏高等审判厅推事、沈阳地方检察厅检察官、奉天高等检察厅检察官。1922 年后历任察哈尔都统署审判处审理员,察哈尔省政府民政厅第一科科长、河北省政府法令编审委员会委员、河北省县长考试委员会襄校员。1930年在北京、天津等地执行律师业务。1931至1948年任辽宁省立第一师范学校及同泽中学国文教员，并在东北各省法院执行律师职务。

1951年12月被聘任为中央文史研究馆馆员。1953年2月20日病逝，终年77岁。

戴宝辉著有《法政讲义》、《双藤书屋吟草》等。

漆运钧

(1878—1974)

漆运钧，字铸城，号松斋，贵州贵筑人，1878年12月24日生。清县学附生，日本早稻田大学政治经济科毕业。留日期间，曾聆听孙中山先生的讲演，并参加了中国同盟会，出席成立大会。1910年春，孙中山先生曾致函漆运钧勉以联络贵州省人士，协助革命运动，漆运钧以实际行动响应。同年夏回国，应学部考试，中法政科举人，次年廷试列二等，授七品京官，任田赋司行走。辛亥革命后，历任北洋政府农林部佥事、水产司第一科科长，农商部主事、佥事、渔牧司科员、编辑处帮办，实业部佥事、编辑处处长。曾兼任北京各大学讲师。后历任南京政府工商部一等科员、监察院档件室主任、文书科科长。1948 年退休,闭户专研经史。

1951 年 12 月被聘任为中央文史研究馆馆员。1974 年 11 月 29 日逝世,终年 96 岁。

漆运钧精读古籍,著有《四书集字说文钞》、《十三经集字》、《春秋左氏传人表》和多种读书札记以及清史研究笔记。译有《日本史要》、《日本地理要论》等。此外,他还为文字改革工作作出了自己的贡献。

石荣暲

(1880—1962)

石荣暲,字莨年,湖北阳新人,1880 年 4 月生。山西法政学堂毕业。历任山西调查局法制股股员、山西高等审判厅民庭庭长、山西中路观察使署内务科科长、冀宁道署内务科科长、山西法政专门学校刑法教员、山西兴县知事、吉长铁路局文书课课长兼铁路附属学校校长、吉敦铁路局总务科科长代行局务、交通部参事、财政部参事、华北水利委员会秘书。"九一八"事变时来京,潜心撰述,研究边疆史籍。

1951年12月被聘任为中央文史研究馆馆员。1962年10月9日病逝，终年82岁。

石荣暲著有《库页岛志略》四卷、《元代征倭记》一卷、《吉敦铁路调查录》四卷、《合河政纪》四卷、《陈秋门先生年谱》二卷、《尼泊尔志略》二十卷、《布鲁克巴志略》四卷、《哲孟雄志略》三卷、《山西风土记》二卷、《雪山探险记》二卷、《古今藏书家考》八卷等。

吕式斌

(1883—1955)

吕式斌，字允甫，山东文登人，1883年8月生。幼年随父来京附读。1906年丙午科优贡，朝考一等，历任法部七品京官、法部主事。入民国后，1912年任大总统府秘书，1914年补政事堂机要局佥事，1916年补国务院统计局佥事兼任国务会议事务处主任，1923年补法制局参事，仍兼国务会议事务处主任。1930年1月任河北印花税局秘书，同年9月辞职。1934年11月任察哈尔省教育厅主任秘书，1937年察哈尔失陷，回北平闲居。1938年4月任北平电车公司秘书课课长。1946年5月任门头沟煤矿司专员、助理管理师。

1951 年 12 月被聘任为中央文史研究馆馆员。1955 年 10 月 19 日病故,终年 72 岁。

吕式斌素喜研究古代文化,尤擅隶书,撰有《隶篇后编》十四卷。此作搜罗宏富,摹写工整,在《隶辨》、《隶篇》之上,想见作者生前辑亡补佚,用力綦勤,惜未能付刊。1965 年 3 月吕氏家属将遗著原稿赠中央文史研究馆。著作还有《今县释名》六卷。

胡先春

(1876—1956)

胡先春,号元初,别号炳炎,安徽六安人,1876 年 2 月生。清附贡,湖北法政学堂毕业。湖北候补知府,署黄州府、武昌府知府,曾任北洋政府交通部金事科科长。后赋闲,参加北京秭园诗社、蛰园诗社。抗战胜利后任职于北平电信局。

1951 年 12 月被聘任为中央文史研究馆馆员。1956 年 11 月 7 日病故,终年 80 岁。

胡先春精书法,工楷书,结字平稳严谨,秀丽大方;擅诗词,著有《柳榭诗词稿》。

祝先棻

(1874—1960)

祝先棻,号剑云,笔名萍影,安徽六安人,1874年2月生。清增贡生。湖北候补知县,曾代理湖北恩施知县。后历任湖北施鹤道署承审委员、平绥铁路局课员、平汉铁路北段办事处课员。

1951年12月被聘任为中央文史研究馆馆员,1960年6月26日病故,终年86岁。

祝先棻诗文造诣颇高,平生以著述自遣。著有《萍影诗草》、《萍影集作》、《守虚白斋楹联录存》、《守虚白斋集句联》、《萍影杂录》、《宫闺集玉》等。

宋庚荫

(1882—1960)

宋庚荫,号筱牧,河南郑县人,1882 年 6 月 23 日生。清廪贡生,译学馆毕业,举人。曾任清法部举叙司主事。入民国后,历任司法部佥事、大理院荐任书记官、法部宪政编查处法律编纂员、司法部总务厅文书科及庶务科科长、大理院民事第二科及第四科科长等职。曾参加梯园诗社。

1951 年 12 月被聘任为中央文史研究馆馆员。1960 年 6 月 6 日病故,终年 78 岁。

宋庚荫擅诗文,著有《樾园文存》、《双桐馆杂钞》、《双桐馆击钵吟》等。

徐德培

(1878—1951)

徐德培,字笃夫,一字南村,江苏兴化人,生于 1878 年。早年就读于南京两江师范学堂,留学比利时、德国、奥地利,专攻电政。后应南洋群岛中华商会之聘,任教于爪哇市中华学校及印度尼西亚与奥地利等地。1911年回国,参加革命文化团体南社,追随孙中山革命,历任南京临时政府交通部电政司佥事科科长、汉口电话局局长、交通部参事等职。

1951年12月被聘任为中央文史研究馆馆员,同年12月26日病故,终年74岁。

徐德培著有《盐铁论集释》、《中国历代钱币考》、《齐梁陈书诂》、《隋碑考证》、《南村杂志》、《南村诗文集》、《平面几何学问题详解》等,均是有学术价值之作。

马宗荛

(1883—1959)

马宗荛,字竟荃,辽宁开原人,1883年12月8日生。1909年己酉科拔贡,次年考取法官。1917年北京大学法科毕业,1919年北京大学国文研究所毕业,同年考取高等文官,分发教育部。后任北京大学预科补习班国文教员。1920年任奉天文学专门学校教授,讲《文选》、经学。1923年任东北大学国文系主任教授,讲

《文选》、《毛诗》、《尔雅》。1934 年任北平大学工学院国文讲师。次年任章氏国学讲习会讲师,讲《庄子》。1936 年任齐鲁大学国文系教授,讲《文选》、《说文》、《尚书》,兼任国文研究所主任。1940 年任北平师范学院国文系讲师,讲《尔雅》、《史记》;1944 年转为教授。次年任北平大学补习班第七班国文系教授,讲《尔雅》、《史记》。1946 年任北平师范大学国文系讲师,讲《水经注》。1948 年任蒙藏学校国文教员兼任国立东北大学国文系教授,讲《毛诗》、《史记》。

1951 年 12 月被聘任为中央文史研究馆馆员。1959年 3 月 3 日逝世,终年 76 岁。

马宗芗研究经史诸子,造诣甚深。著有《尔雅本家考》一卷、《释宫室》一卷、《训诂说略说》一卷、《毛诗集释》三十卷、《尚书章氏学》二十八卷、《音韵学讲义》四卷、《说文章氏学》十五卷、《水经注引用书目考》一卷、《太史公疑年考》一卷、《汉书地理志今释》二卷,主要是弘扬章太炎之学,都有一定的学术价值。

刘综尧

(1872—1954)

刘综尧,号宗尧,原名培极,笔名衍星社主人、慧极,河北任邱人,1872年6月生。1909年己酉科优贡。历任曲阳县书院山长、直隶学务处查学委员、深县知事、全省警务处提调、北洋政府大总统府谘议、直隶高等师范学堂及高等专门学堂教习、北京大学堂预科教务长、保定莲池学院教习、东方文化会《续修四库全书》纂修、河北省通志馆纂修。

1951年12月被聘任为中央文史研究馆馆员。1954年8月23日病逝,终年82岁。

刘综尧著有《春秋左氏讲义兼公穀平议》、《周礼讲义》、《左传文法读本》、《楞严经释要》、《经论新说辨误》、《周易十翼要旨》、《老子释要》、《庄子释要》、《中国史讲义》、《文学钩玄》、《中国古学实验证据》等。

钟刚中

(1885—1968)

钟刚中,字子年,笔名柔翁,广西南宁人,1885年5月生。1904年甲辰科进士,授吏部主事。历任湖北通山知县,直隶成安、宁晋县知事,后退隐不仕。曾参加北京稊园诗社和蛰园诗社。

1951年12月被聘任为中央文史研究馆馆员。1968

年4月13日病故,终年83岁。

钟刚中一生殚心古籍,对中外历史均广为涉猎。又擅诗、书、画、篆刻,被誉为文坛奇人。其治印艺术充分体现了中国印艺神、奇、巧的精髓,强调刀法必须服从笔法,刀法与笔法的高度统一,作品古拙朴茂,极富秦汉韵致。

陈祖基

(1880—1953)

陈祖基,字少胡、啸湖,云南宣威人,1880年生。清廪生,曾修业于云南师范学堂,1909年己酉科拔贡,朝考二等第一名,分发广东补用知县。辛亥革命后回滇,主办云南《民报》。云南共和党支部成立,被选为理事。第一届国会众议院议员。国会解散后,闭门读书。1916年8月第一次恢复国会时,仍为众议院议员。1917年随孙中山先生南下护法,为护法国会众议院议员。未几,任粤赣湘边防军务督办署军法处处长兼秘书。1922年8月第二次在北京恢复国会时,再任众议院议员。1924年12月国会宣告撤销后在京赋闲。1927年11月朱培德任江西省政府主席时,赴南昌任朱的私人秘书,1937年朱病逝,遂失业。1940年在南京被聘为图

书专门委员会委员,后改为顾问。抗日战争胜利后,就励志中
学高中国文教员。

　　1951年12月被聘任为中央文史研究馆馆员。1953
年2月13日病逝,时年73岁。

　　陈祖基著有《车茵集》一卷、《庐山游草》一卷、《秋江集》
四卷、《残梦集》四卷、《豫章集》一卷、《景袁堂文存》一卷、
《景文堂词》一卷等。擅书法,能写钟鼎文、石鼓文、小篆等。

陈宗蕃

(1877—1953)

　　陈宗蕃,字莼衷,福建闽侯
人,1877年生。1902年补行庚
子、辛丑并科乡试举人,1904
年甲辰科会试进士,旋由进士馆派赴日本,在法政大学毕
业后回国。前清及北洋政府时期,历任刑部主事,邮传部主
事、审计院审计官、决算委员会坐办、国务院统计局参事、
法律编纂会编纂。后历任北京大学、中华大学、平民大学、
尚志学会学校民法讲师,财政学校商科讲师,税务专门学
校国文讲师,及中国银行总管理处总文书,中华懋业银行
副总经理、总秘书,北京银行公会秘书。

　　1951年12月被聘任为中央文史研究馆馆员。1953年

2月21日病逝,终年76岁。

陈宗蕃著有《燕都丛考》、《淑园文存》、《淑园诗存》、《亲属法通论》、《文学之抽象观》、《北平赋》等。其《燕都丛考》1991年由北京古籍出版社重印行世。

杨德懋

(1872—1959)

杨德懋,字铭修,贵州贵阳人,1872年7月18日生。清贵阳府学优廪生,1897年丁酉科乡试举人,1907年丁未科考中一等知县,签分浙江省补用,署临安县知县,调鄞县知县。1914年代理贵州平越县知事、永从县知事。1924年起留寓北京,任平绥铁路局秘书,补一等课员,兼任铁路医院医务主任。1934年起以中医为业。1945年兼任北京国医学院教授。

1951年12月被聘任为中央文史研究馆馆员。1954年9月将历年珍藏的古泉一千余品无偿捐献给国家文物部门,受到褒奖。1959年10月10日病逝,终年87岁。

杨德懋著有《中医医药学易简初编》二卷、《历代古泉聚珍图注全编》三卷。均为博雅翔实之作。

姚　莹

(1884—1969)

姚莹，字农青，安徽桐城人，1884年2月生。自幼在家研习古典文学，后入上海南洋公学肄业。1909年由本省派赴英国，入皇家学院矿冶预科，后转歇菲大学冶金本科。中间因事回国，曾在本县中学任课，旋复赴英国续学，毕业后进工厂实习。1916年回国，所学无法施展。次年任北京民国大学英文讲师，不久该校停办。1923年任陆军部技正，实为闲职，兼在北京大学、交通大学讲授国文。1931年回皖，任安徽大学国文教授，讲诗、古文，兼课冶金化学。1934年任北平中国大学国文教授，讲经、子、诗、古文及汉魏乐府。1947年兼应燕京大学特约诗学讲师。

1949年北平解放后入华北大学政治研究院学习。1951年12月被聘任为中央文史研究馆馆员。1969年1月26日病故，终年85岁。

姚莹著有《二南解症》、《炼钢小史》、《选读白诗的意见》等。

洪　镕

(1877—1968)

洪镕,字铸生、竹孙,安徽
芜湖人,1877 年 2 月 9 日生。
自幼熟读孔孟之书,少长就读
于上海。1901 年入日本帝国高等工业学校工科。1904 年学
成归国,经科考中工科进士,授翰林院编修、国史馆协修,
继任高等实业学堂工科教习。辛亥革命后,受南京临时政
府教育总长蔡元培之聘,首任国立北京高等工业专门学校
校长。1918 年曾与蔡元培联合举办"学术讲演会",对开创
我国学术民主新风气起了有力的促进作用。"五四"运动
中,他同情并积极支持学生的爱国行动,为营救被捕的学
生,与蔡元培等奔走呼号,乃至两次辞职以抗议北洋政府
的暴行。1922 年,终因不满军阀政客的腐败,愤而辞职归
里,在广福矶筹办私立芜湖工业专门学校,历时三年,学校
建成,1931 年因经费无着,被迫停办。嗣后寓居北平。

1951 年 12 月被聘任为中央文史研究馆馆员。1968
年 6 月 15 日病逝,终年 91 岁。

洪镕虽攻读工科,但对我国古代典籍深有研究,善诗
词翰墨。1961 年曾将个人收藏的珍贵古籍图书 1358 种
(共计 14157 册,其中列入国家甲级善本书的就有 113 种,

2124册)和部分字画,无偿捐赠给芜湖市图书馆,赢得社会广泛赞誉。芜湖市文化局为表彰这一义举,在市图书馆内特设"洪镕藏书陈列室",并树立了洪镕捐书纪念基石。

吴家驹

(1878—1964)

吴家驹,字子昂,湖南湘潭人,1878年4月5日生。1898年考入县学。1902年官费派赴日本,入东京明治大学政科,1908年毕业归国。旋应学部考试,列优等。同年9月,任教于天津北洋法政专门学校。1911年12月卸职回湘,次年2月任湖南公立第二法政专门学校经济系主任教员。1913年1月辞职入京,任北京法政专门学校及明德大学讲师,同时就任京师高等检察厅首席检察官。1914年9月任贵州高等审判厅厅长。1916年8月任北京国立法政专门学校校长。1918年12月任河南高等检察厅厅长。1920年11月任黑龙江高等审判厅厅长。1925年1月任京师高等检察厅厅长。1928年1月辞职闲居。1930年12月任河北定县实验县长。次年10月被河北省政府聘为单行规章编审委员会主任委

员。1932 年 2 月任河北省立法商学院院长、法律系主任,
兼河北教育厅诉愿案件审议会顾问,1934 年辞职。此后寓
居北京十一年之久。1946 年 3 月起执行律师业务。

　　1951 年 12 月被聘任为中央文史研究馆馆员。1964
年 10 月 20 日病故,终年 86 岁。

钱来苏

(1884—1968)

　　钱来苏,原名钱拯,字来
苏, 笔名太微, 祖籍浙江杭
县,1884 年 6 月生于奉天奉
化(今吉林省梨树县)。北洋高等师范学堂毕业,1904 年赴
日本,毕业于早稻田大学。回国后,先后在奉天创办辅华中
学,在吉林创办《吉林日报》,宣传反清救国。曾任吉林优
级师范学校教员。1910 年加入中国同盟会。辛亥革命时曾
任辽西招抚使、关外都督府军事参议官,参加辽阳立山屯
起义。失败后被捕入狱,民国成立后获释。1912 年加入中
国国民党,参加过反对袁世凯的活动。后任保定陆军军官
学校教官。"五四"运动时在保定育德中学任教,指导组织
保定学生联合会,响应北京的爱国学生运动。"九一八"事

变时在哈尔滨任东三省特别行政长官公署秘书长、东三省
边防司令长官公署参议，反对国民党政府的不抵抗政策。
抗日战争爆发后到山西，任第二战区司令长官部少将参
事。此期间常与八路军驻二战区联络处来往。1943年3月
赴延安，任陕甘宁边区政府参议，并参加怀安诗社。1948
年5月加入中国共产党。

　　1951年12月被聘任为中央文史研究馆馆员。1968
年12月3日逝世，终年84岁。

　　钱来苏在延安时，常与林伯渠、谢觉哉诸老唱和，著有
《孤愤草》、《初喜集》两部诗集和《太微文钞》。

王冷斋

(1892—1960)

　　王冷斋，原名王仁则，字
若璧，笔名冷公，福建闽侯人，
1892年3月23日生。爱国人
士。

　　王冷斋家世寒儒，少时即爱读书，1908年福建陆军小
学肄业。1911年参加辛亥革命。1916年保定军官学校第
二期毕业。旋在上海参加讨伐袁世凯称帝，1917年参加江

浙联军讨伐张勋复辟。后调任北洋政府陆军部咨议。1918
至1927年的十年中,先任亚东通讯社总编辑,后创办远
东通讯社和《京津晚报》社,自任社长。"五四"运动时,积
极宣传、声援学生的爱国行动。常以报人身份,指摘军阀
祸国殃民,抨击曹锟贿选尤不遗余力。因此,《京津晚报》
两次被封,王亦被通缉。1928年一度参加国民革命军北
伐,不久即辞职,迁居上海,从事写作,同时潜心研习史学
和诗学,约历五年。1935年冬应北平市长秦德纯邀请,任
北平市政府参事兼宣传室主任。1936年任河北省第三区
行政督察专员兼宛平县县长。"卢沟桥事变"期间,作为事
变地区的主要负责人,在同日军谈判、交涉中,坚持守土
有责、寸土不让的高度民族气节和爱国精神。后随二十九
军撤转平汉津浦,坚持抗战主张。1939年春,离军去香港
治病。日军占领香港后,到桂林任大同银行监察。抗战胜
利后,应远东国际军事法庭之邀,赴东京为审判日本战犯
出庭作证。1946年在北平定居。

　　1951年12月被聘任为中央文史研究馆馆员,次年被
聘任为北京市文史研究馆副馆长。是中国国民党革命委
员会成员,第二、三届全国政协委员,北京市政协委员。
1960年6月21日逝世,终年68岁。

　　王冷斋擅诗文,著有《卢沟桥事变始末记》、《卢沟桥
抗战纪事诗》等,已由北京市政协文史资料委员会编为
《卢沟桥抗战记事》一书出版。他亦善书法,工正书、行草,
正书平稳谨严,清秀妩媚;行草笔画劲练,神情流畅。

蔡可权

(1881—1953)

蔡可权,号公谌,江西新建人,1881年生。清秀才,江西心远学堂毕业。历任北洋政府交通部秘书,津浦铁路局课员、课长、秘书和北京公路局秘书等职。曾参加北京稊园诗社。

1951年12月被聘任为中央文史研究馆馆员。1953年1月4日病故,终年72岁。

蔡可权著有《或存斋诗文》、《获古录》、《阴符经初解》、《墨子浅说》等。所著《道德经玄赞》曾获得著名诗人陈三立赞赏。

王汉澂

(1880—1962)

王汉澂,字必澂,江苏南京人,1880 年阴历正月生。

1909 年己酉科拔贡,翌年朝考一等,授七品京官,分度支部,任通阜司清理财政处科员,并在度支部财政讲习所毕业。民国成立后,调补财政部主事、佥事,泉币司、币制局、赋税司科员,并在内务部地方行政讲习所毕业。后以县知事任用,历任京兆地方自治筹备处秘书,京兆尹公署会计课、司法课、农林课主任兼秘书,大兴县承审官,河北雄县官硝分处经理,河南郑县官硝分处经理,京绥铁路局文书课办事,京兆烟酒局牌照股主任,丰台烟酒办事处经理,北平市工务局主任秘书。

1952 年 6 月被聘任为中央文史研究馆馆员。1962 年 4 月 5 日病逝,终年 82 岁。

王汉澂著有《槐荫轩读书劄记》。

沈 蕃

(1893—1960)

　　沈蕃,字稚友,江苏东海人,1893年9月7日生。中国农工民主党党员。1908年入京师法政学堂预科,后入政治经济本科,1913年毕业。1919年10月由北洋政府交通部派在参事厅办事,兼任编译处编译,1922年7月以荐任佥事改派在路政司办事,1923年1月任总务厅机要科副科长,次年任邮政司稽核科科长兼交通史编纂委员会校订员、本部关税会议筹备委员会委员及国务院财政善后委员会专员等职。1926年7月至12月兼署京绥铁路管理局副局长。次年4月任南京政府交通部秘书,9月任航政司司长。1929年调任交通部参事,派充监督招商局公署秘书长,旋改派北平保管处主任。1937年任铁道部平汉铁路管理局主任秘书,次年调任总务处处长。1939年任重庆国民政府交通部停业铁路保管委员会委员、路政司停业铁路保管组副组长,平汉铁路保管处主任。1946年任资源委员会锦屏磷矿公司董事兼总经理,1948年因病去职。次年来京。

　　1952年6月被聘任为中央文史研究馆馆员。1960年12月4日病故,终年67岁。

沈蕃于 1929 年编有《中国之水运》。

李宏惠

(1886—1957)

李宏惠,字常定,曾用名容恢、云麾,笔名寄缘、茹荼,原籍江西临川,寄籍广西临桂,1886 年阴历四月初九生。1905 年加入中国同盟会,次年毕业于广西师范学堂。历任南京两江优级师范学堂讲义管理员、江南高等巡警学堂文案兼教习、广西优级师范学堂监学并襄办《南风报》,宣传革命。辛亥革命时加入学生军,出师武汉。民国成立后回江西原籍襄办国民党党务,后辗转湘、皖、宁、沪、粤等地,举义讨袁。旋赴新加坡等地襄办《国民日报》、《光华日报》,赴苏门答腊等地筹募革命基金,曾被派为孙中山先生的南洋筹饷总代表和《苏门答腊》日报主笔。1916 年冬归国,先后在广州《新民国报》、《珠江日刊》任编辑,在汕头办《潮商公报》,在桂林《桂林日报》任主笔。1928 年随军北伐,此后历任山东聊城、昌邑和江苏涟水三县县长。抗日战争爆发后,任江苏省省会救济院院长。南京失守后,避难桂林,住宅遭敌机炸毁,遂赴重庆。先后任国民政府教育部特约编辑,国立编译馆临时编译,重庆边疆学校、江津第九中学和内江沱江中学教员。去职后,潜心读书著述。1949年由川至沪,1951年来京。

1952年6月被聘任为中央文史研究馆馆员。1957年11月13日病逝,终年71岁。

李宏惠著有《柳子厚永州八记疏》、《大学贯释》、《诗义发覆》、《明经正字》、《朝鲜与中国关系历史》、《识字韵语》等。

汪 榘

(1883—1954)

　　汪榘,字仲方,安徽旌德人,1883年7月生。清末京师大学堂预备科毕业。1908年经学部考试授举人,以司务签分吏部补用,1911年改分度支部,以七品京官行走。民国成立后,任北京临时政府印铸局公报股编纂,1913年财政部委以主事派任会计司科员。1916年交通部调用,派任邮政司副科长、代理科长。1928年改任南京政府交通部科员。1931年清华大学聘任为文书主任,在职半年,因病辞职。1933年10月铁道部调用,派任北宁铁路局秘书兼本路考试委员会事务主任。1935年12月因局务改组辞职。1946年北平市政府派任代理秘书。任事一年,改委市政府参议,旋即辞退。

1952年6月被聘任为中央文史研究馆馆员。1954年5月26日病逝,终年72岁。

汪鸾翔

(1871—1962)

汪鸾翔,字巩庵,一字公严,笔名喜园,广西桂林人,1871年3月生。1885年考中秀才,后入广东广雅书院肄业三年,1891年辛卯科举人,1892年入京考取国子监南学肄业六年,攻习算学、文学等科。1898年加入康有为创立的保国会,参加维新运动。戊戌变法后,赴武昌,在文普通中学堂、方言学堂、师范学堂、农业学堂、工艺学堂及湖南旅鄂中学堂任博物理化教员。1907年入京,任北京第一师范学堂物理化学教员,顺天高等学堂教务长。入民国后,历任天津北洋法政学堂、河北优级师范学堂地理学教员,清华大学、河北大学、民国大学中国文学教授,北京国立美术学院等校中国画及中国美术史教授。1941 年后,因年迈赋闲家居。

1952 年 6 月经董必武推荐被聘任为中央文史研究馆馆员。1962 年 7 月 23 日病故,终年 91 岁。

汪鸾翔学识渊博,对中国传统文化有相当高的造诣,涉猎面甚广。喜作古文诗词,著有《秋实轩诗集》《秋实轩文集》《秋实词钞》《诗门法律》及《古诗句法研究》等。对中国画尤所专长,初学中法,继学西法,历数十年。晚年更融会中西画理画法,删改古画法十三科,加入图案、标本、写实等科,期归实用。他的山水画风格清幽澹远,工致细微而又气势恢宏,很有特色。他 84 岁时,用黄子久画法,写杜少陵诗意"涧水空山道,柴门老树邨"山水册页,表现出他的画艺成就。此画现藏于中央文史研究馆。他对现代自然科学,如物理、化学研究较深,于生物、数学亦很爱好。他是董必武清末在武昌文普通中学读书时的老师。

陆和九

(1883—1958)

陆和九,以字行,原名开钧,号墨庵,湖北沔阳人,蒙古族,1883 年 8 月 7 日生。1899

年考中秀才,1903 年汉阳府中学毕业。后赴京,吏部学治馆法政班肄业,旋任津浦铁路总局书记。辛亥革命时回湖北,任武昌文华大学译学馆馆长兼汉文科科长、湖北襄阳师范学校教员,后任北洋政府内务部礼俗司第四科编辑。去职后在山东、河南等地从事文物考古工作。后又赴京,历任中国大学讲师,民国大学教授,辅仁大学名誉教授及兼任教授三十余年,讲授金石学。

1952 年 5 月辞辅仁大学兼任教授职,6 月被聘任为中央文史研究馆馆员。1958 年 1 月 13 日病逝,终年 75 岁。

陆和九是金石文字考古学家,善国画。著有《金石学》(二册)、《古器物学》、《中国文字学》、《篆刻学》、《金石文例》(二册)、《中古文学史》、《汉武氏石室画象题字补考》、《考古学通论》(二册)等,对金石考古之学的建立,做出了宝贵贡献。

武郁芳

(1880—1973)

武郁芳,以字行,曾用名文斌,笔名渔舫,河南杞县人,回族,1880 年 11 月 17 日生。幼随父读书，少长入私塾，1909年己酉科岁贡。旋入河南法政学堂，1912年毕业。辛亥革命时，与同学组织共和急进党，响应武昌起义。历任湖北兵站总监秘书处主任、河南高等法院推事、彰德地方法院检察官。1919年赴京应第二届文官高等考试，以法律专科优等及格，分发北洋政府审计院，供职高等文官审计员近十年。1928年政府迁南京，遂留北平从事教育，曾应聘为华北大学、中国大学、民国大学政经各系教授，及华北中学、成达师范、嵩云中学、西北中学文史各科教员。至抗日战争爆发，流亡后方，复应聘到河南中学、建国中学执教，并担任河南省通志馆采访、纂修等职。抗战胜利后，任北平市政府会计处处员，1947年8月辞职。

1952年6月被聘任为中央文史研究馆馆员。1973年8月29日病逝，终年93岁。

武郁芳素喜研究中国历史、文字，著有《中国近百年革命史纪要》、《中国文字音韵新编》、《勿忘轩集》等。

孙人和

(1894—1966)

孙人和，号蜀丞，江苏盐城人，1894年生。北京大学国文系毕业。1929 年后历任中国大学国文系教授,北平师范大学、北京大学国文系讲师,民国大学教授,辅仁大学国文系名誉教授,北京古学院文学研究会研究员,河北大学、暨南大学教授,以及北大、师大名誉教授等。

1952 年 6 月被聘任为中央文史研究馆馆员。1966 年 11 月病故,享年 73 岁。

孙人和著有《论衡举正》四卷、《抱朴子校补》一卷、《校定花外集》一卷、《选学厄言》四卷、《三国志辨证》四卷等,都是很有参考价值的学术著作。还编有《唐宋词选》。

孙诵昭

(1878—1968)

孙诵昭,女,字宋若,曾用名樗园,笔名平民,江苏无锡人,1878 年 9 月 1 日生。国画家。

孙诵昭幼承庭训,亦得力于母教,在国学、书画方面打下基础。1901 年与顾雨生结为连理。1905 年丈夫病逝,矢志以学问图画自立,旋即走出家庭,到苏州教家馆,并致力研究中西画学。不久到北京,先后任私立女学传习所艺术师范科国文、图画教员,京师女子师范学堂国文、地理、图画教师、级任教师,京师第一蒙养院国文教员。民国成立后,在北京女子高级师范学校、尚义女子师范学校教图画。1920年入北京大学画学研究会,专修中西绘画二年,后又入中国画学研究会进修五年。1929年任国立北平大学女子文理学院讲师,兼国立艺专讲师,1932年兼河北省立女子职业学校国画主任教师。抗日战争爆发后,在北平赋闲,以卖字画维持生计,有时教家馆。曾被聘为中国画学会和中国书法学会评议导师。北平解放后在女子中学和迦南孤儿院教国画。

1952年6月被聘任为中央文史研究馆馆员。1968年2月1日病逝,终年90岁。

孙诵昭生前为中国美术家协会会员,北京中国画院画师,擅长写生花卉,书法亦有成就。为纪念孙中山先生诞辰90周年而创作的《万古长青》图,古松雄姿屹立,墨竹挺然劲秀,极具象征意义,充分表达了作者对伟大的革命先行者仰慕之忱。她临摹的明代《仇英春夜宴桃李园图》,一丝不苟,足以乱真,显示出作者深厚的艺术功力。以上两画现为中央文史研究馆珍藏。著有《寒灰吟草》、《养拙斋书画课》、《书画随笔》、《养拙斋杂俎》等。

孙墨佛

(1884—1987)

孙墨佛,号眉园,曾用名孙巍,笔名半翁,山东莱阳人,1884年11月1日生。辛亥革命老人,书法家。

孙墨佛1908年加入中国同盟会,宣誓以推翻清政府为终身事业。1911年入青岛特别高等学堂,辛亥革命爆发后,转山东军官讲习所习军事。后赴大连秘密联络讨袁。1916年山东讨袁军兴,任北方护国联军总司令部秘书主任。1918年赴粤,参加孙中山领导的护法运动。1921年任军政府海军舰队司令部参议。次年6月16日,他探知陈炯明即将发动叛乱并炮击总统府,立刻密告总统府秘书长谢持转报非常大总统孙中山。孙中山连夜逃到永丰号军舰上,方得以化险为夷。1924年,孙墨佛任《胶澳商报》总经理。1927年任河南省政府秘书。次年任河南省民权县县长,1930年任山东省禹城县县长。1930年后到北京寓居,从事著述编纂工作。抗战爆发后,在后方宣传抗日,并进行学术研究。

新中国成立后,任山东省人民政府建设厅秘书,1950年因年老自愿退休返京。1952年6月被聘任为中央文史研究馆馆员。晚年被聘为中山书画社副社长，还是民革中央团结委员。1987年9月5日逝世，终年104岁。

孙墨佛一生与笔墨结缘，研书法，攻诗词，造诣很深。在任馆员的35年中又进一步潜心钻研，直至百岁高龄，仍挥毫不息。生前曾把自己的墨迹珍品捐赠给中央文史研究馆和全国许多文化单位，为国家和人民留下了大量宝贵财富。

孙墨佛曾编纂《书源》五十六卷、《孙中山先生年谱》十六卷，著有《黄粱诗草》十册。

曹景皋

(1888—1959)

曹景皋，字仲兰，湖北黄安人，1888年5月生。清禀生，两湖铁路专门学堂建筑科毕业。民国成立后，历任湖北军政府汉口市街道建筑处工程委员，京张铁路局工程文案、编辑主任。1915年襄办京师环城铁路兴修工程。次年改任京绥铁路管理局编译课课长，兼交通部审定法规委员及法规汇览编纂主任。1919年后任京绥铁路局文书课课长，历兼总务处处长、材料课课长、特派劝办实业专使秘书、铁路运输司令部秘书处处长,并筹办铁路扶轮学校及职工学校。在此期间,由于总筹尽力,迭奖勋章,并以简任职交国务院存记。1927年调任京汉铁路局秘书兼代机务处处长。1928年后任津浦铁路局文书课课长,历兼总务处处长、局务委员、军运主任、考试委员、北段管理课课长。1936年先任陇海铁路局文书课课长,后任北宁铁路局秘书。抗日战争爆发后,离职家居,专研书画。1945年复任平津区铁路局秘书,后调任平汉路专员兼文书课课长,1949年8月退休。

1952年6月被聘任为中央文史研究馆馆员。1959年1月3日病故,终年71岁。

曹景皋精于国画,代表作有《泰山图》、《雪松》等。《雪松》画得很有气韵,一古松斜挺而立,身披银装,枝干穿插有致,线条流畅自如,笔法苍古奇崛,表现作者有较高的艺术造诣。

许成琮

(1882—1967)

许成琮,字穉簧,原名颂清,河南固始人,1882年4月生。1903年癸卯科副举人。

1906年以主事签分吏部文选司任主稿、帮办等职。1914年任北洋政府审计院核算官，旋由中俄蒙会议全权公使调任二等参赞，回京后仍任原职。1916年任黑龙江省长公署秘书、参议，旋派任库玛尔河金矿局局长，1918年去职回京。翌年被聘为北京古物陈列所书画目录编辑。1921年任吉林省财政厅秘书。1927年改任中东铁路理事会秘书，1932年调任中东铁路局图书馆馆长。1934年辞职回京，旋任冀晋察绥统税局秘书，1937年卸职，此后一直赋闲。

　　1952年6月被聘任为中央文史研究馆馆员。1967年11月18日病逝，终年85岁。

　　许成琮的书法功力深厚扎实，工楷书，其代表作楷书中堂《临褚遂良圣教序》，笔势逼真，又有新意，弘扬褚法，在现代堪称独步。

曹启蔚

(1880—1963)

　　曹启蔚，字德馥，湖北枝江人，1880年4月20日生。1909年己酉科拔贡，日本宏文学院博物师范科及警务科毕业；又在明治大学法科毕业，获法学

士。回国后,1914 年应北京第三届县知事考试,录取后分发
吉林省任用。历任吉林省视学,吉林省立中学、优级师范学
校博物教员,吉林省高等警官学校教务提调兼法律教授,吉
林省法政专门学校教务主任兼法律教授,吉林省东宁县、和
龙县知事,延吉税捐征收总局局长,延吉、珲春、和龙、汪清
四县税务督察专员,哈尔滨木石税费征收总局简任局长,吉
林省公署第二科科长,吉林卫生防疫总事务所参议,吉林省
公署秘书长。"九一八"事变后避难在北平赋闲。

　　1952 年 6 月被聘任为中央文史研究馆馆员。1963 年
11 月 28 日病逝,终年 83 岁。

曹蕴键

(1882—1970)

　　曹蕴键,字铁如,原籍山东
定陶, 寄居菏泽,1882 年 7 月
10 日生。1906 年丙午科优贡,
翌年朝考一等,以知县分发河南,曾任河南抚院文案,办理
奏折事宜。1911 年委署鄢陵县知县, 民国成立后交卸回
里。1914 年任湖北巡按使署实业科佥事兼秘书。1916 年后
历任蕲水、黄冈县知事。1923 年调往山东,历任昌邑、即

墨、潍县、阳信等县知事。1928年5月交卸回里，闭户著述。1935年应聘纂修山东钜野县志。"七七"事变后辗转迁居北平。抗日战争胜利后，在农林部华北棉产改进处文书股任职员，以资糊口。

1952年6月被聘任为中央文史研究馆馆员。1970年7月26日病逝，终年88岁。

曹蕴键著有《钜野县志》、《二十四史人物咏史绝句》四千余首。擅书法，工楷书，运笔灵活熟练，圆润秀美，结体富有韵致，耐人寻味。

章启槐

(1882—1973)

章启槐，字荫三，江西玉山人，1882年8月18日生。六岁入私塾读书，1903年癸卯科举人。1905年任本县小学堂经史教员。1906年入京，授职内阁中书，次年兼任江西旅京豫章中学经史教员。1911年任奉天辽中县知县，不久辞职。民国成立后，历任奉天法库县税捐局局长，开原县、辽阳县知事。1921年任察哈尔兴和道尹，旋调任察哈尔实业厅长，次年因直奉战争辞职回原籍。

1923年任吉林省长公署秘书,旋调任哈尔滨电业公司总办。1925年调任吉林依兰道尹。1928年调任吉林延吉道尹,次年调任吉林省政府委员兼民政厅厅长。"九一八"事变后避居哈尔滨,屡次拒任伪职。日寇侵占哈尔滨后,鉴于环境危险,遂辗转来北平。目睹山河沦丧,日寇横行,国民党政府营私媚外,苟且偷安,决意断绝一切仕途,闭户读书。

　　1952年6月被聘任为中央文史研究馆馆员。1973年2月22日病逝,终年91岁。

傅润璋

(1879—1954)

　　傅润璋,字子如,河北宛平人,1879年8月6日生,满族。早年毕业于法政讲习所和交通行政讲习所。曾在清政府邮传部文案处外文股帮办文稿,后历任邮传部郎中员外郎、邮政司副司长、承值所所长、电政司营业科科长、船政司核计科科长、庶务司综合科科长等职。民国成立后,历任交通部荐任佥事、参事、邮政司帮办,简任职总务厅机要科科长、统计科科长、邮政司通阜科科长等职。"九一八"事变后,寓居北平赋闲。

1952 年 6 月被聘任为中央文史研究馆馆员。1954 年
7 月 8 日病逝,终年 75 岁。

刘孟纯

(1878—1961)

　　刘孟纯,又名子达、尔常,号孟醇,福建闽侯人,1878
年生。民国成立后被选为闽侯及侯官县议会议长。1918 年
后历任河北怀柔、良乡、固安等县知事。1933 年任安徽省
公署秘书厅科员,旋任天津县政府秘书。1935 年任贵州省
民政厅秘书。1939 年历任重庆市财政局文书主任、科员、
秘书。1941 年任国民政府粮食部仓库工程管理处职员,
1946 年卸职。

　　1952 年 6 月被聘任为中央文史研究馆馆员。1961 年
1 月 22 日病逝,终年 83 岁。

郑述坚

(1886—1969)

　　郑述坚,字其深,河南开封人,1886 年生。清举人。1911 年京师译学馆毕业, 签分度支部七品京官。民国成立后,任京师地方审判厅书记官。1919 年以荐任职分发浙江任用,代理嘉善县知事。1923 年任北京市政公所文书科科长兼编译室副主任。1925 年任北京侨务局秘书兼移殖科科长, 次年任保定河北大学教授。1929 年任北平盐务学校文书主任兼国文教员。次年任江苏溧水县政府秘书。1934 年任江苏松江县政府一科科长。1938 年任黄河水利委员会视察及河南修防处视察。1942 年任西安同官煤矿理事会总务组主任。

　　1952 年 6 月被聘任为中央文史研究馆馆员。1969 年 12 月 6 日病故,终年 83 岁。

　　郑述坚平生勤于攻读,博览传统典籍和当代新书,对历史、文学、诗词、书翰、篆刻、戏曲等均有探求,是一位学识深厚且具有爱国主义思想的学者。

谢道安

(1882—1956)

谢道安，原名铭勋，字宁一，号迈度，河北束鹿人，1882年7月15日生。1909年己酉科拔贡，候补知县。民国成立后，两届被选为顺直省议会议员。1920年任山东省督军署谘议。1922年12月被聘为蒙古宣慰使署顾问。1925年9月任督办直隶军务署秘书。1927年12月应聘河北大学教授。1936年12月任河北省政府秘书。"七七"事变后，隐居北京。

1952年6月被聘任为中央文史研究馆馆员。1956年7月24日病故，终年74岁。

谢道安著有《束鹿县志稿》二十一卷、《宁一草堂诗存》二卷、《了无斋文存》三卷、《史汉点勘记》二卷、《陶庐全书书目考》一卷、《九成宫醴泉铭校勘记》二卷。

阎朴民

(1886—1958)

　　阎朴民，原名开鲁，以字行，山东鱼台人，1886 年 7 月 19 日生。1909 年己酉科拔贡，朝考一等，授礼部七品京官。民国成立后，被选为山东省议会议员。1914 年应县知事考试及格，分发陕西，先后任陕西省保安县、留坝县知事。1921 年回鲁，历任山东省财政厅秘书、山东省省长公署秘书。1935 年来北平，先后任北平市政府秘书、北平市财政局主任秘书。1946 年任塘沽新港工程局秘书，至 1948 年去职。

　　1952 年 6 月被聘任为中央文史研究馆馆员。1958 年 12 月 19 日病故，终年 72 岁。

濮绍戡

（1887—1954）

濮绍戡，以字行，原名彦珪，笔名濠上，浙江杭县人，1887 年 11 月 18 日生。清荫生，礼部学习郎中。1911 年浙江法政学堂毕业。民国成立后，曾任江苏省国民政府顾问、秘书。1913 年后，历任北京国务院秘书厅佥事、课长，政事堂机要局佥事，国务院谘议、秘书。1925 年任兴和道尹署科长、代理道尹。次年 9 月任国民军第三军军部秘书长。1928 年 9 月任绥远省政府处长。1931 年 10 月任山西省政府秘书主任。抗日战争爆发后，历任保定行营处长、重庆国民政府军事委员会少将参议、铨叙部总务司司长。抗战胜利后，历任北平市政府参事、察哈尔省政府参事、华北“剿总”少将参事。

北平和平解放后，入华北军政大学学习，学习期满，准长假回京。1952 年 6 月被聘任为中央文史研究馆馆员。1954 年 11 月 9 日病逝，终年 67 岁。

关文彬

(1868—1966)

关文彬,字均笙,广东南海人,1868年11月7日生。1894年甲午科邑庠生,1897年丁酉科乡试举人,1903年癸卯科会试进士,签分兵部主事,并入进士馆肄业。继由兵部保送商部,经考试录取,任商部主事、员外郎,兼公司注册局总核商务司主稿。民国成立后,任北洋政府工商部佥事科长。1914年改任农商部佥事科长。1922年任农商部参事,旋调任商标局会办,1924年夏任参事,并历署司长,1928年政府南迁去职。1930年任南京政府铁道部秘书。1937年南京沦陷后,辗转到北平家居。1947年任河北省通志馆文牍主任,历时一年。

1952年6月被聘任为中央文史研究馆馆员。1966年4月3日病逝,终年98岁。

关文彬著有《学海堂读书劄记》八卷、《说文释例》六卷。

韩敏修

(1885—1964)

　　韩敏修，字虚谷，又字竹斋，笔名知白，河北广宗人，1885年9月24日生。1909年己酉科拔贡,直隶私立法政专门学校毕业。民国时期,曾在直隶威县、无极、盐山等县署襄办文牍,历任直隶巡按使公署科员、直隶省长公署科员、河北省政府民政厅科员、河北满城县长、河北省立工学院文书组主任。"七七"事变后,寓居北平,摆摊为生。

　　1952年6月被聘任为中央文史研究馆馆员。1964年2月15日病故,终年79岁。

　　韩敏修著有《广宗县志》十六卷、《广宗文征》二卷、《清代童试考略》、《绥远省志》、《虚谷文集》、《虚谷诗集》。

钟一峰

(1881—1968)

钟一峰，原名钟启，以字行，北京人，满族，1881 年生。1908 年京师大学堂毕业，奖举人。此后即从事教育工作，始任中学教员，继在许多大学任国文系、教育系讲师、教授。1950 年于民国大学退职，教学生涯历四十三年。

1952 年 6 月被聘任为中央文史研究馆馆员。1968 年 7 月 23 日病故，终年 87 岁。

钟一峰擅长诗词、书法。著有《钟一峰文学之一斑》、《笔顺须知》、《太极拳源流考》、《钟一峰诗词百首》、《书法偶谈》、《青年之修养问题》。

陈继舜

(1878—1962)

　　陈继舜，字杏骢，号继训，笔名狷庵，湖南长沙人，1878年12月1日生。求实书院肄业。清秀才，1903年癸卯科举人，次年甲辰科进士。历任户部福建司主事、出使俄国参赞、度支部军饷司司长、统计处帮办。入民国后，曾任财政部湖南印花税处处长。未几即退职家居，不复与闻时政，惟以读书课子、卖文鬻字自娱。抗日战争期间，1938年长沙大火，殃及住宅，书籍字画、服饰家具概付灰烬。既而徙居长沙北乡荷花园，又值日寇四次犯湘，频遭劫难，家产损失几尽。

　　湖南和平解放后，1950年长沙土改时，带头将稍存田亩献交农会，获乡里开明士绅之称。旋被聘为湖南省人民政府文物管理委员会委员。1951年为生计到京寄居其女婿家。1952年6月被聘任为中央文史研究馆馆员。1962年3月7日病故，终年84岁。

　　陈继舜著有《狷庵文草》十二卷、《狷庵诗草》十二卷、《俄游日札》一卷。

方孝远

(1877—1958)

　　方孝远，以字行，原名时简，安徽桐城人，1877 年 9 月生。清附生。日本工业大学毕业，清末归国，旋应学部考试，授进士、翰林院庶吉士。入民国后，任安徽工业学校校长兼化学教员。1915 年任安徽实业厅厅长。1916 年后任北洋政府农商部参事、度量权衡制造厂厂长。1925 年再任安徽实业厅厅长，次年退职。抗日战争爆发后，入川任江津第九中学教员。抗战胜利后回安徽，被聘为安徽省通志馆纂修等职。

　　1952 年 8 月被聘任为中央文史研究馆馆员。1958 年10 月 27 日病故，终年 81 岁。

　　方孝远长于诗词，著有《诗集》。

白葆端

(1874—1955)

白葆端,字叔庄,号澹庐,河北新城人,1874年11月3日生。幼受父训,熟读孔孟之书,经岁科考补廪生,后考入保定畿辅学堂。1902年乡试中举人,1904年甲辰科会试列进士,签分工部学习主事,后调任吏部主事。旋受学部派遣,赴日本考察法政。归国不久,适民国成立,历任山西平鲁、天镇、代县等县知事,河北丰润县知事,热河平泉县知事,任内皆首先倡行地方自治,务期洁己奉公。奈时局混沌,军阀专横,民国有名无实,且政令迭更,任职徒劳无益,遂于1924年冬辞职回原籍,赋闲不仕。1932年至北平寄居,日与书籍笔墨为缘。

1952年8月被聘任为中央文史研究馆馆员。1955年5月3日病逝,终年81岁。著有《文字纂要》。

朱启镕

(1884—1960)

朱启镕,字子陶,原籍贵州紫江,1884 年 10 月 25 日生于湖南宜章。8 岁从师读书,因随家转徙无定,多在私塾附学。14 岁时兼习英文。渐入成年,求知欲旺盛,博览群书,广交新学之士，常谈论时政。1903 年应聘担任湖南宝庆府中学堂英文教员。翌年任长沙修业学堂教员,同时加入黄兴等创立的华兴会，从事革命活动。1905 年任长沙善化学堂教员,同年考入京师大学堂译学馆,1910 年毕业。后任职于津浦铁路南段工程总局。辛亥革命时，随各省联军北伐。1913 年调任粤汉铁路驻湘工程处秘书,次年转任长沙交通银行副经理。1918 年任北京中国银行总管理处稽核。1920 年任京绥铁路局课长。1925 年任津浦铁路总局课长,1928 年总局南迁，改任保管主任。1930 年 5 月参加冯玉祥等组织的联合反蒋阵营。次年任职于津浦铁路局驻津办事处,至"七七"事变时为止。抗日战争期间赋闲。1945 年日本投降后，铁路员工复员，分派在平汉铁路北段管理处工作。1949 年北平和平解放后因年老退休。

1952 年 8 月被聘任为中央文史研究馆馆员。1960 年 3 月 14 日病故,终年 76 岁。

何筠慈

(1881—1957)

何筠慈，字孟祥，山东临沂人，1881年生。幼承母教，12岁读私塾。18岁举家迁新泰县，作童子师。1908年入保定陆军速成学堂，次年毕业。即回山东，任山东中路巡防营哨官，未及数月，以革命嫌疑撤职。旋奔走于奉天、锦州一带，联络响应武昌起义，因事泄多人被害，何幸免于难。后辗转天津、青岛、济南等地，以图再举，不久清帝宣告退位即作罢。入民国后，任参谋部第三局科员。1918年返山东，以团长资格带领补充旅，次年辞职，脱离军界。此后在北平等地赋闲三十余年，除致力于史学研究外，从30年代末起，潜心研习画艺，颇有成就，书亦隽雅可观。

1952年8月被聘任为中央文史研究馆馆员。1957年4月12日病故，终年76岁。

李蘧庐

(1877—1961)

　　李蘧庐,以字行,号听叶,笔名白也,安徽太湖人,1877年生。清秀才,附贡生,安徽武备学堂毕业。1905年入京,考取巡警部京官。1909年补民政部七品京官。入民国后,任政治善后讨论会秘书。1918年任内务部秘书。1924年任教育部秘书。1927年任财政部秘书。1935年任河北省烟酒印花局秘书。"七七"事变后赋闲,以卖文字为生。

　　1952年8月被聘任为中央文史研究馆馆员。1961年1月28日病逝,终年84岁。

　　李蘧庐生平素喜诗词、古文,著有诗文及杂记。

吴承侃

(1888—1960)

　　吴承侃,字希亮,安徽歙县人,1888年11月生。幼入家塾。1907年入新安中学,1909年毕业。次年迁居北京,考入京师法政学堂(民国后改称国立法政专门学校),1914年毕业。翌年任济南模范监狱教诲师。1916年应高等文官司法官考试及格,旋任京师地方审判厅推事,嗣改为北平地方法院推事。1929年任河北高等法院北平第二分院推事。1935年任南京最高法院推事。1937年日寇侵华,迁都重庆,以眷累未随往,准回歙暂住,月领少数津贴。嗣以生计艰困,申请救济。1943年经派暂代安徽省高等法院第二分院检察官。抗日战争胜利后还都,仍回南京最高法院供原职。1948年辞职归歙。1951年回北京。

　　1952年8月被聘任为中央文史研究馆馆员。1960年11月18日病故,终年72岁。

范更生

(1878—1954)

　　范更生,字稚邨,曾用名迪铭、明心,湖北武昌人,1878年5月15日生。范仲淹二十七世孙。清优贡。清末经学部考试,入京师法政学堂(民国后改称国立法政专门学校),1913年政经本科毕业。次年应内政部第二届县知事考试及格,分发山西,署高平县知事十六个月。旋回原籍继承家传医业。后历任中央政法专门学校法学通论讲师、朝阳大学行政法各论讲师、华北大学法医学教授及中医专修科教务主任、河北国医馆理事及医学整理专门委员、河北国医专门学校教务长、北平市卫生局中医考试委员。

1952年8月被聘任为中央文史研究馆馆员。1954年2月9日病故，终年76岁。

范更生继承家学，专心研究中医学，著有《温病新说》、《鼠疫新论》、《五彩科学式铜人新图》等。

孙似楼

(1882—1970)

孙似楼，原名忠亮，以字行，号潜佛，山东郯城人，1882年2月6日生。1902年入庠。江苏高等学堂修业，山东法政学堂毕业。1909年己酉科拔贡，以主事分度支部学习。民国成立后，曾被选为山东第一届省议会议员。1914至1927年历任山东省公署、济南道公署、东临道公署、山东省实业厅、财政厅、市政厅科长、秘书等职。1928年济南事变后避居北京，在赈委会等救济机关专办地方救济事业。曾在宣武门外老墙根粥厂内，收教贫民失学子女，不取学费。嗣因人数太多，另租房屋，成立博爱贫民小学，分班授课。被推为校长及校董事会董事长，纯尽义务，至1950年辞职。

1952年8月被聘任为中央文史研究馆馆员。1970年8月2日病逝，终年88岁。

孙似楼著有《郯城县志》、《观城县志》、《禹城县志》、《郯城乡贤录》等。

梁思孝

(1892—1981)

梁思孝，以字行，曾用名梁劬，广东番禺人，1892年2月生。父梁鼎芬，清光绪进士，授翰林院编修，曾总办湖北学务，官至湖北按察使。

梁思孝毕业于湖北师范学校。民国初年，曾任北洋政府交通部总务厅科员，并以诗文投稿各报馆，讽刺时政，颇受社会赞扬。嗣后因疾耳目失于视听，即停笔，未再出任公职。喜藏书，父子前后曾将古籍六百余箱捐赠广东图书馆、镇江之焦山、当阳之玉泉山，未取分文。

1952 年 8 月被聘任为中央文史研究馆馆员。1981 年 2 月 28 日病故,终年 89 岁。

章夔一

(1882—1958)

　　章夔一,字子怡,广东番禺人,1882 年 5 月 18 日生。幼随父赴马来西亚读书,16 岁回粤考取本县附生,18 岁补廪生。1901 年考入广东法政速成学堂,1903 年毕业。1906 年离粤北上,历任营口、安东各公署文案。民国成立后,历任扬州北伐第二军秘书长,山东都督府秘书长,绥远都统署总核,归化城副都统,土默特旗总管,绥远道道尹,西二盟宣抚使,库伦筹边使署参赞,浙江督军署秘书、官产处处长,皖赣电政监督,九江电报局局长等职。1923 年脱离政界, 在上海南洋烟草公司任秘书。1937 年日本侵略军占领上海后,遂携眷北来经营苇业。抗日战争胜利后,在天津筹组中南轮船公司经年,以收股不足停业,来京闲住。

　　1952 年 8 月被聘任为中央文史研究馆馆员。1958 年 12 月 10 日病故,终年 76 岁。

陆恒修

(1870—1958)

陆恒修,号慧来,浙江绍兴人,1870 年 8 月 14 日生。清光绪庚子、辛丑并科举人。历任安徽相南学堂教员、津浦铁路局南段宿县弹压员、沪杭甬铁路公司文牍员、安徽清理财政局科长。民国成立后,任安徽都督府秘书、安徽民政署秘书。1913 年到北京,历任国务院佥事、编纂课课长,督办京畿水灾事宜处处员,财商学校教员兼文牍,北平大学女子文理学院秘书。经常任家庭教师。

1952 年 8 月被聘任为中央文史研究馆馆员。1958 年 4 月 7 日病故,终年 88 岁。

陈宜诚

(1873—1960)

陈宜诚,原名为銮,湖南郴县人,1873 年 12 月生。1898 年经岁科考试列一等,补廪膳生,旋由郴县教谕举优贡。14岁即学习中医学,18岁已略解治疗方法,21岁起在家乡义务诊治。1903年由郴县迁居长沙。1909年与同乡创办岳云中学,资助大部分办学经费。1918年携眷迁居北京,研究中医学,并从事医学教育历三十余年。

1952年8月被聘任为中央文史研究馆馆员。1960年11月16日病故,终年87岁。

陈宜诚著有《普济方目录》、《普济方分类改编》。

樊　川

(1886—1975)

樊川,曾用名宝棠,湖北恩施人,1886年11月13日生。青少年时随侍祖父樊山赴陕西、北京、江浙等地,多承教诲。1909年考入南京两江高等师范学堂肄业。自民国成立至1931年樊山老人去世,均谨相随侍,并为之料理鬻卖文稿事宜。历任陕西财政厅征榷科主任科员、西安邮寄包裹税局局长、陕西省政府第四科一等科员、陕西禁烟总局第三科二等科员、北洋政府司法部秘书处秘书、张家口热察绥蒙电政管理局文牍主任兼电款保管委员、郑州铁路职工学校国文教员。

1952年8月被聘任为中央文史研究馆馆员。1975年10月13日病逝,终年89岁。著有《摩兜鞬室诗草》。亦能书画,书法追摹樊山老人甚似。

郑炳勋

(1866—1954)

　　郑炳勋,号菊如,天津人,1866年10月10日生。幼承庭训,9岁出就外傅,23岁考取天津县学附生。1898年经岁科考试列一等,补廪膳生。旋设立义塾。还将自置城南空地15亩捐为创建南开中学校址。1901年派往日本,在东京弘文学院师范毕业。1904年归国后,历任天津慈惠寺两等小学堂监学、城隍庙半日学堂董事、正定府视学、直隶工艺总局天津教育品陈列馆管理、北京畿辅学堂国文史地教员、天津北洋优级师范学堂监学兼附属小学主事。民国成立后,历任北洋政府农工商部商品陈列馆庋设课课长、京师蚕业讲习所管理兼国文教员、天津劝学所海河区劝学、北京国立高等师范学校庶务长兼管各专修科教务、河北省立第一中学国文教员、天津私立耀华中学教务主任兼国文教员、天津市立第一贫民救济院主任、河北省教育厅秘书兼第四科主任科员、天津国学研究社诗经讲师、天津崇化学会经学讲师、天津市第二图书馆馆长、天津北洋大学工学院国文教授。1946年创办天津私立崇化中学。新中国成立后，任天津特一中学、众成中学教员，被公推为崇化中学董事会董事长。

1952年8月被聘任为中央文史研究馆馆员。1954年1月21日病逝，终年88岁。

郑炳勋著有《教育品分级编目》、《文艺精选》、《礼记选读》、《诗经讲义》、《古近体诗存》等。

刘盥训

(1875—1953)

刘盥训，字芙若，曾用名学若，山西猗氏人，1875年生，清廪生。1902年由山西巡抚保送京师大学堂师范馆理化系，后加入中国同盟会。1906年毕业，授举人、内阁中书。历任山西大学堂高等班教务长、河南旅京中学堂教务长、河南高等学堂学监、京师大学堂学监。辛亥革命时，响应武昌起义，赞成共和，并为此奔走于山西、平津、南京等地。1913年4月，被推为北京临时参议院议员，兼庶务股委员。第一届国会成立时，任众议院议员。1916年第一次恢复国会时，仍任众议院议员。1917年任护法国会众议院议员。1922年第二次恢复国会时，再任众议院议员。1928年11月，任国民政府立法院第一届立法委员。1930年12月，任立法院第二届立法委员。"九一八"事变后，曾组织国民外交协会，附设外交杂志，又成立华北救亡会，力主抗战。1933年1月，任立法院第三届立法委员。1935年1月，任立法院第四届立法委员。1938年曾任察哈尔省放赈委员，不久因车祸受伤辞职。1946年11月，当选为制宪国民大会代表。1949年8月携眷到北京。

　　1952年8月被聘任为中央文史研究馆馆员。1953年2月16日病逝，终年78岁。

　　刘盥训著有《读易管见》、《国民外交杂志论文》。

彭八百

(1882—1971)

　　彭八百，字溥皋，号普膏，原名鸿恩，河北曲周人，1882年7月生。国画家。

　　彭八百幼入私塾，家境贫寒。1904 年在山东臬署学习文案，1909 年应邀到苏州任藩署统计处文案。民国成立后，历任拱卫军统领部书记官，陆军第八师师部一等书记官、湘南各军总司令部秘书、长江上游警备总司令部秘书。1923 年以荐任职分发湖北任用，1926 年秋署巴东县知事，同年冬辞职到北京，以卖画为生。

　　1952 年 8 月被聘任为中央文史研究馆馆员。是中国国民党革命委员会成员。1971 年 2 月 12 日病故，终年 89 岁。

　　彭八百自幼酷爱绘画，工兰石，晚年艺术上达到了相当高的成就，善从古人的绘画中汲取精髓，而在画艺上又有创新。他画的兰蕙，下笔传神，姿态婀娜，生意盎然，给人一种高雅之感，可谓独树一帜。他画的石，挺拔怪奇，玲珑剔透，形若天成，旁写几笔兰草，顿增自然灵秀之气，情韵洒然。齐白石对他的兰石画评云："自古画兰者有之，精者只有八百老人，神乎技矣。"张大千评云："八百老人写丛兰蕙，求之古人尚无敌，况近今耶。"30 年代初，张大千、吴佩孚尝从之学画墨兰。他的多幅作品为中南海毛主席故居和中央文史研究馆等处收藏，或作为礼品赠送外国元首。《中南海珍藏画集》第 1 卷刊出他 85 岁创作馈赠周恩来总理的一幅《兰石图》。他擅长花卉，亦擅人物。所作《达摩像》，线条流畅，神形兼备，墨彩飞动，堪称佳作，现藏中央文史研究馆。有《兰石花卉》两集出版。

　　他忠厚热诚，经常主动以所作赠人。书法亦精，诗思敏捷，挥笔立就。画面题咏几满。他深知民族大义，据云"九一八"事变后，曾劝吴佩孚勿为日寇所诱出任伪职。

于振宗

(1878—1956)

　　于振宗,字馥岑,曾用名复生, 河北枣强人,1878 年 9 月 29 日生。清光绪庚子、辛丑并科举人。1904 年赴日本留学,东京经纬学堂及明治大学法律本科毕业,获法学士学位。1911 年回国,又应学部留学生试验,考取法律科举人。入民国后,任天津都督府秘书, 1913 年都督府改组为行政公署,仍任秘书,同年 11 月委署赵县知事。翌年 11 月调任天津行政公署副科长兼法政专门学校教员,1917 年改任第二科科长。1922 年任天津实业厅厅长,1925 年兼督办公署秘书长。旋因事辞职,连同兼职一并交卸。1930 年任天津私营恒源纺织公司法律顾问。1935 年任石家庄井陉矿务局总务处主任。1937 年因日本侵略华北,10 月间逃往井陉矿务局驻汉口办事处避难。未几绕道复返天津家居,赋闲数年。嗣受恒源纺织公司之聘,承办该公司文牍事宜。1946 年河北高等法院委任为书记长官。次年改任石景山钢铁厂秘书,旋调任华北钢铁公司秘书主任。新中国成立后,仍在该公司任职。1950 年 6 月因年老辞职退休。

　　1952 年 11 月被聘任为中央文史研究馆馆员。1956 年

4月22日病故,终年78岁。

于振宗著有《直隶河防辑要》、《直隶疆域屯防详考》、《局外中立条规详释》、《英文典详释》、《旅东吟草》、《逸馨室文集》、《晴汃市隐诗草》等。

王之栋

(1883—1961)

王之栋,字楠伯,号梦岩,笔名蛰农、孟言,辽宁绥中人,1883年6月21日生。清附生,京师大学堂优级师范馆毕业,经学部奏奖师范科举人。后又入北京大学农科农艺学系,1913年毕业,获农学士学位。历任北京大学农学院教授、吉林财政厅秘书、吉林中日合办海林采木公司主任秘书、北洋政府农工部农林司司长、吉长铁路管理局兼吉敦铁路工程局秘书、吉林省政府建设厅主任秘书、河北省政府秘书署理武清县县长、河北省立农科职业学校教务主任、北京大学农学院教务主任,及该院附设之农事教育人员养成所主任等职。

1952年11月被聘任为中央文史研究馆馆员。1961年5月2日病故,终年78岁。

王之栋著有《植物学讲义》、《栽培通论》、《农业概论》、《亢元集》等。

沈家彝

(1881—1955)

沈家彝,字季让,一字悔庵,江苏江宁人,1881年3月20日生。清附生,1902年壬寅科举人。翌年考入京师大学堂译学馆,分派仕学馆习法政,1906年毕业。旋派赴日本,入东京帝国大学法科修习,1911年毕业归国,调大理院任候补推事。入民国后仍留任,后授民庭推事。1913年调署京师地方审判厅厅长,次年调署奉天高等审判厅厅长。1916年派任省公署高等顾问。1919年辞职,调署大理院推事,旋任民庭庭长。1922年调任京师高等审判厅厅长。1927年因释放鲍罗庭夫人案免职,被奉天军阀监视一年。1928年任北平特别市政府秘书长,次年辞职,任上海中国公学法律系教授。1929年任国民政府司法行政部参事。次年调任上海第二特区高等分院院长。1933年调任河北高等法院院长,旋因与地方官员意见不合辞职,改任北平私立中国大学秘书长,嗣任总务长、教务长,兼政经系主任。抗日战争胜利后任法学院院长。1948年7月被提任为司法部大法官,同年10月请假避沪治病未出。

1952年2月到北京,同年11月被聘任为中央文史研究馆馆员。1955年12月4日病故,终年74岁。

沈兆芝

(1887—1972)

沈兆芝,女,字无逸,曾用名予修,浙江杭县人,1887年7月22日生。父沈铭,曾任求是书院教习、西湖蚕学馆馆正。沈兆芝幼承父训,侧重习新学,阅读《女学报》《财务报》一类报刊。以女子缠足为奇耻,入天足会放足。1904年入杭州女子学校(后改为浙江省女子师范),1909年毕业。历任该校师范预科算学、历史教员,本科数学教员兼学级主任。1921年辞职赴上海,入圣玛利亚女塾补习英文半年,后考入上海大同大学社会学系,选学数理课程,1926年毕业。嗣任南京中央大学女生指导,一年后改就江苏省立第二女子师范中学各课教员兼学级主任,历五年半。1932年与林志钧结婚后定居北平。1937年日寇侵入,迁居天津,日寇投降后回北平。

　　1952 年 11 月被聘任为中央文史研究馆馆员。1972年 2 月 9 日病故,终年 85 岁。

李培基

(1885—1970)

　　李培基,字涵础、涵初,河北献县人,1885 年 10 月 30 日生。中国国民党革命委员会成员。早年毕业于湖北陆军军官讲武堂,加入中国同盟会。1909 年在湖北新军代理下级军官,因党务案被免职。遂赴关外奉天,考入东三省陆军测绘学堂。辛亥革命时,任关外民军总司令部参谋长。1913 年西赴包头,任《晋边日报》编辑,后任山西革命军第九师中校团副。1915 年到汉中,任陕南镇守使署参谋官,赞助响应护国军,反对袁世凯称帝。1916 年 10 月复回山西,任晋军营长、团长、旅长、师长等职。1928 年任国民革命军第三集团军第一军军长及西北地区指挥官,北伐胜利后兼任绥远都统。1929 年部队缩编后,任第三集团军暂编第一师师长,后改任陆军第三十二师师长,并调驻河北,兼省政府委员。是年 11 月任绥远省政府主席。1931 年 8 月辞职。1933 年 4 月,任河南省政府委员兼民政厅厅长。1935年6月,任河北省政府委员兼民政厅厅长,12月复任河南省政府委员兼民政厅厅长。1938年2月,任国民政府监察院监察委员。次年5月,任铨叙部部长。1941年12月,任考试院秘书长。次年1月,任河南省政府主席,2月兼省保安司令。1944年7月,河南全省沦陷,省政府改组,被免去职务,移居陕南城固县。1945年3月,派任国民政府顾问。5月当选为中国国民党第六届中央执行委员。日本投降后,来北平居住。1946年11月,当选为制宪国民大会代表。1948年行宪后,任立法院立法委员。同年12月,被国民党中央推为立法院院长候选人。选举之时,平津战役已开始,北平面临解放,拒绝参加竞选。

　　1952年11月被聘任为中央文史研究馆馆员。是第二、三、四届全国政协委员。1970年6月2日病故,终年85岁。

　　李培基著有《古鉴斋诗抄》二卷,《古鉴斋漫记草稿》、《烟草新谱》四卷等。

周秉清

(1879—1965)

周秉清,字少如,江苏江都人,1879年9月15日生。幼读四书五经，1896年应试入邑庠为附生。1902年入京师大学堂译学馆法文班。后派赴法国入巴黎工程专校，1911年毕业回国。民国成立后，历任常州高等实业学校工科主任教员、督办浦口商埠事务所顾问、江苏省公署技正科长。1914年任北洋政府内务部工程顾问、技正、佥事科长，筹办全国大地测量及土地调查。嗣京都市政公所成立，任测绘专科主任，后改任处长，办理测量京师内外城上下游河道、筹划疏浚、改造全市旧街、展辟新街及改良下水道等事，又兼任京师河道管理处处长，管理上下游各闸事务。1919年任督办京畿水灾善后处工程股股长。1928年任北平特别市工务局秘书主任、代理局长。1930年因麻痹病辞职。抗日战争时期未出外任事，以变卖书籍衣物为生。曾在私立中国佛教学院及中国尼众佛学苑任讲师，讲授佛学大乘经论约二年。日本投降后，旧病时愈时发，家居疗养。

1952年11月被聘任为中央文史研究馆馆员。1965年11月7日病故，终年86岁。

周秉清著有《诗文举隅》一册、《佛乘知津》七卷、《实用工程学》三册、《河海工程杂术》一卷、《即是庐自省录》二册等。

马振彪

(1872—1957)

马振彪,字岵庭,安徽桐城人,1872年10月17日生。幼读家塾,稍长随叔父研习经学、辞章。1897年丁酉科举人。嗣任清政府民政部民治司主事。民国成立后从事教育工作,任北平师范附属中学及民国大学国文教员。1920年任成达中学国文教员。1926年任交通大学、孔教大学、中国大学国文讲师、教授。次年任北京大学文科及哲学系讲师。1928年任华北大学中国文字形义学讲师。1929年后,先后应聘为弘慈佛教学院、铁路大学、中国佛教学院讲师、教授。1944年应聘为中国大学经学教授。

1952年11月被聘任为中央文史研究馆馆员。1957年10月6日病故,终年85岁。

马振彪著有《群经要略》、《文法要略》及《诗》、《书》、《礼》、《易》各家学说讲稿、古今体诗歌和骈散体文稿等。

孙丹林

(1886—1970)

　　孙丹林,字汉尘、翰丞,山东蓬莱人,1886年11月27日生。中国民主同盟成员。早年毕业于山东大学堂。曾任直鲁豫巡阅使署秘书长。1922年6月任北洋政府内务部次长,同年7月代理内务部总长,9月署内务部总长及督办郑州商埠事宜。1944年起被聘为国民政府顾问。曾任上海市中国兴亚银行总经理。

　　1952年11月被聘任为中央文史研究馆馆员。1970年12月5日病故,终年84岁。

徐石雪

(1881—1957)

　　徐石雪,名宗浩,字养吾,号石雪,后以号行,自号石雪居士。

祖籍江苏武进,1881 年 1 月 5 日生于北京。书画家、收藏家。

徐石雪 8 岁入私塾读书,10 岁学律诗,15 岁学诗文、兰竹。20 岁后就各私塾教习,并研习书画。1920 年被聘为北京中国画学研究会评议,1926 年任副会长。还曾任东方绘画协会顾问、北京古物陈列所顾问。旋为生计兼任工商业文书事务。1934 年 5 月任北平自来水公司总务主任。1938 年任北平特别市公用管理总局秘书室主任。1946 年因年老退休。惟于书画未尝一日间断。

1952 年 11 月被聘任为中央文史研究馆馆员,曾任北京中国书法研究社副主席。1957 年 3 月 25 日病逝,终年 76 岁。

徐石雪精研书画五十多年,具有深厚的艺术功底。始画人物、山水、花鸟,后改画竹兰,师文同、郑思肖二派,兼学李衎、赵孟頫、顾安诸家,能得古人笔意。于书则专师赵孟頫,亦能得其法则。1952 年他与齐白石、于非闇、汪慎生、胡佩衡、溥毅斋、溥雪斋、关松房共同创作《普天同庆》绘画一轴,馈赠毛泽东主席。毛主席收到后特致信齐白石,对作者表示感谢。他曾参加筹建北京中国画研究会和北京中国书法研究社。其作品多次参加全国美术展览会。临终遗嘱,将珍藏数十年的大量珍贵书画、图书和自己的作品(书画 478 项,共 538 件;图书 2141 项,共 18028 册;印章 110 方)全部捐献给国家,国家文物局还专门在故宫举办了展览。他著有《文湖州竹派谱》、《墨竹论述辑要》、《万竹庐墨竹诗存》、《画竹人传》、《石雪斋诗文稿》、《松雪斋书画考》、《赵文敏年谱》等。他一生为保存古代文化遗产和继承、发扬优秀书画艺术传统作出了宝贵贡献。

陈公穆

(1869—1959)

陈公穆，原名庆和，字公穆，后以字行，一字悟庵，广东番禺人，1869 年 12 月 6 日生。1891 年辛卯科优贡。历任广东广雅书院分校菊坡精舍学长、内阁额外中书、直隶督院文案、北洋大学堂坐办、直隶洋务局总稽查、山东抚院文案、山东客籍学堂监督、高等学堂监督。入民国后，以简任职存记，历任国务院谘议、外交部秘书兼参事、驻檀香山领事、北洋政府交通部秘书等职。1928 年政府南迁后，未出任公职，闭门编书授徒。

1952 年 11 月被聘任为中央文史研究馆馆员。1959 年 4 月 5 日病故，终年 90 岁。著有《述训》上下篇、《容园杂抄》等。

曾又馨

(1895—1980)

曾又馨，字纯甫，原名厚载，浙江绍兴人，1895 年 10 月生。幼读私塾,16岁入山西代县中学,1917年毕业于山西法政专门学校。旋任晋北骑兵第二团书记官,历时十年。1927年任天津警察厅秘书。翌年傅作义委任为天津警备司令部秘书。此后长期跟随傅作义为幕僚。1930年集体加入中国国民党。翌年任绥远省政府秘书长。1937年抗日战争爆发后,历任第二战区北路军前敌总司令部秘书长、第八战区副司令长官部秘书主任,随军转战山西河曲、绥西五原等地。1945年任绥远省政府委员。1947年任察哈尔省政府委员兼秘书长,次年10月调任华北"剿总"顾问。1949年1月随傅作义起义。

1952年11月被聘任为中央文史研究馆馆员。1980年6月7日病故,终年85岁。

温寿泉

(1881—1956)

温寿泉,字静庵,山西洪洞人,1881年10月4日生。幼读私塾,1902年中秀才,旋赴太原入山西武备学堂,1904年毕业后被派赴日本,考入振武学堂,二年毕业。曾加入中国同盟会。又入日本陆军士官学校炮兵科,1909年毕业归国。历任山西督练公所帮办兼山西大学堂兵学教官、山西军械局局长等职。辛亥革命时参加太原起义,与阎锡山等组织山西军政府,被推为副都督,旋任燕晋联军参谋长。因与阎锡山政见不合,于1913年到北京,任陆军部顾问。1916年袁世凯称帝,即潜回河东,召集旧部起义讨袁。袁死后,复至北京,任将军府将军。1927年任国民政府军事委员会委员,陆军参议。次年任河北省政府委员兼建设厅厅长。1930年因病卸职,来北平赋闲。后任傅作义部高级顾问。1936年1月,授陆军中将。抗战时期,以病寓居北平,日伪曾威胁利诱他参加伪组织,毅然拒绝。1944年,以所谓暗通重庆、破坏阎日和平罪,被日寇扣押四个月,终未屈服。1946年当选为制宪国民大会代表。次年9月,聘为宪政实施促进委员会宣传委员会委员,1948年当选为行宪国民大会代表。

新中国成立后,1950年为山西人民代表会议特邀代表,1952年11月被聘任为中央文史研究馆馆员。1956年1月19日病故,终年75岁。

赵丕廉

(1882—1961)

赵丕廉,字芷青,号麓台,山西五台人,1882年9月11日生。中国国民党革命委员会成员。1906年入庠,1909年己酉科拔贡。继入山西大学堂,后去日本留学。是中国同盟会早期会员。武昌起义时,在晋起兵响应。民国成立后任丰镇知事,嗣返太原,任山西军政府秘书长、山西都督府参议、中国国民党山西省党部理事。1914年南下,供职于安徽省教育厅。1916年夏返晋,在太原创设平民工艺厂,主编《公意日报》。1918年起先后任屯留县长、长治县长、山西都督府参议等职。1922年接任山西省立国民师范学校校长,他改革校制,整顿校风,提倡民主,为培养学生的爱国进步思想做出了可贵的贡献。后又任山西教育学院院长、并州大学校长等职。1926年,奉阎锡山之命,秘密到达武汉,与邓演达、蒋介石会面,代阎锡山接受委任阎为北方国民革命军总司令的委任状,后返回太原复命。是年底,阎锡山任命赵丕廉为全权代表,驻武汉。1927年4月,当他得悉国民党要清党,为避免他的学生受到伤害,便立即返回太原,通知国民师范学校宣布提前放假,并通知薄一波(时任中共山西临时省委委员)等赶紧离开太原避险。同年山西省政府改组,赵丕廉任山西省政府委员兼农工厅厅长;并为阎锡山筹建军事、政治速成科,任主任,后任第三集团军政治部主任。1928年3月任国民党政府内政部次长;8月任国民政府赈款委员会委员;12月任赈款委员会常务委员。1929年任山西省党务指导员;7月任河北省政府委员。1930年11月蒋冯阎大战结束后,赵丕廉代表阎锡山宣读宣言并签字。1932年1月任蒙藏委员会副委员长,直至1947年。1941年底受蒋介石委派代表国民政府赴西藏主持第十世班禅额尔德尼坐床典礼。1946年当选为制宪国民大会代表。次年被聘为行政院顾问,因对蒋介石继续打内战不满,不辞而别,蒋介石曾两次派人催返,他均托辞拒返。1948年当选行宪国民大会代表。他还是国民党第三、四、五、六届候补中央执行委员。1949年初,赵丕廉曾向傅作义坦诚进言,为北平的和平解放做出了自己的努力。绥远的国民党军队起义前,他又劝说傅作义去绥远,为其老部下董其武拿主意。

　　1952年11月被聘任为中央文史研究馆馆员,还曾是山西省政协委员。1961年1月5日在北京病故,终年79岁。原中共中央顾问委员会副主任薄一波在评价赵丕廉时说:对赵丕廉决不能以一般的政客看待,他虽为国民党候补中央执行委员,但几十年来,他内心一直想着国家和人民。

廖世功

(1877—1955)

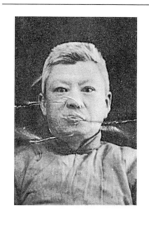

　　廖世功,字叙畴,江苏嘉定人,1877 年 11 月 7 日生。早年毕业于武昌自强学堂,1902 年赴北京应考,录取后派任驻法国使馆翻译生,后入巴黎法政大学,1909 年 8 月毕业归国。辛亥革命时,在华北京津等地担任革命联络工作。民国初期,曾任中国各省派往欧洲各国(俄、德、奥、法、意、比、英等)留学生监督。1919 年 2 月任驻巴黎总领事,结识徐特立。时在法国的华工达数万人,勤工俭学生三千人。他尽力帮助华工特别是学生解决各种困难, 被法国当局疑为倾向共产主义, 于 1922 年 10 月驱逐出境。1925 年 4 月起旅居苏联,1928 年 10 月任驻苏联大使馆一等参赞,参事衔代办。次年 4 月回国,任教于南开学校和中国大学,后赋闲十余年。曾在上海律师公会注册律师,参加中国地质学会为会员。

　　1952 年 11 月被聘任为中央文史研究馆馆员。1955 年 11 月 14 日在北京病故,终年 78 岁。

　　廖世功著有《中国为世界文化之源》、《山海经的研究》、《楚辞的研究》及英、法文《古代中国与世界之关系》等。

阎幼甫

(1890—1965)

阎幼甫，原名鸿飞，曾用名可群，笔名又父、异人、东风，湖南长沙人，1890年10月生。中国国民党革命委员会成员。幼读私塾。1903年入长沙明德学堂。1905年入武昌湖南中学堂。1910年任上海体育公学教员，加入中国同盟会。辛亥革命时任湘鄂联络员，率领革命军一举攻下岳州，被推任湘军政府军务部长兼湘鄂义军总司令。1912年民国临时政府授陆军中将。1913年派赴德国，入柏林大学，1917年毕业归国，从事文字学和地理、历史研究多年。1924年任上海《中华周报》总编辑。同年10月任建国川军援鄂军第一路参谋长。1925年加入中国国民党。次年底任湖南平江县长。1927年8月任湖南省建设厅秘书，9月兼国民党长沙市党部组织部部长。1928年任浙江嘉兴县长。次年任海宁县长。1930年2月任杭州市公安局长。1937年曾任浙江省政府秘书长四个月、民政厅长三个月。从1930年12月至1951年底，除1937年一度就任上述职务外，一直任华北实业团体久大盐业公司、永利化学工业公司、黄海化学工业研究社联合办事处处长兼科学旬刊《海王》主编。

1950年9月移居北京。1952年11月被聘任为中央文史研究馆馆员。1965年3月17日病故，终年75岁。

阎幼甫著有《历史韵言》、《中国唯物论启蒙思想家谭嗣同学说的研究》及科学建设论文数十篇。1950年4月所著《人民常识》是一本大众读物,每句三字,郭沫若评价此书"写得很扼要,而且包罗万象,甚好",并亲笔为之校订。

罗复堪

(1874—1955)

罗复堪,原名惇㬊,号敷庵,别署褐蒙老人、悉檀居士,1922年后又号更甡老人,广东顺德人,1874年9月15日生。早年入万木草堂从康有为受业,后肄业于京师大学堂译学馆。1906年吉林巡抚陈昭常奏准调任秘书官,历案荐举知府。民国成立后,荐任吉林都督兼民政长公署首席秘书。1914年后任北洋政府教育部编审员、秘书。1917年后历任财政部秘书、参事及赋税司、泉币司会办,1925年兼盐务署场产厅会办。1932年任南京政府内务部简任秘书。1935年回北平,曾任北平艺术专门学校教师、北京大学文学院教师。晚年因患骨疽,左体致残。

1952年11月被聘任为中央文史研究馆馆员。1955年2月13日病故,终年81岁。

　　罗复堪以文学知名，精书法，尤善章草。著有《三山簃诗存》、《唐牒楼金石题跋》、《晚晦堂帖见》、《书法论略》、《褐蒙老人随笔》、《三山簃诗学浅说》、《诗示门人六十首》等。有些著作已送北京大学图书馆作善本收藏。又因宋姜夔《续书谱》有文无书，以章草法补成一册。民初所铸银元"壹圆"二字，即出其手笔。

　　他诗名亦著，陈散原、康有为、黄节等都对他评价甚高。汪辟疆与钱基博评论近代诗歌，也很重视他的成就。与其从兄罗瘿公并称"二罗"。79岁时曾手写所著《三山簃诗学浅说》，详叙历代诗家源流并评第其成就高下。所有著作，惜均未出版。他亦擅绘事。其论金石书法，亦很有见解，其家属曾于80年代选出一篇在香港《书谱》杂志上发表。

王树翰

(1880—1955)

　　王树翰，字维宙、惕庵，辽宁沈阳人，1880年生。清举人，1910年毕业于北京吏部学治馆，旋回沈阳，任奉天清理财政局科员，后任科长。民国成立后，任奉天都督府秘书。1913年1月任奉天南路观察使,后改任辽沈道尹。1915 年任奉天省财政厅厅长。1917
年任黑龙江省龙江道尹。1921 年任吉林省财政厅厅长、政
务厅厅长。次年 11 月任吉林督军公署秘书长。1924 年曾
代理吉林省省长。1929 年 1 月,张学良任东北政务委员会
主席后,王即是其幕僚长,历任东北政务委员会委员兼秘
书长、东北边防军司令长官公署秘书长、北平行营秘书长。
1931 年 6 月任国民政府委员。次年 1 月任北平政务委员
会委员,8 月任军事委员会北平分会委员、秘书长等职。
1935 年 11 月,当选为国民党第五届中央监察委员,致电
辞却。抗日战争爆发后,蛰居天津。1946 年任东北政治委
员会委员,次年改称东北政务委员会,任副主任。1948 年
辞职,仍回天津居住。同年 7 月被聘为总统府顾问。

　　1952 年 11 月被聘任为中央文史研究馆馆员。1955
年 2 月 8 日在天津病故,终年 75 岁。

张有晋

(1877—1962)

　　张有晋,字麓村,湖南湘乡
人,1877 年 7 月生。1908 年湖
南中路师范优级选科最优等毕

业,经部奏奖师范科举人,以各部司务补用。此后一直从事教育工作,与毛泽东主席有师生关系。从1908年至1943年历任湖南湘乡中学、宁乡中学(均驻长沙)、湖南高等师范附中、湖南第一师范、湖南第一中学及妙高峰、长郡、明德、广益、楚怡、岳云、兑泽、衡湘、大麓、育才等中学和群治大学、省立商业专科学校、法政学校、铁路学校、瓷业学校等校理数教员。此外,1924至1925年任长郡中学校长二年;1932至1934年任群治大学副校长二年;1943至1946年任妙高峰中学校长三年,并任妙中董事长二十九年。新中国成立后,仍为妙中常务董事。

1952年7月到北京,同年11月被聘任为中央文史研究馆馆员。1962年7月8日病故,终年85岁。

浦友梧

(1887—1967)

浦友梧,原名增禧,江苏嘉定人,1887年8月27日生。爱国人士,彭德怀之岳父。幼读私塾。1904年入东吴大学,肄业三年。1907年入江南高等商业学堂税关专科,1910年6月毕业。嗣任嘉定小学及太仓中学教员。1913年4月起历任北洋政府交通部办事员、科员、主事、法律编纂、交通史协修等职。1928年6月起历任天津电话局会计课课长、天津航政局视察、河北财政特派员公署秘书等职。1932年10月任国民政府铁道部委任科员。1938年1月至1948年任交通部荐任科员。1948年10月南京交通部疏散，其时二女儿熙修无辜被国民党特务逮捕入狱，为营救起见，离职隐匿南京，等待解放。

1949年4月南京解放后，即向交通接管委员会报到，参加学习。6月由南京军委会派员护送来北平。1950年2月任政务院交通部财务处专员，次年3月因病辞职。1952年11月被聘任为中央文史研究馆馆员，1967年1月10日病故，终年80岁。

张祖馥

(1893—1967)

张祖馥，女，号纫兰，江苏铜山人，1893年10月10日生。幼读家塾，习书史词章。当时盛行新学，遂入扬州女子公学师范班，后辍学做家庭教师。嗣后父母相继去世，为谋自立，乃与其兄合办毛巾工厂及制胰工厂,后因经营不善而停业。1916年来北京,与湖南人刘馥(时任内务部参事,后任内务部次长兼代部务)结婚,为之佐理文书。1929年刘馥赴沈阳任东北大学教授,亦随行。"九一八"事变后,逃回北平,协助丈夫做抗日救国宣传工作。"七七"事变前夕,随夫到南京,继续宣传抗日。1937年8月丈夫病逝,辗转流亡一年多,复返北平闲住,专研词学。

1953年5月被聘任为中央文史研究馆馆员。1967年1月27日病故,终年79岁。

张祖馥对词学有较高造诣,著有《梅花仙馆诗稿》、《涵碧轩词稿》、《春冰集词稿》等,颇受词家好评。

刘放园

(1883—1958)

刘放园,原名道铿,字放园,后以字行,笔名佛楼,福建福州人,1883年4月8日生。清秀才,优贡,朝考一等第一名。授法部七品京官,旋留学日本早稻田大学经济部。回国后于1907年任法部主事。民国成立后,历任众议院秘书长、内务部参事兼民治司司长。曾任教于北京法政学校。1918至1928年任《晨报》社长、总编辑等职。后任东吴大学法学院教授。抗日战争胜利后,任盐业银行董事会秘书。

1953年5月被聘任为中央文史研究馆馆员。1958年7月16日病故,终年75岁。

沈炳儒

(1876—1958)

沈炳儒,号蔚文,浙江嘉兴人,1876年8月2日生。沈钧儒之弟。清法政学堂毕业。曾任驻韩国釜山领事官、安徽护院署机要秘书、财政公所总务科长、实业学堂副监督。民国成立后,历任浙军都督府秘书、北洋政府币制局科长、财政部泉币司帮办、浙江省政府视察等职。抗日战争起,即以卖画为生。

新中国成立后,任南京中山陵园管理委员会委员。1953年5月被聘任为中央文史研究馆馆员。1958年12月13日病故,终年82岁。

沈炳儒擅长水墨写意花卉,功底深厚。所作《国色天香》,水墨交融,高贵优雅,现为中央文史研究馆收藏。书法楷、行俱佳。

朱启钤

(1872—1964)

朱启钤,字桂辛,号蠖公,贵州开阳人,1872 年 11 月 12 日生。古建筑学家,爱国人士。

朱启钤幼孤家贫。1881 年寓居长沙,励志攻读。1891年随姨父瞿鸿礽(时奉督四川学政)赴川,以捐府经历试仕川省,曾供职盐务局。1894 年任修凿云阳大荡子新滩工程委员。越年保举知县,分发江苏试用。1902 年起,任京师大学堂译学馆工程提调及监督。1906 年任京师巡警厅厅丞。1908 年任东三省蒙务局督办。1910 年任津浦铁路北段工程总办。民国成立后,1912 年 7 月任北洋政府交通部总长、代国务总理,后改任内务部总长,兼京都市政督办。在此期间,曾拆除北京正阳门瓮城,改建前门箭楼,开辟中央公园(今中山公园),拆棋盘街千步廊为天安门广场,为北京的市政建设做出了突出贡献。还曾计划修建环城铁路。1916 年因筹备洪宪帝制大典被通缉,引咎去职,后被赦免。从 1917 年起经营实业,先后经办中兴煤矿公司、中兴轮船公司等企业,任董事长。1918 年 8 月被选为安福国会参议院副议长,未就任。同年发起成立北戴河海滨公益会,被推为会长,为海滨的开发与建设做了大量实际工作。

1919年任南北议和北方总代表,和议破裂辞职。1921年游历欧美等国。1925年开始筹办中国营造学社,从事古典建筑文献的整理研究,1930年营造学社正式成立,任社长。这是研究祖国建筑文化遗产最早的学术团体,对这项工作起了启蒙和推动作用。1930年,张学良委任为北平市市长,未就任。

北平解放前夕,朱启钤寓居上海。周恩来曾授意来北平参加国共和谈的章士钊写信给他,劝他留在大陆。上海解放后,周恩来即派章文晋(朱的外孙)接他来京。到京不久,他便以中兴轮船公司董事长的身份,同其他常务董事共同努力,把跑到香港的九条货轮召回大陆支援国内海运。1950年,朱氏将珍藏的明岐阳王世家名贵文物56件捐献给故宫博物院,文化部颁发奖状予以表彰。还先后将大量藏书分别捐给北京图书馆、清华大学、古代建筑修整所和贵州图书馆。1952年中兴煤矿公司改为公私合营,继任董事长。1953年5月被聘任为中央文史研究馆馆员。是第一届北京市政协委员,第二、三、四届全国政协委员,古代建筑修整所顾问。1961年老人90寿辰时,周恩来总理亲自在全国政协为他主持了祝寿活动。1964年2月26日病故,终年92岁。

朱启钤著有《哲匠录》、《蠖园文存》、《女红传徵略》、《存素堂丝绣录》等,刊有宋李诫《营造法式》。1991年9月中国文史出版社出版了《蠖公纪事——朱启钤先生生平纪实》。

石钟秀

(1893—1960)

石钟秀,原名荣熙,曾用名华严, 原籍湖北阳新,1893年2月28日生于太原。幼入私塾。后入太原两湖小学堂、太原模范小学堂、山西陆军小学堂。1913年入清河陆军预备学校,1918年毕业于保定陆军军官学校第五期步兵科。嗣历任山西陆军步兵第九团排长、连长,山西陆军第七团营长。1927年北伐时期,任山西陆军第六路第三区队上校队长、国民革命军热察绥招讨使署少将军事处处长。1928年被傅作义调任天津警备司令部政治部主任,集体加入中国国民党。1930年任国民革命军第三集团军中将参谋长(总司令阎锡山)。1931年任绥远省垦务总局总办及绥区屯垦督办办事处中将坐办。1935年任内蒙古绥境盟旗自治指导长官公署(抗日战争爆发后迁往陕北榆林办公)参赞,同年由九世班禅额尔德尼聘为西藏政教顾问,1939年辞职。同年国民政府发表为军事委员会高参,未往重庆就职,径赴四川灌县养病。后为维持生计,在成都经商。1948年来北平,被傅作义委任为华北"剿总"中将参议。北平和平解放后,请假回籍。

1953年5月被聘任为中央文史研究馆馆员。1960年3月22日病故,终年67岁。

黄右昌

(1885—1970)

黄右昌,字黼馨,笔名凄江子,湖南临澧人,1885 年 10 月生。1899 年就读于湖南时务学堂。1902 年入日本岩仓铁道学校,后转法政大学,1908 年毕业归国。旋应留学生考试,授法政科举人、内阁中书,任湖南省立及私立法政学校民法教授。民国成立后,任湖南省立第二法政学校校长,兼授民法。1913 年被选为湖南省议会议长。1915 年任北京大学法律系专任教授兼系主任,讲授民法罗马法,并在法政、清华、朝阳、中国、民国等大学及河北法商学院兼课。1920 年任北京大学法科研究所主任,主编北大社会科学院季刊。1930 至 1947 年任国民政府立法院立法委员。1948 年 9 月至 11 月任国民政府司法院大法官。鉴于国民党政权崩溃在即,遂回到湖南,任湖南大学法律教授。

新中国成立后,继续在湖南大学任教。1953 年 9 月院系调整,经批准留在湖南进修。1954 年 8 月改为退休。1955 年 1 月被聘任为中央文史研究馆馆员。1970 年 3 月 16 日病故,终年 85 岁。

黄右昌著有《罗马法与现代》、《拉丁文纲》、《民法诠解总则编》、《民法诠解物权编》、《民法释义亲属论》、《民法诠解继承论》等,还著有《梅花唱和集》。以上著作均系解放前出版。在湖南大学任教期间,编有《民法原理》、《企业法》、《保险法》、《票据法》等多种讲义。

唐宝潮

(1884—1958)

　　唐宝潮,号俊夫,原籍广东中山县,1884年6月21日生于上海。1901年入上海广方言馆法文班读书,1903年随同孙宝琦(出使法国大臣)自费赴法国留学,1905年改为北洋留法官费生,即入法国圣锡陆军士官学校,1907年7月毕业。后转法国索弥骑兵大学,1908年毕业。嗣入法国第三军团第七轻骑兵团,任额外排长。1909年回国,旋任北洋督练公所差遣员。同年随赴日本参观秋操,回国后改任军谘处科长兼禁卫军骑兵教练官。1910年任考察各国陆军专使随员。民国成立后,任总统府军事参议。1914年任统率办事处军事参议官。1917年段祺瑞政府对德宣战,派任参战办事处参议。1919年任巴黎和会军事专员,同年任将军府参军,奉派参加英、法、比三国庆祝第二次世界大战胜利大会。1921年任总统府侍从武官。1928年政府南迁，即蛰居北平。1935年任冀察政务委员会参议。"七七"事变后赋闲。

　　1955年1月被聘任为中央文史研究馆馆员。1958年1月10日病故，终年74岁。

裕容龄

(1882—1973)

　　裕容龄，女，别名寿山郡主，满洲正白旗汉军旗人，1882年5月26日生于天津。中国国民党革命委员会成员。中国第一个芭蕾舞女演员。父裕庚，曾先后任清廷驻日本及法国公使。

　　裕容龄1895年随父赴日本时，延师教习英文、日文，同时从日本宫内省大礼官学外交礼节、音乐、古典舞和插花。1899年又随父赴法国，入巴黎女子圣心学校读书，并继续学习音乐舞蹈。曾师从依沙多拉·邓肯学自由派舞蹈。不久入巴黎音乐舞蹈学院学芭蕾舞。1902年随巴黎歌剧院登台演出《玫瑰与蝴蝶》。1903年冬随父回国。次年春，慈禧太后召她母女三人入宫，任御前女官。曾为慈禧、光绪演过西班牙舞、希腊舞、如意舞等。1907年请假出宫，陪父赴上海治病。次年父病故，同年慈禧亦去世，即未再入宫。1912年与唐宝潮结婚。1916年起任北京总统府女礼官，直至1928年政府南迁卸职。此后曾开设女子服装研究社，从事时装设计。1935年任冀察政务委员会交际员。"七七"事变后以教舞蹈为业，无奈敌伪时期求学者日少，未能持久。

新中国成立后，一度为外国驻华使馆人员讲授华语、英语、法语。1955年1月被聘任为中央文史研究馆馆员。1973年1月16日病故，终年91岁。

裕容龄著有《清宫琐记》、英文版《香妃传》。

唐悦良

(1888—1956)

唐悦良，广东中山人，1888年生。九三学社成员。1909年毕业于上海圣约翰大学。同年赴美国入耶鲁大学，1913年毕业，获学士学位。旋入普林斯敦大学研究院，1915年毕业，获硕士学位。嗣后回国任清华学校讲师。1919年在北洋政府外交部任职，后任驻古巴公使馆三等秘书。1921年任中国出席华盛顿会议代表团编纂、研究远东问题专员。返国后任农商部秘书、内务部秘书。1922年任北京高等师范学校教授。1925年任北洋政府外交部秘书、参事。1927年入冯玉祥部，历任国民革命军第二集团军总司令部外交处处长、国民政府外交部特派河南交涉员。1928至1932年任外交部次长。后历任税务专门学校教授、中国大学教授兼系主任、辅仁大学西语系主任。抗日战争胜利后，任北平市政府外事处处长。1946年复任辅仁大学西语系教授兼主任。

　　新中国成立后，继续任辅仁大学教授，1953年退休。1950年加入中国人民外交学会为会员。1955年1月被聘任为中央文史研究馆馆员。1956年4月12日病故，终年68岁。

闻承烈

(1889—1976)

　　闻承烈，字朴庭，山东威海人，1889年9月20日生。中国国民党革命委员会成员。幼读私塾六年。1907年入陆军第六镇工兵营右队当兵。民国元

年(1912)入北京右路备补军当哨兵,次年任哨长。1914年
入冯玉祥部,历任第十六混成旅排长、连长、营副、营长。
1923年任第十一师四十二团团长。后任第二十一混成旅
旅长,第三十二混成旅旅长。1926年进军西北,任西北军
兵站总监。次年任冯玉祥国民军军官教导团团长。1928年
任国民革命军第二集团军兵站总监。同年10月,冯玉祥
保送北平陆军大学特别班第一期毕业。1931年任山东济
南市市长。抗日战争爆发后,冯玉祥委任为第六战区司令
长官部兵站中将总监。1939年调任后方勤务部第四办事
处中将主任。1942年因在雪地跌倒,左腿脱臼致残。1946
年11月,当选为制宪国民大会代表。

　　1955年1月被聘任为中央文史研究馆馆员。1976年
11月17日病故,终年87岁。著有《兵站摘要》。

周颂声

(1880—1964)

　　周颂声,字歌廷,山东安丘
人,1880年1月23日生。清廪
生。1911年毕业于日本金泽医
科大学。回国服务期间,又赴德国入柏林大学,赴日本入京

都帝国大学进修,均获医学博士学位。历任山东军政府军医科科长、山东省立医院医务长、北京医学专门学校教授兼校长、山东大学医科学长、北平大学医学院生理系主任教授、陆军军医学校主任教官。

1955 年 3 月被聘任为中央文史研究馆馆员,1964 年 5 月 10 日病故,终年 84 岁。

周颂声著有《生理学》、《儿科学》、《体格及体力检查法》、《运动卫生学》等;翻译有《桥田生理学》、《中村儿科学》等。

时敏行

(1881—1961)

时敏行, 亦名明行, 号讷言, 河南通许人,1881 年 12 月 6 日生。早年入河南大学堂,后考入京师大学堂优级师范科。毕业后入日本大学法律科,加入中国同盟会。1911 年毕业回国。1913 年响应湖口讨袁起义。1917 年护法之役,被孙中山任命为中原革命军军长。第一次北伐失败后回河南,被北洋军阀政府监禁八年,北伐胜利后出狱。1931 年 1 月任中国国民党党史史料编纂委员会纂修,兼任国民党政府军事委员会参议。抗日战争末期,应八路军之邀,携眷赴解放区,初在冀鲁豫行署,后转晋冀边区政府任职。冀鲁边区政府改为华北人民政府后,任参议。

新中国成立,先后由政务院交际处、国务院机关事务管理局服务处照管其生活。1955年4月被聘任为中央文史研究馆馆员。1961年1月6日病逝,终年80岁。

钱均夫

(1882—1969)

钱均夫,原名家治,浙江杭州人,1882年12月生。钱学森之父。幼入蒙馆,1895年入正蒙义塾,1899年入杭州求是书院,1902年由求是书院派赴日本,先入东京弘文学院,1904年考入东京高等师范学校史地科。1908年春毕业后,在日本考察教育半年,是年冬回国。清末章太炎在日本办章氏国学讲习会,主要由钱均夫发起,当时听讲弟子有鲁迅、黄侃、钱玄同、朱希祖、许寿裳、沈尹默等人,极一时之盛。1909年钱均夫受聘为浙江两级师范学堂史地科主任教员,旋兼浙江高等法政学校心理、论理教员。1910年改任浙江省立第一中学校长。次年任浙江省教育司秘书。民国成立后,仍回省立一中任校长职。1914 年转任北洋政府教育部视学。1917 年教育部总长范源濂任为吉林省教育厅厅长,未赴任,仍就原职并兼普通教育司第三科科长。1928 年政府南迁,任南京政府教育部普通教育司一等科员。次年浙江省教育厅任为省督学。1931 年改任秘书。1934 年冬因病退休。

1956 年 4 月被聘任为中央文史研究馆馆员。1969 年 8 月 25 日病故,终年 87 岁。

钱均夫著有《逻辑学》、《地理通论》、《外国地志》、《西洋历史》。

梁令娴

(1893—1956)

梁令娴,女,原名思顺,笔名艺蘅,广东新会人,1893 年 4 月 15 日生。梁启超之女。1898 年戊戌变法时在上海,后随母赴澳门。1899 年赴日本东京后又迁往横滨,就读大同学校。1907 年随父迁往神户,承父教,并延师讲授国文及英文、日文。此后数年间,负责管理其父来往信件及文稿。民国成立后不久归国。1914 年与周国贤结婚。从 1918 年起,周国贤历任驻仰光领事、驻菲律宾、新加坡、加拿大总领事,梁均随夫行。1928 年 9 月回国。1936 至 1949 年任松坡图书馆干事。1936 至 1940 年任北平女青年会董事兼秘书。1945 至 1949 年任北平红十字会理事。1945 年曾义务帮助重组燕京大学国文系,并任讲师半年。

1956 年 6 月被聘任为中央文史研究馆馆员。同年 11 月 26 日病逝,终年 76 岁。

梁令娴著有《艺蘅馆词选》,译有《东洋文化史大系》约 4 万字。

诸季迟

(1876—1959)

诸季迟,曾用名以仁,笔名湘遂,浙江杭县人,1876 年 5 月 13 日生。1909 年己酉科拔贡。历任湖南学务公所总务兼普通课员,《长沙日报》经理,湖南财政公所管榷科科长,湖南官纸印刷局总经理,浙江第一镇北伐军驻宁司令部秘书,浙江第五军及第六师司令部一等书记官,浙江都督府文牍员,浙江印制局局长,浙江桐乡县知事,陇海铁路督办驻京总公所秘书、总务处处长、

秘书长、总务科长,清史馆协修兼文牍,京奉铁路局秘书,
国务院秘书,临时参政院秘书,河北烟酒事务局秘书主任
及第一区分局局长,六河沟煤矿公司秘书,中兴煤矿公司
驻矿委员会秘书主任,国民政府财政部驻平印刷局文牍科
长,安徽省政府秘书,中华民国矿业联合会秘书,中国联合
准备银行总务局文书课长等职。

　　1956 年 6 月被聘任为中央文史研究馆馆员。1959 年
5 月 16 日病故,终年 83 岁。

邹蕴真

(1893—1985)

　　邹蕴真,字半耕,湖南汉寿
人,1893 年生。幼家贫,在农村
读私塾,助父耕作。1911 年入汉
寿县立教员养成所读书, 次年入湖南第一师范学校,1918
年毕业, 并同毛泽东等 13 人发起组织革命团体新民学会。
1920 年赞助毛泽东开设文化书社。1921 年参加毛泽东创办
的自修大学活动。1919 至 1921 年任湖南省立一师附小教
员、湖南省立通俗教育报馆编辑。1922 年入南京东南大学
学习教育。1924 至 1949 年历任湖南省立第一高级中学、第

一师范学校、第一女子师范学校、私立明德中学、周南女子
中学、楚怡中学、岳云中学以及国学专科学院等院校教员。
1938年日寇犯湘，避难回原籍，曾任汉寿县教育局局长一
年，创办汉寿中学。邹长期辛勤执教，治学严谨，教绩斐然。

　　1949年12月来京。次年入华北革命大学学习。1951
年分配到出版总署任编辑。1953年因病离职。1956年6
月被聘任为中央文史研究馆馆员。1985年7月20日病
逝，终年92岁。

　　邹蕴真著有《国文概论》、《哲学概论》、《惆怅集》、《文
学概论》、《诗歌原理及其他》、《汉字改革概论》、《中国现代
汉语语法》。

关赓麟

(1880—1962)

　　关赓麟，字颖人，笔名梯
园，广东南海人，1880年11月
29日生。1902年中举人，后派
赴日本入弘文学院师范科，毕业后回国，入京师大学堂仕
学馆习法政。1904年赐进士，任兵部主事。1905年随戴鸿
慈等出使欧美九国考察。次年任邮传部主事，后历任铁路

总局提调、路政司主事、电政司员外郎、路政司郎中、承政厅佥事等职。1911年任京汉铁路局会办。民国成立后,任京汉铁路局局长。1916年任北洋政府财政部秘书。旋任交通部路政司司长,历兼交通大学及交通行政讲习所教员、铁路同仁教育会副会长、铁路卫生联合会副会长。后改任交通部参事,历兼编译处处长、审定铁路法规会会长、交通史编纂委员会委员、汉粤川铁路督办,同时应聘担任大总统府编书处编纂。1922年任北京交通大学校长。1927年再任交通部参事、汉粤川铁路督办。次年政府南迁后,任国民政府铁道部参事,兼交通史编纂委员会委员长。嗣改任业务司司长兼联运处处长,未几,任平汉铁路局局长。后又回部再任参事、顾问等职,常驻北平主持北平铁路学院校务,以永久董事兼校长负责筹款,不支薪俸,后该校改名为北平铁路专门学校。"七七"事变后,坚持拒绝与敌伪合作,保持民族气节。抗日战争胜利后,因母病侍奉,不能他去。

1956年6月被聘任为中央文史研究馆馆员。1962年3月4日病故,终年82岁。

关赓麟著有《东游考察学校记》、《京汉铁路之现在及将来》、《中国铁路史讲义》、《瀛谈》。擅诗词,曾主持稊园诗社,有《稊园诗集》多种。

俞家骥

(1877—1968)

俞家骥,字涵青,浙江绍兴人,1877 年 11 月 21 日生。中国国民党革命委员会成员。幼读家塾,勤奋好学,涉猎四书五经、史鉴文选。成年后入国子监学习。嗣后分派西盟垦务总局任文案兼提调。民国成立后,历任山西阳曲、榆次、临晋、大同等县知事。1925 年升任雁门道道尹。1927 年调任山西全省政务全书总编纂。1930 年改就大陆银行总经理处秘书。1933 年兼任行政院驻平政务整理委员会秘书长。1936 年以大陆银行秘书兼任北平分行地安门支行经理,1943 年更兼北京图书馆馆长。次年任大陆银行北京分行经理,1945 年卸职。1947 年旅平同乡公推经管越中先贤祠及绍兴县馆财产。

新中国成立后,被选为北京市浙江会馆财产管理委员会第一、二、三届主任委员。1955 年 12 月将会馆财产移交政府统一管理。1956 年 7 月被聘任为中央文史研究馆馆员。1968 年 2 月 16 日病故,终年 91 岁。

俞家骥著有《寿金庵所见书画记》。

商衍瀛

(1871—1960)

　　商衍瀛,字云亭,曾用名悟庵、丹石、明德,广东番禺人,1871 年 6 月 11 日生。1894 年甲辰科举人,1903 年癸卯科进士,入进士馆习法政,毕业后授翰林院编修加侍讲衔,旋派赴日本考察政治,归国后任京师大学堂斋务长、调任教务长。又派赴日本考察大学学制,以备设大学分科。嗣兼任京师高等学堂监督、资政院钦选议员。入民国后, 就任青岛德华高等学校国文教习。1915 年到徐州张勋幕下作客。1918 年任奉天清室办事处会办,照料清室三陵,代催清丈局所放庄田款项。1929 年 4 月天津兵灾,出任天津红十字会名誉会长,帮同设立难民收容所五处,分批遣散还乡。同年陕西旱灾,为募现款 3 万元,交朱庆澜(时任国民政府赈灾委员会常务委员)放赈。次年又在天津募得房屋一所,售价 5 万元,会同朱庆澜往陕西办急赈。1931 年在扶风县设立怀幼村, 收容灾童。1932 年伪满洲国成立后到长春,历任执政府秘书、宫内府会计、审查局局长、内务处处长等职。1937 年去职,改任红十字社副社长。1939 年辞职,在长春家居。1946 年迁居天津,由次子奉养。翌年来北平,卖字为生。

　　新中国成立后在京赋闲,靠北京市民政局发放生活补助费维持生计。1956年10月被聘任为中央文史研究馆馆员。1960年11月29日病故,终年89岁。

　　商衍瀛善书法,工楷、行书,运笔精到,刚柔相济,浑朴古雅,颇具功力。

许宝蘅

(1875—1961)

　　许宝蘅,字季湘、公诚,号巢云,晚年号鲞斋,浙江仁和(今杭州)人。1875年12月20日生。1902年应浙江乡试中举人。1906年后历任内阁中书、学部主事、军机章京、承宣厅行走。入民国后,1912年任北京临时大总统府秘书、国务院秘书、国务院铨叙局局长。1913年调任国务院临时稽勋局局长。次年1月任内务部考绩司司长,1916年去职。1917年任大总统府秘书,次年兼铨叙局局长。1919年兼署内务部次长,后任国务院参议。1922年6月又任铨叙局局长。1924年又任国务院参议。1927年1月任国务院秘书长,6月为国务院帮办兼法制局局长,12月兼任北京故宫博物院图书馆副馆长兼管掌故部,出版了《掌故丛编》。1928年7月赋闲,9月任辽宁省政府秘书长,次年3月去职。旋任黑龙江省政府顾问。1932年6月去东北沦陷区任伪满执政府秘书、大礼官、宫内府总务处处长,1939年因年老退职。次年任满洲棉花会社理事。1945年8月回到北平家居。曾参加蛰园、梯园等诗社活动。

新中国成立后,从1953年起领取北京市劳动局每月发放的生活困难补助金。1956年10月被聘任为中央文史研究馆馆员。1961年12月28日病故,终年86岁。

许宝蘅工书法,曾多次参加国内外书法展,中山公园内原石坊上"公理战胜"四字,即为其所书。晚年与恽公孚合作点校《方望溪文集》、《癸巳类稿》、《唐大诏令》、《宋诏令》、《光绪东华录》;又为高教出版社校《国语》、《国语考异》、《箸园日札》、《初学记》等书。

著有《说文形系》十四卷、《篆文礼记》、《文字溯源》一卷、《篆文诗经校正记》、《清代篆人著作述考》、《魏石经考》等,惜均已遗失。尚有《西汉侯国考》、《公主考》等及《咏篱仙馆集李商隐诗》三卷手稿,已捐给北京图书馆。

许宝蘅收藏有明清档案资料三十余件,还有《明嘉靖缙绅记》、《清代官防印模》、《发史》、勋章等多件,由其子女捐献给第一历史档案馆。其所遗诗词及日记数十本,集李商隐诗句集三本,由其子女连同部分日记于1995年出版为《许宝蘅先生文稿》。

王　耒

(1880—1956)

　　王耒，字耕木，浙江杭县人，1880年阴历正月二十四日生。清举人，毕业于日本法政大学。历任清政府刑部主事、法部主事、京师地方审判厅厅长、云南法政学堂监督、云南高等审判厅厅丞。民国成立后，历任中央司法会议浙江代表、江苏都督府秘书、奉天司法筹备处处长。1914年3月任奉天北路观察使；6月任奉天洮昌道道尹。1917年12月任全国烟酒事务处处长。1920年8月任北洋政府国务院法制局局长。1922年11月兼署国务院秘书长，并任平政院评事。1924年12月任内务部次长，并任国民代表会议筹备处评议员。1926年2月任国务院首席参议。自1928年民国政府南迁后，即不与闻政治，闭门读书。曾参加秭园诗社、蛰园诗社，常与社友聚会吟咏。

　　1956年11月被聘任为中央文史研究馆馆员。同年12月23日病故，终年76岁。

　　王耒著有《洮尔河防导计划书》《耻无耻室诗词稿》等。

曾毓隽

(1875—1967)

曾毓隽，字云霈，谱名以炮，福建闽侯人，1875 年 8 月 5 日生。1894 年甲午科举人。历任河北文安、大城、良乡、宛平、肥乡等县知县，保升候补知府、道员。嗣后就任邮传部参事、五路铁道局书记及段祺瑞之文案。辛亥革命后，任第一、第二军秘书长。1914 年后任陆军部军需处处长及陆军部秘书。袁世凯称帝时辞职。袁死后，复回陆军部任秘书。1917 年参加段祺瑞讨伐张勋复辟之役，受段派遣与山东军事当局商略布防，以截阻张勋辫子军北上。同年段祺瑞政府对德国宣战后，在参战处任职。1918 年调任京汉铁路局局长，不久辞职，任国会参议院议员；10 月任交通部次长兼铁路总办。次年任川粤汉铁路督办；12 月任交通部总长。1920 年 7 月段祺瑞被直系军阀打败下台，曾毓隽因与段交深而落职，并被通缉，逃匿于日本使馆，后避居天津。1924 年段祺瑞任临时执政后，为段之幕僚。1927 年任安国军政治讨论会副会长。后息影家居，研习文史。卢沟桥事变后，由北平辗转上海、昆明，后移居香港就医。1938 年 6 月，重庆国民政府任命其为赈济委员会委员。1941 年 5 月去职。日军占领香港后，在港隐居数月，旋赴上海,复回北平谋生。1946年后在金鱼池饲养金鱼为业。

　　新中国成立后,于1951年将金鱼池地亩售予政府有关部门,辟为公园。1956年11月被聘任为中央文史研究馆馆员。1967年11月14日病故,终年92岁。

顾子贞

(1892—1969)

　　顾子贞,曾用名顾德恒,云南鲁甸人,1892年7月27日生。云南陆军讲武堂步兵科毕业。与朱德是同班同学。毕业后任滇军排长、连长。辛亥革命时任滇军第一师营长。后曾任孙中山拱卫军团长。北伐战争时期任第三军独立旅旅长。1927年留守广东,任新兵训练处处长兼广东军官学校监督。宁汉分裂时,脱离军伍,后为朱培德效力,任赣关监督。1930年去职赴上海闲住。1944年任云南镇康县县长。1946年任广南县县长。旋回昆明赋闲。

　　1956年12月被聘任为中央文史研究馆馆员。1969年6月21日病故,终年77岁。

李兆年

(1877—1965)

　　李兆年,字潏卿,曾用名蠖厂,福建建瓯人,1877年10月1日生。1900年庚子科优贡,1903年癸卯朝考一等。京师法政学堂肄业,进士馆法政讲习所毕业。历任广东翁源县、浙江新登县知县,京师初级审判厅、京师地方审判厅推事,俸满保荐知府。民国成立后,1912年4月被选为北京临时参议院议员。1913年第一届国会正式成立,当选为参议院议员,国会解散后回家。1916年第一次恢复国会时,仍任参议院议员。1922年第二次恢复国会时,再任参议院议员。曾任全国商会联合会评议员,共和纪念万国博览会会务委员。1924年12月国会撤销后赋闲。

　　1956年12月被聘任为中央文史研究馆馆员。1965年12月12日病故,终年88岁。

　　李兆年著有《补蹉跎斋诗文钞》、《医学述训》等。

黄居素

(1897—1986)

　　黄居素,广东中山人,1897年5月16日生。早年曾考进广东高级师范学校,后辍学返乡,从名师郑哲园攻习文史。两年后参与创办《岐光报》,鼓吹革命。越两年重返广州,因找不到出路,到光孝寺出家半年。继而结识时任陈炯明派驻汕头的后方主任马育航,自是由任军务署委员进而任陈炯明的书记、秘书、机要秘书。1922年陈炯明炮轰总统府时,事前黄不知道,事后也未附逆,只是感到十分痛心。此后极力主张陈炯明与孙中山合作,以大局为重,并与吴稚晖、廖仲恺等从中斡旋,由于陈炯明坚持顽固态度,未获结果。1925年,先后任建国粤军总司令部政治部主任、广州市农民部长、中山县县长。北伐胜利后,曾短期出任南京政府农民部长,并一度代理海外部长。嗣后赴上海拜国画大师黄宾虹为师,学习山水画约七八个月。1928年10月任国民政府立法院立法委员。1930年1月兼任广东省政府委员,旋第二次出任中山县县长(1929年国民政府明令定中山县为模范县)。黄两任中山县县长期间,热心桑梓,在革新县政、振兴教育以及县城改造、港口建设等方面颇有建树。从1933年起,他基本脱离政治生活,长期居住香港,除了与画人、诗友等往来外,很少社交。

　　新中国成立后第一个国庆,黄居素曾以满腔热情,赋诗祝贺。1955年应邀来北京参加国庆观礼,留居北京。1957年4月被聘任为中央文史研究馆馆员。同年7月抱病返港,尔后深居简出,专心于诗画。1986年3月22日在香港病逝,终年89岁。

　　黄居素诗画造诣颇高。他的画,苍劲古朴,饶有意趣,画中有诗,诗中有画,继承传统绘画艺术的风韵,而又具有自己的独特风格。他的诗,有不少是述怀、遣兴、记游、咏事、悼念之作,反映了他真挚的情操和生平的踪迹,感念因果,寄意遥深,耐人寻味。出版有《黄居素画集》第一、二辑,《光纲楼诗》。

(据黄任潮《黄居素其人其事》一文删节)

王衡永

(1881—1965)

　　王衡永,字湘南,北京人,1881年10月生。5岁入家塾读书。1898年考取清政府内务府七品笔政,1899年考入国子监为监生。1900年捐湖北候补知府,次年到省候补。1902年调任清代西陵工程处监修事务。1903年任东陵工程处监修事务,1905年竣工后保案免补道员,以都统记名简放。1909年任禁卫军军需,旋升监督。1918年任镶黄旗满洲副都统并宫廷侍卫,次年任侍班。1922年担任清查鉴定故宫字画事务,并任正红旗满洲都统。1929年秋被选为首善工艺厂第一届董事会董事。1931年秋交卸,嗣后家居,专门研究古代书画及清代文物掌故。

　　新中国成立后,频年参加北京市政协及民革组织的学习。1957年4月被聘任为中央文史研究馆馆员。1965年4月22日病故,终年84岁。著有《双梅华簃诗稿》二十五卷。

石秉巽

(1888—1970)

　　石秉巽,号矩孙,曾用名梅孙,安徽宿松人,1888年10月生。清附生,1910年安徽高等学堂毕业,奖给优贡。1914年北京法政专门学校经济本科毕业。1919年应文官高等考试及格,分发交通部任用。历任该部编译馆编译员,总务厅文书科、综核科科员,路政司法制科科员,交通史编纂委员会协修,赈灾委员会办事等职。1928年任北京特别市政府秘书处办事。1929年应河北省县长考试及格,翌年1月派任河北省政府政务视察员、7月署理三河县县长。1931年5月卸职。1934年考入北宁铁路局,任材料处计理课课员,"七七"事变后辞职。1946年1月应平津区路员复员考试,任天津铁路局材料处科员。

新中国成立后,调任北京铁路局材料科科员。1951年6月改任丰台材料厂事务员,1954年夏退休。1957年4月被聘任为中央文史研究馆馆员。1970年1月14日在北京病故,终年82岁。撰有《读书随笔》。

冯复光

(1892—1966)

冯复光,字述先,号蛰庐,笔名柳湖,河北霸县人,1892年10月14日生。幼入私塾。1920年天津直隶公立法政专门学校法律科毕业。"五四"运动时,曾代表天津学生会参加上海全国学生联合会,又代表全国学生联合会向北京总统府请愿,被军警拘禁,后无条件释放。1920年夏起,历任永定河河务局文牍、会计、工巡队长,保奖荐任职。嗣后任永定河河务局北岸下游分局局长,保奖简任职。1925年春卸职。1924年曾加入"文学社",听吴闿生讲学。次年夏起一度与人合伙经营小商业,又从师学过绘画。1929年夏任河南省政府参议。1930年秋任山东省政府参议,1935年春辞职。"七七"事变后,曾任黄河联防会山东代表。1938年赴重庆,翌年致信周恩来,得周约见,并被介绍赴武汉担任湖北省教育厅助理秘书约一年,旋返重庆。1940年夏,在重庆山东省立剧院担任特约编辑,修改剧本。次年在绥境蒙古各盟旗地方自治政务委员会(简称蒙政会)驻京办事处任办事员,藉以维持生计,并卖画以资补助。抗日战争胜利后应巴文竣(时任蒙政会常务委员兼秘书长)之邀,赴蒙古伊克昭盟扎萨克旗任蒙政会汉文秘书。1947年会址迁乌兰察布盟西公旗。1948年冬辞职转赴兰州,遂以卖画为生。

1951年冬到北京,次年4月上书周恩来总理,经总理批示,任中央文史研究馆秘书。1957年4月被聘任为中央文史研究馆馆员。"文化大革命"初期受到冲击,1966年8月31日不幸去世,终年74岁。

冯复光擅长绘画和诗词。1958年国庆节,他画《寿客》立幅献给毛泽东主席,此作品入选《中南海珍藏画集》第一卷。诗集有《荒野诗稿》。

段宗林

(1880—1981)

段宗林,字子均,河北高阳人,1880年8月10日生。中国国民党革命委员会成员。早年肄业于京师大学堂。1901年入义兴局经商。1904年在直隶咨议局任修建会堂监工。1907年参与建设津浦铁路工程,旋调入津浦铁路局转运处任职。清末参加中国同盟会。入民国不久,因反对袁世凯事泄,被通缉,乃化名逃至大同,以商贩为生。1916年袁世凯死后来北京。次年起任北京大学庶务科科长历七年,结识李大钊,过从甚密。1924年参加冯玉祥组建的国民军第三军,任运输总司令。北伐胜利后任河北省政府委员。1930年9月阎冯倒蒋失败后赋闲。1932年任平绥铁路局副局长,至"七七"事变,辞职家居。抗日战争胜利后,任北平市政府参议员。1948年任华北"剿总"顾问,颇受傅作义器重。北平和平解放后赋闲。

1957年4月被聘任为中央文史研究馆馆员。1981年6月14日病故,终年101岁。

戴陈霖

(1873—1960)

戴陈霖,号雨农,浙江海盐人,1873年11月生。早年肄业于上海广方言馆和京师同文馆。1899年由清政府派往法国巴黎政治学院学习。毕业后,在驻法使署工作,由随员递升参赞,后历任驻西班牙、葡萄牙、法国等国代办使事。入民国后,1912年调回国内,任外交部参事。次年12月任驻西班牙兼葡萄牙国全权公使。1920年辞职回国。1922年6月任驻瑞典兼驻挪威、丹麦国全权公使。1924年任日内瓦第五届国际联盟大会代表,同年任瑞典京城万国邮政大会代表。1925年10月因母年老多病,辞职回国侍奉,嗣后长期赋闲。

　　1957年4月被聘任为中央文史研究馆馆员。1960年2月17日病故,终年87岁。

水钧韶

(1878—1961)

水钧韶，字孟赓、梦耕，江苏阜宁人，1878 年 3 月 20 日生。中国国民党革命委员会成员。1900 年天津北洋育才馆毕业。翌年到杭州县学堂教英文。1902 年赴法国，入巴黎大学商科，1904 年毕业后任驻法国公使馆商务随员。1906 年回国，任京师大学堂译学馆法文教习。翌年任驻德国公使馆商务随员。不久回国任农工商部员外郎，兼京师大学堂译学馆法文教习。1910 年任邮传部员外郎。旋任汴洛铁路局总办。民国成立后，任汴洛铁路局局长。1913 年任京汉铁路局提调。1916 年改任该局总务处处长兼车务处处长，不久升任京汉铁路局副局长。1920 年调任京绥铁路局副局长，旋任京奉铁路局局长。1924 年任北洋政府交通部参事。翌年任驻苏联列宁格勒领事馆总领事，后回国任外交部参事。1927 年任交通部路政司帮办，旋兼任外交部外交讨论会专门委员。1928 年任天津县代理县长，后改任铁路局顾问。1931 年任北京中法大学英文教员。1933 年任天津卫戍司令部参议、外交翻译。

1957 年 4 月被聘任为中央文史研究馆馆员。曾任北

京市东城区政协委员。1961 年 8 月 25 日病故，终年 83
岁。著有《欧西各国度量衡法》、《东游日记》等。

龙　骧

(1882—1961)

　　龙骧，字麟振，湖北孝感
人，1882 年 3 月 21 日生。清附
贡生。1903 年湖北自强学堂肄
业，翌年改入湖北师范学堂，1906 年毕业。次年任奉天辑
安县师范学堂监督兼国文教员。1908 年派赴日本、朝鲜考
察教育财政自治事宜。1909 年调任黑龙江巡抚公署幕职，
兼黑龙江全省中学堂学监、国文教员。辛亥革命后任黎元
洪副总统府秘书，旋任杀虎口货捐征收局局长。1915 年 5
月任察哈尔垦务总办。次年 4 月调任察哈尔实业厅厅长。
1918 年 11 月兼署察哈尔教育厅厅长。1919 年交御教育厅
厅长兼职，又兼张家口商埠筹备主任。1922 年 10 月任北
京总统府秘书兼咨议。次年 5 月改任总统府顾问兼国务院
财政顾问。因直奉内战不已，旋决计辞卸。1928 年 11 月任
国民政府内务部简任秘书。1929 年 12 月任监察院简任秘
书，1931 年辞卸。嗣后以卖文、教书维持生计。

　　1957年7月被聘任为中央文史研究馆馆员。1961年3月15日病故,终年79岁。

　　龙骧早年著有《近世读经问题析疑》、《国家财政四大先决问题》、《察哈尔垦政辑览》。晚年治边疆地理及海洋地理,著有《中国沿边沿海图籍题略》、《中国沿边沿海外围图籍题略》、《澎湖群岛志》。

吴蔼宸

(1891—1965)

　　吴蔼宸,原名世翔,又名矿,以字行,福建闽侯人,1891年6月9日生。4岁入塾,8岁随父赴山东,1904年肄业于山东高等学堂,以成绩优良,旋奏奖举人,中书科中书。1901年考入京师大学堂工科采矿冶金门。辛亥革命后南下任南京临时政府交通部一等科员。翌年仍回北京大学工科学习(时京师大学堂改名北京大学),1913年毕业,授工学士。曾在开滦矿务局实习,旋在京西门头沟开采煤窑,后与通兴煤矿公司合并,任董事职。在北大预科任教时赴京东旅行,发现迁安县鹦鹉山钨矿,经北洋政府陆军部设局官办,应聘为矿师。1917年该部派其赴美国实地考察,携钨砂试验,以洗出钨砂,售得高价,购回选矿机器全套。1919年任黑龙江梧桐河金矿局总经理，次年省派赴美国订购挖金机器并考察。1921年归国、兼任黑龙江观都金矿局机器试验场场长。1922年暂弃所学,投入政界,任北洋政府内务部秘书,旋任直鲁豫巡阅使署秘书,不久改聘为实业顾问,兼任河南地质调查所所长。1924年任江汉关监督,兼外交部特派湖北交涉员,嗣兼任汉口特区管理局第一任局长。1928年任河北省省长公署顾问,兼天津造币厂坐办,旋任天津特别市政府秘书。著《华北国际五大问题》一书。翌年任天津整理海河委员会总务处副处长。1932年应新疆省政府聘为高等顾问,抵迪化(今乌鲁木齐)未久,发生民族冲突,难民麇集,不忍坐视,联合各团体创办慈善会,设粥厂、救护医院,拯救难民。1933年迪化发生"四一二"政变,他幸免于难。旋以新省府委员兼善后委员会常务委员名义,独任汉族代表,驰往古城,与占领古城的马仲英斡旋和平。未几,外交部电令任其为新疆外交特派员,随同外交部部长罗文干巡视塔城、伊犁,并赴苏联参加驻苏大使会议。旋赴莫斯科,参加新苏商务会议。翌年返京述职,辞未回任,著《新疆纪游》一书。1936年派任苏联布拉哥总领事, 适逢苏联公布斯大林宪法,著《苏联宪法研究》一书。翌年调任海参崴总领事,当时远东一带华侨多被逮捕,未被逮捕的侨民迁移避匿,流离失所。他以保护侨胞为己责,设法救助,并电商新疆当局及外交部同意, 分批输送侨胞至新疆达数千人。1938年去职,旋赴英国入伦敦大学研究国际公法、国际关系,留英年余,撰英文《新疆变乱记》一书。第二次世界大战爆发后,赴香港继续写作。1940 年《新疆变乱记》出版,风行欧陆,接连数次再版。岁末返重庆。1941 年曾应中央大学邀请,向学生讲演中苏外交史。1942 年派为外交部驻川康特派员,驻蓉两年半,兼任燕京、华西大学教授,中英文化协会成都分会会长。抗战胜利后,任国民政府外交部顾问。1947 年派为外交部代表,会同有关人员,赴汉口、北平、上海、天津、台湾等处,清理联合国财产,历数月清结。

1949 年南京解放后,吴蔼宸自动辞去外交部顾问职,再赴英国伦敦完成博士学位论文。1950 年 7 月伦敦大学授予国际关系门哲学博士学位。同年 11 月著英文《中国与苏联》一书出版。1951 年写成英文《峨嵋山画记》。此后从事国际贸易,运送北京工艺品至英国销售;与英商合作,同北京、天津进出口贸易公司进行贸易,并与我国进出口公司多次接洽,牵线搭桥。1954 年以华侨身份归国,任伦敦吴萧公司驻京代表。1956 年 9 月辞职,应北京地质勘探学院之聘担任高级英文教授,专教助教、讲师英文。1957 年 11 月任欧美同学会总干事。1958 年 5 月被聘任为中央文史研究馆馆员。1965 年 8 月 28 日病故,终年 74 岁。著作除上面提及的以外,晚年编有《历代西域诗钞》,自刊《求志庐诗》。

谭善洋

(1891—1963)

谭善洋,字友佛,云南绥江人,1891年1月15日生。云南讲武堂及南京陆军大学毕业。1910年任滇军七十五标第二营排长,旋任第二营第五连连长。民国成立后,1913年任蒙自步兵独立第二营营长。1915年任云南护国军第二十五团第二营营长。1917年任靖国军第三纵队第二支队队长。翌年署四川南溪县县长。1920年任滇军第五混成旅参谋长。1922年任滇军驻川代表。1927年任滇军第二军参谋长兼教导师师长。1939年任滇军第三军参谋长,在中条山坚持抗日。1945年抗战胜利后退役,在家休养。

新中国成立后,于1957年为四川省宜宾市政治协商会议第二届委员会委员。1958年8月被聘任为中央文史研究馆馆员。1963年2月23日在宜宾病故,终年72岁。著有《杖节录》。

罗方中

(1895—1976)

　　罗方中，原名芳坰，字介繁，湖南衡山人，1895年3月24日生。民革中央团结委员会委员。1919年毕业于湖南第一师范学校，与毛泽东是同班同学。1925年毕业于北京大学文科。1924年加入中国国民党，曾联络党内左翼分子，组织中山主义实践社并任常务理事，旨在唤起民众参加革命工作，反对北洋军阀。1925年奉国民党北方执行部派遣，赴莫斯科中山大学学习革命理论。1927年5月归国，在南京中学教书。旋被选为国民党南京市党部执行委员，不久党部被解散离职。1928年4月任国民党江苏省党部训练部秘书，同时参加中国国民党改组同志会，任南京分部书记，在南京、上海两地从事反蒋活动。1930年3月被南京市警察厅逮捕，次年3月经邵力子保释。后彷徨经年，为生活所迫，供职于国民党政府实业部，初任专门委员，继任主任秘书，1935年12月解职。次年8月任陕西武功农业专科学校副教授。抗日战争爆发后，任国民政府军事委员会第五部主任秘书。南京失陷后，任军委会武汉战干团教官。1938年9月转任国防最高委员会教育专门委员会委员，直至1947年该机构结束。1947

年参加三民主义同志联合会，为南京负责人之一。次年3月任立法院教育文化委员会专门委员，至南京解放为止。

新中国成立后任政务院秘书厅秘书、国务院秘书厅秘书。1958年12月被聘任为中央文史研究馆馆员。1976年6月2日病故，终年81岁。

李光宇

(1890—1968)

李光宇，字阐初，北京人，1890年12月8日生。中国民主建国会成员。幼时在家塾读书。1912年顺天高等中学毕业。在校加入中国同盟会。1917年北京大学文科哲学系毕业。旋任北京大学预科助教，北京第四中学、私立高级商业学校历史、国文教员，北京学务局视学兼编辑。1920年12月以驻欧通讯员名义，随蔡元培赴欧洲考察高等教育，曾暂任巴黎华法教育会总干事。1922年入里昂大学教育学院研究教育学。1924年归国，加入改组后的中国国民党，任北京第四中学教员、北京中法大学外国语教育委员会干事。从1927年起，历任浙江富阳、海盐、吴兴、诸暨，江苏泰兴、丹阳等县县长。1937年丹阳沦陷,离职去重庆。1938 年任四川綦江县县长。次年任行政院专员。1940 年任国民参政会川康建设万县办事处秘书,兼省立万县师范学校教员。1943 年起先后在重庆、南京任考试院考选委员会简任秘书、总务处长,1948 年改任考试院考选部试务司司长。

新中国成立后到北京,入华北人民革命大学政治研究院学习,1950 年 8 月毕业。先后任政务院秘书厅秘书、国务院秘书厅秘书。1952 年加入中国民主建国会。1958 年 12 月被聘任为中央文史研究馆馆员。1968 年 11 月 27 日病故,终年 76 岁。

凌念京

(1879—1958)

凌念京,四川宜宾人,1879 年生。1903 年入东京成城学校,与吴玉章同学,1907 年毕业归国。清末应乡试中举人。曾任直隶省邯郸县知县及山东莱芜县知事。1917 年任北洋政府教育部秘书。1928 年任南京政府农垦部秘书。1935 年任河北印花烟酒税局秘书、科长。

新中国成立后,任中国科学院历史研究三所资料员,整理古籍,1958 年 9 月退休。1959 年 1 月被聘任为中央文史研究馆馆员。1958 年 12 月 29 日病故,终年 79 岁(凌念京是在为他办理馆员聘任书的过程中病故的)。

寿洙邻

(1873—1961)

寿洙邻，原名鹏飞，字洙邻，后以字行，一字榘林，浙江绍兴人，1873年4月20日生。早年从父读书。其父在先人之三味书屋设砚教书多年，鲁迅幼时亦在此就读，他常与鲁迅交往。后由廪生考取1903年癸卯科优贡，次年甲辰科朝考一等第一名。以知县用，补授吉林农安县知县，在任两年。经宪政编查馆考察吏治，特保东三省吏治第一。旋调任东三省屯垦局科长兼屯垦养成所所长、东三省盐运司科长。入民国后，任热河行政公署秘书长兼总务厅厅长，热河普通文官考试及普通司法官考试委员会委员长。1913年调任山东省盐运使，不久辞职，改任北洋政府平政院首席书记官。1919年任国民外交协会干事。曾参加"五四"运动，营救被捕爱国学生。1928年平政院解散去职。以后未出任何官职，专心著述。

1959年1月被聘任为中央文史研究馆馆员。1961年1月20日病故，终年88岁。

寿洙邻著有《历代长城考》、《方志通义》、《红楼梦本事辨证》、《东三省盐政改革意见书》、《河北省易县志》、《吉林省农安县志》、《东北水道考》等。

宫廷璋

(1895—1981)

宫廷璋,号宗翰,湖南湘潭人,1895年3月15日生。九三学社成员。幼承父教,读四书五经。1915年湖南第一师范学校毕业,与萧三是同班同学。1919年武昌高等师范学校英语班毕业。1923年长沙雅礼大学文科毕业,获文学士学位。旋任萍乡中学校长兼师范班主任。1925年赴张家口任《西北汇刊》主笔。次年9月任国民军联军总司令部财政委员会秘书,随冯玉祥北伐。1928年9月任西安中山大学讲师。1931年1月任国立北平师范大学研究院编纂,兼中国大学、民国大学讲师。1936年1月任冀察绥境主任公署及冀察政务委员会秘书。抗日战争爆发后,任第一集团军总司令部秘书兼《军人实报》社社长,随宋哲元在津浦、陇海线辗转宣传抗日。1938年11月任陕西省银行经济研究室主任。1943年5月至1948年12月任重庆、上海聚兴诚银行总管理室专员。1949年4月任湖南省立克强学院讲师兼生活指导主任。

新中国成立后到北京,经徐特立推荐,任中国人民银行总行研究员。1952年7月调任中国人民银行内蒙古自治区分行研究员。1959年1月被聘任为中央文史研究馆馆员。1981年5月24日病故,终年86岁。

宫廷璋著有《西藏之过去与现在》、《人类文化进步史》、《学生作文指导》、《修辞学举例》、《现代汉语修辞作文法》、《古汉语修辞作文法》。

叶镜吾

(1898—1983)

叶镜吾,原名荫球,字镜吾,30岁后以字行,笔名阳子、五叶,湖南株洲人,1898年阴历九月生。少时肄业于长沙广益中学,后又专修国文。1921年湖南群治法政专门学校法律科毕业。1923年任衡阳初级法院候补检察官,1925年去职。1927年参加农民运动,在长沙县三十二乡农民协会任秘书,"马日事变"后,避居湘潭亲戚家中。1928年赴南京,任大陆印书馆校对主任。次年下半年任上海群治大学文牍。1930年冯阎反蒋战起,任皖北军第三纵队补充第二团粮服军需,是年冬该团与阎锡山残部作战失利溃散。后去南京、武汉等处谋事未成。"九一八"事变后回原籍,设私塾教书。1934年9月,适有表弟担任北平《每日评论》社社长,遂北上任该报副刊编辑,后管会计。翌年该报停办,改入境园丛书出版社,仍任会计兼校对工作。旋该社南迁上海,仍继任原职。1937年"八一三"前夕解职回湘。次年在株洲举办现代农村补习学校,为农民补习文化及进行抗战教育。曾响应十八集团军号召,征募捐款及推销《新华日报》等,因而该校被国民党反动派查封,他避居浏阳山谷中,1938年长沙大火后到桂阳。1939年在中共主持的战时中学担任历史教员。次年回长沙嵩南乡设馆教书,后在湘潭叶氏族祠主修家谱兼教私塾。1944年到1945年株洲沦陷时期,避难于浏阳边境。抗日战争胜利后,任株洲建宁中学语文教员。

1948年冬在中共湘潭城市工委派驻株洲之地下工作人员领导下,从事革命活动。株洲解放后,被选为湘潭县第一届人民代表大会代表,旋被派接收建宁中学,兼任校长。1949年冬应李木庵(时任中央人民政府司法部副部长)电召来京,任司法部专员,后兼任司法部图书资料室主任。1952年参加中国民主同盟。1959年8月被聘任为中央文史研究馆馆员。1983年1月23日病故,终年85岁。

叶镜吾著有《孔子在现代中国》、《中国近代百年史》、《中外历史问答续编》、《漫画艺术发展史略》、《抗日战争小史杂事诗二百首》等。

张恨水

(1895—1967)

　　张恨水,原名心远,笔名恨水、哀梨、哀梨、我、油、大雨、并剪、归燕、於戏、画卒、半瓶、逐客、报人、不平、杏痕、崇公道、藏稗楼主、愁花恨水生、天柱山下、天柱峰旧客、我亦潜山人,祖籍安徽潜山,1895年5月18日生于江西上饶。通俗文学和章回小说家。

　　张恨水7岁入塾,11岁开始接触中国古典文学作品。1910年入南昌大同小学堂。一年后考进南昌甲种农业学校。1912年秋因父亲去世辍学,随家人回潜山自学。次年到上海,不久考入苏州蒙藏垦殖学校就读。旋因学生反对袁世凯,学校被封建军阀解散,辍学返乡,闭门读书创作,模仿《花月痕》的形式撰写了第一部长篇白话章回小说《青衫泪》。1915年春离家外出谋生,飘零数年。1919年经朋友推荐,到芜湖《皖江报》任总编辑。每天写两篇短评,编一版副刊,暇时写小说。"五四"运动爆发,他颇为关心,向往北京的革命和学术气氛。这年秋,离芜湖至北京,住在潜山会馆。起初帮一个驻京记者处理资料,工余苦攻《词学全书》,学习填词。后经《益世报》总编辑成舍我引荐,任该报编辑。1924年成在北京创办《世界晚报》,张编副刊《夜光》,并为之撰写长篇连载小说《春明外史》，每天刊登五六百字，直至1929年1月才登完，全篇约100万字。1925年《世界日报》创刊，他又编副刊《明珠》，并连载他的另一章回小说《金粉世家》，1932年才刊完，全书近100万字。这两部小说相继见报后，他名声大噪。1930年开始为上海《新闻报》撰写《啼笑姻缘》，连载后轰动一时。解放前该书共印过二十版以上，印数近十万册，还被搬上银幕和舞台，在社会上掀起了一场"啼笑姻缘"热。"九一八"事变后，他怀着强烈的爱国主义感情，开始采用抗日救亡题材，起初创作短篇小说，结集后取名《弯弓集》，含"弯弓射日"之意。由于他在小说中积极宣传抗日，被日本帝国主义列入黑名单，遂于1935年离开北平，先到上海主编《立报》副刊《花果山》，后到南京创办《南京人报》，自任社长，并自编副刊《南华经》，又连续写了多部宣传抗战，反映市民阶层悲欢离合，暴露国民党黑暗统治的小说，其中有《东北四连长》、《热血之花》、《石头城外》、《天明寨》、《风雪之夜》等。1937年底，日寇进逼南京，《南京人报》停刊。次年初，他携眷到重庆，为《新民报》编副刊《最后关头》，经常发表小说、诗歌和散文，也当过经理。抗战时期，他撰写了将近三十部小说，既有反映抗日游击战争的《冲锋》、《红花港》、《潜山血》、《游击队》、《大江东去》等，也有歌颂人民群众的爱国热情，揭露国民党贪官污吏和投机奸商的丑恶面目的《魍魉世界》、《八十一梦》、《蜀道难》、《傲霜花》等。其中以社会讽喻小说《八十一梦》最有代表性，这是抗战时期销数最多的一本书，延安曾翻印。1942年秋，周恩来会见《新民报》编辑部人员时，张恨水在座。周恩来肯定《八十一梦》的进步意义说："同反动派作斗争，可以从正面斗，也可以从侧面斗。我觉得用小说体裁揭露黑暗势力，就是一个好办法，也不会弄到'开天窗'。恨水先生写的《八十一梦》，不是就起了一定作用吗？"1945年，毛泽东主席在重庆参加国共谈判，经周恩来介绍，认识了张恨水，并在南温泉单独接见他，长谈两个多小时，对他的生活极为关心，对他的工作给予肯定和鼓励，还和他讨论了有关小说的创作问题，临别时又送给他呢料和红枣、小米。

抗日战争胜利后，1946年春，张恨水回到北平，担任《新民报》北平版经理，兼编副刊《北海》。1948年秋，辞去报社职，专事写作。这期间，他又写了《五子登科》、《巴山夜雨》、《纸醉金迷》等十余部中、长篇小说。《五子登科》揭露国民党接收大员为了金子、票子、女子、房子、车子，和汉奸狼狈为奸，榨取民脂民膏的种种丑恶行径，切中时弊。

1949年春，北平和平解放，张恨水无比欢欣。这年夏，他突患脑溢血，一度瘫痪在床，丧失了工作能力。周恩来闻讯后立即派人前去看望，并对他的治疗和生活作了妥善安排。经多方诊治，病情逐渐好转。1950年曾入华北人民革命大学学习。1953年开始恢复部分写作能力，此后除修改旧作外，还写了历史故事和传记作品《梁山伯与祝英台》、《秋江》、《白蛇传》、《孟姜女》、《孔雀东南飞》、《磨镜记》、《牛郎织女》、《凤求凰》等。他是中国文联和中国作家协会理事，文化部顾问。1959年9月被聘任为中央文史研究馆馆员。1967年2月15日病故，终年72岁。

　　张恨水在从事新闻工作的同时,勤于创作,是中国现代文学史上的高产作家,几十年间留下了120多部通俗小说,以及大量的杂文、散文、诗词和剧本,总字数达3000万左右。他的小说曾一次次引起强烈的社会轰动,记录了从辛亥革命到解放前夕政治上的风云变幻和人世间的忧患沧桑。他早期受过鸳鸯蝴蝶派的影响,20年代以后开始摆脱旧式言情小说的格套,走上了现实主义的道路。他最有影响的几部代表作,情节曲折复杂,结构严谨完整,语言朴实自然,在继承和发展中国传统章回小说方面作出了突出贡献。茅盾曾称赞说:"三十年来,运用章回体而善为扬弃,使章回体延续了新生命的应首推张恨水先生。"80年代,他的名作《啼笑姻缘》改编为电视连续剧播出后,受到广泛关注和好评, 也使读者对张恨水的作品有了新的认识。1988年10月,安徽省文联、安徽省社会科学院、安徽大学和潜山县政府,联合举办"张恨水学术研讨会",邀请了海内外学者、专家八十余人与会,会上给予了他很高的评价。太原北岳文艺出版社于1993年出版了张恨水的五十余部通俗小说。

方立之

(1886—1961)

　　方立之,安徽定远人,1886年10月12日生。1904年入东京早稻田大学法科,1909年毕业。旋归国在奉天省署办理法律编纂事宜。辛亥革命后,历任北洋政府政事堂参议、法制局局长、国务院秘书长等职。1927年起即赋闲。

　　1953年被聘任为江苏省文史研究馆馆员。1960年4月被聘任为中央文史研究馆馆员。1961年1月9日病故,终年75岁。

沈裕君

(1883—1982)

　　沈裕君,字待翁,号承宽,浙江桐乡人,1883年9月24

日生。清县学附生。曾任清政府民政部疆理司图志馆编纂员、军咨府第二厅科员。民国成立后,军咨府改组为参谋本部,留任第三局科员。1913年任陇海铁路驻京总公所秘书。次年任四川巡按使公署秘书。1917年任绥远垦务督办秘书、绥远实业筹备处处长。1921年任江西督军公署秘书长。1924年任江西吴城统税局局长。同年冬任中国银行董事会秘书,至1945年10月辞职,后赋闲。

1954年由上海迁京,曾参加北京市东城区政协组织的学习。1960年4月被聘为中央文史研究馆馆员。1982年2月9日病故,终年99岁。

沈裕君与梅兰芳是数十年的好友,梅兰芳推荐他入文史馆时,评介他"富于中国古典文学的修养,对鉴别书画古物也有相当深的经验"。沈裕君善篆书,其书线条浑雄厚重,用笔娴熟自然,在书坛享有盛誉。

臧荫松

(1883—1967)

臧荫松,字䃏秋,江苏宿迁人,1883年11月1日生。清优廪生。1909年任江苏咨议局文牍课副课长。入民国后，任宿迁县民政署总务课课长。1913年任《平报》总编辑。1915年因反对袁世凯，《平报》被迫停刊。同年任都门书局总编辑。1918年当选为安福国会众议院议员，翌年任众议院秘书长，1921年任职期满赋闲。1924年任执政府秘书。1926年执政府改组后赋闲，自此脱离政界。1929年任北票煤矿总公司秘书，"九一八"事变后，北票矿场受日寇骚扰停办，来京赋闲。

　　1960年4月被聘任为中央文史研究馆馆员。1967年4月17日病故，终年84岁。编辑有《校勘史记汉魏百三家集选》、《诸家评点古文辞类纂》。

舒之锐

(1898—1973)

　　舒之锐，女，湖南溆浦人，1898年3月生。中国国民党革命委员会成员。清末在长沙东乡隐储小学堂读书。1917年毕业于湖南省立第一女子师范学校。1919年毕业于北京女子高等师范学校文科。旋赴法国勤工俭学，就读巴黎大学文科，获文学士学位。1927年归国，任上海中国公学、暨南大学、法政大学教授。次年任湖北省立第一女子中学及女子师范学校校长。1930年起历任北平法政大学、朝阳大学、中国大学、民国大学等校教授。抗日战争期间,在重庆任国民政府粮食部参事,抗战胜利后,继任原职。

新中国成立后,在上海市政协业余大学学习。1957年9月加入中国国民党革命委员会。1960年4月被聘任为中央文史研究馆馆员。1973年3月18日在济南病故,终年75岁。

何　封

(1899—1967)

何封,河南唐河人,1899年3月生。抗日战争前,曾任广西师范专科学校教授。1942年参加革命工作,历任苏北解放区滨海县政府秘书、建阳县县长、抗日大学五分校教授、苏北公学副校长、淮北解放区江淮大学讲师、抗日大学四分校教授。抗日战争胜利后,历任江苏解放区华中建设大学教授兼中学教师研究班主任、山东解放区山东大学政治系副主任、华东大学俄文系主任。

新中国成立后,任山东大学政治系教授,讲授政治经济学。1951年10月调京,任政务院出版总署编译局编审,审阅《翻译通报》稿件。1952年4月任人民出版社编审兼编译室副主任。次年10月任中共中央马恩列斯著作编译局校审员,校定《简明哲学辞典》、《列宁全集》、《斯大林全集》的若干译稿。1958年因病退职。1960年5月被聘任为中央文史研究馆馆员。1967年4月5日病故,终年68岁。

马宗霍

(1897—1976)

马宗霍,原名承堃,湖南衡阳人,1897年10月11日生。学者、文字学家。

马宗霍1910年肄业于衡清中学,1915年毕业于湖南南路师范学校。1917年被派赴武昌高等师范,参加教育部主持之注音字母讲习讨论会。1918年任江苏武进县立女子师范学校教员。1920年任南京私立金陵大学附属中学教员。次年任南京国立暨南学校及金陵女子大学教授,并在江苏省立第一中学及省立第一女子师范学校兼课。1926年任上海中国公学大学部教授兼文学院院长及中文系主任,又兼上海国立交通大学、同济大学、暨南大学、私立大厦大学等校教授。1931 年夏被聘为国民政府第一届高等考试襄试委员。次年章太炎在苏州主持国学讲习会,被特约讲学(此讲习会聘请教师标准甚严),乃辞去上海各校之课。又经友人介绍,兼任国民政府立法院秘书。1935 年任国立中央大学教授。1936 年冬被聘为国民党党史史料编纂委员会编审。抗日战起,携眷回衡阳。1938 年敌机狂炸,避居乡间。次年秋应聘担任国立师范学院教授兼教务长一年,兼国文系主任八年(时在湖南蓝田、溆浦、南岳)。1947 年任国立湖南大学教授,兼文学院院长一年。

新中国成立后,继任湖南大学中文系教授。1953 年起任湖南师范学院语文教授,1960 年 6 月离职。曾任湖南省人大代表。1960 年 7 月被聘任为中央文史研究馆馆员。1962 年 1 月兼任中华书局编辑, 至 1970 年 6 月为止。1976 年 9 月 24 日病逝,终年 79 岁。

马宗霍通晓文字学、音韵学、古典文学、经学和史学,是一位才华出众的学者,著作甚丰。出版有《文学概论》、《音韵学通论》、《文字学发凡》、《中国经学史》、《说文解字引经考》十六卷、《说文解字引群书考》二卷、《说文解字引通人说考》三卷、《说文解字引方言考》四卷、《淮南旧注参正 墨子间诂参正》等。还有大量手稿未印行。

马宗霍早年从名家曾熙学书法,1935 年有《书林藻鉴 书林纪事》行世,1984 年重行印出,益为风行,常为论书者所引用。他擅篆隶行楷,尤以行书见长,结体严谨,笔势灵动,潇洒脱俗,风貌别具,其作品已收入《中国当代书法家辞典》。亦善诗,诗风清新雅健,格调甚高,见重文坛。

王又庸

(1891—1963)

王又庸,字平秋,江西兴国人,1891年10月生。中国农工民主党成员。清末日本东京法政大学毕业。历任国民政府军事委员会南昌行营第二厅第一组组长、第四厅副厅长、驻四川参谋团第二处处长。1935年7月任江西省政府委员兼民政厅厅长;10月任四川省政府委员兼民政厅厅长。1936年7月辞职。1938年6月至1945年4月,先后任国民参政会第一、二、三、四届参政员。1946年11月当选为制宪国民大会代表。曾任国民政府立法院立法委员。

新中国成立后入华北革命大学学习,1950年毕业,旋任交通部专员。1958年8月自愿退职。1960年7月被聘任为中央文史研究馆馆员。1963年1月9日病故,终年72岁。

徐森玉

(1881—1971)

徐森玉，名鸿宝，以字行，祖籍浙江吴兴，迁居江苏泰州，1881年生。文物鉴定家，金石学、版本目录学家。曾任中央文史研究馆副馆长。

徐森玉少时读家塾，后入著名的白鹿洞书院，师从于式枚，为此后对国学、版本目录学的研究工作打下扎实基础。后应科举试，得中举人。1900年考入山西大学堂研习化学。读书期间就撰写了《无机化学》与《定性分析》诸书出版，人称"奇才"。山西学政宝熙国学造诣颇深，对皇族中的收藏及清宫掌故也很了解，喜欢与才俊之士谈古论今、鉴赏文物。他常派人把徐森玉接进府中长谈，成为忘年之交。有时新得一古文物，他们更是兴趣浓郁，引经据典，分析考证。徐森玉在山西大学堂毕业后，历任奉天将军署文案、奉天高等工业学堂和江苏工业学堂监督、学部图书局编译员。辛亥革命后接替李大钊担任北京大学图书馆馆长，又在教育部任职，和鲁迅同为佥事。1924年11月，冯玉祥把末代皇帝溥仪赶出紫禁城，徐森玉被派往由当局与逊清皇室共同组成的善后委员会工作，并担任古物保管委员会顾问及东陵盗案审查委员会委员，后任故宫古物馆馆长，参加清点、接收清宫文物和财产。旋即发觉不少珍贵文物已被盗卖。他气愤之余，发愿要以毕生精力一一追回。于是不辞劳苦，到处查访。在几十年的奔波中，还连带发现了辽代古寺、元代戏台、唐代地契、元代阿剌伯式浴池、汉代巨型碑刻，还有周代墓群、楚国木椁等无数中华瑰宝。山西赵城郊区的广胜寺藏有一部现存最早的大藏经刻本，系金代遗存，学术界誉为《赵城藏》。原有7000余卷，抗战前尚存近5000卷，徐森玉曾呼吁由北京图书馆收藏未果。抗战中赵城沦陷，日寇派人寻觅《赵城藏》。情急中，徐找到郑振铎转告中共地下组织。经八路军派出一支队伍赶赴赵城，协助文管会抢救出4330卷。解放后，这批藏经刻本终于得以入藏北京图书馆。

"九一八"事变后，日寇觊觎华北，为避劫难，故宫的文物必须南迁。徐森玉主持这次文物大迁徙，亲自跟随由几十辆卡车组成的庞大车队，从北平入陕西，一直押运到贵州，将文物藏进安顺附近山区。1938年，他在昆明郊区为北京图书馆寻求保存珍本之地，因山路崎岖，不幸跌伤股部，治疗五个多月，还是落下残疾，从此只能拄着拐杖蹒跚行走。后日寇西侵，桂黔告急，深藏安顺的故宫文物，不得已再作一次更为艰难的转移。他拖着一条残腿，与同伴们一起翻越几十座大山，闯过土匪出没的地区，屡经风险，才将文物安全运抵重庆。他还曾冒险从敌后抢出居延汉简。那年他在长沙获悉，居延汉简还陷落在日寇占领下的北大研究所，他深恐被敌军劫走，就秘密回到北平，与青年学者沈仲章躲过重重障碍，把汉简及一批珍贵文物古籍潜移天津转上海,最后送到香港保存。1939年底,上海文化教育界人士张元济、何炳森、郑振铎、张寿镛等成立文献保存同志会,极力设法抢救流散在沪的珍籍善本,以免遭劫。徐森玉和郑振铎遍访刘氏嘉业堂、邓氏风雨楼、金宅海日楼以及李氏经山藏等江南著名藏家,有计划地选购了一大批,历时达七个月。然后将嘉业堂善本捆扎成257个邮包,其余的明善本捆扎成1710个邮包,外加3200余部明刊本、抄本等,一律陆续寄交香港大学图书馆,由许地山、叶恭绰负责收存。这批书在香港沦陷前不及移出,被日本海军陆战队作为"战利品"劫往日本。抗战胜利后发现收藏在帝国图书馆,经追索取回,今存台湾国立中央图书馆。其时还有82部属甲级文物的宋元古本,装满两大箱,于1941年7月由徐森玉携至香港,再空运重庆。

抗战胜利后,他回上海定居,与郑振铎一起把孤岛时期收购的其他古籍作了一番清点,善本尚有一千几百部。后来国民党政府派人取走一部分,有些在解放后由人民政府接管。

南京解放前夕,徐森玉以故宫博物院古物馆馆长名义留守南京,代行院长事。国民党政府教育部要徐将一、二类文物尽可能全部运往台湾,至少也要将第一类带走。徐明里将文物分出一、二类,到装箱时,暗中将两类对调,把最珍贵的一大批保存在大陆,运往台湾的大都属二类。国民党为拉拢徐森玉,先是许以故宫博物院院长和中央研究院院士的高位,接着又用教育部等五单位的名义,邀请他去台主持工作,但都被推辞。后来更把机票送到他手中,劝他赶快离开,他知道事态紧迫,立即躲藏起来,直到上海解放。

新中国成立后,徐森玉不顾年迈,全力投入上海市文物保管委员会工作,担任副主任委员、主任委员,兼华东军政委员会文化部文物处处长,负责筹办上海博物馆和上海图书馆。后又担任上海市人民政府委员、上海市文史研究馆馆务委员。1960年兼上海博物馆馆长及全国第二中心图书馆委员会主任,同年7月被聘任为中央文史研究馆副馆长。还当选为第二、三届全国人民代表大会代表。他策杖四处走访,为国家征集、鉴定了大量具有重要价值的文物,特别是晋代王献之、王珣,宋代司马光、苏东坡的真迹;秦汉以来的帝王印玺、商代及春秋战国时期的青铜器和殷墟出土的龟甲骨片。1962年,中央文化部向徐森玉颁发了嘉奖令,表彰他为文物事业作出的卓越贡献。1964年12月,他出席第三届全国人大第一次会议,周恩来总理于百忙中接见了他,在仔细询问他的身体情况以后,握着他的手深情地说:"森老,您是我们的国宝啊!您这样高龄,理应让您休息了,可眼下咱们的年轻人一时还接不上,就请您老再辛苦几年吧……"。徐森玉激动地连连点头说:"总理,您放心吧,我一定尽己所能,培养后人,为国效力!"他继续操劳,健康状况日衰,上级为他配备一名青年,帮他记录、整理著述,《文物》等专业性刊物发表了他许多有关碑刻法帖的论文。到1966年春节之前,他已病重,但心系事业,仍念念不忘众多未竟工作。

孰料,这样一位贡献卓著而品德高尚的爱国老学者,竟在"文革"一开始,便打入"十大反动学术权威"之列,备

受抄家、批斗侮辱。1971 年 5 月 19 日含冤去世,终年 91
岁。1979 年 2 月 16 日,上海市有关单位为徐森玉举行骨
灰安放仪式,郑重地平反昭雪,为他恢复名誉。遵照他的
遗愿,1985 年,其子女将他生前的一万余册藏书全部捐赠
给上海博物馆。

(据《上海市文史研究馆馆员传略》"徐森玉传"删节)

陈寅恪

(1890—1969)

陈寅恪,祖籍江西修水,
1890 年 5 月 17 日生于湖南长
沙。历史学家、古典文学研究
家、语言学家。曾任中央文史研究馆副馆长,第三、四届全
国政协常委。

陈寅恪是清末著名进步政治家陈宝箴之文孙,爱国诗
人陈三立之次子。幼随父迁往南京,在家塾广泛阅读典籍,
为日后的研究工作打下了深厚基础。1904 年 10 月赴日
本,就读于东京巢鸭弘文学院高中,次年秋回国,后入上海
吴淞复旦公学。1910 年赴欧洲,先后在德国柏林大学和瑞
士苏黎世大学学习语言文学,次年回国。1913 年入巴黎高

等政治学校社会经济部,肄业一年,因欧战爆发,1914年底返国。曾一度任蔡锷秘书,参加讨袁之役。1918年冬获得江西省官费的资助,再度出国游学。这时他已开始集中精力研究古文字学和佛经,先在美国哈佛大学随蓝曼学梵文和巴利文,1921年又转往柏林大学梵文研究所攻读东方古文字学。多年的艰苦学习,使他具备了运用藏、满、蒙、巴利、波斯、突厥、日、英、法、德、拉丁、希腊等十几种语文的能力。1925年3月归国,应清华学校之聘,与王国维、梁启超、赵元任同为国学研究院导师。该院一共办了四年,培养了一批后来颇有成就的学者,是当时文史学的最高学府,至今仍被人称道。1928年清华改制后,他应聘为中文、历史二系教授,并在北京大学兼课。在此期间主要讲授佛经翻译文学、两晋南北朝隋唐史料和蒙古史料研究等课程。1930年以后,还兼任中央研究院理事、历史语言研究所研究员及第一组(历史)主任、故宫博物院理事、清代档案编委会委员等职。"七七"事变后离京转津南行,经香港至云南蒙自,任教西南联大,主要讲两晋南北朝史、隋唐史专题和元白诗研究等。1939年,英国牛津大学聘请他为中国史教授。次年9月,他离昆明赴香港,准备转英国。由于战争的关系,抵港后未能成行。旋任香港大学客座教授,后接任中国文学系主任。1941年底香港沦陷,他闭门治学,拒绝日军笼络。次年7月到桂林,从事著述,并任教广西大学。1943年12月到成都,执教燕京大学。他患视网膜脱落症,治疗无效,恰值牛津大学重申聘约,他想顺便去英国治眼病,遂于1945年秋抵伦敦。然而英国名医也无能为力,断言失明已成定局。他便辞去牛津聘约,于1946年6月取道大西洋经美国回国。在上海养息数月,10月重返清华园,继续讲学及著述。1948年冬,北平面临解放。他应胡适邀请,随之赴上海,复至广州,岭南大学校长聘他担任讲席。1949年10月,解放大军南下,国民党政府派人劝诱他逃离。他经过慎重考虑,终于受爱国心驱使,毅然留下。1952年,他由岭南大学转为中山大学教授,为历史系、中文系讲授两晋南北朝史、唐史、唐代乐府等三门课程。

新中国成立后,党和政府对陈寅恪十分关怀,为他提供了良好的工作和生活条件,陶铸、陈毅、胡乔木、郭沫若等曾登门看望。他被选为中国科学院哲学社会科学学部委员,第三、四届全国政协常委。1960年7月被聘任为中央文史研究馆副馆长。

鉴于他的身体状况,组织上专门安排了两名助手帮他整理旧稿。1950年后,他发表了数十篇论文,对佛、道二教在社会政治上的影响以及对唐初的统治集团,都有精辟的论述。此外,还完成了《论〈再生缘〉》和《柳如是别传》,后者达七十余万言,耗时十余年,是他一生中规模最大的一部著作。当时他已失明,而《柳如是别传》引书达数十百种,他虽在早年博览群书,但此次引用的资料仍有不少是他以前不曾寓目的,只能靠助手念给他听,他经过构思组织,一字一句口述,再由助手记录,其困难可以想见。加之他晚年经常生病,右腿又在1962年跌断,有时精神上还受到干扰,若非有极为深厚的功底、惊人的记忆和百折不挠的精神,决不可能完成这样一部巨著。

十年浩劫期间,陈寅恪被戴上"资产阶级反动学术权威"的帽子,他的著作也成了批判的对象。经此冲击,他的身体更见虚弱。临终前,他嘱咐把他在广州的藏书全数赠送给中山大学图书馆。1969年10月7日,这位一代宗师与世长辞,享年79岁。"四人帮"打倒后,组织上为他作了彻底平反,恢复名誉。

陈寅恪继承了中国文化的优良传统,又吸收欧洲近代学术的精华,融会贯通,不断开拓出新的领域。他一生致力于魏晋南北朝史和隋唐史的钻研,把这一学科推进到一个新的阶段。他是我国以敦煌资料补史证史的创始人之一,又能将佛教经典文书和世俗文书准确地用于各方面的研究,为后学树立了楷模。他对佛教史有许多精辟的论述,为中外学者所称道,并在蒙古研究上澄清了一些使学术界困惑不解的问题。他摒弃了把突厥史当作隋唐史附属品的陈旧观念,证明突厥在当时实为东亚之霸主。他还是我国藏学的一位开拓者。他与其兄绘画艺术家衡恪均工诗,但与其父散原老人的风格不同。其夫人唐篔系爱国人士、台湾巡抚唐景崧的孙女,亦工诗。他是我国现代出国系统讲学之第一人, 又是我国惟一通晓海内外十几种文字的学者。他的学术成就在建国前即深受梁启超、胡适、傅斯年、徐旭生、吴宓、刘文典等的推重,近年来,以季羡林教授为代表的一些年长学者,都认为他是我国现代文化史上一座矗立的丰碑。

陈寅恪一生著作颇多,主要有《陈寅恪魏晋南北朝史讲演录》、《隋唐制度渊源略论稿》、《唐代政治史述论稿》、

《元白诗笺证稿》、《论〈再生缘〉》、《柳如是别传》、《金明馆丛稿初编》、《寒柳堂集》、《陈寅恪学术文化随笔》、《陈寅恪文集》、《陈寅恪集》等。

沈尹默

(1883—1971)

沈尹默，原名实，又作君默，后改尹默，字中，号东阳仲子、秋明、匏瓜，晚号秋明室主，原籍浙江吴兴，1883 年 6 月 10 日生于陕西兴安府属之汉阴厅(他父亲的任所)。书法家、书法理论家、教育家、诗人。曾任中央文史研究馆副馆长，上海市文学艺术界联合会副主席，上海市中国书法篆刻研究会主任委员。

沈尹默出身书香门第。4 岁在家塾读书，幼年即涉猎古籍，喜爱文学和书法。1903 年父亲病故，全家迁居长安。1905 年偕三弟自费赴日本求学，并在章太炎国学讲习会受业。因经济不继，次年归国，陪母亲返回故乡吴兴。1907 年起，先后在杭州高等学校、两级师范学校、杭州第一中学授课，与陈独秀、马一浮、苏曼殊等交往甚密。1913 年 2 月，经友人推荐，到北京大学担任教授，讲《诗经》、《楚辞》、唐宋诗，次年兼北洋政府教育部国文教科书审查及编纂委员会委员。1916年受蔡元培委任主持北京大学书法研究会。由于沈氏向蔡竭力推荐，陈独秀出任了北大文科学长，并于1916年底将《新青年》从上海迁到北大。1918年《新青年》成立编委会，由北大六教授陈独秀、胡适、钱玄同、李大钊、高一涵、沈尹默轮流担任主编。从此《新青年》成为"五四"运动的主要论坛，北大则成为新文化运动的发源地。

1920年4月，沈尹默再度去日本西京大学进修，因眼疾大发，第二年归国。1922年兼任北京女子师范大学教授。1925年"女师大风潮"起，他和鲁迅、马裕藻、李泰棻、钱玄同、沈兼士、周作人等联名在《京报》发表《对于北京女子师范大学风潮宣言》，公开支持学生的正义斗争，直到最后胜利。当时他还兼任燕京大学、中法大学教授。1926年"三一八"惨案发生后，他愤而与好友章士钊绝交，十年后章承认错误，始行复交。1928年6月任河北省政府委员，10月任国民政府教育部大学委员会北平分会委员。1929年7月兼河北省教育厅厅长，次年免兼职。1931年2月任国立北平大学校长。1932年末，反动政府为遏制学生抗日运动，命令开除学生，他忿然辞去校长职务，离开北平南下，卜居上海。旋任中法文化交换出版委员会主任委员，兼孔德图书馆馆长，直到1937年抗日战争爆发为止。日寇侵沪，他西去重庆，因眼疾严重，难以工作。1939年7月应于右任之邀，任国民政府监察院监察委员。稍后，他眼疾渐好，除终日临池吟诗外，还从事书法理论的探索和著述。抗战胜利后辞去监察委员职务，1946年定居上海，过着清苦的鬻字生涯。

上海解放后,陈毅市长亲临沈氏寓所访问,邀请他担任上海市文物保管委员会委员。1950年任上海市人民政府委员,并被选为历届市人民代表及市人民委员会委员、第三届全国人民代表大会代表。他还是历届上海市政协委员、第二、三届全国政协委员、中国文学艺术界联合会委员、上海市文学艺术界联合会副主席、上海市中国书法篆刻研究会主任委员。1960年7月被聘任为中央文史研究馆副馆长。"文化大革命"中受到冲击,成了"批斗"对象,著作和诗稿被烧或浸水湮灭,身心遭严重摧残。1971年6月1日在上海郁郁去世,终年88岁。1978年1月,经上海市委批准,为他彻底平反昭雪,并于上海龙华革命公墓举行了骨灰安放仪式。

沈尹默之成为书法名家,花费了一生精力,书工四体,尤以行草著称。他12岁开始习字,从欧阳询《醴泉铭》、《皇甫诞》等碑入手,兼习篆书。15岁即为人写扇面。25岁时,陈独秀批评他的字"其俗在骨",于是更加刻苦钻研书艺,认真阅读包世臣《艺舟双楫》论书著述,首先从指实掌虚、掌竖腕平执笔做起,日以刀纸写汉碑,数年不辍。31岁学北碑,对《张猛龙碑》、《龙门廿品》、《郑文公碑》等悉心研摹。48岁致力于行草,由米芾、虞世南、褚遂良上溯二王,汲取诸家之长,融会贯通,终于形成自己的独特风格,受人推崇。晚年仍遍临汉魏隋唐碑志,用力尤勤,更有所深悟,虽目疾严重,几乎不能视物,每日仍不废临池,终于使其书圆润秀美,清雅遒健,流畅多姿,且不失严谨法度,真正做到了雅俗共赏，独树一帜，从者众多，对现代书坛影响极大。已出版的有《执笔五字法》、《沈尹默行书墨迹》、《沈尹默书法集》、《大楷字帖》、《毛主席诗词十九首小楷字帖》、《沈尹默手书词稿四种》等，均为我国书法界的宝贵遗产。

沈尹默60岁以后，还潜心古代书法理论的研究，并总结自己书法创作经验，著有《书法论》、《历代名家学书经验谈辑要释义》、《二王书法管窥》、《谈书法》、《书法漫谈》、《学书丛语》、《书法艺术的时代精神》、《和青年朋友谈书法》等（见《沈尹默论书丛稿》），均有重要的学术价值，对书法理论的继承和发展作出了重要贡献。

沈尹默诗词功力亦很深厚，作品有着强烈的时代气息。他学诗不主一家，博取诸家之长。青年时代，对《红楼梦》甚为嗜好，又研读了杜诗，旁及李白、白居易、李商隐。上溯《楚辞》、陶诗，下及简斋、荆公、山谷、诚斋、放翁诸人，转益多师，故尔诗中常有以上诸家痕迹。在杭州任教时，经常与诸多名家唱和。后来在北大，以教诗词为主，自己也有大量创作。自《新青年》迁到北大后，写了大量的白话诗，为早期白话诗倡导人之一。1929年他将1905年以来所作诗词，辑为《秋明集》上下两册印行。1951年他又从解放前所作词中选了几百阕，写成一本《秋明长短句》，影印出版。陆续出版的还有《秋明室杂诗》、《沈尹默入蜀词稿》、《沈尹默诗词集》等。他晚年写的诗词，有些是歌颂党和领袖，歌颂社会主义革命和社会主义建设伟大成就的，其中充满了诗人的爱国主义热忱。晚年与汪东、乔大壮、陈匪石、叶恭绰、章士钊等结为词友，不只自书所作，还书写了汪东、沈祖棻等人之所作,1983年已由山东齐鲁书社出版。

　　沈尹默具有渊博的学识、深厚的文化修养,在书法、书法理论和诗词等方面留下了大量的精湛作品,永远值得后学借鉴和师法。建国前,他和沈士远、沈兼士兄弟三人蜚声学坛,并称"三沈"。

谢无量

(1884—1964)

　　谢无量,原名大澄,号希范,别号啬庵,字无量,别字仲清,四川乐至人,1884年6月28日生。学者、诗人、书法家。曾任中央文史研究馆副馆长,人民大学教授。

　　谢无量4岁随父母赴安徽,从父习诗文典籍。1898年拜著名学者汤寿潜为师。1901年考入上海南洋公学特班,课余与马一浮等创办翻译会社,编辑出版《翻译世界》杂志,内容多系世界名著,也有社会主义著作。这时期,结识章太炎、邹容、章士钊等人,为《苏报》撰稿。1903年6月《苏报》案发生后,赴日本学习。次年3月回国,先后在镇江、杭州博览《四库全书》和社会科学名著,并在当地学校任教。1906 年赴北京任《京报》主笔，每天撰写社论，评论时事。1909 年被聘为四川存古学堂监督，兼授词章，教学之余，潜心研究古典文学。同年 10 月四川成立咨议局，与张澜等一起参加立宪运动，曾受托撰写《国会请愿书》，指出："天下情势危急未有如今日之亟者，内则有盗贼水旱之警，外则有强邻逼处之忧。""当局宜博咨天下之贤士，群策群力，急起直追，以救危亡于万一。……亟盼速定大计而开国会，以顺人心。宗社安危，在此一举。"1911 年 6 月与张澜等人参加保路运动。1912 年夏离川到南方各省游历，翌年赴上海，为中华书局编书，陆续出版《中国大文学史》、《中国哲学史》、《中国妇女文学史》等。1917 年 7 月孙中山在上海著《建国方略》，慕谢无量名，特致信约见，并以所著诸稿征求谢的意见，谢向孙中山提出自己的想法，谈论极为欢洽。"五四"运动后，谢无量对新文化运动积极支持，经常在《新青年》发表诗作，并开始用白话文为商务印书馆编写国学小册子数种，其中《平民文学之两大文豪》(收入《万有文库》时改名《马致远与罗贯中》)一书颇为鲁迅所称道；连同《楚词新论》、《古代政治思想研究》三种为孙中山所赞赏。1923 年 2 月受聘在广东大学执教，不久孙中山委任其为大本营参议。同年秋奉孙中山派遣，与孙科、陈剑如到沈阳见张作霖，商量讨伐曹锟、吴佩孚，达成讨直协议。1924 年 5 月任大元帅府特务秘书 (即机要秘书)；11 月随孙中山北上。1926 年 7 月，应南京东南大学聘请任历史系主任，并讲授历史研究法。次年 9 月又转入上海中国公学任教。1931 年 2 月任国民政府监察院监察委员。"九一八"

事变后在上海办《国难月刊》主张改组政府,坚决抗日。1932 年"一·二八"事变后,将《国难月刊》改为《国难晚刊》,每天著文痛斥蒋介石、汪精卫的不抵抗政策。同年蔡元培、宋庆龄、鲁迅、杨杏佛等发起组织"中国民权保障同盟",谢积极参加。1936 年 1 月,参与沈钧儒等组成的上海各界救国联合会活动。1937 年抗日战争爆发后, 撤至汉口,次年转香港,1940 年返重庆,旋至成都。这期间,生活清苦,靠鬻文卖字为生。1946 年在四川大学城内部先修班任教。翌年当选为行宪国民大会代表;赴南京参加大会期间以患心脏病为名,很少与会。选举总统时只投居正一票,未选蒋介石。会议未结束,托病到沪,仍赖卖字维持生计。1949 年 2 月回重庆,应熊克武之邀,担任中国公学文学院院长。

新中国成立后,历任川西文物管理委员会委员、川西博物馆馆长、四川文史研究馆馆员、省政协委员等职。1956 年 1 月为第二届全国政治协商会议特邀代表,受到毛泽东主席接见并邀请合影留念。同年 8 月应邀赴京担任人民大学教授。1960 年 7 月被聘任为中央文史研究馆副馆长。1964 年 12 月 7 日病逝,终年 80 岁。

谢无量学识渊博,擅长诗词,书法气宇轩昂,卓然成家。《中国书法鉴赏大辞典》载吴丈蜀撰谢无量书法赏析一节,对谢的书法艺术成就作了精当的评述:"由于他博古通今,含蕴深厚,兼之具有诗人气质,襟怀旷达,所以表现在书法上就超逸不凡,形成了他独特的风格,在书坛独树一帜。从他的手迹中可以看出他对魏晋六朝的碑帖曾下过相当的工夫。从行笔来看,受钟繇、二王及《张黑女墓志》的影响极为明显。从结体来看,则可窥见《瘗鹤铭》以及其他六朝造像的迹象。尽管他师承这些碑帖,但决不做他们的奴隶,而能融会贯通,博采众长,创造出自己的书体,在中国书史上确立了自己的流派。显然,谢氏是书法界中的革新派,是书法创新的先驱。他的字结体是听其自然,不受拘束,运笔如行云流水,天趣盎然,完全是功力和修养达到炉火纯青之境以后的自然流露,决不是有意为之。"或被誉为归真返璞之"孩儿体"。于右任对他的书法亦甚为赞异,他的诗古雅含蓄,声情并茂,有感而发,寓意深远,亦独具风范。

　　谢无量一生著作甚多,除上面提到的外,还有《佛学大纲》、《伦理学精义》、《老子哲学》、《王充哲学》、《朱子学派》、《诗学指南》、《诗经研究》、《中国古田制考》等;出版的书法集有《谢无量自写诗卷》、《谢无量书法》上下册,诗集有《青城杂咏》。他晚年倍加努力于史学、文学、经学等诸方面的研究,发表了不少论文,如:《再论李义山》、《纪念关汉卿——革命的戏剧家》、《诗经研究与注释》等。他是一位正直的爱国人士,是一位传统文化系统研究的先驱,也是一位在诗词、书法、文史研究、文物鉴赏等方面卓有成就的方家。在学术界声望很高。

商衍鎏

(1875—1963)

商衍鎏,字藻亭,号又章、冕臣,晚号康乐老人,广东番禺人,1875年生。学者、书法家。

商衍鎏从小苦读,1894年甲午科举人,在广州光孝寺西华堂读书多年,后又入学海堂、菊坡精舍、应元书院。1904年甲辰科中一甲第三名探花,授翰林院编修,入进士馆。历任侍讲衔撰文、国史馆协修、实录馆总校官、帮提调等职。其间1906年至1909年被派往日本东京法政大学学习法政。1912年应聘为德国汉堡海外商务学院汉文教授,1916年聘约期满回国。归国后历任北京副总统府顾问、江苏督军署内秘书、大总统府谘议、江西省财政特派员。1927年任国民政府财政部秘书。1937年抗日战争爆发后,由南京辗转入川,初居成都,后移眉山、乐山、夹江等地,以卖文鬻字为生。抗战胜利后,于1946年回南京。

新中国成立后,历任江苏省政协委员、广东省政协常委、广东省文史研究馆副馆长,1960年7月被聘任为中央文史研究馆副馆长。1963年8月28日在广州逝世,终年88岁。

商衍鎏是一位著名的爱国人士和学者。日寇侵占东三省时,他在《感愤》一诗中写道:"惊看砧肉供刀俎,忍撤藩篱逼冀燕。"并有"长蛇封豕欲难填"之句,痛斥帝国主义的贪婪本性及反动派的卖国政策。抗战期间又愤怒声讨日寇滥炸和平城市的暴行;每闻捷报,则咏诗庆贺。他对国民党的苛政无比痛恨,曾以"斗米需钱百万多"成辘轳体长诗加以揭露。解放后,党和政府对老年知识分子的关怀与安排,使他感到温暖,多次赋诗抒怀。1956年11月,中央新闻纪录电影制片厂为他拍了《探花晚年》的影片,将他的写作和日常生活以及部分字画摄入镜头,令他深受鼓舞。他老当益壮,经过三年努力,撰写了一部23万字的《清代科举考试述录》,于1958年由三联书店出版。全书材料翔实,内容丰富,条理清楚,填补了我国学术界的一项空白,具有一定的文献价值。随后又著有该书姊妹篇《太平天国科举考试纪略》,1961年由中华书局出版。书中澄清了过去比较模糊的几个问题,受到学术界的重视。他还从三十余年的诗作中选出400首,书画26幅,《画竹一得浅说》一篇,并附上徐宗浩所临柯九思《竹谱》,合为《商衍鎏诗书画集》,1962年影印出版,书中文字全部由他亲自缮写。

　　商衍鎏在书法方面造诣亦深。他的作品流传不少,在书法界有一定影响。楷书初学褚、颜,功力较深。中年以后转而致力草书,从章草下手,经过一个时期的临摹,勤习诸名家范本,使书体变化自如,飞逸多姿,60岁以后逐渐形成自己的风格,评者谓其书法兼有颜鲁公的沉着端庄、褚河南的秀劲超逸。行书尤见神韵潇洒,刚柔相济,意趣盎然,具有较高的艺术水平。他亦喜画竹,并对其画理细心揣摩、钻研,他的《画竹一得浅说》近两万字,是其研究心得,初学者可以从中掌握途径。他画竹的作品不多,但幅幅风格不凡,挺拔多姿,给人以清新之感;他题画竹的诗篇不少,每以它遇严寒而苍翠不改,经风雨而坚韧不凋的高尚品格以自励。

(据商承祚撰《商衍鎏传略》删增)

陈之骥

(1884—1964)

陈之骥,字叔良,河北丰润人,1884 年 11 月 4 日生。中国国民党革命委员会成员。1903年赴日本留学,先后在振武学校、陆军测量修技所、联队士官学校学习五年,见习士官半年。1909 年毕业归国,由广西兵备处派任陆军干部学堂科长, 旋升监督兼教练处总办。翌年因涉有革命嫌疑,被广西巡抚张鸣岐撤职。1911年在军谘府任职。辛亥革命后,临时大总统孙中山任命为陆军第八师师长。1913 年在黄兴统率下参加二次革命,失败后去日本。1914 年归国,任将军府参军。冯国璋督理江苏军务及代理大总统职时,因陈为冯之女婿,常被派赴各省联系,未受任何名义。1918 年 10 月冯国璋下台后,陈即不问政治,寓居天津。

新中国成立后,陈移居北京。1960 年 8 月被聘任为中央文史研究馆馆员。1964 年 7 月 30 日病故,终年 80 岁。

黄子蕴

(1898—1971)

　　黄子蕴,曾用名超伦,湖南宁乡人,1898 年 9 月 12 日生。幼时在家塾读四书五经。1920 年河北保定高等工艺留法预备第三班毕业, 和刘少奇同学。1922 年在宁乡世家湾创立靳江小学。翌年转长沙含光女校任教。1927 年起在江西大庾、湖口、九江等处税收机关任文牍。1930 年 4 月回长沙赋闲半年。1931 年起在长沙衡湘中学、大麓中学任教 8 年,讲古典文学。1941 年在宁乡花明楼创立靳江中学。次年在湖南文艺中学任教导主任兼国文教员。1944 年 2 月在兰田新民印务馆任编辑兼文牍;8 月为避日寇,辗转湘黔间。1945 年 4 月在湖南辰溪浦市国立第九战时中学教课。抗战胜利后,在安化省立第五中学任训育主任兼高中语文教师。1947 年 2 月起,先后在长沙湘芬书局任编辑,长沙师范、公输学校任课。

新中国成立后,任湖南省立女子师范、兑泽中学国文教师。1951年入华北人民革命大学政治研究院学习。毕业后派赴湘西苗族区参加土改。1952年4月在长沙育群中学(后改为省立八中)任高中部语文教师。1954年因病来京休养。次年5月调故宫博物院图书馆工作。1959年调北京图书馆。1961年1月被聘任为中央文史研究馆馆员。1971年1月10日病故,终年73岁。曾编辑《详注高中国文》和《详注初中国文》各六册。译述《高中实用英文法》和《详明汉释英文伊索寓言》各一册。

康心铭

(1883—1974)

　　康心铭,原名诰,字新民,湖北武昌人,1883年10月生。1897年入湖北高等农业学堂,1901年毕业。嗣后官费派赴日本,在同文书院正则英语学校毕业。又在明治大学政治经济科毕业,获明政学士学位。1907年归国,应学部考试,授法政科举人。后历任湖北两湖师范学堂、高等农业学堂、法政学堂教习兼谘议局、调查局译员。1913年后,历任北洋政府交通部路政司交涉科、法制科、监理科、调查科科长十五年。从 1918 年起,兼任交通大学教授十年。1928 年后历任南京政府交通部秘书、邮政司第一科科长、邮务科科长等职。1935 年至 1949 年先后在天津、北平交通银行任文书、襄理、科长。

新中国成立后,任中国人民银行职员和图书管理员。1958 年 6 月退职。1961 年 2 月被聘任为中央文史研究馆馆员,3 月辞聘。同年被聘任为北京市文史研究馆馆员。1974 年病故,终年 91 岁。著有《交通史》、《胶济铁路纪略》等。

傅 铜

(1886—1970)

傅铜,字佩青,河南兰考人,1886 年 3 月 13 日生。中国民主同盟成员。清秀才。早年在河南开封中学肄业,后赴日本留学,毕业于东京巢鸭弘文学院及东洋大学哲学伦理系。后又入英国牛津大学研究科,未毕业,转伯明翰大学,获文学硕士。归国后历任北京大学及师范大学哲学教授,中国大学研究院副院长,西北大学、安徽大学校长等职。

新中国成立后,傅铜曾入华北革命大学学习,后被聘为中国科学院哲学研究所特约研究员。1961 年 6 月被聘任为中央文史研究馆馆员,仍兼哲学研究所研究员。1970年 5 月 29 日病故,终年 84 岁。著有《知行难易问题之根本解决》等。

杨 鹏

(1896—1972)

杨鹏,字叔翔,贵州镇远人,1896年 12 月 7 日生。1917年毕业于北京朝阳大学专门部法律科。翌年考取司法官,入北京司法讲习所学习。1921年毕业,旋任北京大理院书记官。1923 年派赴德国柏林大学留学,1927 年毕业归国, 在东北大学法学院任教授。1931 年日寇侵占沈阳后来北京, 由张学良聘任为东北外交委员会委员。同年兼任北京大学、中国大学、朝阳学院讲师。1932 年任上海特区法院民事庭推事,兼东吴大学德国民法教授。1934 年任国民政府司法行政部参事,兼司法院法官训练所商事法教授。1936 年秋任上海特区高等法院三分院院长。1940 年,日寇不顾杨鹏抗拒,串通法租界当局和汪伪政权,武力接收法院。1941 年太平洋战争爆发,杨被捕入狱,后因病保释。1942年秋至重庆,被调任甘肃高等法院院长。1945年调任台湾高等法院院长,兼台湾大学商事法教授。1948年调任陕西高等法院院长,未就职,在上海任律师,兼招商局、浚浦局法律顾问和上海震旦大学法学院商事法教授。

新中国成立后,于1953年任交通部专门委员。1956年调任交通部法律室研究员。1958年被错划为右派分子,1960年摘右派帽子,1979年予以改正,恢复名誉。1961年6月被聘任为中央文史研究馆馆员。1972年11月15日病故,终年76岁。著有《德国民法讲义》等。

赵云浦

(1880—1976)

赵云浦,字乾年,江苏常州人,1880年3月13日生。上海震旦学院及京师大学堂毕业,奏奖举人。清末任法政研究所常务干事。入民国后,任北洋政府审计院协审员。1928年任中国银行监察人会秘书,至1948年退休。

新中国成立后来京闲住。1961年9月被聘任为中央文史研究馆馆员。1976年4月14日病故,终年96岁。

黄君坦

(1901—1986)

　　黄君坦,字孝平,号叔明,福建闽侯人,1901年10月生。诗人黄曾源之子。早年在青岛礼贤书院肄业,并师从薛肇基研习词章、训诂考据之学。1925年起历任北洋政府教育部、财政部、司法部秘书、《续修四库全书》提要特约编辑。1928年后历任青岛特别市卫生局秘书主任,山东省烟酒印花税务总局总务科长,行政院驻平政务整理委员会参议、秘书,建设讨论会委员。华北政务委员会时期,历任华北实业总署参事,代理工商局长,华北政务委员会参事,公教人员食粮消费合作社总务处处长。抗战胜利后赋闲。

　　新中国成立后,于1955年为人民文学出版社古籍刊行社担任社外校勘古籍工作。1961年9月被聘任为中央文史研究馆馆员。1986年8月5日病故,终年85岁。

　　黄君坦著有《清词纪事》、《词林纪事补》、《宋诗选注》、《续骈体文苑》、《校勘绝妙好词笺》等。他与其兄孝纾、其弟公孟合著《黄氏三兄弟骈俪文集》。1929年为徐世昌撰《晚晴簃诗汇序》,受到汪辟疆教授的重视。亦擅诗词,参加过秚园、蛰园、瓶花簃诗社、词社等活动。曾与张伯驹同选《清词选》。

吴朋寿

(1887—1972)

　　吴朋寿，原名燠仁，字朋寿，后以字行，笔名可园，河北丰润人，1887 年 8 月 5 日生。清附生。1912 年京师法政学堂一级正科法律班毕业。后历任河南高等审判厅推事、信阳高等审判分厅庭长、河南高等法院推事、河北保定地方法院庭长、河南高等法院推事、河北高等法院第一分院推事。1929 年和 1932 年曾两次调赴南京最高法院清理积案，前后共约两年。1935 年河北高等法院由天津迁至北平，任该院民庭庭长。在旧政权下，审理革命人士案件时，曾有意识地给以开脱或减轻。抗日战争爆发后家居。

　　新中国成立后，1956 年参加北京市民盟社联组学习。1958 年为北京市西四区政协社联组第七组组长。次年被聘为北京市西城区政协学委会文娱工作委员、诗词书画组组长，后又兼任推动西城区各界人士撰写文史资料的工作。1961 年 9 月被聘任为中央文史研究馆馆员。1972 年 7 月 27 日病故，终年 85 岁。著有《可园诗草》、《中国矿产史参考资料》、《辛亥革命铁血会及北振武社之片断》等。

汪寿序

(1878—1967)

　　汪寿序,字雁秋,江苏灌云人,1878 年 8 月 14 日生。清廪生,两江师范学堂农博专科毕业,授师范科举人。1910 年任江北师范学堂教习。入民国后,历任北洋政府农林部佥事、农商部佥事等职十七年。1931 年任天津国货陈列馆编辑课课长。次年任国民政府铁道部专员,在平绥铁路局办事,1936 年改任文书科长。抗日战争爆发后,退职家居。

　　1961 年 9 月被聘任为中央文史研究馆馆员。1967 年 6 月 21 日病故,终年 89 岁。

吴之椿

(1894—1971)

　　吴之椿,湖北武昌人,1894 年 5 月 20 日生。1911 年在宜昌美国教会所办美华书院读英文。1914 年又在武昌美国教会所办文华书院学习。1917 年官费赴美国入依利诺依大学，1920 年毕业，获文学士学位。又入哈佛大学，次年获硕士学位。嗣后在伦敦政治研究院和法国巴黎大学深造。1922 年夏归国，历任中州大学、武昌大学、中山大学教授。1926 年任武汉国民政府外交部政务处处长。这年秋末随宋庆龄取道海参崴前往莫斯科。翌年在巴黎大学和柏林大学听课。1928 年夏回国，旋应清华大学之聘，任教授兼教务长。1932 年任青岛山东大学教授兼总务长。次年在南京国民政府教育部主持中学英语教学工作。抗日战争时期，先后担任武汉大学（四川乐山）、西南联合大学（云南昆明）教授。1946 年任北京大学教授。

　　新中国成立后，继任北大教授。1952 年改任北京政法学院教授。1958 年 11 月退休。1961 年 11 月被聘任为中央文史研究馆馆员。1971 年 8 月 11 日病故，终年 77 岁。著有《青年的修养》、《民治与法治》、《自由与组织》；译有《印度简史》（印度潘尼迦著）、《论出版自由》（英国弥尔顿著）。

言简斋

(1887—1972)

　　言简斋,曾用名雍然,江苏常熟人,1887年2月21日生。京师大学堂译学馆毕业,授奖举人。清末任民政部主事。民国成立后,历任北洋政府内务部主事、科员、佥事、科长、司帮办,京都市政公所科长、副处长。1928年后,历任北平市政府股长、代理科长,天津市政府科长,河北省民政厅科长,天津市财政局秘书,北平冀晋察绥统税总局课长。抗日战争胜利后,任北平市政府教育局股长、荐任秘书。

　　新中国成立后,历任北京市文教局秘书、首都图书馆干事,曾为梅兰芳整理戏词。1961年11月被聘任为中央文史研究馆馆员。1972年2月8日病故,终年85岁。

盘珠祁

(1885—1984)

盘珠祁,号斗寅,广西容县人,1885 年 8 月 8 日生。6 岁启蒙读书,14 岁进大馆, 习八股文,后改做策论。1903 年应试进梧州府学。1906 年入上海中国公学,1909 年毕业后,获选赴美公费留学。1914 年毕业于威斯康星大学农学院, 并获该校研究院硕士学位。1915 年回国后,历任容县中学教员、广西省政府技正、广西省教育会会长、棉业讲习所所长兼教员。1920 年受广西省政府委托,筹办农业试验场及农业学校,不意兴工才数月,粤桂战事突起,遂致工程中辍。次年春经各公团推举,主持欢迎孙中山大总统赴南宁视察大会。后被委任为广西省政府第一位参议兼实业科科长,不满一年,到南京任东南大学教授兼江苏省立第一农业学校教务主任。后应北京农业大学之聘,任教授兼教务主任。1926 年任广西省建设厅厅长兼教育厅厅长。1927 年辞职, 改任广西大学筹备员。翌年赴欧美考察实业教育,一年后回国,就任广西大学副校长兼农学院院长。1933 年赴苏联考察农业, 并著有《游俄纪要》一书。1936 年曾任国民政府立法院立法委员。抗日战争爆发后返容县家居,被免去立法委员职务。1946

年复出,被聘为广西救济分署审议委员会委员。1949年春就任广西大学校长。

新中国成立后, 被特邀为容县第一届各界代表大会代表、容县政协委员。嗣后又任梧州专区土地改革委员会副主任,兼容县土地改革委员会委员。1951年调华北农业科学研究所(后改为中国农业科学院)农化系任研究员,从事土壤、肥料等研究工作。曾深入到数十个县、市调查土壤和农业生产状况。1958年10月退休。1961年11月被聘任为中央文史研究馆馆员。1984年10月5日病故,终年100岁。

吕汉云

(1882—1966)

吕汉云,原名志琴,江苏溧阳人,1882年12月7日生。清附生。1909年任北京信成银行职员,办理文书。1916年任中国银行总管理处赴外稽核。翌年改就中国农工银行调查股股长。1918年任大宛农工银行副经理,两年后升任经理。1929年任中国农工银行总行协理兼汉口分行经理。1933年为反对官僚资本集团迫放汉口盛星堆栈押款,拒不签字,辞去经理,专任总行协理。1938年兼任北平证券物品交易所常务理事,因拒绝日本人提出合办北平证券交易所的要求，又拒绝伪维新政府约办华兴银行，被日本宪兵队拘禁近一个月，受尽刑辱。1939年随总行迁渝。1946年因年老退职，只留董事职。

新中国成立后，中国农工银行奉令清理，他以董事身份协助清理事务。1961年12月被聘任为中央文史研究馆馆员。1966年9月27日病故，终年84岁。

杨维新

(1888—1968)

杨维新，字鼎甫，广东新会人，1888年2月19日生。1910年日本早稻田大学高等师范部法制经济科毕业，翌年于该校专门部政治经济科毕业。民国成立后，1913年任北洋政府教育部专门教育司主事，1917年兼任美术学校筹备工作一年。次年受梁启超派遣，赴欧洲考察战后教育。1920年归国，仍任教育部原职。1928年升任金事科科长，是年国民政府南迁时辞职，入北平图书馆担任日文书籍采访。1930年兼财政部盐务学校秘书并代理教务长一年。1936年起，先后任职于北宁铁路局教育委员会和北宁铁路局附设之宁园事务所约五年。

1941年后历任济南铁路局铁路学院院长、中国联合准备银行文书、北平冀东银行总行秘书、沈阳铁路局图书馆馆长、华北气象台行政课课长等职。

新中国成立后,杨在京家居。1962年1月被聘任为中央文史研究馆馆员。1968年5月22日病故,终年80岁。

章以吴

(1897—1977)

　　章以吴,曾用名吾省,浙江宁海人,1897年8月3日生。天津南开中学肄业,北京汇文书院附馆毕业。1917年任天津京奉铁路局车务处职员。1919年被借调担任南北议和北方代表处文书。1921年再度被借调,担任赴法国接受学位专使秘书。翌年改任津浦路车务处职员,1924年辞职,就任天津金城银行调查员。1926年任天津特别区市政局第一区主任。1927年任津浦铁路局会计处副处长。1928年任天津德义洋行华经理。翌年起改任大通银行华经理,历十三年。1942年后历任重庆金城银行总处专员、信托部经理,上海金城银行支行副经理、总行储信部副经理。

新中国成立后,任上海金城银行秘书处处长、业务专员,上海公私合营银行五联总处职。1952年调任甘肃平凉人民银行职员,1957年退职。1962年6月被聘任为中央文史研究馆馆员。1977年4月9日病故,终年90岁。

吴经文

(1886—1976)

　　吴经文,字季允,湖北建始人,1886年11月22日生,清附生。湖北文普通学堂毕业,和董必武是同班同学。后又在北京南苑航空学校毕业。民国成立后任北洋政府参谋部科员。1919年任航空署教育科科长。1928年3月任汉口洋酒税局局长,翌年任汉口公安局十九署署长。1932年1月任南京政府参谋部中校参谋。抗日战争爆发后在北平家居。抗战胜利后,历任北平电车公司文牍课课长、秘书室副主任等职。

　　新中国成立后,任北京市公用局科员,1961年12月退职。1962年2月被聘任为中央文史研究馆馆员。1976年10月20日病故,终年90岁。

钟履坚

(1898—1986)

钟履坚,笔名冰、惕冰,浙江杭州人,1898 年 6 月 26 日生。中国民主建国会工商研究委员会委员。1917 年毕业于南京河海工程学院,1921 年毕业于北京盐务专科学院。后历任上海盐运司文牍、湖北盐务稽校处会计主任、湖南盐务总局会计处处长。1924 年到南京担任盐政杂志社编辑,两年后兼任上海酱业公会顾问,后被聘为盐政杂志社总编辑,刊行《盐政杂志》共 63 期,撰写过许多谈盐业生产和改革的稿件。旋应全国精盐总会之聘兼任总干事,被永利化学工业公司和久大盐业公司聘为驻南京代表。后又兼任筹建中的久大公司金华酿造厂厂长(厂址在南京,主要生产酱油)。抗日战争爆发后,久大盐业公司所属工厂迁移四川,钟履坚曾帮助搬迁并筹建新厂,先后担任该公司自贡办事处主任、重庆华西办事处秘书长 (一度代理业务部部长)、金华化学公司乐山厂厂长、重庆厂厂长兼技师等职。抗战胜利后,历任久大盐业公司南京办事处主任,公司秘书长、协理、业务部长、总管理处处长兼金华化学工业公司上海厂厂长等职。

新中国成立后,继任久大盐业公司秘书长、协理,金华化学工业公司董事,永利、久大化学工业公司董事。1950年受李烛尘派遣,赴四川解决自流井久大盐厂复工问题,赴香港联络爱国侨胞到内地投资。1951年随全国政协西南土改工作团赴四川参加土改。1956年11月任食品工业部专员兼技术研究室主任。1958年2月因心脏病自愿退职。同年被聘任为四川省文史研究馆馆员。1962年3月被聘任为中央文史研究馆馆员。1986年5月7日病故,终年88岁。

　　钟履坚抗日战争以前著有《中国盐务改革之根本问题》、《中国酱业之危机》、《中国精粗盐冲突感言》等;新中国成立后著有《中国盐业生产技术发展史》等。

丁佑曾

(1893—1987)

　　丁佑曾, 又名树筠, 号人右, 浙江绍兴人,1893年3月24日生。1922年毕业于天津南开大学经济系。1924年创办人右英文商业学校, 自任校长,兼北京财政商业专门学校讲师,嗣后历任北平中法大学、铁路大学、师范学院、朝阳大学、中国大学讲师、教授等职。抗日战争胜利后,任北平市公用局秘书、接收敌伪财产工作组组长。1948年在东方会计学校任教。

新中国成立后,1951年9月被聘为北京普励小学校长。为解决当时校舍不足、许多孩子不能入学的困难,他毅然把数十间私人住房连同家具什物无偿提供给学校使用,创办普励第二院(完全小学)。同年被评为北京市教育工作者模范。1952年当选北京市前门区各界人民代表大会代表。1956年被选为北京市崇文区政协副秘书长,1959年改任常委。1958年被选为北京市第二届人民代表大会代表。1962年3月被聘任为中央文史研究馆馆员。1987年1月17日病故,终年94岁。

韩槐准

(1891—1970)

韩槐准,字位三,又名愚趣斋主,海南文昌人,1891年4月21日生。爱国归侨。1913年在文昌县蔚文学堂毕业。因其父经营染织业失败,以致负债累累,不得已于1915年出南洋谋生,在新加坡一家橡胶园当割胶工,工余读书。及至挣钱还清债务,便加入一家西药房少量股份,并在该药房谋得一职,仍继续自学。1932年开始涉猎中国西洋关系史，得知古代我国外销南洋及西域之陶瓷甚多，即对陶瓷发生了浓厚兴趣。从1934年起广泛搜集收购古陶瓷，进行研究，陆续在新加坡《南洋岛报》等数家报纸上发表关于我国古代外销陶瓷的论文多篇，受到各界人士的重视。同时在新加坡市郊外置荒地二亩半，开办私人果园，从事红毛丹的种植与研究。由于在选种与栽培技术上采用了科学方法，果质优良，果园也日趋兴旺，获得当地中西各报的赞誉。经营果园稍有余裕，即用于收购古陶瓷。1961年为准备归国，将苦心经营二十多年的果园变卖，又以其所得的一部分收购古代外销陶瓷。1962年春归国，将多年收藏的四百余件古陶瓷献给国家，受到文化部的嘉奖，授予奖状和奖金。同年4月被聘任为中央文史研究馆馆员，5月聘为故宫博物院顾问。1970年10月2日病故，终年79岁。临终遗言，将家中的书籍、国画和余存的古陶瓷捐献给国家。著有《南洋遗留的中国古外销陶瓷》等。

吴德润

(1887—1975)

吴德润，字晓芝，笔名觉庐，湖南岳阳人，1887年1月

29日生。清末毕业于湖南高等实业学堂土木系。1913年获选公费留学法国巴黎大学法学系。1916年归国,任湖南商业专门学校法文教员,短期代理校长。1918年当选安福国会众议院议员,任职两年。1921年任中东铁路督办公署秘书兼法文公牍翻译。1925年在北京女子两级中学授课,短期代理校长。1927年暑假后在京师大学女子第一部讲授法文。次年在北平大学第二师范学院授法文课兼《北平日报》总编辑。1929年在北平师范大学授新闻学及法文。1931年在北平大学法商学院授法文法律常识。1934年至1936年在华北大学授政党论及新闻学。1936年脱离教育界,任《太原日报》总编辑。抗日战争爆发后不久,太原失守,退避运城,任《河东日刊》总编辑。终以日寇骚扰,逃难至西安闲住数月,即返长沙,任《国民日报》总编辑。到职一月辞职。1939年前往耒阳,负责湖南省赈济委员会总务、救济两组,历时四年。1943年该会结束,生活无着。设法领得垦荒执照,携眷到洞庭湖新淤荒地从事开垦,过了几年艰苦生活,后到湖区老坑子内教书。1951年10月来北京同儿女团聚。

　　1963年1月被聘任为中央文史研究馆馆员。1975年2月4日病故,终年88岁。著有《新编法语教程》、《新闻学之理论与实用》、《现代政党论》、《清史新乐府稿》、《中国历史诗歌注》、《觉庐诗词草》、《时事诗词草》等。

许以栗

(1887—1967)

　　许以栗，字琴伯，笔名忍庵，浙江杭州人，1887年6月24日生。中国国民党革命委员会成员。1905年岁试中杭州府邑生。1912年参加中国同盟会，同年保定农业专科学校林科毕业，1915年北京农政专门学校毕业。1916年起，历任三河税局委员，三河香河农场管理员，北京提署秘书，京兆尹公署秘书、农林课主任。1926年任甘肃礼县知事。翌年任西北军第十三军谘议、秘书长、政治处处长。1928年任南京政府内政部视察员及编审委员。1930年任天津市政府秘书兼市志编纂。1935年任河北省政府秘书兼会考阅卷委员。翌年8月又任天津市政府秘书兼美术馆编辑委员和鉴定委员。1937年2月任霸县县长至"七七"事变交卸。1938年1月起，历任北平赈济部科员、教育总署技士等职。抗日战争胜利后，任北平暂编第九路军额外秘书、北平暂编军官大队书记。1947年6月任北大医院文书室组员。

　　新中国成立后继任原职。是北京市书法研究社社员。1963年2月被聘任为中央文史研究馆馆员。1967年9月23日病故，终年80岁。

著有《天津市志概要》、《先哲名言》、《忍庵微言》、《思潮集》、《旅甘吟草》、《天嘉集》、《忍庵论书》、《东游草》等。

岳翼如

(1882—1975)

岳翼如,曾用名昭通,浙江嘉兴人,1882 年 7 月 12 日生。清秀才。早年毕业于南京储才学校和上海法文学校,后在上海任教。后在法国驻上海领事馆任翻译。民国成立后, 历任北京京汉铁路局翻译、文案,陇秦豫海铁路局副总翻译、车务处处长,西路工程局副局长,总公所艺务参赞及海港会办等职。1927 年因裁员退职赋闲。1948 年任比利时驻华使馆翻译。

新中国成立后在天津家居,1958 年迁京。1964 年 6 月被聘任为中央文史研究馆馆员。1975 年 2 月 26 日病故,终年 93 岁。

张伯驹

(1898—1982)

　　张伯驹,原名家骐,字丛碧,别号游春主人、好好先生,河南项城人,1898 年 3 月 14日生。书画鉴藏家、诗词家、古典艺术研究家。

　　张伯驹为张锦芳长子,幼年过继其伯父张镇芳,在天津上家塾。1912 年曾入法政学堂,因不够年龄,旋即退学。1913 年随张镇芳去开封。1916 年入中央陆军混成模范团(袁世凯兼该团团长,袁死后由黎元洪兼任)骑科,1918 年毕业。次年任安武军全军营务处提调,后改任长江巡阅使署谘议。1922 年任河南省暂编第一师参谋、四省经略使署谘议(皆名誉职)。1924 年任陕西督军署参议。因不满军阀混战,从 1927 年起弃职投身金融界。历任盐业银行总管理处稽核,南京盐业银行经理、常务董事,秦陇实业公司经理等职。抗日战争胜利后,曾任国民党第十一战区司令长官部参议、河北省政府顾问、故宫博物院专门委员、北平市美术分会理事长、华北文法学院国文系教授等。1947 年 6 月在北平参加中国民主同盟,曾任民盟北平市临时工作委员会委员。参加过北大学生会助学运动、反迫害反饥饿运动、抗议枪杀东北学生等爱国民主活动。

北平解放后任燕京大学国文系中国艺术史名誉导师、北京棋艺研究社理事兼总干事、北京京剧基本艺术研究所副主任理事、北京中国画研究会理事、北京古琴研究会理事、北京书法研究社副主席、文化部文物局文物鉴定委员会委员、公私合营银行联合董事会董事、第一届北京市政协委员、中国民主同盟总部财务委员会委员、文教委员会委员、联络委员会委员。1956年加入中国国民党革命委员会。1962年起任吉林省博物馆副研究员、副馆长等职。"文化大革命"中遭到迫害和诬陷。1972年周恩来总理得悉后,指示聘任他为中央文史研究馆馆员。粉碎"四人帮"后,组织上为他彻底平反,恢复名誉。他晚年还担任过北京中山书画社社长、北京中国画研究会名誉会长、中国书法家协会名誉理事、京华艺术学会名誉会长、北京戏曲研究所研究员、北京昆曲研习社顾问、民盟北京市文史资料委员会委员等。1982年2月26日逝世,终年84岁。

张伯驹长期醉心于祖国古代文物,早在三四十年代,他目睹国民党统治区和日寇占领区的许多稀世文物被盗卖海外,深感痛惜。出于高度的爱国责任感,他不惜倾家荡产甚至举债,用巨资收购了我国传世最古的西晋陆机手书真迹《平复帖》、隋展子虔的山水画卷《游春图》以及大批其他珍品。1956年起,他和夫人潘素先后把珍藏多年的晋唐宋元等朝代的名贵字画,包括《平复帖》、《游春图》及李白的《上阳台帖》、黄庭坚的《诸上座帖》、杜牧的《张好好诗》、范仲淹的《道服赞》、蔡襄的《自书诗》册、赵孟𫖯的章草《千字文》等22件,捐献给国家,文化部曾授予褒扬状。他任吉林省博物馆副馆长期间，又为国家积极征购古代文物字画，使流落在社会上的许多优秀文化遗产得以妥善地保存下来。

新中国成立后，张伯驹致力于古典文学艺术的研究和传授。他对书法、绘画和京剧有独到的见解，著述颇多。他曾发起或参与组织各种文化艺术活动，积极协助筹办现代书法和明清书法展览，努力挖掘、发扬京剧基本艺术和流派技艺。至晚年仍壮心不已，倡导成立北京中山书画社和韵文学会，编纂《唐五代宋金元明清词选集评》，应邀赴天津等地讲学。1981年1月还在北海公园画舫斋举办了《张伯驹、潘素夫妇书画联展》。

张伯驹精诗词，尤以词见长，先后与关赓麟、章士钊、郭则澐等组织梯园诗社、蛰园诗社，还在其寓所成立庚寅词社。他一生写了数千首诗词对联，掌故精熟，风格旷达自然。为悼念相识较深的陈毅而撰写的挽联，受到毛泽东主席的赞赏。周恩来总理、毛泽东主席逝世，他撰写了巨幅挽联，歌颂领袖的丰功伟绩。

张伯驹逝世前，还在医院里吟成一首《鹧鸪天》词以言志：

> 以将干支斗指寅，回头应自省吾身。莫辜出处人民义，可负生教父母恩。儒释道，任天真，聪明正直即为神，长希一往升平世，物我同春共万旬。

还有一首七律诗寄怀在台湾的故旧张大千先生，诗云：

> 别后瞬经四十年，沧波急注换桑田；画图常看江山好，风物空过岁月圆。一病翻知思万事，余情未可了

前缘。还期早息阋墙梦，莫负人生大自然。

张伯驹著有《丛碧词》、《春游词》、《秋碧词》、《零中词》、《无名词》、《续断词》、《诗钟分咏》、《丛碧词话》、《丛碧书画录》、《乱弹音韵辑要》、《宋词韵与京剧韵》、《红毹纪梦诗注》、《洪宪纪事诗注》、《续洪宪纪事诗补注》、《中国楹联话》、《中国书法》、《京剧音韵》、《春游琐谈》、《张伯驹词集》、《张伯驹、潘素书画集》、《素月楼联语》等。

杨东莼

(1900—1979)

杨东莼，名岂匏，又号人杞，在白区地下工作时曾用罗东莼等化名，湖南醴陵人，1900年3月8日生。教育家。曾任国务院副秘书长，中国民主促进会副主席，中央文史研究馆第三任馆长，第三、四、五届全国政协常委，第四、五届全国人大常委。

杨东莼父母早丧，幼时与胞弟杨人楩(已故北京大学历史系教授)依干妈童氏生活。1914年毕业于醴陵朱子祠小学，1918年在长沙长郡中学毕业。1919年入北京大学文预科一年级读书，参加了"五四"运动，开始接触和接受马克思主义思想,积极追求革命真理。1920年,与邓中夏、罗章龙等人组织"北京大学平民教育演讲团",其后在中国劳动组合书记部的具体领导下,随邓中夏、罗章龙、吴汝明等深入长辛店铁路工人群众,举办劳动补习学校,广交工人朋友,宣传革命道理。1920年3月,与邓中夏、罗章龙等参加了由李大钊直接领导的"北京大学马克思学说研究会",成为该会19个发起人之一。1922年南归故里结婚,任醴陵西山县立渌江中学校长。李大钊曾经写信给他,称"匈奴未灭,何以家为",促其继续参加革命。1923年7月在长沙参加中国共产党,与何叔衡等经常联系,是中国共产党的早期党员和社会活动家之一。在长沙期间,他先后执教于长郡中学和协均中学,并领导协均中学文史科的全面教务。1925年春,湖南省总工会成立,应郭亮之邀,他担任湖南省总工会宣传部部长,并兼《长沙工人日报》社长。通过郭亮的介绍,他被恢复了一度脱离了的党的组织关系。1927年夏初,许克祥反革命屠杀的端倪已见,杨东莼也大体获得了险恶的讯息,但他仍然镇定地编发最后一期报纸,随后乘间潜赴汉口,出席第四次全国劳动代表大会,任宣传处主任后被派往十五军任政治部秘书,因被告密,离开部队,又一次失掉组织关系。

1927年12月,他东渡日本,即潜心钻研辩证唯物主义和历史唯物主义,翻译了恩格斯的《费尔巴哈论》、摩尔根的《古代社会》等书。1930年冬回上海,依旧从事编译工作。1932年应周谷城邀请,到广州任中山大学社会科学系教授,教唯物论课程。同年秋,应刘斐、李任仁之邀,任广西师范专科学校校长。他从上海聘请十余位进步学者和文化人到校任教，把师专办成广西的"红色摇篮"，培养出一批进步青年，其中很多人后来成了革命骨干。因有人以他包庇共产党为由向李宗仁告密，于是辞职。

1934年春，他到上海从事著作，与田汉、陶行知、钱俊瑞、薛暮桥等进步人士过从甚密，并参加中国农村经济研究会和生活教育社。1935年再次恢复中国共产党的组织关系，不久与沈钧儒、章乃器等人发起组织救国会。曾受桂系当局邀请和救国会委派，赴广西南宁向李宗仁、白崇禧等人介绍救国会的主张。"西安事变"后，又到桂林向李宗仁、白崇禧介绍中国共产党提出的抗日民族统一战线政策。

抗日战争爆发后，他从上海到长沙，被聘任为湖南省政府高级参议。他积极为长沙文化界抗敌后援会出谋划策，使其取得完全公开合法的地位。他多次请八路军长沙办事处主任徐特立为抗敌后援会作报告。1938年11月，武汉、长沙相继失守，他撤至桂林，遵照周恩来的意见，留在当地做争取桂系首脑的工作。他应广西省政府主席黄旭初的邀请，担任广西地方建设干部学校教育长(校长由黄旭初兼任)，教育方针、课程设置、教员聘请均由杨东莼负责。该校的宗旨是培养县以下乡镇一级的基层干部，使之分担抗日救国、建设广西的任务。课程有社会发展史、中国近代史、抗战形势、广西建设等。他亲自讲授三民主义。教师有张志让、张铁生、姜君辰、千家驹等，并邀请范长江、夏衍、田汉、胡愈之、万仲文等来校作报告。叶剑英曾前去作

《抗战新形势和如何开展敌后游击战争》的讲演,受到师生的欢迎。干部学校设有中共地下党支部,由八路军驻桂林办事处主任李克农领导。杨东莼重视学员的社会实践,安排他们参加桂林市的义卖献金运动,组织歌咏团在桂林市演出《黄河大合唱》。日寇进犯桂南时,又派出二百多名男女学员开赴前线,宣传抗日,动员民众。这所学校遂被誉为"南方的抗大"。"皖南事变"后,他被迫离开广西到香港,从事统战工作。不久去重庆,任国民政府军事委员会政治部设计委员,第三次与党组织失去联系。1942年冬到四川任内迁的武汉大学教授。1945年,他赴成都任四川大学教授,讲授中国政治史、中国政治思想史和中国外交史。当四川省主席王陵基迫害参加民主运动的学生时,曾出面与王抗争,使被捕学生获释。1948年春,转任厦门大学教授。年底根据中国共产党的指示,赴香港任达德学院教授,先后代理政治系主任、院长,并开展民主活动与统战工作。1949年初香港政府下令取缔达德学院后,任《大公报》顾问,在新闻界继续推行党的统战政策。

新中国成立后,他回到北京,周恩来总理、中央统战部李维汉部长约他谈话,为他安排工作。1950年1月任广西大学校长、中南军政委员会委员。1954年春调任武汉华中师范学院院长、中南行政委员会委员。1952年加入中国民主促进会,历任民进武汉市委员会主任委员、民进中央委员、常务委员、秘书长、副主席。1957年5月调任国务院副秘书长。1961年9月1日重新加入中国共产党。1974年2月被聘任为中央文史研究馆馆长。他还是第一、二、三、四、五届全国人大代表,第四、五届全国人大常委会委员,第五届全国人大常委会法制委员会委员,第三、四、五届全国政协常委。1979年9月25日逝世,享年79岁。按其生前遗嘱,未举行遗体告别仪式和追悼会,骨灰亦没有存放在八宝山革命公墓。

杨东莼一生为教育事业和贯彻党的统一战线呕心沥血,并以他卓越的学识和才智,以他追求进步和真理的崇高风范,在党内外深孚众望。他的著作有《中国学术史讲话》、《本国文化史大纲》、《高中本国史》等。译本除上面提到的外,还有《狄慈根哲学著作选集》、《新唯物论的认识论》等。

(据《湖南民主人士》、《中国民主党派历史人物》所载杨东莼传略辑录,并有增删)

章 可

(1910—1986)

章可,字受之,湖南长沙人,1910年1月4日生在苏格兰。章士钊长子。3岁随父母回国,7岁起在北京受家庭教育,12岁从李大钊习社会学,又在阿博洛学会学油画素描。1928年赴伦敦习英语和德语，翌年转德国延师学德语。1930年8月入柏林美术专科学校绘画系学油画，1934年毕业。后在奥屯堡从师画风景。1935年在罗马皇家美术学院绘画系插班，次年肄业。1937年1月归国，先后在北京、天津、香港、重庆、上海等地家居绘画。在重庆举办过两次个人画展，并义卖救济湖南灾民。

新中国成立后，章可应聘在北京私立京华美术学院任副院长兼绘画系教授。在此期间，曾变卖其母一处私房贴补学校。1952年学校奉命停办后赋闲。嗣后受北京市政府文物组之邀，义务调查古代地震遗迹，鉴定出土文物。经常不顾盛暑严寒，远走访碑，实地考察，积累了大量资料。北京图书馆曾请他报告古碑分布情况，他即将有关资料捐献给该馆。他所绘国会旧址图(画成后该建筑即被拆除)被拍成放大20倍的照片，在故宫午门展览三年之久。1958年12月起，历任北京市东四美术工厂、玩具厂、机械模型厂美术技师。1961年9月入中国美术馆担任摄影工作。1974年7月被聘任为中央文史研究馆馆员。1986年7月28日病故，终年74岁。

章可逝世后，家属将他的一百余幅绘画(其中有不少由章士钊题词，堪称珍品)捐献给国家，并在北京举行展览，受到有关单位和各界人士的高度赞扬。

李淑一

(1901—1997)

李淑一,女,又名伯仪、守一、桐园,中国民主同盟成员。1901 年 6 月 2 日生于湖南长沙西乡白箬铺桃花口李家湾新屋。父李肖聃,是清秀才,家教甚严,主张女儿攻读古书。李淑一自幼受父亲熏陶,勤奋好学,读家塾三年,小学一年。后随父入京,考入北京直隶省旧制女子师范学校预科肄业。1917 年又随父返湘,入湖南省立第一女子师范学校本科,1920 年 7 月毕业。同年 9 月又入长沙私立福湘女子中学选修国文、英语、数学三门课程三年。此时她学业颇佳,通经史,精诗文,涉猎甚广,堪称才女。

1924 年 10 月,她与柳直荀同志结婚(柳直荀〔1898—1932〕,湖南长沙人。1924 年加入中国共产党,曾任湖南省农民协会秘书长、中国工农红军第二军团政治部主任、中共鄂西分特委书记。1932 年 9 月在湖北洪湖革命根据地牺牲)。婚后在柳家乡下祖宅和长沙城内家居三年,操持家务,抚育儿女。曾掩护柳直荀、郭亮、夏曦、李维汉诸同志从事革命活动。1927 年 5 月"马日事变"后,柳直荀同志转入地下工作,李淑一带着儿女回到娘家,教书自给。1929 年 5 月她接到柳直荀寄自天津的来信,拟接她和儿女三人赴津,被国民党政府查获,她随即被捕入狱。经柳、李两家父辈奔走营救,始交保出狱。

　　李淑一从 1928 年至 1958 年历任长沙私立衡粹艺术师范学校国文教员,湖南省立女子中学附小国文教员兼班主任,湘潭省立临时中学附小国文历史教员兼班主任,安化省立临时中学国文教员兼班主任,安化省立五中分校和一中国文教员,安化、长沙省立第一师范学校国文教员兼女生指导,长沙私立福湘女子中学国文教员兼导师。1949年 8 月长沙和平解放后,李淑一继任长沙福湘女中(后改为第二女子中学)和第十中学语文教员兼班主任,1958 年10 月退休。她从教 30 年,倾心耕耘,桃李遍华夏。

　　1950 年,李淑一致信毛泽东主席,毛主席在给她的复信中说:"直荀牺牲,抚孤成立,艰苦备尝,极为佩慰。"对她以全身心抚育烈士遗孤给予了高度评价。1957 年 2 月,李淑一又把她写的纪念柳直荀同志的一首《菩萨蛮》词寄给毛主席,毛主席写了《蝶恋花》词答李淑一,她深感欣慰,引以自豪。1959 年她应邀参加了建国十周年庆典观礼,备受鼓舞。

　　1956 年 1 月起李淑一任湖南省文史研究馆秘书,1962 年 2 月被聘任为湖南省文史研究馆馆员。她还是第二届政协湖南省委员会委员。1977 年 6 月被聘任为中央文史研究馆馆员。她晚年或吟诗作赋抒怀,讴歌人逢盛世,国运宏昌;或撰文追思英烈,勉励后人继承光荣传统。

　　李淑一长年在家养病。1997 年初住院期间,国务院副总理朱镕基派夫人劳安到医院看望。同年 6 月 13 日病故,终年97 岁。国务院副总理朱镕基、李岚清等参加了告别仪式。

朱海北

(1909—1996)

朱海北,原名渤,以字行,又名铁骊,1909 年 4 月 15 日生于辽宁铁岭,祖籍贵州开阳。中国国民党革命委员会成员。

朱海北幼年在天津上家塾和公学。1923 年起进天津新书院读书四年,在南开中学读书二年。1928 年 3 月起,任东三省三、四方面军团部(军团长张学良)少尉副官、东北边防军司令长官公署(总司令张学良)少校副官、北平绥靖主任公署(主任张学良)侍卫处少校副官,经管张的生活、社交等事务。曾随张赴北平见蒋介石、赴南京参加会议,奉命负责招待"国联调查团"等。1933 年春任东北军一〇五师第十旅中校副官长,同年 6 月脱离军界转而经商,历任天津大华火油公司汽油部经理、英商安利洋行保险部华经理、美商亨茂洋行华经理、北平亨茂汽车出赁部经理。"七七"事变后,在北平赋闲四年多。1941 年 12 月起,历任天津和泰贸易公司总务部主任、和泰北平分公司副总经理、北平亨茂商行经理。1948 年 10 月后在京又赋闲三年。1951 年 12 月起先后担任上海私营中兴轮船公司董事(驻京)、北京私营立华化工厂襄理。1956 年

12月任北京市公私合营消防器材厂储运员。1962年起经批准离职长期养病，"文革"中受到冲击。1979年10月被聘任为中央文史研究馆馆员。1981年参加中国国民党革命委员会，1988年8月任民革北京市委员会文史工作委员会副主任委员。1996年1月4日逝世，终年86岁。

朱海北晚年积极参加各种社会活动，热心海外联谊工作，撰写了不少鲜为人知的珍贵文史资料，其中《周总理同先父朱启钤之间的交往》一文，翔实地记述了周总理对朱启钤先生的关怀和照顾，表述了自己和父亲对周总理的倾慕感激之情。1985年被评选为北京市统战系统为四化服务先进个人。

王益知

(1900—1991)

王益知，原名英烈，字乙之，辽宁沈阳人，1900年7月8日生。书法家。

王益知1918年就读于国立沈阳高等师范学校博物部。"五四"运动时，开始阅读《新青年》等进步刊物，接受新文化的影响。1922年毕业后入奉天东三省银号，先后在天津、上海分行工作。驻沪期间入大夏大学，攻读政治、经济两科，并结识张学良。1928年春，在北京加入由张学良任总司令的第三方面军团，任张的随从秘书兼随军记者。不久回沈阳，任东北边防司令长官公署秘书，主要致力于编辑张学良针对日寇文化侵略而办的《新民晚报》。因常在报上抵制日寇《盛京日报》的造谣诬蔑，持论激烈，深遭嫉恨，家中屡被搜查。"九一八"事变后，奉张学良之命前往上海，以《晨报》、《晶报》记者身份采访政治新闻，广泛联系报界及在野政界人士，宣传抗日。西安事变前一年，又积极参与联共抗日的工作。

抗日战争爆发后，他加入上海中国红十字总会组织的救护委员会，义务救护前线伤兵。上海沦陷后，到南京野战救护处工作。翌年，又转入安徽第三战区兵站卫生处任文书，旋迁江西上饶。三年后改任第三战区贸易联合办事处文书。1942年由上饶到福建南平，任福建省营企业公司河口办事处主任。

抗战胜利后，他在福州任卫生署东南鼠疫防治处文书。1947年回沈阳，任辽宁省政府秘书处秘书。1948年10月来北平。上海解放后，任上海《亦报》通讯员。

1951年经章士钊介绍，到北京农业大学工作，历任秘书处秘书、文书科科长、图书馆馆员等职。1960年调入中央文史研究馆，担任章士钊馆长的秘书，直至1973年章馆长在香港去世。1979年12月被聘任为中央文史研究馆馆员。1983年参加中国国民党革命委员会。1991年9月15日逝世，终年91岁。

　　王益知一生与笔墨结缘，他的书法篆刻多次在全国性书画展中展出，在大型书画集中刊登；他还向许多公益事业单位和各地文史研究馆捐赠了大量作品，受到普遍赞誉。他多年追随张学良，又长期陪伴章士钊，经历过许多重要的历史事件，曾撰写不少史料价值较高的文章在内地和香港的报刊上发表。他86岁高龄仍笔耕不辍，写下了十余万字的《张学良将军散记》，在香港《大公报》连载三个月之久，并出版了单行本。他晚年写了不少诗词讴歌中国共产党和领袖人物，抒发他的爱国主义激情。

叶圣陶

(1894—1988)

　　叶圣陶，原名绍钧，字秉臣，笔名叶匋、叶陶、允倩、叶允倩、王钧、谌陶、圣匋、圣陶、郢、郢生、秉丞、华秉丞、秉、丙秉、孟言、斯提、桂山、翰先、朱逊、大容、谷神、微庵、微翁、楷林、颖生等。江苏苏州人，1894年10月28日生。文学家、教育家、编辑出版家和社会活动家，曾任中央文史研究馆第四任馆长，中国民主促进会中央主席、名誉主席，第六届全国政协副主席。

叶圣陶6岁起入私塾读书。1906年进苏州长元吴公立高等小学。翌年进苏州公立第一中学堂,任年级小报主编。与同学顾颉刚等人组织诗社,取名"放社"——系受白居易诗《放言》的启发,意在放言高歌,抒发自己的志向和政治见解。1909年与王伯祥等组织国学研究会,创办《学艺日刊》。1911年创办小报《工余丽泽》。冬,中学毕业,因家境清贫,无力升学,先后在干将坊言子庙初等小学、上海商务印书馆附设尚公学校、吴县县立第五高等小学当教师,并从事文学创作。1919年3月由在北京大学学习的顾颉刚介绍,加入新潮社。鲁迅说过,新潮社这群作家中,"叶绍钧却有更大的发展"。"五四"运动爆发后,他投身新文化的激流,创办了《直声》文艺周刊。1921年与沈雁冰、郑振铎等发起组织文学研究会,提倡"为人生"的文学观。7月应邀到上海吴淞中国公学中学部任教。11月到杭州第一师范任教。1922年1月与刘延陵、朱自清、俞平伯等创办我国新文化运动中第一个诗歌刊物《诗》。2月到北京大学中文系讲课。1923年春去商务印书馆当国文编辑。3月,郑振铎组织朴社,叶圣陶为发起人之一,与郑振铎、王伯祥、俞平伯、顾颉刚等十人,每人每月出十元钱,集资出版图书。到复旦大学、神州女校兼课,为《文学旬刊》十二个编辑之一。秋,赴福州协和大学讲授新文学。年底回上海,仍在商务印书馆当编辑,负责处理文学研究会的日常工作,主编《文学周报》,并到上海大学任教。1924年7月迁居香山路仁余里28号,此后该处成了左派的联络点。这一时期,先后出版了我国第一本童话集《稻草人》以及小说集

《隔膜》、《火灾》等。1925年"五卅"惨案发生,他立即写了《五月卅一日急雨中》一文,控诉帝国主义者血腥屠杀中国人民的罪行;并与郑振铎、胡愈之等一起,对当时上海各报"对于如此残酷的足以使人类震动的大残杀案, 竟不肯说一句应说的话",表示极大的愤慨,倡议出版《公理日报》。《公理日报》被迫停刊,又创办了《苏州评论报》。1926年受中国共产党组织委托, 创办和主编中国济难会机关刊物《光明》半月刊。9月到松江景贤女子中学上海分校任教。1927年2月,他和郑振铎、胡愈之等筹建的"上海著作人公会"正式成立。3月,上海工人举行第三次武装起义。他积极参加临时革命政权组织——上海市民代表会议的活动。"四一二"政变后,他主编《小说月报》,从此有不少新秀得到该刊的扶掖提拔。他还以《小说月报》为阵地,援助过许多革命作家。他提倡"写这不寻常的时代里的生活",并率先推出谴责反革命大屠杀的短篇小说《夜》。1928年,他以我国现代文学史上第一部长篇小说《倪焕之》,反映了从"五四"到大革命时期中、小学教师的思想发展过程,批判了改良主义,讴歌了革命。新文化运动的第一个十年,是他创作大丰收的十年,写下了大量的小说、散文、童话、诗歌、评论。小说方面成就最高,影响最大。此外,他还写了剧本,做过古籍和外国文学的整理工作。

　　1930年3月2日,中国左翼作家联盟在上海成立。冯雪峰事前劝告他不要加入, 认为这样作对工作更为有利。夏天,他主编《妇女》杂志。年底辞去商务印书馆职务,改任开明书店编辑。1931年2月起主编《中学生》杂志。12月19

日，文艺界反帝抗日大联盟在沪成立，他为发起人之一。1932 年"一·二八"战事爆发后，和鲁迅、茅盾、胡愈之等 43 人联名发表《上海文化界告全世界书》，抗议日本帝国主义的侵略暴行。1933 年 1 月加入中国民权保障同盟；5 月曾参与营救丁玲的工作；7 月担任《申报月刊》、《文学》的编委。次年夏与陈望道等倡导大众语运动；9 月，《太白》半月刊面世，他任编委。1936 年任《新少年》编辑；6 月，中国文艺家协会成立，他为发起人之一。1937 年 1 月，综合性刊物《月报》创刊，他编文艺栏；8 月，日寇炮轰上海，《中学生》、《新少年》和《月报》停刊。30 年代，他先后出版过《童话集》、《散文小说合集》、《圣陶短篇小说集》、《小说童话合集》、《评论集》、《儿童歌剧》、《开明国语课本》等，还与夏丏尊等人合著、合编过《读书故事》、《文章讲话》、《阅读与写作》、《开明文学辞典》、《开明国文讲义》、《初中国文教本》等。

　　1938 年 1 月，叶圣陶举家内迁四川，应邀到重庆巴蜀学校、国立戏剧学校和复旦大学任教，担任《抗战文艺》和《国讯》旬刊编委，以及中苏文化协会研究部副主任。一度去乐山武汉大学授课。1939 年当选中华全国文艺界抗敌协会理事；5 月任《中学生战时半月刊》社长兼主编。1940 年 6 月《国文月刊》创刊，任主编。又应四川教育厅邀请，任教学科学馆专门委员，从事教学的计划和研究工作。1941 年 4 月《文史教学》杂志创刊，任编委。次年先后主编成都、桂林两地的《国文杂志》。同年，开明书店在成都设编译所办事处，他辞去教学科学馆职，主持开明办事处。1943 年任文协（全国文艺界抗敌协会）成都分会理事。1945 年到齐鲁大学讲学；7月《开明少年》创刊，任主编；10月16日应周恩来同志的邀请，赴曾家岩中共办事处参加晚宴，第一次见到周恩来。1946年初率家抵沪；3月任中华全国文艺界协会总务部部长，主持文协日常工作。1948年11月，国民党反动派把他列入黑名单，中国共产党组织及时通知他暂避；12月19日，中共中央派人转告叶圣陶，请他前往解放区参加新政协。1949年1月他秘密离沪，绕道香港进入山东解放区；3月抵北平，任华北人民政府教科书编审委员会主任、文代会筹备委员会常委和《进步青年》杂志主编之一。在第一次文代会上，被选为文联全国委员和作协委员；9月出席中国人民政治协商会议第一届全体会议，当选全国政协委员。40年代，他前后出版过《散文集》、《叶圣陶文集》等；与朱自清、郭绍虞等合著、合编过《精读指导举隅》、《国文教学》、《开明新编高级国文读本》、《开明文言读本》等。

　　新中国成立后，叶圣陶积极参加国家政治活动，成为著名的社会活动家，先后任中央人民政府出版总署副署长兼编审局局长、教育部副部长兼人民教育出版社社长和总编辑、教育部顾问、中国文联委员、中国作协理事、顾问。1980年4月被聘任为中央文史研究馆馆长。他是全国人大第一至第四届代表和第五届常务委员会委员，全国政协第五届常务委员会委员、第六届副主席。他是中国民主促进会中央主席、名誉主席，德高望重，深受民进全体会员的尊敬和爱戴。他以耄耋之年，仍然勤奋地写作，发表了许多歌颂社会主义、描写祖国新面貌的优秀作品，对教育、文化和出版工作也有一系列精辟的论述。新中国成立后刊行的重要著作有:《叶圣陶选集》、《叶圣陶短篇小说集》、《叶圣陶童话选》、《叶圣陶文集》、《叶圣陶散文》、《小记十篇》、《未厌居习作》、《〈稻草人〉和其他童话》、《叶圣陶教育文集》、《叶圣陶序跋集》等。江苏教育出版社刊行的《叶圣陶集》多达25卷。

叶圣陶从教多年,积累了极为丰富的经验,写了大量的有关专著和书简。他屡次指出:"我们国家实现四个现代化,根本在教育,而教育的根本在小学。"他重视教育改革,对汉语语言的规范化、中小学语文教学的科学化和系统化,作了不少有益的探讨,具有独到的见解。

叶圣陶从1923年起从事编辑出版工作,他所编的大量书籍、杂志和课本,说明他处处为读者、为学生着想,特别注重社会效益,态度至为诚挚认真。他在三四十年代主编的《中学生》,是当时最受青年学生欢迎的刊物,产生了极广泛深远的影响。

叶圣陶还是一位坚强的民主战士。他向往光明,坚持真理,始终站在时代的前列。从中国共产党成立之日起,他就是党的亲密朋友,与人民同呼吸、共命运,作品中充满着深厚的爱国主义精神。

叶圣陶为人平易谦和,诚朴敦厚,表里一致,一丝不苟。他从来不说、不写一句违心的话,总勉励大家要"少说空话,多做实事"。他的品德、文章、事业、言行影响了一代又一代的作家、读者、教师、学生、编辑和出版工作者。他是中国知识分子的楷模,师表。

叶圣陶逝世于1988年2月16日,终年94岁。他的骨灰于同年 12 月 8 日安葬在江苏省吴县的水乡古镇□直。墓前有以"未厌"命名的纪念亭,左边为新建的叶圣陶纪念馆。

(据《中国现代作家传略》载商金林撰叶圣陶传略,并参考有关资料增删)

杨萱庭

(1918—2005)

　　杨萱庭,曾名春林,山东聊城人,1918 年 10 月 13 日生。书法家。1983 年 5 月被聘任为中央文史研究馆馆员。

　　杨萱庭自幻好学爱读书。年轻时,曾在聊城、济南等地任小学教员、校长等职。曾参加抗日游击队,为人民解放事业做了不少工作。新中国成立后,任职于国家建筑工程部。在抗美援朝的大潮中,被派往朝鲜战地工作,历时三个月,完成了任务,也经受了战争的锻炼。归国途中,在沈阳不幸身负重伤,经抢救脱险,历时三个月才完全康复。为此,杨萱庭受到部务会议的安慰和嘉奖。1960 年被评为部级先进工作者。1975 年调北京民族文化宫,专事书法创作。他还是孔子故里书画院名誉院长、《中国老年》杂志社顾问、山东师范大学兼职教授。2005年2月24日,杨萱庭因病在北京逝世,终年87岁。

杨萱庭6岁习字,书法造诣很深。他的书法艺术,法度谨严,力求"致广大,尽精微"。既善于用净重达23公斤的椽木特制大笔,书写高15米、宽8米的巨字,又精于蝇头小楷。其绝技为左右手同时握笔,双管齐挥,书写不同字体的书法。作品不仅字形巨细并陈,且诸体兼备。由行楷而篆隶,上溯钟鼎、甲骨,旁及诏版、权量、瓦当、玺印,撷采古人,探幽抉微,而又富于变化。他书写的"海"、"墨海腾波"、"江山如画"等字,浓淡相间,墨色氤氲,呈现一派新意。在章法上也脱出陈规,这是他为中国的书法艺术创新所作的大胆而可贵的努力。

1983年,杨萱庭受中共中央委派,为李大钊烈士书写了长达2300多字的碑文,笔力遒劲,受到时任中央领导人和社会各界广泛赞誉。还曾受中共北京市委之托,写了路友于碑文、瞿秋白碑文,为抗日英雄李竹如、朱瑞将军和一些古迹撰写碑文。他的作品曾被有关部门作为珍贵礼品赠送给朝鲜国家主席金日成、日本前首相中曾根康弘和马来西亚总理马哈蒂尔。1979年日本森本孝顺长老护送鉴真和尚坐像回国探亲时,杨萱庭受中央电视台委托,历时三个月,以小隶书写《大般若波罗密多经》近一万字,由森本孝顺长老带回日本奈良唐招提寺;后又应森本孝顺长老之请写了另一部经文。他在山东的泰山、峄山、梁山、云门山,北京的西山,四川的富乐山等地均有题字刻石,所书高15米、宽8米的"鳌"字,刻于孟子故乡山东邹县(现为邹城市)峄山主峰石壁。1990年9月,应第十一届亚运会组委会邀请,他为亚运会书写"团结、友谊、进步"六个大字,字幅高22米、宽3米,悬挂在奥林匹克体育中心,,向广大观众展示。

《人民日报》、《今日中国》、《人民中国》等全国几十家报刊,曾分别载文介绍和评论杨萱庭的书法艺术。中央电视台、山东电视台、中国新闻社和台湾《海棠风情》摄制组都拍摄过专题片,介绍他的书法艺术和个人生涯。日本电视台也拍摄了类似的电视片,在日本播映。他先后在山东、北京、日本举办过个人书法展。1991年应日本专业书法杂志之约,发表书论两篇。同年赴日本探亲,并进行书法艺术交流和讲学。1988年出版杨萱庭书法挂历,所选登13幅作品,一幅一体,堪称精品。1987年和1993年两次出版《杨萱庭书法集》,并出版由作家撰写评介其经历的《剑胆书魂》一书。

戴巍光

(1923—2012)

戴巍光,1923年生,浙江嘉善人。建国前曾任南京《和平日报》记者。新中国成立后,先后在中央侨务委员会、中国新闻社工作。1984年被聘任为中央文史研究馆馆员。

戴巍光在抗日战争初期，就读于上海的无锡国学专修学院。1942年春转入南京中央大学文史系学习。写出《诗经研究》(又名《诗三百篇研究》)一书，受到系主任赞赏。经一年半学习，大学毕业。其间，寄居于南京姐姐家，经中央大学教授李长傅介绍资料，自己跑图书馆，在半年左右时间内，写出《洪门史》一书(此书于解放后由河北人民出版社重新出版)。1945年春经李长傅等推荐，加入洪门大亚山，主编《正义杂志》。《正义杂志》每半月出版一期，主管杂志的是洪门大亚山的第二号人物中共地下党员徐楚光。在出版的几期中，有关讨论日本自华撤军的稿件，即出于徐的授意而编写。《洪门史》亦在该杂志上连载。抗日战争胜利后，徐楚光率领南京伪军起义赴苏北解放区，他曾派人邀请戴去苏北解放区工作。戴于日本投降后自办《光明周刊》。后在南京参与筹备出版《和平日报》，任记者。1946年6月到苏北解放区参观，经徐楚光介绍，参加地下工作。从苏北解放区回南京后，重进《和平日报》任政治记者。当时周恩来、董必武同志已由重庆来南京，住梅园新村。因采访需要，常去梅园新村，由发言人范长江同志接待。后来与梅益联络。

1947年3月，国共和谈破裂，中共代表团被迫从南京撤返延安。撤退前夕，梅益经戴巍光要求，与戴约定日后联系的方法及代号等。但代表团撤退后，约定的同志未找戴巍光，联系即告中断。直到1949年4月南京解放后，才跟梅益恢复联系。

　　1949年5月,戴巍光到北京,嗣入正定华北大学学习,半年后结业,到中央侨务委员会工作。1951年,曾写了《国外华侨的反美爱国运动》一书(约五六万字)。1954年,中国新闻社成立,转至该社,主要从事编辑工作,并任写作研究班教师。曾在社刊上发表数篇有关语法修辞的论文。代表作还有1958年至1959年间所写的《北京赞》(庆祝国庆10周年)、《富饶美丽的潮汕平原》(香港报纸发表时改题为《千里粤东行》)等。1958年采访粤东十多个县,写有电影剧本《诗歌的海洋》和几篇采访纪行。60年代起,利用业余时间,收集有关毛主席、周总理、董必武等同志的革命资料。"文化大革命"期间,被隔离审查,利用余暇继续学习《毛泽东选集》,并着手编写《毛选》的辞汇及各种索引。1973年1月在江西五七干校被迫退职。还京后,利用一年多时间,整理出数百万字有关毛、周、董的文献和资料,于1974年国庆节前夕,分装成两大木箱和一大包,经董必武同志介绍,亲自送至中南海传达室。1975年2月,经董必武同志介绍,被聘任为北京市文史研究馆馆员。此后,戴巍光把主要精力投入到编写《毛选》资料上,除编有百万字的《毛泽东选集辞汇索引》外,尚编有《毛选》人名、地名、历史事件、战役战例、成语等索引。除《毛泽东选集成语索引》书稿存北京文史馆外,其余均存中央文献研究室。1984年4月10日,国务院办公厅在中央统战部童小鹏同志处为他颁发了嘉奖信和奖金,信中说:"长期以来,您以热爱老一辈无产阶级革命家的精神,克服种种困难,坚持多年搜集周恩来总理的生前活动资料,并将其中一千余篇捐献给国务院。为了表彰……特发给奖金二千元。祝愿您在祖国的现代化建设中取得新的成绩。"中共中央文献研究室也在 1984 年 6 月 27 日向他颁发嘉奖信,内称:"您和您的亲属,利用业余时间……克服种种困难,收集整理了有关毛泽东、周恩来同志的大量资料,并愿把这些资料移交给我们使用。我们深表敬佩和感谢。为此,特发奖金二千元。" 2012 年 9 月 16 日,戴巍光因病在北京逝世,终年 90 岁。

戴巍光入馆后,除爱好诗词、书法外,又把主要精力投入写作《中国名胜大典》,此书写作历时十年。书中以爱国主义为主旨,尽力将风景名胜、历史人物、事件融为一体,于 1996 年完成编写工作,已于 1997 年由经济科学出版社出版。此外,还写有《汉字偏旁别裁》《草字汇新编》等书,未出版。旧体诗、词写有数千首。1990 年 6 月,中共中央党史出版社出版的《中共中央南京局》一书中,发表了他所写的署名文章《我和梅园新村》。

刘衡如

(1900—1987)

刘衡如,曾用名刘定权,四川邛崃人,1900 年 8 月 1 日生。幼年上私塾,博览古书。1921 年

8月毕业于四川陆军测量学校，任职于四川陆军测量局。1923年8月入南京内学院研究佛学及中国文学。1927年9月起，历任四川大学中国文学院、成都大学、成都师范大学及华西联合大学教授，讲文、史、哲课程。1931年又入南京内学院任研究员。1933年任重庆大学中国文学系教授。1936年刘文辉设西康建省委员会，因刘衡如通佛学和藏文，请他担任民政科长。后历任西康省政府秘书处秘书、省政府高等顾问、康定县县长等职。1945年11月又任西康省政府高等顾问。1949年11月刘文辉起义时，刘衡如曾予以协助，为联络和争取西康宗教界人士做了一些有益的工作。

1950年9月，刘衡如任康定中学教员，并继续研究佛学。1952年9月起潜心中医理论研究。1956年11月来京，专任中国佛教协会佛教编纂委员会及三时学会编辑。1958年7月受人民卫生出版社之托，开始校订古医书。1962年为国务院参事室安置人员。1985年1月被聘任为中央文史研究馆馆员。1987年1月11日病故，终年87岁。

刘衡如撰有《中国医药和阴阳五行的起源》和《试论六经血气多少之常数》等文，被收入《内经研究论丛》一书中。曾受卫生部委托，参加重要中医古籍校释本的审定工作。他整理、校勘过二三十种医书，其中对《灵枢经》、《针灸甲乙经》等经典著作，特别是对世界医学巨著《本草纲目》的校勘更为细致，为国内外医学界所注目和赞誉，并荣获"全国首届古籍整理图书一等奖"，又荣获"第一届国家图书奖提名奖"。他是新中国成立后第一个校点《本草纲目》的人，一共用了十余年时间。其校点本出版后，1980年又以80高龄，根据国内仅存的一部《本草纲目》金陵本重新校注，为此他天天赶赴中医研究院图书中心查考，直至 1986 年 11 月患肝癌躺倒；临终前仍念念不忘，实在令人敬佩。

戴晓峰

(1907—1987)

戴晓峰,亦名小峰,曾用名戴崑,戴岳,河北蠡县人,1907 年 2 月 9 日生。幼年入本村小学读书,1926 年毕业于北京京华美术专门学校,1930 年毕业于北京朝阳大学法律科。后从事税务工作。1933 年任河北省政府财政厅票照股办事员。1935 年任南京禁毒禁烟委员会军法官。抗日战争爆发后,任南京卫戍司令部军法官。不久赴甘肃,历任文县司法处主任书记官、山民县高等法院临时庭书记官、陇西县地方法院民庭书记官、兰州第八战区军法执行监部代理军法官、甘肃省政府保安处军法科代理军法官、礼县司法处审判官等职。抗日战争胜利后,任礼县地方法院代理推事。

新中国成立后, 于 1950 年任成都市文化馆板报组组长,1951 年被招聘到河北保定,任内政部荣军总校语文教员,1954年复员。次年在北京海淀区商业局基建科工地工作。1959年调海淀区沙窝小学传达室供职。1974年10月退休。1985年1月被聘任为中央文史研究馆馆员。1987年4月3日病故,终年80岁。

戴晓峰自幼酷爱书法,临过《石门颂》、《爨宝子碑》、《爨龙颜碑》、《龙门二十品》、《张猛龙碑》、《石门铭》等汉晋北魏诸碑。在北京曾向康有为求教魏碑,得益甚多。他研习书法六十余年,功底深厚,书艺精湛,笔划凝练,结体匀称,将魏碑与汉隶融为一体,自成一格。1984年,他参加北京市"振兴中华书法比赛",荣获一等奖。次年北京日报社等单位组织北京市书法作品赴日本展览,他获得日中友协会长奖。1986年,他将自书长达36尺的《琵琶行》手卷,捐献给中央文史研究馆,卷上有王森然、李苦禅、萧劳、娄师白、黄胄等十位著名书画家题跋。王森然评云:"魏碑汉隶浑然一体,真近世不可多得之书法,十分名贵。"

姜　涛

(1909—1987)

姜涛,原名作栋、海涛,号任夫,辽宁金县人,1909年1

月 22 日生于大连。6 岁入私塾,继入本县小学,1931 年毕业于沈阳东北大学附中,1937 年毕业于东北大学中文系。上大学期间,曾入梅兰芳创立的国剧学会附设国剧传习所,从事京剧艺术研究。"七七"事变后赴西安,任竞存中学武术教员。1938 年入川,历任川北盐务管理分局职员、重庆"时与潮社"干事、涪陵益辉中学语文教员。1941 年任教育部教科用书编辑委员会剧本整理组编辑。后任教育部国立编译馆社会教育组副编审五年。在此期间修改了京剧剧本数十种,其中多数已出版。他还以京剧名票友身份,经常参加公演。抗日战争胜利后回沈阳,任沈阳市教育局社会教育科科长。1948 年 4 月,改任沈阳市企业公司视察。

沈阳解放后,被分派到沈阳市教师研究班学习。1949 年 3 月分配大连市文联京剧团为团员。翌年到大连大众京剧团,曾任编导科科长、文教科科长等职。他主创的《唇亡齿寒》剧本,抗美援朝时曾在大连公演。1951 年 8 月起,先后担任大连第五、第九、第八中学教员。1954 年 7 月来京,在中国戏曲学校教文学、历史、京剧等课程,1965 年退休。1985 年 5 月被聘任为中央文史研究馆馆员。1987 年 9 月 22 日病故,终年 78 岁。

姜涛擅书画,参加过中国书画研究社、文化部老干部书画会、中山书画社、北京市书协等专业团体。他书宗二王,笔调优美流畅、潇洒自如、刚柔相济。作品曾在颐和园、中国历史博物馆、北京市某些文化馆、天安门内端门东朝房以及国内许多省、市和国外展出,获得书法界好评。他写的字还被镌刻在绍兴兰亭、郑州黄河游览区、开封翰园碑林等处,供人观赏。姜涛擅诗词,曾题诗近百首,装订成册。

宋步云

(1910—1992)

宋步云,山东潍坊人,1910年8月14日生。画家、美术教育家。

宋步云早年就读济南爱美艺术师专,"九一八事变"后,因参加爱国学生运动被校方除名。后考入北京京华美术学校,1932年转入杭州国立艺专,师从林风眠、李苦禅等名家,学习西画和国画,开始探索并研究中西合璧的艺术道路。因积极参加中共地下党组织的进步活动,受校方严密监视,被迫离开杭州艺专。1934年东渡,在东京日本大学艺术系攻油画、水彩画。留学期间,积极参加郭沫若指导的中国爱国学生演剧活动,并公开揭露日本军国主义的侵华罪行。1935年创作大型油画《流亡图》,反映了外来侵略给中国人民带来的巨大灾难。作品得到导师的赞许,被校方收藏。"七七事变"后,他毅然回国,在南昌、武汉、重庆等地从事抗日救亡工作。并在重庆参与发起组织进步社团"中华全国木刻家协会",任常务理事。期间,先后执教于重庆国立中央大学艺术系和重庆国立艺专,并被徐悲鸿先生聘为中国美术院研究员。在徐悲鸿先生的支持下从事中西画结合的艺术实践,使他在油画、水彩画、国画各个领域均有较大突破,形成鲜明的个性风格。在渝期间,他先后举办了6次个人油画、水彩画展,轰动西南画坛,成为中国早期油画、水彩画卓越的代表。徐悲鸿曾亲自为他主持画展,并将《嘉陵江夕阳》、《嘉陵江纤夫》两幅画收藏。1943年吴作人在《新蜀报》撰文,对他的画技给予高度的评价。他还将画展义卖的全部款项捐赠给抗日将士和山东灾民。

1946年应徐悲鸿之聘,与吴作人等接管并筹建国立北平艺专,任副教授,讲授水彩画课程,兼庶务主任、代理总务主任。他受命于危难,在经费极其拮据和校舍极端匮乏的艰苦环境中,四处奔走多方交涉,耗尽了心血。在国民党白色恐怖的统治下,他冒着生命危险,掩护中共地下党工作人员、传递情报。新中国诞生前夕,他受地下党组织的委托,协助徐悲鸿先生保护校产、阻止学校南迁,这就为后来中央美术学院组建奠定了基础。他同徐悲鸿、齐白石、吴作人等联合发起组织"北平美术作家协会",任常务理事。作为美术教育家,他严格治学,为我国美术事业培养了许多卓有成就的艺术人才。这一时期,他在繁重的教学、建校之余,创作了大量的油画、水彩画作品,其中珍藏于中央美术学院的油画精品《白皮松》为徐悲鸿先生亲手收藏,以为教学典范,并称赞为"杰作本天成,妙手偶得之"。北平解放后他受组织委派,参加华北革命大学第一期干训班学习,毕业后重回原单位,参加中央美术学院的组建工作,是学院创始人之一。

新中国成立后,他以极大的热情讴歌社会主义建设成就和中华山川的壮美。先后赴黄河水利工地、十三陵水库工地、铁路施工工地、公安系统、卫生战线、矿山和刘胡兰家乡体验生活，创作了《开山》、《洪峰侧流》、《喇叭河抢险》、《新社会新矿工》、《生的伟大死的光荣》、《英勇就义》等十余幅大型油画和《晚霞》、《卢沟早春》等水彩画以及大量的宣传画。1958年，他在担任人民大会堂宁夏厅的总设计师和美术顾问期间，为完成设计任务，远足西北，留下大量的写生作品。60年代初，受国防部、总参谋部之聘，创作了数套大型国防、防空挂图。同期，受全国科学普及协会之邀深入科技战线体验生活，数年间，为《科学普及》、《知识就是力量》、《科学大众》等刊物创作了大量的油画、水彩画和绘制封面、插图，其中已发表的就有一百余幅。1985年5月被聘任为中央文史研究馆馆员。他还是中央美术学院教授，中国美术家协会会员，北京美术家协会会员，中国老年书画研究会和北京诗词学会顾问，中国老人文化交流促进会、中山书画社和北京东城书画协会理事等。

80年代初，他虽身患癌症，仍不辞辛苦，以惊人的毅力再次遍历中华名山大川，推出许多宏篇巨制和大批水彩画、国画作品。先后为山东省人民政府、中央文史研究馆等单位创作巨幅国画《长白山天池》、《多寿图》、《万寿图》、《硕果迎宾》。还应邀为中南海、毛主席纪念堂、北京市政协、徐悲鸿纪念馆等许多单位作画。宋步云先生以老健的笔法所作的"蟠桃图"，淋漓尽致地表现了他对生活的深入理解和绘画语言的独特把握，在国内外享有盛誉，而得"桃圣"雅号。他的许多作品成为我国外交、国事工作中的珍贵礼品。1987年—1991年在北京、山东等地举办"宋步云艺术活动六十周年"巡回展。1990 年在家乡潍坊市建立了宋步云艺术馆。1991 年他的《多寿图》被邓小平同志选中,作为精制贺年卡片赠送给外国国家元首,邓小平同志还将自己的名片和以《多寿图》印制的贺卡送给了宋步云。同年出版大型画集《宋步云画集》。1992 年 3 月 7 日,宋步云病逝,终年 82 岁。

为了纪念宋步云先生诞辰九十周年及艺术成就,由中国美术家协会等五单位于 2000 年 9 月 26 日—10 月 1 日在北京中国美术馆联合举办了《宋步云先生诞辰九十周年艺术大展》,参展作品包括油画、水彩画、国画 160 余幅。同期,五单位联合在北京国际艺苑沙龙召开了《宋步云先生艺术研讨会》,数十位美术界专家、史学家到会。与会者高度评价了宋步云先生在艺术上的杰出成就和为美术事业做出的突出贡献,以及在逆境中自强不息的精神。

宋步云在七十余年艺术生涯中深深扎根于中华优秀文化传统的沃土中。他以"我有我法","笔墨当随时代"的艺术观,循着"造化为师"的创作道路,以顽强的意志探索中西艺术融合,成为艺贯中西的美术家。他的油画注重印象派的视觉感受与神韵,讲究笔触和色彩的对比、冷暖关系的变化,在构图和立意上兼传中国传统艺术的情调与趣味,蕴含着浑厚质朴的古典美,又洋溢着充沛的时代精神,显示其油画的精深造诣。他的水彩画个性鲜明,功力深厚,具有强烈的视觉冲击力。运用国画特有的留白、写意,油画隐形勾勒,在虚与实、简与繁、静与动、色彩与色彩的对比映衬之中产生不同凡响的艺术效果,使原本西画的水彩画充满东方艺术的神韵，表现出大家风范。他的国画作品气势恢宏，意韵深邃，笔力雄健，恣意洒脱，讲究造型，不失精神。在继承传统精华的同时，把西画的造型手法和丰富亮丽的色彩引入传统绘画，并巧妙地将西画的对景写生与传统绘画写印象、写感觉的方法结合在一起，为探索创新中国画表现力开创了一条新途径。他以独创的艺术语言丰富、充实、发展了传统绘画，成就卓然。

溥松窗

(1913—1991)

溥松窗，本名爱新觉罗·溥佺，笔名雪溪、尧仙、健斋，北京人，满族，1913 年 11 月 22 日生。书画艺术家、教育家。

溥松窗幼年读私塾，15 岁继承家学习画。1928 年入松风画会。1936 年参加中国画学研究会。同年被聘为辅仁大学美术系讲师，教授国画山水，直至 1952 年该校并入他校。同时曾兼任北平国立艺专讲师、教授，北京大学美术补习班教授。新中国成立后，参加北京新国画研究会。1953 年加入北京中国画研究会并任执行委员和秘书处主任，

1955年被选为理事。次年参加中国美术家协会。1958年被聘为北京中国画院(后改为北京画院)画师,1988年被评为一级美术师,先后在北京、天津一些师范、艺术院校讲授国画。1985年6月被聘任为中央文史研究馆馆员。他是九三学社成员,北京市第七、八、九届人大代表,北京美术家协会、北京书法研究会、中国书法家协会会员,中山书画社顾问和创作委员会副主任,中国老年书画研究会理事等。1991年3月19日逝世,终年78岁。

几十年来,特别是新中国成立后,溥松窗潜心绘事,推陈出新,取得了丰硕成果。建国之初,为了表达对新社会的喜悦和对领袖的崇敬之情,他创作或与齐白石、陈半丁、叶恭绰、启功等合作了多幅作品敬献给毛泽东主席,见于《毛泽东故居藏书画家赠品集》和《中南海珍藏画集》。他积极参加为抗美援朝而举办的书画义卖。1956年应解放军总政治部文化部邀请,同一些画家沿着红军长征的路线写生,跋山涉水,历尽艰辛,用三个月时间与徐燕荪、王雪涛等集体创作了《长征手卷》。他的作品如《韶山》、《延安》、《二郎山》、《井岗山》、《大渡桥横铁索寒》、《珠窝口的傍晚》、《江南春色》、《黄山》、《桂林山水》等均受到名家的赞誉。人民大会堂的几个大厅里也挂有他的大幅杰作,如《风竹》、《苍松劲挺万壑争流》、《台湾风光》、《六盘山》及与颜地合作的《长城》等。《万马图》、《千骏图》更是他一生心血的结晶。他的许多作品为国内外博物馆珍藏或被国家领导人当作厚礼赠送友邦首脑。

粉碎“四人帮”后,他的创作热情空前高涨,除应邀到各大专院校讲课和参加必要的社会活动外，几乎终日伏案作画，手不停挥，各种展览会上都有他的新作，钓鱼台国宾馆、北京饭店、京西宾馆等处都留有他的墨宝。他热心公益，为抢救大熊猫，为"修我长城，爱我中华"多次挥毫，一再为亚运会和大型体育场、馆赠画。所有这些，充分表达了一位艺术家对社会主义祖国的热爱。

溥松窗的绘画艺术不仅蜚声国内，在海外也享有盛誉。他的德国学生白里生(德日友协主席)根据先生所授技法，著有《中国画艺之技术》一书，以英、德两国文字刊行。他的英国学生达拉弟曾将所藏溥松窗的画在英国伯明翰展出，之后移至伦敦维多利亚博物馆陈列。他曾应邀赴香港、德国交流画艺，他的作品多次在日本、加拿大展出。

溥松窗苦心耕耘几十年，培养了大批绘画人材。在他的悉心指点下，爱新觉罗家族中涌现出一批书画能手。向他求教的不仅有国内的大专教师、社会青年，还有英、法、德、比、荷、印度等外国朋友。

溥松窗一生不断向美术高峰攀登，他画艺精深，格调豪迈，造型准确，形象生动，在继承中国画传统技法的基础上，创作了大量符合时代潮流的艺术珍品，为后人留下了宝贵的精神财富。著有《山水画法全图》。

侯及名

(1920—2003)

　　侯及名,字友墨,号云谷,河北临榆人,1920 年 6 月 25 日生。国画家。1985 年 6 月被聘任为中央文史研究馆馆员。

　　侯及名幼年随父到辽宁,1939 年在沈阳第一高中毕业。翌年考入北京中国大学文学院国文系,1944 年毕业。继入该院史学研究所,1946 年毕业,获硕士学位,留校任讲师。同年考入交通铁道学院铁道管理系。毕业后,历任丰台列车段车长,北平西站运转副站长,平津铁路局调度员等职。

　　新中国成立后,在天津路局、北京铁路局任客车调度员、客运员,1982 年退休。他还是中国美术家协会会员,中国书法家协会会员,中国老年书画会会员,京华书画会会长,北京中国画研究会理事,中国扇子艺术学会副会长,中国大学校友书画会副会长,中国铁路老年书画研究会理事兼艺术顾问,北京市东城区书画学会常务理事、副秘书长。他曾应国务院办公厅老干部活动中心国画学习班、铁道部老年大学、中央文史研究馆国画学习班等之聘,担任国画导师,讲授梅、兰、竹、菊、松五种绘画技法。2003 年 5 月 26 日,侯及名因病在北京逝世,享年 83 岁。

　　侯及名自幼酷爱美术，他的母亲精于女红和绘画，他深受熏陶。入私塾后又从师习书画，为以后的发展奠定了初步基础。弱冠之年，听过书画名门邓以蛰教授讲中国花纹艺术及书法、篆刻，深得教益。后又师胡佩衡画山水，师邵逸轩画写意花鸟，师李鹤筹画工笔花鸟，从徐燕孙学习人物画。由于对各种流派、技法都作过尝试，深入研习，博采众长，历数十年苦耕不辍，因而在山水、人物、花鸟和书法、篆刻等方面都能自我成章，挥洒自如。其创作态度严谨，笔墨功底深厚，画风拙朴而耐人揣摩，工致而不失简洁，凝重而内蕴明丽，具有独特风格，深得国画界好评。

　　新中国为他的创作提供了广阔天地，他的画中凝结着民族精神与时代气息。1952年在北京王府井和平画店举办个人画展。1953年毛泽东60华诞，他创作国画"人寿年丰"敬献毛主席，已收入《毛泽东珍藏名家画集》。1954年在北京北海画舫斋与郭味蕖举办联合画展。参加了由彭德怀元帅组织的红军长征路线组画的创作。60年代为北京莫斯科餐厅作丈二巨幅唐花坞。70年代作《水库之春》由荣宝斋水印出版。因工作关系，曾多年往返长城脚下，创作了一幅东起榆关、中经黄崖关、居庸关、八达岭、黄花峪、浮图峪、娘子关的数十米长的《长城万里图卷》，开山水写生长卷的先河，得裴文中、俞平伯、陈叔亮等学者、书画家题耑和史学家顾颉刚长跋两千余言赞许和鼓励。还曾主持青龙桥詹天佑先生纪念馆、福建省林祥谦烈士纪念馆的陈列布置工作。自入中央文史研究馆以来，多次参加本馆组织的赴外地写生活动，游览了名山大川，开阔了眼界，成果累累。其作品被中南海、毛主席纪念堂、中共中央统战部、中央文史研究馆、首都宾馆、北京图书馆、北京饭店、民族文化宫、中国人民革命博物馆等单位收藏。许多作品为欧美、日本等国收藏。又多次参加全国性和一些省市的美展。一些作品在报刊杂志上如《北京日报》、《农民报》、《中国妇女报》、《中国老年报》、《中国文物报》、《中国法制报》、《工人日报》、《北京晚报》以及安徽、福建、湖南、内蒙古等地文史馆馆刊登载，并选入多种画册，荣获各种奖状、纪念册、纪念金币、荣誉证书。1988 年中国国际广播电台曾专题采访，用英语向世界播送，1991 年北京电视台以《只研朱墨作春山》为题在《大观园》节目中介绍他的事迹，1999 年，又在《缤纷家园》节目中介绍他的成就。

他还常为重大纪念活动、公益事业和体育运动捐献书画，如为中国人民抗日战争胜利 50 周年，为中国人民解放军建军 60 周年，为修复长城，为抢救大熊猫，为老山前线残疾军人，为中日会馆筹建，为白求恩陵园，为合肥包公墓，为曲阜博物馆，为亚运会，为香港、澳门回归等赠献书画作品。

1991 年随中央文史研究馆代表团赴香港举办馆员书画展，他以《幽涧流泉云峰叠嶂》等四幅作品参展。在 1982 年北京和东京联合举办的大型书画展中，他的一幅以水仙和梅花为题材的《迎春》国画被中外观众视为珍品竞相争购。

侯及名早年著有汉代经学和官制等史学论文。近年著有《蓟门印谱》、《干支印谱》、《蓟门画谱》、《寿世画宝》。《寿世画宝》专事介绍梅、兰、竹、菊、松的画法，是特供老年人学画的教材，已由人民教育出版社出版，受到老年人的称赞。

洪彦林

(1918—1990)

　　洪彦林,浙江瑞安人,1918年7月生。祖父洪炳文,是晚清文坛名家,受其影响,洪彦林少时喜读文史。

　　洪彦林青年时期投身革命工作。1936年参加温州学生抗日救亡活动,为学生领袖之一,曾遭国民党当局拘捕。1937年在延安陕北公学学习,次年加入中国共产党。历任中共中央党报委员会、中共中央组织部、中共中央西北局科员,中共河南省宜阳县委,中共山东省临沂县委副书记,中共中央华东局秘书处政务秘书等职。

　　新中国成立后,历任中共旅大区委党校副校长,中共中央东北局理论宣传处副处长,中共中央宣传部《宣传通讯》主编,中共中央宣传部新闻出版处副处长,上海《解放日报》编委,中国科学院社会科学情报室副主任兼领导小组组长,文化部国际文献研究所革命领导小组组长等职。1979年调中共中央纪律检查委员会教育室,任副主任级研究员。1985年7月被聘任为中央文史研究馆馆员。1990年10月10日逝世,终年72岁。

　　洪彦林在革命和建设时期立场坚定,爱憎分明,努力学习马列主义、毛泽东思想,工作兢兢业业,克尽职守,关心群众,作风正派,清正廉洁,表现了一个老共产党员的高风亮节和坦荡胸怀。

洪彦林除主编中共中央宣传部党刊《宣传通讯》5 年外,还曾主编《外国学术译丛》6 年。著有《旅大概述》(含译文)、《旅大农村调查》、《怎样作工作总结》(香港曾翻印,日本有译本)、《调查统计与工作业务》、《调查研究与工作总结》、《论调查研究》等。还发表过《马恩列斯论党性党风党纪》等文章。

孙天牧

(1911—2010)

孙天牧,又名家骧,山东莱阳人,1911 年 4 月 18 日生。北派山水画家。1985 年 11 月被聘任为中央文史研究馆馆员。

孙天牧是中央文史研究馆馆员、书法家孙墨佛长子,自幼受家庭影响,酷爱书画。1927 年入开封两河中学读书,两年后转入开封河南艺术学校。1930 年就读于北平华北大学艺术系,攻国画,受业于于非闇、赵梦朱、李苦禅等教授。1933 年毕业后回原籍。1938 年起,在天津师从陈少梅研习北派山水画多年。1948年曾在徐州举办画展。1953年加入北京中国画研究会。先后应聘为沈阳博物馆、北京荣宝斋、故宫博物院等单位复制古画。1958年到太原山西艺术学院任教，不久因病辞职。1960年到吉林省艺术学院国画系任教，后任教授，于1975年退休。他是中国美术家协会会员、济南孙墨佛孙天牧父子书画馆名誉馆长。入馆后，孙天牧不仅继续致力于北派山水画的传承与创新，更积极参加中央文史研究馆组织的各项活动，向社会无私捐赠了大量作品。2006年被中华慈善总会授予"慈善美术家"荣誉称号。2010年9月26日，孙天牧因病在北京逝世，终年100岁。

孙天牧对传统山水画法具有渊博的知识和深厚的功力，尤精于北派山水，被誉为北宗山水画派的传人。他临摹的古画，几可乱真。宋董源《夏景山口待渡图》、王晋卿《渔村小雪图》、赵伯驹《江山秋色图》、李成《寒鸦图》、元赵子昂《秋郊饮马图》以及唐宋元各名家山水画册等都有他的复制品，分别为北京故宫博物院及沈阳博物馆收藏，并替代原画展出。1990年出版了《孙天牧北派山水画谱》。1992年3月在青岛举办了孙天牧北派山水画展，其中既有他的近期作品，又有早年仿古之作，从中可以欣赏到北派山水各种不同的风格。这些优良的传统技法今天已鲜为人知，幸而在孙天牧笔下得到继承和发扬，这是他对我国绘画艺术的一大贡献。

2004年8月，中央文史研究馆和中国美术家协会在中国美术馆为其举办了"孙天牧先生绘画生涯80周年作品展"。2010年5月，中央文史研究馆再次会同中国美术家协会、全国政协天津市委员会等在北京画院美术馆为其

举办了"化古开今——期颐老人孙天牧作品展"。先后出版
了《孙天牧画集》、《孙墨佛、孙天牧父子书画馆藏品集》等，
中央电视台等多次进行了专题报道。

萧　劳

(1896—1996)

　　萧劳，原名禀原，字钟美、
重梅，号萧斋，晚号善亡翁。祖
籍广东梅县，寄籍河南开封。
1896 年 11 月 12 日生。诗人、书法家。1986 年 3 月被聘任
为中央文史研究馆馆员。

　　萧劳出生于一个诗书世家，祖父萧承恺酷爱诗词，并
有诗集传世。父亲萧亮飞于清末民初以诗、书享誉开封。萧
劳自幼从父习诗文、书法，13 岁开始做诗，弱冠之年即小
有名气。1916 年入北京大学中文系，从黄节、黄侃、吴梅等
国学名师受业，与邓中夏、许德珩同班。"五四"运动爆发
时，他参加了学生游行和火烧赵家楼的壮举。1920 年北大
毕业，获文学士学位。嗣后历任江苏督军署秘书、苏皖赣巡
阅使署一等秘书、镇江烟酒税务局局长、苏州烟酒公卖局
局长、河北省政府民政厅秘书。1926 年起先后出任遵化、
昌黎等县县长。1929 年在昌黎县长任上，大力禁绝贩毒吸

毒,对几家暗中贩毒的日本洋行毫不客气,下令将串乡贩毒的日本浪人抓起来法办。其间,山海关驻屯军司令曾带数十名士兵前来兴师问罪,萧劳无所畏惧,据理力争,令对方悻悻而退。不仅如此,他还通过天津《盖世报》以图文并茂方式,公开揭露日商贩毒行径,获得公众支持。1936年萧劳应河南省主席商震之请,赴开封出任省政府主任秘书。抗日战争爆发后,豫北一带拟坚壁清野,省政府通令各县烧掉仓库存粮。萧劳力排众议,指出:正值荒年歉收,与其烧粮,莫如放粮于民,非但令敌无所获,且可苏息民困而振奋人心。几经强谏,他的主张终于得以实施。1939年入中央银行,历任国库局主任、专员、北京分行副理等职。

新中国成立后赋闲,居家奉母,惟诗词、书法日耕不辍。50年代初,他与张伯驹、郑诵先等发起成立北京中国书画研究社,在国内外多次举办展览。1980年起为北京市崇文区政协委员、常委。1984年加入中国国民党革命委员会,任团结委员。他还是中国书法家协会名誉理事、中国书画研究社社长、中国诗词学会顾问、中山书画社副社长、中国书画函授大学名誉教授。1996年3月12日逝世,终年100岁。

萧劳书法初学石鼓文、颜字,后精研唐褚遂良《雁塔圣教序》、李北海《云麾将军李思训碑》,融褚书之刚劲及李书之秀拔为一炉,逐渐形成自家风格。中年,寻诸名书,涉猎汉魏,出入晋唐,博采众长,专善行草,其书法艺术婉约秀峻,飘逸出尘。尤其是在80岁后竟能致力榜书,于褚书瘦硬清峻中揉入颜书的沉雄浑厚,使之骨肉兼备,典雅而大方,信手拈来,每臻化境。其作品曾参加国内外历次重要书

法展览,亦曾多次赴日本展出,受到书坛高度赞誉,并收入
《全国文史研究馆馆员书画作品选》等多种大型书画集,被
许多博物馆、图书馆和国内外书法爱好者作为珍品收藏。

　　萧劳以书法名于世,其实他在诗词曲创作方面的成就
远高于书法。他是伴诗生活,年近期颐而吟兴未衰。古稀之
前,萧劳诗词曲所存已达四千余首。然而"文革"之中,数
十年的心血焚于一旦。"文革"之后,他一边吟赋新篇,一边
将焚弃旧稿重加省忆,实在记不全的就重新续尾成篇。著
有《萧劳诗词曲选》、《弃余集》、《草间集》、《北征草》、《震余
集》、《萧劳诗词曲弃余集》和《萧劳诗联自书墨迹》等,包括
诗词曲三千余首。

　　　　　(据路东之、秦时月撰《洁身自好,百岁诗翁——记著名诗
　　人、书法家萧劳》一文并参阅有关资料增删)

张秀龄

(1914—2000)

　　张秀龄,女,又名兰龄,河
北唐山人,1914 年 12 月 24 日
生。国画家。

　　张秀龄 1940 年 8 月毕业于国立北平艺术专科学校西
画系,后留校任助教,并师从齐白石、黄宾虹等研习中国画,

攻写意。1947年任国立长白师范学院工艺美术系讲师。

新中国成立后,长白师院并入设在东北的鲁迅艺术学院。张秀龄曾接到鲁艺的副教授聘书,但因其丈夫冯家昇(著名历史学家)调中国科学院考古研究所工作,身体欠佳,需人照料饮食起居,所以没有应聘去鲁艺。此后,她一边在家作画,一边照顾丈夫,支持他的事业,帮助他整理一些历史文献和考古文物。冯家昇编著的《火药的发明和西传》、《辽金元史》、《棉花纺织发明者黄道婆》等几部书,均由张秀龄作插图和封面。1954年参加九三学社。1986年5月被聘任为中央文史研究馆馆员。她是北京国画研究会会员、中国书画会会员。2000年2月17日逝世,终年86岁。

张秀龄早年从齐白石习画,谨遵师法,其水墨虾蟹及花鸟小品皆有白石老人遗风。白石老人在她作的群虾图上题曰"学我画虾者秀龄最善",又在另一幅《牵牛花图》上题曰:"秀龄弟子画,白石老人喜其能事,题记之。"她的作品多次参加全国大型画展,建国前,曾在中日绘画联展中获特等奖;1990年《牵牛花图》收入《全国文史馆馆员书画作品选》等大型书画集;还有一些作品常见于报章杂志,均获得好评。"文革"期间,她在丈夫被迫害致死,唯一的儿子患精神分裂症自杀的逆境中,忍受着巨大的悲痛,仍奋发进取。她到了耄耋之年,不顾体弱多病,为有志报考美术专业和准备出国深造的学生辅导美术课,这种不断奉献的精神,殊堪称赞。

张秀龄撰有《齐白石技法》。1998年出版的《张秀龄画册》,收录了她一生的主要代表作。

萧 乾

(1910—1999)

萧乾,蒙族,原名萧炳乾,北京人,1910 年 1 月 27 日生,记者、作家、杰出的文学翻译家。曾任中央文史研究馆第五任馆长,第七、八、九届全国政协常委。

萧乾自幼半工半读,织过地毯,送过牛奶,在北新书局学徒时,开始接触文艺。1926 年因参加北京崇实中学的 C·Y(共青团)组织而被捕,不久由学校保释。后化名萧若萍到广东汕头, 在角石中学任国文教员。1933 年开始在《水星》、《国闻周报》及《大公报》文艺版上发表小说。1935 年毕业于燕京大学后,先后主编天津、上海、香港等地的《大公报》文艺版兼旅行记者。1939 至 1942 年,任英国伦敦大学东方学院讲师兼《大公报》驻英特派员。1942 至 1944 年为剑桥大学英国文学系研究生。1944 年后任《大公报》驻英特派员兼战地记者。1946 至 1948 年,负责上海《大公报》国际问题社评兼复旦大学教授。1948 至 1949 年间参加香港《大公报》起义,并协助中共地下党英文刊物《中国》文摘的编译工作。

新中国成立后, 萧乾任英文《人民中国》副总编辑。1951 年加入中国民主同盟。1953 至 1955 年任《译文》编委及编辑部副主任。1956年下半年至1958年任《文艺报》副总编辑。1961年6月调人民文学出版社任编辑。1980年起任该社顾问。在1957年的反右运动中，被错打成右派，下放唐山柏各庄农场监督劳动。1964年，文化部党组宣布为他"摘帽"。十年浩劫中，又被揪斗、抄家、扫地出门，并株连家人，蒙受残酷迫害。1969年9月，下放湖北咸宁文化部"五七干校"劳动。党的十一届三中全会后，为他彻底平反，确认"右派分子"实属错划，恢复名誉。至此，他被剥夺写作权利达23年之久。1986年7月被聘任为中央文史研究馆副馆长，1989年4月任馆长。他是中国作家协会理事，中国翻译家协会理事，全国政协第五、六、九届委员，第七、八届常委，民盟中央第五、六届常委，民盟中央参议委员会常委、副主任等。1999年2月11日逝世，终年89岁。

萧乾是第二次世界大战期间我国最早在西欧进行采访的战地记者。从1939年起，他旅英7年。其间，1944至1945年，在西欧战场任随军记者，为《大公报》写报道。他冒着战火硝烟，随英军几渡英吉利海峡，随美军挺进莱茵河。联军攻入柏林后，作为第一批进入柏林采访的记者，他深入到希特勒的元首府，亲眼看见了第三帝国的崩溃。战后，他曾采访了联合国成立大会、波茨坦会议和纽伦堡战犯审判，经历了许多重大的历史场面。他根据自己的耳闻目睹，写了《到莱茵前线去》、《南德的暮秋》等大量战地报道，愤怒地控诉希特勒的法西斯暴行，热情讴歌欧洲人民反法西斯的英雄业绩，给了当时坚持抗战的中国军民以很大的鼓舞。1995年中国作家协会授予他"抗战胜利老作家纪念牌"。

　　萧乾有着强烈的爱国情感和民族意识。1949年,萧乾在香港,站在人生之旅的十字路口,面临着重大抉择:是留在海外,还是回国?当时,母校英国剑桥大学要成立中文系,系主任何伦教授亲自到香港邀请他去讲授现代中国文学课,允诺负担他全家去英国的路费,答应给他终身职位。几位朋友也力劝他留在香港工作。萧乾怀着一颗赤子之心,决定回国。8月,毅然携家人登上"华安轮",随中共地下党的同志离港北上,于开国大典前夕到达北平,当即参加了新闻总署国际新闻局的筹备工作。这位"未带地图的旅人"之所以不曾迷路,是因为他在人生的旅途上带了另一种地图:民族的意识与情感。

　　新中国成立后,萧乾用他手中的笔讴歌社会主义祖国,向国内外读者介绍这一片新气象。特别值得提出的,是他关于土地改革运动的报道。1951年初,萧乾赴湖南岳阳参加土改及新闻采访。他遍访了山乡村寨,生平第一次走到农民中间,看到翻身农民成为土地的主人、国家的主人以后的欢乐和自豪,他感到从来未有过的喜悦,写下了许多描述土改过程的通讯、特写。1951年3月1日,他的长篇通讯《在土地改革中学习》在《人民日报》发表,毛主席读后非常推重,当即写信给胡乔木,郑重推荐此文,称赞"写得很好,请为广播,发各地登载,并可出单行本。"他在土改中所写的系列文章,于同年合辑为大型报告文学集《土地回老家》。此书连载于英、俄文版的《人民中国》,后陆续被译成日、法、德、波、印尼、缅甸等十一种文字出版,向世界展示了一个东方大国正在发生的史无前例的巨变。他拍摄的土改中农民烧毁地契的照片，成为珍贵的历史资料。作为蒙族作家，萧乾于1956年访问了内蒙古，他看到自己祖先栖居过的草原建起了新兴的城市，本族人民劳动热情空前高涨，兴奋万分，便写出了《草原即景》、《万里赶羊》、《时代正在草原上飞跃》等脍炙人口的特写文章，其中发表在《人民日报》上的《万里赶羊》一篇最为动人，在读者中引起了强烈反响，许多人纷纷投书《人民日报》，畅谈他们阅读后所受到的教育。

　　萧乾是一位成绩卓著的中外文化交流的使者。早在30年代，他就协助老师斯诺编译过《活的中国》，把真正优秀的中国文艺作品介绍到国外。1939至1946年旅英期间，他曾出版《千弦琴》、《中国并非华夏》等英文著作五种。1948年他在香港秘密参与的英文版《中国文摘》，也是个对外宣传的刊物。新中国诞生初期，他编辑《人民中国》，向海外读者介绍中国的巨变。到了50年代中期，曾从事外国文学翻译，先后译有《好兵帅克》(捷克)、《大伟人江奈生·魏尔德传》(英国)、《莎士比亚戏剧故事集》(英国)、《里柯克小品选》(加拿大)。粉碎"四人帮"后，又译有《培尔·金特》(挪威)、《里柯克幽默小品选》等。由于他出色的翻译及为介绍挪威文化所作的努力，获挪威王国政府勋章，他是中国第一个获此殊荣的人。他还与张梦麟等合译了《屠场》(美国)，与李从弼合译了《弃儿汤姆·琼斯的历史》(英国)，参加了《战争风云》、《拿破仑论》等书的翻译工作。1990年，80高龄的萧乾和夫人文洁若应南京译林出版社之约，着手翻译英国著名小说家詹姆斯·乔伊斯的《尤利西斯》。

经过四年多的艰辛耕耘,付出了巨大的心力,才将这部世界巨著联袂翻译出来,献给中国的广大读者。荣获中国作家协会中外文学交流委员会授予的"彩虹翻译奖"和国家新闻出版署颁发的第二届全国优秀外国文学图书一等奖。

萧乾作为一名在海内外享有盛誉的文化人,复出于文坛后,与外界的接触频繁,曾多次出访欧美及东南亚。1979年8月,应美国爱荷华大学"国际作家写作计划"主持人聂华苓夫妇邀请,赴美参加中外文学交流活动,并被邀请到美国耶鲁、哈佛、康乃尔、威斯康星等大学作巡回讲学。12月25日离美抵港,在香港大学作公开讲演,讲题为《新闻与文学的关系》。1980年1月初在中文大学讲演《美国观感》,并与香港文化界人士座谈。1983年8月30日至10月17日再度应邀去美国,在爱荷华大学任客座教授,后赴北爱荷华大学、加州大学圣迭戈分校、戈里涅尔学院、克奥学院等作公开讲演。1984年8月4日至10月1日,应邀赴西德、挪威和英国。在挪威奥斯陆受国王奥拉夫五世接见,在奥斯陆大学和易卜生的故乡希思作公开讲演《易卜生在中国》。在英国参加中国文学家年会,做了关于中国报告文学的演讲。1983年1月应邀赴新加坡,参加第一届国际华文文艺营。1985年1月参加第二届文艺营活动,并担任第二届金狮奖评委(报导文学部分)。1986年8月赴伦敦,参加中英合拍电视片《萧乾重访英伦》。9月应邀赴美国纽约大学讲学。12月下旬应邀赴香港中文大学,为1986—1987年度黄林秀莲访问学人。1987年1月下旬赴香港大学讲学。1988年赴汉城参加国际笔会第五十二次代表大会。1990 年被聘为美国诺伊斯塔特"国际文学奖"年度评委。同年 3 月 31 日,加拿大驻华使馆举行招待会祝贺萧乾所译《里柯克幽默小品选》出版。

在新的历史时期,萧乾用一种拼搏的姿态夺回被耽误的时间,在经过长期沉默而又重握笔杆的作家中,他的确是很勤勉的一位,创作成果之丰硕,令人吃惊。先后出版了《红毛长谈》、《负笈剑桥》、《北京城杂忆》、《搬家史》、《未带地图的旅人》、《这十年》、《一本褪色的相册》、《西欧战场特写选》、《八十自省》等十几部新书,几乎年年都有新作问世。他的不少著作,被译成英、法、日文向国外发行。四川人民出版社将他过去所写的小说、散文、特写和文论编成 4 卷《萧乾选集》。台湾商务印书馆又于 1992 年刊行了 6 卷《萧乾选集》。1988 年,他曾获中国作家协会"新时期散文荣誉奖"。1990 年被评为全国民族团结进步先进个人。1992 年中国现代文学馆、中央文史研究馆、中国现代文学研究中心(台湾)等七单位,在北京历史博物馆联合主办了萧乾文学生涯 60 年展览。

萧乾自担任中央文史研究馆馆长以来,对馆务工作,认真筹划,积极提出建设性意见,经常参加馆里的重要活动,还多次出席全国和部分省、市、自治区文史研究馆工作会议、经验交流会、研讨会以及馆员书画作品展览活动,并多次发表讲话,为团结老年知识分子、发挥馆员专长、弘扬民族文化、继承祖国文化遗产起到了有力的促进作用。特别值得一提的是由他倡导并担任主编的大型《新编文史笔记》丛书,全套共 50 册,约 600 万字,已于 1994 年底全部出版,港台版也已面世,算得上是各文史馆的一大盛事。这套丛书汇集了全国二千多位文史馆馆员以及馆外一些耆宿名流亲闻、亲见、亲历的轶事掌故、琐闻杂记,都是弥足珍贵的史料,出版后,受到广大读者的好评,并荣获1993年度中国图书奖。去世前几年,萧乾虽在病榻上,但仍笔耕不止。1999年底《萧乾文集》(10卷)由浙江文艺出版社出版。2000年1月27日,朱镕基总理为祝贺萧乾90寿辰(虚岁)和《萧乾文集》出版,在百忙中,亲自致信萧乾,信中说:"感谢您赠我全套《萧乾文集》。先生毕生勤奋,耕耘文坛,著作等身,为中国之文学、新闻、编译事业作出宝贵贡献。我在中学时期,先生就是我的文学启蒙人之一,受益匪浅。深望保重身体,永葆艺术青春,共同进入二十一世纪。"

　　萧乾的一生是坎坷的,但他的心始终和祖国联系在一起,在他身上充分体现了老一代知识分子热爱祖国、追求真理、无私奉献的精神风貌。作为记者、作家、文学翻译家,他为社会作出了卓越的贡献,受到人们的爱戴和尊重。

吴　空

(1930—2013)

　　吴空,原名韩弼,原籍北京。1930年3月31日出生在天津的一个书香门第家庭。曾任国务院参事室副主任兼中央文史研究馆副馆长。

吴空之父韩慎先，别号夏山楼主，是著名的文物收藏家和鉴赏家，也是著名的谭派京剧票友。吴空自幼受家庭熏陶，对古典文史有着浓厚的兴趣。就读于天津耀华学校时，阅读了不少进步书籍，参加了进步活动，走上革命的道路。1946年1月，加入中国共产党的外围组织——民青。1947年底，加入中国共产党，并于1948年3月担任学校中共地下党支部副书记。同年9月赴解放区平山华北局党校学习，12月分配到华北财委工作。1949年3月进入北平。以后华北财委与中央财经工作部合并，成立中央财经委员会，他在财委秘书处管理档案。1952年被任命为档案资料室副主任。逾年中财委撤销，又调到政务院秘书厅任档案科副科长、科长。他在档案工作岗位上先后十余年，由于肯钻研业务，创造了一些先进的管理办法，受到国家档案局的重视，并在人民大学档案系讲过几次课。在这十几年中，曾参加每年人民代表大会提案工作，国庆节、五一节群众游行的组织工作等。1963年被调到国务院秘书厅办公室从事秘书工作。

"文革"初期，被抽调到中央机关接待委员会，担任办公室主任，先后做红卫兵串联和上访群众的生活接待工作。1968年，被列为审查对象，受到无端迫害，下放到"五七干校"劳动。

1974年调入故宫博物院，开始在业务部门协助工作。粉碎"四人帮"后担任研究室主任，1982年任院办公室主任。其间,开始注意对文物、古建及宫廷历史的学习与研究。他在研究室的工作主要是为老专家配好助手,抓编辑出版,并着手恢复《故宫博物院院刊》,以后又与香港合作,出版了《紫禁城》杂志,使故宫成为全国博物馆系统唯一拥有两个定期刊物的单位。他还主编了《清代帝后生活》画册,由旅游出版社出版。

鉴于当时国内出版力量不够,出版周期长等原因,他针对故宫藏品特点,积极策划与海外合作出版项目。1980年,组织了美国翁万戈先生与故宫杨伯达先生合编的《故宫博物院》(英文版)的出版,使故宫第一次以大型的出版物打入海外市场。以后又和香港商务印书馆合作,先后策划出版了《紫禁城宫殿》、《国宝》、《清代宫廷生活》等三部大型画册。这三部画册的发行受到海内外的重视,也是故宫博物院有史以来出版的最精美的大型画册。

1983年,又调回国务院办公厅秘书局。期间,他除完成本职工作外,仍然坚持对古文物和历史的学习和研究,并利用出国机会,参观了日本东京、京都、奈良、名古屋等博物馆、英国的大英博物馆、法国的卢浮宫等,收益很大。在国务院办公厅工作期间,利用业余时间,写出了《关于中南海北区的历史沿革》稿,后印发供国务院领导和各单位参考。特别是关于紫光阁的历史沿革部分成为国务院领导同志向外宾介绍的重要参考资料。

1985年末,被任命为国务院参事室副主任,翌年兼任中央文史研究馆副馆长。1987年,受国务院和中央统战部委托,他先后走访了江苏、上海、广东、陕西、湖南等十余个省市,摸清了参事室和文史馆的基本情况,积累了相当多的资料。在调研基础上,参事室和文史研究馆代国务院起草了两个文件,并在全国参事室和文史研究馆工作座谈会上征求意见,于1988年8月由国务院下发两个重要的指导性的文件(即国发57、58号文件)。这是参事室、文史馆工作的重大改革,吴空参加了这两个文件起草的全过程,是两个文件的主要起草人之一。

1989年,筹办《全国文史研究馆馆员书画展》。画展先后在故宫博物院展出达一个多月,观众达五六万人。1990年在中国人民保险公司赞助下,出版了《全国文史研究馆馆员书画作品选》和《全国文史研究馆书画藏品选》两本画册。前一种画册还获得了印刷品优质奖。同时,又接受香港联合出版集团的邀请,于1991年秋季在香港集古斋的协助下举办了"中央文史研究馆馆员书画作品展",也产生了较好的影响。在这两次展览和画册的编辑出版过程中,他参与了策划、组织到参展作品的审定、展出的布置、画册的选材、编辑直至校对的全过程。

1990年起,在萧乾馆长的倡议下,他与上海文史研究馆馆长王国忠具体负责了《新编文史笔记》丛书的日常编辑工作,在各地文史馆通力合作下,经过五年的努力,至1995年丛书出齐。共4辑50册,约600万字,作者达4000人,社会反映很好,并荣获第七届中国图书奖。

吴空自1993年离休之后,坚持从事写作和编书。1998年他撰写的《中南海史迹》一书,由紫禁城出版社出版。他还在故宫博物院与香港商务印书馆合作出版的60

卷故宫博物院珍品全集中担任编辑顾问之职,负责全部书稿的审定和文字把关。此后还参加过一些学术会议,发表过多篇学术论文。他还从事诗词创作,发表过不少诗词作品。2013年2月24日,吴空因病在天津逝世,享年83岁。

吴空曾经担任的主要社会职务有:《世纪》杂志社顾问、商务印书馆(香港)编辑顾问、中华诗词学会会员、澄霞诗词社社长等。

祝步唐

(1895—1989)

祝步唐,原名海洋,曾用名瀛洲,祖籍山东莱阳,后迁吉林延吉县龙井镇,1895年12月2日生。爱国民主人士。1987年2月,被聘任为中央文史研究馆馆员。

祝步唐1916年入天津南开中学,结识校友周恩来。1919年在南开中学积极参加"五四"运动。毕业后应聘到吉林省私立毓文中学任教,后考入南开大学第一班商科。在校时热心体育,为南开篮球队"五虎"之一。1925年以学业第一名毕业,再度到毓文中学,任教务主任。其时毓文中学在培育人才、开展爱国运动及体育活动方面,皆为吉林省教育界先导。1927年，祝氏调任吉林女子中学校长。1928年赴美国威斯康星大学经济系留学，获经济学硕士学位。1932年回国后，先在北平大学经济系任教授，以后在财政界任职二十多年，历任河北石家庄税务所所长，财政部直接税研究委员会委员(简任)，河南省直接税局局长，合江省政府财政厅厅长，陕、甘、宁、青、新五省直接税局局长，中国实业银行徐州分行及汕头分行经理。汕头解放前夕，周恩来总理曾托人致电祝步唐，请他留下，因此电被国民党截获，不得已于1949年去台，任台湾物资委员会委员兼一处处长，1960年在台北退休。1985年5月，祝步唐以九十高龄，随同去美国、加拿大探亲的长女回国定居，实现了叶落归根的宿愿。1989年4月22日病故，终年94岁。

祝步唐虽去台几十年，但内心向往大陆，关注祖国的变化和发展。1984年，他曾上书中共中央政治局常委邓小平和全国政协主席邓颖超，提出有关国家建设的十项建议，长达万余言。被聘任为中央文史研究馆馆员后，仍思维敏捷，耳聪目明，读书看报，无日间断。1987年12月，在认真阅读中国共产党第十三次全国代表大会的文件后，他亲笔写下近六千字的心得，题为《我对中国应走道路的认识》。文中高度评价了邓小平卓越的领导才干和无私的个人品质，并广征博引，就经济建设的中心任务、党政分权、责任承包、国际局势等方面，分析存在的问题，详述解决的办法，报国之心，跃然纸上。

祝步唐在台湾和美国的政界、经济界、文教界上层人士中有不少朋友，他在通信中不仅宣传大陆的成就，力陈两岸统一的重大意义,还辗转告诉他们,希望他们能为祖国的四个现代化效力。在他的努力下,他的一位台湾金融界老友,四十年来第一次回国观光,并根据台湾经济起飞的经验,向国内有关部门献计献策。经他牵线搭桥,一位华侨银行家于1989年4月来华,拟洽谈向海南省投资等问题。22日下午,祝步唐在病榻上同他会面,当谈到祖国经济发展目前还有困难,切望他们鼎力相助时,心情激动,潸然泪下,话音未落,即不幸溘然长逝。

王遐举

(1909—1995)

王遐举,原名克元,号野农,湖北监利人,1909年2月生。书法家。1987年2月被聘任为中央文史研究馆馆员。

王遐举幼入私塾,勤奋好学。稍长,博览经史诗词歌赋,刻苦钻研,悉心揣摩,具有一定功力。从1932年起,先后任监利小学、长沙雅礼中学教员。抗战军兴,任七十三军书记官。1941年任湖南祁阳纺织厂驻衡阳办事处主任,1944年日寇进攻衡阳,偕家人流亡广西、贵州等地。抗战胜利后,历任湖北省政府编译员,长沙《国民日报》编辑及资料室主任。1947年在岳麓山家居,从事书画创作。

新中国成立后, 王遐举历任文化部戏曲研究院研究员、中国美术馆研究馆员等职。他是海峡两岸书画联谊会会长,中国书法家协会理事,文化部老干部书画学会顾问,北京中山书画社副社长, 民革中央监察委员。1995年10月30日病故,终年87岁。

王遐举从小喜爱书法,少年时代临习颜真卿、柳公权等楷书,后又写过众多的行草碑帖。成年后长期沉浸于汉、魏碑,大小篆,精研《礼器碑》、《张迁碑》、《石门颂》、《张猛龙碑》、《贾思伯碑》等著名碑刻,深得其精髓。他继承了我国书法传统的精华,坚持在学古中创新。早期就有扎实的基本功,经过七十多年辛勤锤炼提高,形成了不失传统而又独具个人风貌的艺术特色,深为世人所重。他楷、行、草、隶、篆皆工,尤以隶书与行草最负盛名。其隶书有草情篆意,秀美典雅,神韵超逸,潇洒中寓工整,奇险中寄安闲。行书独辟蹊径,劲而不狂,放而不野,刚劲凝重,豪迈洒脱。他一生创作了众多的书法佳品,40年代曾在南方几省举办个人展览,报刊上也屡有登载。1983年他率代表团访问日本,受到日本书道界的热烈欢迎。其作品多次选送日本、美国、英国、东南亚各国和香港参展。1990年,日本创价学会授王遐举"富士艺术奖",以表彰他对书法艺术的杰出贡献。该会会长池田大作先生得到他一幅字,特撰文表示钦佩。1982年,他受党中央委托,将《中共中央致蔡畅同志的致敬信》,写成巨幅条屏,送给蔡畅同志;1983年,他又受全国人大常委会之托,将六届人大给叶剑英委员长的致敬信写成巨幅条屏,送给叶帅,均受到嘉奖。近年来,他的书法佳作被各地艺术馆、博物馆所收藏,我国不少名胜古迹,如武汉黄鹤楼、长江三峡、郑州黄河碑林、云南滇池等都有他的墨迹和刻石。

王遐举治学严谨、刻苦,笃信"天道酬勤",认为只有勤于学习、思考、实践,才能形成深厚的书写功力。他学书有时竟达到废寝忘食的地步,年青时有一次到贵州寻访山林古刹,发现一幅上好的墨迹隶书楹联,欣喜若狂,不觉在那里看了一整天,直到有所领悟才离去。多年来,每逢有人向他求教,他总是讲:"要多读帖,多练笔,要明法则,对古代名家书法要通过'悟'取其精华,博采众长,化为己有。"又说:"我对自己要求很严,始终坚持一个'勤'字。有人问我写字落款怎么不写自己的年龄?我觉得,我虽已年过古稀,从不敢以老自居,只好回答:'老牛明知夕阳晚,不待扬鞭自奋蹄。'"

王遐举认为书法艺术是书家个性、气质和情感的自然流露,所以他特别强调学书者要有良好的道德情操和艺术修养。他常说:"形韵之美见于字内,功力之厚在于字外,要善于观察生活,向自然界学习,从其它姊妹艺术中捕捉、提炼美好的现象和情趣,使其书法艺术的格调得以升华。"王遐举对绘画和诗词造诣颇高,对历史和戏曲也有较深的研究。他擅画梅竹,笔力刚劲,形神兼备,意趣高远。早期曾写《野农轩诗话》及咏史诗、咏怀诗数百首,在湖南、湖北各报刊上发表,风格清新。解放后在戏曲研究院从事舞台美术研究,写过《舞台布景》、《中国舞台布景与民族传统绘画》等专著。他撰写的关于中国剧场发展方面的六段文字曾在《大百科全书》上发表。

文如其人,字如其人。王遐举为人诚恳热情,处事平和敦厚,人品书艺素为人们称道,对于前来求教者,他都无私地传授,教导他们要有"青出于蓝而胜于蓝"的志气。虽已耄耋高龄,仍孜孜以求,坚持创作,曾整理出版《王遐举隶书陶诗集》、《王遐举隶书李白诗集》、《纪念孙中山先生》。1988年4月在中国美术馆举办了"王遐举书画展",展出他以自作诗词为内容的书画二百余幅,充分表现了他精湛的艺术和深厚的"字外功"。展出期间观者如云,一时成为书坛盛事。1995年7月刊行的《王遐举书法作品集》可以代表他一生的书法成就,对中外同好均大有研究与欣赏价值。

(据王庆兰撰《王遐举先生的书法艺术》一文并参照有关资料增删)

黄墨谷

(1913—1998)

黄墨谷,女,名潜,号墨谷,福建同安人,1913年5月17日生。词学家。

黄墨谷少年时在鼓浪屿慈勤女中毕业,后考入厦门大学中文系。"九一八"事变后,应南洋马来西亚槟城福建女子师范学校之聘前去任教。二年后回国再入厦门大学续学,1938年毕业。"七七"事变后,为避日寇去新加坡、缅甸暂住。太平洋战争爆发后,黄举家返回四川重庆。在重庆经友人介绍到南京大学、中央大学旁听乔大壮讲授的"六朝骈体文"和唐圭璋讲授的"唐、宋诗词"。抗战胜利后,在重庆国立女子师院教授词学。

1950年,黄墨谷随受聘于北京中央美术学院的丈夫雕塑家曾竹韶来北京。1953年经人介绍到中国科学院工作,先后担任院长室秘书、院务会议秘书等职。1959年调文学研究所资料室工作,进行对李清照、周邦彦和若干词学理论的研究。1962年,调到河北省师范学院中文系任教,1974年退休。1987年2月,被聘任为中央文史研究馆馆员。她非常关心汉字简化问题,经多年研究,提出13画以上汉字的简化意见。1998年12月18日病故,终年85岁。

黄墨谷对古典诗词造诣很深,受乔大壮的影响很大,对李清照的研究有独到的见解。1992年录入《中外文学艺术名人肖像》。代表作有《重辑李清照集》、《片玉集》、《唐宋词选析》、《谷音诗词集》、《古代游记选并序》,及繁、简体楷书对照《词谱百例》。

秦岭云

(1914—2008)

秦岭云,又名维新、铭三,河南汲县(卫辉市)人,1914年2月8日生。国画家。1987年2月被聘任为中央文史研究馆馆员。

秦岭云出生于一个民间画工之家,在画行的作坊里度过童年,从小对传统的壁画、灯画、泥塑、剪纸等造型艺术有浓厚兴趣。小学毕业后,因为家贫,考进一所位于本城的省立第五师范学校,使他有机会接受从北京、上海学习回来的美术教师们的教导,对绘画产生了日益强烈的爱好。1934年秋,考入北平国立艺术专科学校绘画系,学习三年。抗日战争爆发后,又到湖南沅陵国立艺专学习。1938年3月起,在重庆等地历任前中央陆军军校政治部新生社艺术干事、国立第十五中学教师、前教育部青木关民教馆艺术主任、金陵女子文理学院附中及国立第十中学教师。

新中国成立后,秦岭云历任中央美术学院美术供应社组长、文化部出版局人民美术出版社编辑。1974年退休。他是中国美术家协会会员、中山书画社副社长、《中国画》月刊编委、中国老年书画研究会理事、北京山水画研究会艺术指导、北京美术学会理事、《诗书画》丛刊主编等。2008

年1月29日,秦岭云因病在北京逝世,终年94岁。

秦岭云专攻中国山水画,师造化,重传统,艺融古今,是一位很有独创性的国画艺术家。几十年来,他刻苦钻研了古代和近代的绘画理论和著名画家的作品,对两宋的山水画以及宗教艺术接触更多,但他在绘画实践中有自己独到的心得。他说:"笔为骨,墨为肉,笔法要刚健,墨气要活脱";"用墨讲究用水,以墨为形,以水为气,利用水的溶化,充分发挥墨的光彩韵致。"他时常说起,要把山水画画好,一定要处理好情景之间、意趣之间的关系,追求情景交融,以情促景,景中寓情;追求形神兼备,形外有神;追求意在笔先,有法有趣,趣见法外。寥寥几句话,概括了他所体会的传统中国画的妙理。

秦岭云力求以新的面貌,立足于中国画坛。他认为今天的山水画应有今天的神髓和风貌,不应完全雷同于前人,语言应该是自己的,思想情感应该是自己的,在立意、取材、笔墨、章法、皴染、点景上应该甩开手走自己的道路。他是这样说的,也是这样做的。1950年后,他由于工作关系,有条件"行万里路",浏览了几乎所有的名山大川。十年浩劫之后,他心情格外兴奋,又亲历黄山、泰山、雁荡山、武当山、长白山、庐山、衡山以及江南、三峡、湘沅、清漓、神农架、镜泊湖等地,不知疲倦地旅行写生,这就使他的山水画变得更加幻化奇谲,风格多样。这种"师造化"的成就,正是他经过多年探索所找到的道路。他的作品既有名山飞瀑、行云、奇峰的磅礴,也有小桥流水、竹篱茅舍的情致,情景交融,生意盎然,有浓郁的艺术感染力。他多次参加国内外重要画展，又应邀到香港、新加坡等地举办个人画展，还在国内外重要报刊和画册上发表了大量作品。结集出版的有《现代山水画集》、《秦岭云写生山水画集》、《秦岭云山水作品》、《写意山水画技法》等。

秦岭云不仅是山水画家，还是一位用功极勤的中国美术遗产整理者和介绍者，先后出版了《民间画工史料》、《永乐宫》、《法海寺壁画》、《中国壁画艺术》、《赵佶的画》、《郑板桥》、《扬州八家丛话》等著作和画册。还编著有《山水画技法新编》、《山水画讲座》、《砚田拾穗》、《砚边闲话》在报刊连载，并应邀讲学于中央美术学院、解放军艺术学院、北京大学、北京教育学院及有关学会、画会社团。

秦岭云艰辛的艺术实践，结出了丰硕的成果。他在《诗书画》丛刊上发表的《闻鸡楼漫话》等短文，言简意深，风格峭异，也受到人们的重视。这些，都为我国画坛留下了宝贵财富。

孔凡章

（1914—1999）

孔凡章，字礼南，四川成都人，1914年5月1日生。诗人、围棋教练。1987年2月被聘任为中央文史研究馆馆员。

孔凡章1937年在上海震旦大学毕业,曾任兰州油料总库主任、四川粮食储运局科长、处长。抗日战争胜利后曾在银行、保险界工作。1959年任成都市体委围棋教练,后任四川省围棋队教练。1979年退休。曾担任《诗书画》编委、四川省诗词学会顾问、纽约四海诗社名誉顾问等职。1999年9月18日逝世,终年85岁。

孔凡章自幼擅长围棋、诗词。11岁时即习作诗词,青年时曾创作了古典诗词集《冬寒夏热居集》、《风华集》、《陇行集》等,但都在战乱中遗失。建国后,政治运动不断,他有感文字之累,便辍笔停诗。"文革"中又将旧作付之一炬,致使他早年诗作所余无几。

1982年他来北京定居,重新从事诗词创作,与萧劳、刘蘅如、马里千等广结诗缘,行雅集之乐。他被聘为中央文史馆馆员后,精神格外振奋,晚年竟成为其诗作的黄金时期。孔凡章的诗词极其讲究格律音韵,铸语造句,遣词用典,十分注意精雕细刻,词章清丽典雅、气韵生动。他崇古而不泥古,求新力避怪异,诗词题材也极为广泛,自称"万事寻诗尽入题",创作了许多新题材作品。从1989年起共结诗集《回舟集》四卷问世,其中佳篇迭出。特别是他遵循梅村体创作的几篇歌行《杨花曲》、《玉玲珑》、《端州巨砚行》、《涉江曲》、《芳华曲》等,更是他呕心沥血之作。为了描述艺术大师梅兰芳的一生,他搜集了大量资料创作的《芳华曲》,凡三百余句,二千六百余言,反复推敲,炼词炼句,几易其稿。因为是长诗,所以凡是诗中用韵之字,均一一列出,前后对照,避免重复,足见其创作态度之严谨。

　　孔凡章晚年课徒育才,殚尽心力。在他的辛勤指导下,不少青年诗人成为诗坛的佼佼者。他为了传统诗后继有人,培育英才,不顾年高体衰,为青年一代倾注心血,不仅亲自评点审改,一丝不苟,而且常和弟子们家宴雅集,或命题、或分韵、或联句,直至诗钟诗谜,唱和终夜。使他和诗友、弟子之间亲密无间,很多年青人从中受益匪浅,有些门生还在全国性诗词大赛中夺得大奖。

　　孔凡章十分重视与诗词界朋友的交往。雁书酬唱,以诗代柬,每信必复。即使是对素昧平生,慕名求教者,也必一一作复。特别是其晚年间,每逢春节,他必作《迎春曲》十首, 分赠诗友, 由此奉和者日多, 至戊寅 (1998)、己卯 (1999)年,每年和诗者已达四五百人,成为诗坛上一大盛事。

　　孔凡章秉性温和,善以待人,不仅诲人不倦,奖掖后进,弟子中有生活困难者,主动接济。即使素昧平生,也会慷慨解囊。江西某诗人居敬老院,晚年生活贫困,疾病缠身,孔凡章每年汇款给他,扶助他的生活,直到孔凡章病危时还嘱托朋友在他身后继续照顾这位老人。他这种高尚的品德,赢得了人们的尊敬。

黄　均

(1914—2011)

　　黄均,号懋忱,祖籍台湾淡水,1914年7月6日生于北京。工笔人物画家、美术教育家。曾任中央美术学院教授、中国美术家协会会员、北京古都书画研究院院长、北京工笔重彩画会副会长等。1987年2月被聘任为中央文史研究馆馆员。

　　黄均自幼酷爱绘画,1928年在四存中学肄业后,加入以金北楼为首的北京中国画学研究会学画。会中名家济济,由齐白石、陈半丁、秦仲文、马晋、吴镜汀、徐燕荪、王雪涛等分别授课。最初黄均从徐燕荪习人物画,继而从师陈少梅、刘凌沧,打下了坚实的基础。1930年,他又拜溥心畬为师,学北宗山水画和书法。1934年在中国画学研究会毕业后,被聘任为该会助教。1938年进北平国立艺术专科学校,先后担任助教、讲师。抗日战争胜利后不久,徐悲鸿任该校校长,对黄均很器重,约定他每周必须交两幅新画,徐诚挚地给予指导,并极力倡导国画创新。黄均同徐悲鸿相处八年,在如何推陈出新方面,受益匪浅。

　　新中国成立后,黄均先后担任中央美术学院讲师、副教授、教授。他曾是中国美术家协会会员、北京古都书画研究院院长、北京工笔重彩画会副会长、中山书画社顾问、东方书画社顾问及中国口岸协会书画研究会顾问。1985年加入北京市台湾民主自治同盟为盟员。

黄均从事绘画艺术和教学迄今80余年。他善于学习，勤于耕耘，在继承和发扬我国工笔重彩的传统技法，描绘人们所熟悉的历史人物和传说故事方面，取得了卓越的成绩。他又努力探索创新，以传统技法表现当代题材，成就也很可观。他兼善山水、花鸟和界画(画古建筑的绘画，用界尺画出，由此得名)皆有独特风格。在近三十年中，他多画兰竹。这些画既来自对实物的细心观察，又参以元明墨竹、兰草用笔用墨的精髓，疏密适当，浓淡得体，含蓄有致，生机勃勃，给人以美的感受。

几十年来，黄均创作了大量年画及单幅画，其代表作中：古典题材的有《文姬辨琴图》、《史湘云醉眠芍药圃》、《琵琶行》、《木兰理妆》、《白居易》、《民族英雄郑成功》等；现代题材的有《英娘试舞》、《心花怒放》、《蝴蝶泉边》、《草原轻骑》等。他的仕女人物画构思巧妙，笔法工整，描绘细腻传神，色调明丽典雅，显示了画家的高度艺术修养。1987年，由中国美术家协会主办，在北京中国美术馆举行了刘凌沧、任率英、黄均工笔古代人物联合画展，赢得了观众的赞叹。黄均举办过个人画展，参加过一些全国性的重要画展，《文姬辨琴图》荣获庆祝建国三十周年全国美展二等奖。他还参加了北京工笔重彩画会和纽约东方画廊在纽约合办的"中国工笔重彩画展"。他有不少年画和单页画陆续出版。他的工笔仕女画《杨贵妃》由人民美术出版社作为1995年年历单页印行。此外,他还著有《仕女画研究》、《中国画技法》等。

　　黄均在创作的同时,从事美术教育工作。他在中央美术学院任课甚多,还要带领学生到工厂、农村体验生活和写生,他言传身教,不辞辛苦,多年如一日,培养了大批绘画人材。黄均一专多能,他常对学生说:"一个画家应该是既会工笔,又会写意,古人云:'金针度绣,巨刃摩天',只有掌握了工笔和写意的全能,才能开拓出更广阔的国画领域。"黄均热爱文学,书本和诗篇已成为他左右不离的良伴。他认为生活是创作的源泉,而文学又能使人从生活中探索出绘画的意境,文学和绘画是不可分割的,诗中有画,画中有诗。他经常以此告诫青年学生。他也擅古典诗词,题在画上,使二者相得益彰。

　　2011 年 10 月 3 日,黄均因病在北京逝世,享年 97 岁。

许麟庐

(1916—2011)

　　许麟庐,又名德麟,山东蓬莱人,1916 年 10 月 19 日生。国画家、书法家、书画鉴赏家。1987 年 2 月被聘任为中央文史研究馆馆员。

　　许麟庐 1934 年在天津商业学校毕业,曾就职天津吉昌公司和三井洋行职员，北平厚生织布厂副经理、振丰煤矿职员及北平德聚涌面粉厂驻沪办事员。新中国成立后在北京大华面粉厂任经理。1952 年创办和平画店，任经理。1954 年在中国美术家协会美术服务部工作。1956 年起在北京荣宝斋工作，曾任编辑室主任。1960 年又受命国家文化部每一年度赴大江南北收集、鉴定散落民间历朝历代重要书画珍品。1962 年受聘中央工艺美院客座教授。1977 年经文化部批准调入"中国画创作组"（中国画研究院前身），从事三年的创作工作。

许麟庐曾任中国美术家协会和中国书法家协会会员、中山书画社副社长、中国老年书画研究会副会长、北京花鸟画研究会会长、北京中国画研究会副会长、北京中国书画社名誉社长、山东蓬莱书画学会名誉会长、山东曹州、四川嘉州、河南开封书画院名誉院长以及中国书画函授大学、北京工业大学名誉教授、中国艺术研究院书画鉴定研究室特邀顾问及鉴定研究员等。1982 年加入中国国民党革命委员会，为民革中央团结委员、监察委员。2011 年 8 月 9 日，许麟庐因病在北京逝世，享年 95 岁。

许麟庐自幼秉承家学，习书作画，中青年时期与溥心畲结为书画艺术忘年交，经溥心畲数年指点，在绘画理念、技艺以及研读、鉴赏历代名家墨宝方面受益匪浅。

1945 年经李若禅介绍，正式拜齐白石为师。在从事笔墨丹青的七十余年中，他博览、研读了我国历朝历代万件名家之作，吸收了石涛、朱耷、扬州八家、赵之谦、吴昌硕的笔墨技法，并创造性地吸收民间艺术和京剧艺术的精华融入自己的绘画之中。许麟庐主张继承传统，弘扬传统，不断创新。他牢记白石老师的教导："学我者生，似我者亡"；"要学我的心，不要学我的手。" 许麟庐有名的艺术格言是：作画要"寻门而入，破门而出"，并强调："人品至上，人没有豪气，画也没有豪气。"经过几十年的磨励、苦学苦练，他创造了独特的绘画风格，成为继承和发扬齐派艺术的得力弟子，多次受到白石老人的称道，曾曰："启予者，麟庐也。"

许麟庐作画时激情洋溢，一气呵成，笔力遒劲奔放，酣畅淋漓，神形兼备。无论大幅小品、花鸟鱼虫、山水农舍、民间玩具，貌似随意挥就，而又不失法度，处处见干湿互济之妙、疏密穿插之巧，可谓满纸豪情，令人赞叹。

他的作品多次参加国内外大型画展，1993年、1994年两次应邀在香港举办个人画展。2002年元月首次在中国美术馆隆重举办个人画展，同时《中国近现代名家画集·许麟庐卷》首发；2004年在山东烟台办了巡展；2006年九十华诞之际再次在中国美术馆举办了大展，同时由"人民美术出版社"就画展作品出版发行了《许麟庐画册》

2010年许麟庐九五华诞之际，中央文史研究馆为他在北京画院举办了"写意人生"九旬新作展。国务院总理温家宝亲自致信祝贺，国务院秘书长马凯出席了开幕式并为画展剪彩。

许麟庐的绘画作品在国内外不少博物馆、美术馆、纪念堂馆、饭店宾馆均有收藏，不少报刊、电视台有专版、专题介绍；国内外许多博物馆和收藏家也视为珍品。人民美术出版社、山东人民出版社、香港收藏家出版社和瑞典博物馆等分别多次出版了许麟庐画册。

许麟庐自幼学习书法,20岁时其书法就高挂于市井商家的门楣之上。他尤善行草,章法严谨,气韵生动,笔势奔放,独具一格,1963年其作品被选派参加中日书道第一回展览。

翁偶虹

(1908—1994)

翁偶虹,满族,原名麟声,笔名藕红、羽公、怡翁、怡簃、碧野, 祖籍河北大兴,1908年6月1日生于北京。戏曲作家、教育家、戏剧活动家。1988年12月被聘任为中央文史研究馆馆员。

翁偶虹5岁入北京府学胡同小学,1927年毕业于京兆高中。自幼爱好中国古典文学、骈文、词赋,对京剧有极浓厚的兴趣。就学同时,向梁惠亭、胡子钧等前辈学京剧、昆曲。15岁为程砚秋新戏《文姬归汉》写戏文,使程惊叹,随即结成文字之交。青年时立志,以"看戏、演戏、编戏、排戏、论戏、画戏(脸谱)"为毕生事业,意在娱乐人生,感悟人生,教化人生。京兆高中三年间,常在游艺会上粉墨登场,有时也应约到校外演唱。高中毕业后不久,便开始以写作为职业,写剧评和小说,向报刊投寄,并观摩研究名角的演技,潜心搜集和临摹脸谱。还以票友身份与尚和玉、言菊朋等同台演出,常演剧目达数十出之多。这种生活延续了六七年。1935年起,受聘于中华戏曲专科职业学校,任戏曲改良委员会主任,编排新戏,为"德、和、金、玉、永"五科的高材生编排《鸳鸯泪》、《蝶恋花》、《美人鱼》、《凤双飞》、《三妇艳》、《百鸟朝凤》、《十二堾》、《红莲寺》等剧目,获得成功。"翁剧"之名,传遍剧坛。1940年为抵制日伪政权对戏校的收编,与程砚秋、金仲荪等人秘密决策,解散戏校,先后组织戏校毕业生在北京成立如意社京剧团、颖光社京剧团、北京艺术馆校友剧团,于京、津、沪巡回演出。所编演的宣传抗敌守土的历史剧《白虹贯日》(又名《百战兴唐》)引起了特别强烈的反响。翁氏曾为程砚秋、李少春、袁世海、叶盛兰等众多京剧演员编写剧本,其《锁麟囊》、《女儿心》、《楚宫秋》、《血泪城》、《云罗山》、《天国女儿》、《琥珀珠》、《夜奔梁山》、《周瑜》和《罗成》等,可以代表他的创作思想、艺术造诣和独特风格。在上海任天蟾舞台驻班编剧期间,他与梅兰芳、周信芳一道,参加了田汉、洪深发起的京剧改革座谈会。他的戏剧活动,极其广泛深入。

　　全国解放后,翁偶虹历任新中国实验京剧团编导主任、中国戏曲研究院编导科副科长、中国京剧院编剧、北京军区战友京剧团艺术顾问等职。1954年加入中国戏剧家协会,任艺术创作委员会副主任。在毛泽东文艺思想指导下,他的创作生涯达到了辉煌的阶段。1952年,在全国第一届戏曲汇演中,他与王颉合作的《将相和》荣获中央文化部"剧本奖"。由他本人创作和与他人合作的三十余部剧作单行本,陆续出版发行。其中如《将相和》、《宋景诗》、《大闹天宫》、《桃花村》、《摘星楼》、《生死牌》、《朱仙镇》、《灞陵桥》、《响马传》、《高亮赶水》、《李逵探母》、《凤凰二乔》、《金田风雷》、《赤壁之战》、《西门豹》等剧,在社会上产生了广泛的影响。1964年,他与阿甲合作的《红灯记》,成为京剧现代戏的典范。"文革"爆发,他受到冲击,但却对他"控制使用",先后参加了《红灯记》的修改和《平原作战》的创作。在1974年《平原作战》定型公演之后,便强令他告老退休。"四人帮"垮台以后,他仍笔耕不辍,他创作的《小刀会英雄传》、《美人计》和《白面郎君》,整理的《周仁献嫂》和《罗成》,更对戏曲的繁荣起到了积极的推动作用。他的《翁偶虹戏曲论文集》、《翁偶虹编剧生涯》等一百多万字的著作和一些京剧创作,构成了一部立体的自1920年代以来的京剧发展史,从理论到实践都对戏曲事业做出了卓越贡献。他合编、排、论、画于一身,故被誉为"京剧圣手"。他写的《北京话旧》记载了老北京烟画、烟壶、烧砖艺术、影戏、庙会等的历史,也是一部研究北京社会风俗的难得之作。1986年以后,他珍惜时光,专心著述。晚年受聘为北京市京剧昆曲振兴协会、北京市政协文史资料研究委员会、北京电视戏曲艺术研究会、脸谱艺术研究会等社团的顾问及京剧史学会理事。1993年起,他作为有突出贡献的专家,获得国务院颁发的政府特殊津贴。1994年6月19日逝世,终年86岁。

罗　铭

(1912—1998)

　　罗铭,字西甫,别号西父,广东普宁人,1912 年 9 月 18日生。国画家、美术教育家。1988 年 12 月被聘任为中央文史研究馆馆员。

　　罗铭自幼在家庭环境的熏陶下,对绘画产生了浓厚兴趣。中学毕业后进广州烈风艺专,学习西洋绘画。不久考入以西画教学闻名的上海美专。后又进宏扬国粹艺术的上海昌明艺专,1931 年毕业于该院艺术教育系。后历任广东汕头地区揭阳一中、普宁简易师范、民德商业学校、汕头市立一中、汕头律怀中学、广东岭南高级商业学校美术教师。从 1947 年起,到香港、泰国、马来西亚、新加坡、越南、印度尼西亚旅游,举行画展,后侨居马来西亚槟城,以画为生。

　　1952 年回国, 在北京中央美术学院国画系任讲师。1959 年至 1987 年在西安美术学院任副教授、教授、硕士研究生导师,兼任陕西省国画院副院长、名誉院长。是中国美术家协会会员及陕西分会会员、常务理事,第四、五届陕西省政协委员,陕西省高教局顾问。1998 年 10 月 28 日病故,终年 86 岁。

　　罗铭一生从事美术工作, 他中西兼融, 尤精于中国山水、花鸟画。他将自己的艺术观点总结为四句话，"上承传统，外师造化，中发心源，迁想妙得"。他很重视理论和实践的统一，几十年来坚持写生不辍，始终保持着新鲜的敏锐的创作激情。1954年在北京北海公园举行了"李可染、张仃、罗铭三人山水写生画展"。他们三人不辞劳苦，跋涉大江南北，通过对大自然的体察，使作品呈现出崭新的风貌，在社会上引起了轰动，在中国当代美术发展史上留下不朽的一页。他到西安美术学院执教后，多有机会到秦巴山区写生，曾十七次攀登华山。由于北方的崇山峻岭、大山大水对他的陶冶感染，他的画风为之大变，形成了苍秀雄浑、磊落豪壮的气魄。他的代表佳品《华山图》，层岭叠障，青松翠柏，将五岳之首华山风采流泻无余。笔墨处理得大开大阖，疏阔而紧凑，点、面、虚、实的调配相得益彰，给人们展现了华山的雄姿，激发了人们对祖国江山的热恋之情。他对华山传神的写照达到气韵生动的境界，在画坛赢得"罗华山"的美誉。《飞越秦岭》亦是他的力作，画面古木苍苍，劲松挺拔，意在笔先，新颖活脱，布局高低、深浅有致，完整中又留给人无限遐想的空间，有着强烈的艺术感染力。他的作品不仅享誉国内，在海外亦负盛名，曾多次应邀赴泰国、新加坡举办个人画展。不少作品在香港、日本和欧美展出，为中外博物馆、美术馆和画院收藏。出版有《罗铭国画集》、《罗铭纪游画集》、《罗铭访问侨乡写生集》、《罗铭画集》等。郭沫若、何香凝、徐悲鸿、王个簃等文化名人曾为画集题词或写序。徐悲鸿评云："罗君以其雄健之秉，笔歌墨舞，尽情描写自然之佳妙。"王个簃评云："生气盎然，笔精墨妙"，"苍浑尽致，万态千姿罗陈笔底","清新隽逸,书画篆刻诗文融冶一炉"。

罗铭在美术教学中度过五十多个春秋。他培养的学生,有的已成为艺术家,有的在高等美术院校执教,还有的在其他行业中成为业务骨干。他的教学思想和他的艺术主张一脉相承——强调继承和发扬中国画传统技法。他认为教画山水不能只在课堂上讲,必须在对真山真水写生中启发学生的主观意识,提高其表现技能。他攀登华山,大都是带领学生去实习。他还曾带领硕士研究生赴黄山、漓江等地写生,搜集创作素材。罗铭为我国美术教育事业奉献了大量心血,成绩卓著,令人敬佩。

黄畲

(1913—2007)

黄畲,字经笙,号纫兰簃主,台湾淡水人,1913年1月19日生。古典诗词家。1988年12月被聘任为中央文史研究馆馆员

黄畲之父黄宗鼎是清举人,台湾知名爱国人士。黄畲幼年随父到北京,少承家学,读《古文观止》、《唐诗三百首》、《千家诗》、《声律启蒙》等书,打下了坚实的古典文学

基础，及长酷好诗词。1931年在北平四存中学毕业。1934年起在北平市政府任职。1941年入北平国学院词章门攻读，拜前清翰林郭则沄为师，专学古典诗词及辞赋等。毕业后，参加当时郭则沄组织的蛰园诗社、瓶花簃词社、前清翰林关赓麟组织的梯园诗社、咫社词社及名士张伯驹组织的庚寅词社，与社友关赓麟、章士钊、叶恭绰、夏仁虎、龙沐勋、王冷斋、张伯驹、黄君坦、萧劳等相唱和，作品载《梯园吟稿》、《咫社词钞》中。又被聘为北平古学院研究员，结识吴廷燮、王谢家等前辈，时常请正，研讨切磋，诗词益进。曾一度学山水画，入中国画学研究会为会员。1946年起，任冀北电力公司助理管理师。

　　新中国成立后，黄畬先在华北电业管理总局供职。1958年起从事教学工作，历任北京电力学校、一〇九中学、一一五中学语文教师，崇文区教师进修学校教研员，并建立崇文区语文教师之家，负责编写语文课教材，定期组织崇文区二十几所初高中语文教师听讲和指导备课。1974年12月退休。他是北京市台湾同胞联谊会会员、北京市台盟盟员，中华诗词学会发起人之一。2007年9月4日，黄畬因病在北京逝世，终年94岁。

　　黄畬长期从事古典诗词的研究与整理，有很高的造诣。退休后勤于著述，写了有关诗词的校勘、注释一百多万字。已出版的有《欧阳修词笺注》、《石湖词校注》、《阳春集校注》、《山中白云词笺》、《历代词萃》；与张璋合编《全唐五代词》。此书收词二千五百余首，有名可查的一百七十余家，历时十载才完成；与词学家夏承焘编选《金元明清词

选》,并注释金元明词部分;与张璋合校《秦观词集》;整理
《朱淑真集》;为《金元明清词鉴赏辞典》、《爱国诗词鉴赏词
典》、《全球当代诗词选集》撰写词条;注释张伯驹、黄君坦
选编的《清词选》;还著有《三海全咏》、《中山公园全咏》、
《千家诗笺注》、《纫兰簃诗词文集》等,其后三种尚待出版。

卢光照

(1914—2001)

　　卢光照,字春塘,别署三不
子老人,河南汲县(今卫辉市)
人,1914年4月24日生。国画
家、美术编辑,为北京齐派四大家之一的花鸟画家。1988
年12月被聘任为中央文史研究馆馆员。

　　1932年,卢光照在河南省立第五师范学校肄业,后在
农村任小学教员一年。1934年考入国立北平艺术专科学
校国画系,受业于齐白石、溥心畬、黄宾虹诸家。深得白石
老人赏识,有"光照弟画此粗叶,有东坡意,乃同校之龙也"
(题墨竹)句。又赐赠一纸,题词"吾贤过我",可谓奖誉备
至。1937年在该校毕业。其时,经白石老人提示,并亲选卢
光照和二位同窗好友谢炳焜、雒达之佳作,出版了《三友合

集》。白石老人还为之撰序言、题封签，称许他们"心无妄思，互相研究，其画故能脱略凡格。即大叶粗枝，皆从苦心得来。三年有成，余劝其试印成集以问人"。

"七七"事变后，北平沦陷，卢光照返回原籍，年底投笔从戎，参加了张自忠所部五十九军，作宣传员。曾随军参加临沂、台儿庄、徐州、潢川、快活铺诸战役。因工作需要，职务几经变动，由宣传员而艺术干事，而宣传队长，而抗敌剧团副团长。曾写《寒衣》、《清乡》独幕剧，在抗日前线公演。1940 年夏，张自忠在快活铺督战殉国(其时，张自忠为三十三集团军总司令，该剧团隶属总司令部)。因形势变化，卢于 1941 年离部队入川，从事教育工作。先后在成都四川省立技艺专科学校、广汉女师、成都女中、荣昌国立十五中、荣昌女中、重庆嘉励中学、巴县女中、二十五兵工厂子弟中学教音乐、美术。1944 年夏，将业余创作的国画百余幅，假中苏文化协会会址举办画展。1946 年秋到北平，任教于国立北平艺专国画系。北平解放前夕，离艺专到张家口察蒙师范教书。

张家口解放后，调察哈尔省革命干部学校高级班学习，结业后派往张家口女师教书。继而调人民美术出版社任编辑长达二十五年之久，先后主编古典美术理论及画册多种。1975 年 8 月退休后，悉心搞国画创作。1982 年参加中国国民党革命委员会，为民革中央团结委员。2001 年 10 月 17 日，卢光照因病在北京逝世，终年 87 岁。

卢光照是中国美术家协会会员、齐白石艺术研究会会长、齐白石艺术函授学院名誉院长、中山书画社副社长、北京花鸟画研究会名誉会长、中国老年书画研究会理事、中国书画函授大学特约教授及京内外一些美术研究院会顾问。经常应邀为美术院校、书画函授院校、美术研究组织授课。他还是中日友好协会理事、日本国际艺术协会评审、日本富士美术金奖获得者。

卢光照历六十余载的艺术探索,苦心耕耘,深得"齐派"大写意之精华,且吸收任伯年、吴昌硕、虚谷等人之笔墨精髓,丰富和发展了"齐派"艺术,创造出一条不同于前人的、自己独有的艺术之路,从而使他成为当今中国花鸟画大写意的代表之一,更无愧于白石老人的关怀期望及亲赠的"吾贤过我"之赞誉。他的艺术风格不落尘俗,品位甚高。他强调艺术性和创造性,不求形似,重心灵描写及内在的神韵。落笔重如泰山,苍劲古崛,造型生动,色彩单纯明快,对比效果强烈,达到了"真、善、美"的艺术境界。作品经常发表于各类画册、报章杂志。在北京和其他大中城市举办过个人画展,多次参加名画联展及海外展出。曾为中南海、人民大会堂、毛主席纪念堂、天安门城楼、新华通讯社等处作特大幅花鸟画。京内外许多宾馆、厅堂、博物馆、纪念馆都有他的画作陈列或收藏。他还主动为卢沟桥抗日战争纪念馆、为修复长城、为残疾人基金会和亚运会等作画捐献,以表达热爱祖国的一片赤诚。他的作品《大展鸿图》、《松鹰》《鸡冠花雄鸡》,作为国家礼品,分别赠送给日本前首相中曾根康弘、爱尔兰前总统帕特里克·希勒里、日本前首相海部俊树。1985 年 4 月中国画家代表友好访问团出访日本,他任副团长。联合国教科文组织编写中国名画家录，文化部推荐他入选。《中国当代国画家辞典》、《中国现代美术家名鉴》等多部辞书，也都为他列了辞条。卢光照经手编辑的专著有《齐白石作品集》(分绘画、诗词、书法篆刻三册)、《宋人画册》、《中国美术史纲》、《中国画论类编》等，都是巨册。还编著有《现代花鸟画选》、《历代画家故事》、《三友合集》、《卢光照画辑》、《卢光照画集》、《卢光照程莉影近作集》等。

朱家溍

(1914—2003)

朱家溍，字季黄，笔名贞吉，浙江萧山人，1914年8月1日生。文物专家、明清史及戏曲研究专家。享受国务院政府特殊津贴。1988年12月被聘任为中央文史研究馆馆员。

朱家溍是金石学家、文物收藏家、前故宫博物院专门委员朱文钧之子。幼承家学，1941年毕业于辅仁大学国文系，获文学士学位。后曾任重庆文化驿站管理处总干事、国民政府粮食部专员。1943年被调入故宫博物院重庆院部，参与是年在重庆中央图书馆举行的故宫文物展览的筹办布置工作。1947 年任北平故宫博物院编纂。

新中国成立后，朱家溍仍在故宫工作，任副研究员，后在中央工艺美术学院兼课，同时兼任梅兰芳的艺术顾问。1983 年升研究员。曾受北京大学哲学系约请，为美国研究人员指导博士论文，并先后在中央工艺美术学院、旅游学院、香港大学讲课。他还是国家文物鉴定委员会委员、北京历史学会理事、中国昆剧研究会理事、圆明园学会理事、中国工艺美术总公司顾问、朱熹纪念馆名誉馆长。1956 年加入九三学社，是九三学社文教委员会委员。2003 年 9 月 29 日，朱家溍因病在北京逝世，终年 89 岁。

朱家溍对古代美术史、明清历史、戏曲表演艺术造诣很深。在《文物》、《故宫院刊》上发表过许多论文，美国、日本亦有译载。专著有《春秋左传礼徵》、《碑帖浅说》、《中国古代艺术概述》、《故宫画集》、《故宫所藏善本书目》、《明清时代有关西藏的文物》、《清代戏曲服饰》、《明清帝后宝玺》、《历代著录法书目》、《故宫退食录》、《宋元以来对颜鲁公书法评价》等。主编的《国宝》、《中国美术全集》(工艺编)都有英、日文版。《国宝》为国家领导人赠送外国元首的礼品，并且是海外畅销书。他遵照父母遗嘱，与兄弟共同将珍藏的古拓本碑拓 700 种、善本书 20000 册、明清紫檀木家具、宋元书画和其它珍贵文物，分三次分别捐赠故宫博物院、中国社会科学院、承德避暑山庄、浙江省博物馆。是建国以来公认的捐赠文物数量最多、质量最好的一家，备受各方赞扬，文化部曾颁发奖状。1992——1997 年，每年春秋两季参与鉴定各省市县博物馆和考古所的一级文物。

　　朱家溍的书画亦承家传,清秀俊雅,蕴含浓厚的书卷气。京剧在朱家溍一生中占有重要地位,早年曾跟随杨小楼先生学戏。1988年在纪念杨小楼先生110周年诞辰的纪念会上,朱家溍彩墨登场,表演杨派的《长坂坡》和《青石山》。翁偶虹对此评价道:"家溍兄幼即嗜剧,尤喜金戈铁马之声,鼙鼓将帅之作,身躯颀伟,歌喉爽锐,剧非全幅而窥豹一斑。73岁高龄,扎硬靠,登厚底,刀枪并用,身手两健,犹能传杨派之神,示杨派之范。"1995-2000年更以80岁高龄,登场扮演昆剧《单刀会》、《浣沙记》、《鸣凤记》、《铁冠图》、《卸甲封王》,京剧《连环套》、《湘江会》等武戏,博得梨园界和京剧爱好者的高度赞誉。

李荒芜

(1916—1995)

　　李荒芜,原名乃仁,笔名黄吾、叶芒、方吾等,安徽凤台人,1916年1月生。翻译家、诗人。1988年12月被聘任为中央文史研究馆馆员。

　　李荒芜1933年在上海复旦大学实验中学毕业后,入北京大学历史系,以英语为副系,听过胡适、顾颉刚、傅斯年、陈垣、闻一多、朱光潜、梁实秋诸先生的课,很受教益。
1935 年曾参加中国共产党领导的"一二·九"爱国学生运
动。1937 年在北大毕业。1941 年起在重庆经郭沫若介绍,
任苏联驻华大使馆语文教员。1945 年到美国檀香山太平
洋美军司令部语言训练中心任教。1946 年任上海《文汇
报》编辑。次年在北平十一战区设计委员会当参议。1948
年进晋冀鲁豫解放区在邢台北方大学文艺学院任研究员,
不久改任正定华北大学研究部研究员。

　　新中国成立后,李荒芜到北京,先任《争取人民民主,
争取持久和平》杂志中文版主编,又到外文出版社任图书
编辑部主任,作对外宣传工作。1956 年冬任中国社会科学
院文学研究所研究员。1957 年被错划为右派,下放北大荒
劳动。1960 年底返京,在文学所当一名资料员。十年文革,
受到冲击,先进"牛棚",后入干校。1979 年彻底平反,恢复
名誉,调中国社会科学院外国文学研究所任研究员。1982
年 11 月离休。1950 年参加中国民主同盟,担任过外文出
版社的民盟主委、民盟中央联络委员会委员。他是中国作
家协会会员, 四次任中国文学艺术工作者代表大会代表。
1995 年 3 月 14 日逝世,终年 79 岁。他历经坎坷,生前一
再表示,身后丧事从简,但求平静。

　　李荒芜长期从事文学翻译和创作,对美国文学研究颇
深,较早向我国读者介绍了惠特曼、朗费罗、马尔兹和奥尼
尔。对中国古典文学造诣亦深,晚年以带打油诗味的旧体
诗在我国诗坛独占一席,闻名海内外,得到俞平伯、朱光潜
等专家的很高评价。

李荒芜主要译有《高尔基论美国》、《奥尼尔剧作选》、《奥尼尔戏剧五种》、《天边外》、《朗费罗诗集》、《惠特曼诗选》、《中国印象》、《马尔兹中短篇小说选》、《马尔兹短篇小说集》、《美国黑人诗选》、《雨果先生》、《麦凯自传》和《苏联文艺论集》。散文代表作为《伐木日记》、《颐盖集》。诗词代表作有《麻花堂集》、《麻花堂外集》、《纸壁斋集》、《纸壁斋续集》、《纸壁斋说诗》、《诗配画》等。

郁　风

(1916—2007)

郁风,女,原籍浙江富阳,1916年7月25日生于北京。画家、散文作家。1988年12月被聘任为中央文史研究馆馆员。

郁风的父亲是抗日战争中殉国的法官、诗人郁华(曼陀)烈士,擅长山水画。叔父是作家郁达夫烈士。郁风少年时期即受家庭熏陶热爱文学艺术。1928年入北京师大女附中。后入北平艺术专科学校及南京中央大学艺术系,学习西洋画。30年代中期在上海参加抗日救亡运动,并在报刊发表画作。1936年鲁迅逝世时,上海英文杂志《中国之声》在封面首次刊登的鲁迅画像,就是她的作品。抗日战争初期,郁风跟随郭沫若、夏衍到广州创办《救亡日报》,任记者、编辑,后到粤北四战区从事美术宣传工作。1939年到香港《星岛》和《华商报》任编辑并主编文艺美术综合刊物《耕耘》。日寇占领香港后到桂林任广西省艺术馆研究员。后在重庆、南京任《新民报》副刊编辑,发表过不少散文和评论。

新中国成立后,50年代起,历任中国美术家协会副秘书长、书记处书记、美术馆展览部主任等职。先后组织评选、陈列布置全国美术展览及中外各种专题展览计三百余次。如1952年的亚洲太平洋和平会议美术作品展、1958年的齐白石遗作展、1959年的李可染个人画展、1978年的何香凝遗作展等都是为美术界所称道的。她自己开玩笑说:"别人是画家,我是挂画家。"然而画挂多了,她的眼界和艺术积累也日益高深,对她的艺术创作非常有益。"文革"期间,郁风遭江青迫害入狱长达七年之久,1978年正式平反。她是中国美术馆研究馆员、中国美术家协会常务理事,曾任民间工艺美术学会顾问、邮电部邮票评审委员会委员、北京市第六、七届政协委员。2007年4月15日,郁风因病在北京逝世,终年91岁。

郁风在文艺上有多种爱好,早期从事水彩画的创作,其后也画油画。1942年,她在桂林、重庆与黄新波、特伟等七八人共同创作举行了"香港的受难"专题画展。1943年在成都中艺怒吼话剧团担任服装和舞台设计。1944年在成都、重庆举行"青城峨嵋写生画展"。1948年在上海举行油画、水彩画展。70年代末开始从事中国画创作，1982年参加法国沙龙展的作品《春风吹又生》获金质奖。1986年，她应邀到德国科隆美术馆举行画展，展示了现代中国水墨画的新面貌，受到该国艺术界重视。1988年起在香港、汉城、台北、悉尼，1994-1995年在杭州、北京、广州举办了郁风、黄苗子伉俪书画展，受到较高评价。

郁风晚年热衷于现代中国画的探索，作品构思精巧，色调秀丽，意境清雅，富有浓郁的抒情意味。芦苇、野花、西北和江南的风景，都通过她的画笔表现出现代中国人对于大自然的热爱，也是她个人经历的心灵感受。这种心灵感受不知不觉地引发了人们的共鸣。现在法国的著名画家赵无极、智利画家万徒勒里、德国的东方美术史家格柏博士，都是郁风的艺术知己。由于她长期从事美术创作，她的画友遍及海内外。她曾先后应邀访问了法国、德国、瑞士、美国和澳大利亚等国，进行艺术交流。自1989年她同丈夫黄苗子侨居澳大利亚，进行讲学和书画创作，举办展览，受到赞誉。

郁风的散文也富于画家的独特敏感，具有明丽、清新、质朴的风格。亦擅美术评论。她对于中国民间艺术和民族服装设计都深感兴趣，经常参加民间艺术的指导扶植工作以及服装设计的辅导评判工作。著有散文集《我的故乡》、《急转的陀螺》、《时间的切片》、《陌上花》、《美比历史更真实》，编有《郁曼陀陈碧岑诗抄》、《郁达夫海外文集》等。

冯忠莲

(1918—2001)

　　冯忠莲,女,广东顺德人,1918年9月14日生。国画家,古画临摹师。1988年12月被聘任为中央文史研究馆馆员。

　　冯忠莲幼入天津圣功小学,继入圣功中学读书。1936年入天津女子师范学校文学系。抗日战争爆发后,学校被炮火炸毁。经友人介绍,师从画家陈少梅,深得老师赞赏。1938年考取北平辅仁大学美术系。在校三年,美术系主任溥雪斋经常到她的画案前予以指导。她每学期考试都名列第一,毕业时被誉为全系的"女状元",校长为她颁发奖章、奖状。1941年毕业后,继续从陈少梅学国画,后与陈少梅结为伉俪,婚后教小学。

　　新中国成立初期,继续在天津实验小学任教,被评为天津市模范教师。1953年迁居北京,在北京启新小学任教。1954年3月,荣宝斋聘她临摹古画,兼任编辑室科长。1972年,调故宫博物院专门从事摹制古画,多次被评为先进工作者。1985年底退休。她是中国美术家协会会员、中国画研究会会员。又曾被选为北京市第二、三、四届人民代表大会代表。2001年5月6日逝世,终年83岁。

冯忠莲继承陈少梅的技法，画山水、人物。她的《江南春》、《涛声》等参加过第一、二届全国美术作品展览，受到好评。这位才华出众的女画家本来可以有更多的创作为自己显声扬名，但是为了祖国的文物保护事业，她近三十年间一直在默默无闻地临摹古画，先后复制了宋代赵佶《天水摹唐张萱虢国夫人游春图卷》、宋代《洛神赋图卷》、清代袁耀《万松叠翠图》、《宋人画册页》等。此外在荣宝斋时，为木版水印画的复制又勾描过明代仇英《白马如风疾图》、蓝瑛《山水图》等。1973年，她与陈林斋合作，临摹了《长沙马王堆一号墓西汉帛画》。冯忠莲最突出的成就，是复制北宋杰出现实主义画家张择端的《清明上河图》，其真迹珍藏在故宫博物院。1962年，她正处于才思焕发的黄金时期，故宫派她去临摹这幅高25.5厘米，长527.8厘米的宏图巨制，目的是为了陈列和保藏，因此要求极严，希望达到逼真的程度。冯忠莲深知道这一任务的份量，全力以赴，每天早出晚归，不论刮风下雨，酷暑严寒，从不间断。不料很快就遇到十年动乱，被迫停工。直到1976年，才得以继续临摹《清明上河图》。这时她已年近花甲，患有高血压和眼底血管硬化症，而且经过十年岁月，绢素、色彩、臂力都有很大变化。她克服重重困难，使摹本保持前后一致，丝毫看不出衔接的痕迹。1980年9月，终于大功告成。摹本的艺术效果和古旧面貌，与原作极为相似，亦被故宫博物院列为一级保护文物。

以后，她又努力培养接班人，辅导十几个青年临摹古画。她不但传授技艺，还传思想，传作风，真正做到严肃、认真。古稀之年仍继续作画，其代表作为《江南春幽》、《红楼十二钗》、《西园雅集图》、《秋景图》等。著作出版有《古书画副本摹制技法》一书。她以德艺双馨,赢得了人们的敬重。

(据《古今著名妇女人物》载种英撰《冯忠莲临摹生活三十载》
一文及有关资料增删)

尚爱松

(1918—2006)

尚爱松,曾用名尚松,江苏省铜山县人,1918 年 11 月 27 日生。学者、美术史研究专家、清华大学工艺美术学院教授。1988 年 12 月被聘任为中央文史研究馆馆员。

尚爱松 1937 年毕业于省立徐州中学,同年考取国立中央大学中文系,随校西迁重庆,受教于汪辟疆、胡小石、黄焯诸老师。1941 年毕业后,任教于私立清华中学(该校系在董必武秘密领导下创办),1942 年至昆明国立北平研究院史学所任研究助理、助理员,在徐旭生先生指导下研究魏晋学术思想史。

1945 年抗战胜利不久,内战爆发。"一二·一"惨案发生后,尚爱松为遇难的四烈士及在北平研究院工作的西南联大校友题写并赠送了挽联。他还激劝徐旭生先生带自己参加抬棺游行,徐是名学者、教育家,又是国民参政会参政员,他们的举动,在只管学术不问政治的北平研究院中,激起了很大波澜。1946年,闻一多先生遇害,尚爱松曾送闻先生遗体入太平间,不久,又冒风险为追悼会送去挽联。1948年在北平晋升为助理研究员。鉴于内战加剧,尚爱松积极投身反内战、反饥饿运动,当选为国立北平研究院助理研究人员联合会主席,与北大、清华等校的讲师助教会紧密配合行动。半年间,为平、津、唐七所国立院校的讲师助教会草拟了两个反饥饿文件。

北平解放后,1949年2月底,南京李宗仁派请邵力子、章士钊等北上议和,董必武、罗荣桓、叶剑英等领导联名邀请北京名流与民主人士参加和谈宴会,尚爱松亦在受邀之列。1949年秋,他被选举为北平研究院研究人员联合会副主席,同年参加了新文联。1950年初,中国科学院成立,尚爱松被选为中科院中苏友好协会第一任副会长。1950年冬加入中国民主同盟。1951、1952年,连续当选为历史、植物、动物、昆虫四个研究单位的学习委员会及抗美援朝分会等群众组织的主席。1952年调中科院院部任"三反"运动某专案组组长,执行政策较稳。1953年至1954年在中科院(国际科学)联络处代理处务。其间,他向专家请教而为中科院购买并赠送给朝鲜科学院的原版《李朝实录》,被朝鲜民主主义人民共和国视为国宝;他还多次通过外交部为植物研究所从当时严禁种子出口的印度尼西亚取得橡胶种子,这包种子的试种成功,为我国的橡胶生产打下基础。为哲学家熊十力著作的出版,他多次向中科院领导请求予以批准。 1955 年尚爱松调中科院胡适思想批判会工作,但主要精力 放在为苏联科学院编撰《世界通史》中国部分挑选图片和撰写说明词。

1956 年调入中央美术学院。1961 年调入中央工艺美术学院,讲授中国古典文学和中国美术史。他参与了两院美术史系的筹办。1993 年领取政府特殊津贴。在多次运动中持不同态度,"反右"斗争一言不发,"大跃进"不表态,"批邓"中沉默不语,"批周"声中,只写了几篇考据文章。

1964 年尚爱松曾于古文献中捡出画圣吴道子《画鬼自述》一则珍贵史料。1983 年为《简明大不列颠百科全书》中国书画部分拟定 164 条辞条条目,并撰写了其中四分之三的辞条。他还撰有魏晋学术思想史、中国美术史、中国文学史方面的论文多篇。

工作之余,尚爱松还十分注重文物资料与艺术品的保护。北京解放前夕,史学所因在国民党"剿总"所在地中南海内,研究人员均不上班,尚爱松独自一人昼夜守护十几万册图书及西北科学团发掘、搜集的数百箱文物、考古资料,迎接解放。1949 年 7 月,北平研究院从中南海迁出时,尚爱松发现了北研博物馆旧藏的百余幅法国近现代油画原作,艺术价值很高且旧中国仅有此藏,他随即上报,使这些原本怀疑已被日本侵略者掠去的油画得以重现。1981年, 尚爱松被聘任为北京市文物古迹保管委员会委员,曾提出中央应向群众开放中南海、北京市应建造《红楼梦》大观园等建议,有些建议已被采纳。

尚爱松入馆以来,担任《诗书画》编委、《新编文史笔

记》丛书特约编审,在文史研究和诗词创作方面做出了有
益贡献。

2006 年 5 月 28 日,尚爱松因病在北京逝世,终年 88
岁。

蒋　路

(1920—2002)

蒋路,原名蒋朝淮,曾用名
蒋光葵,1920 年 2 月 9 日出生
于广西全州安和乡。翻译家、外
国文学编辑专家。享受国务院政府特殊津贴。1988 年 12
月被聘任为中央文史研究馆馆员。

蒋路之父继伊,举人出身,清末留学日本,曾任国民参
政会参政员、广西省参议会议长。蒋路 1928 至 1932 年在
本乡上小学。1933 年春进县立初中。1935 年夏入长沙明德
中学高中部,开始广泛涉猎"五四"以来的新文学作品和欧
美、日本的名著。1937 年任校刊编辑,在当地杂志上发表
过几篇习作。

1938 年春考入国民党第七预备师政治队,深感失望,
于是投奔西安八路军办事处,要求去陕北学习。同年 8 月

到达陕北公学所在地——陕甘宁边区旬邑县乡间。在为期三个月的"普通队"结业后,又考取以培养理论干部为宗旨的高级部,继续进修。

1939年夏,中共中央组织部动员他重返国统区,利用自己的社会关系开展工作。10月回到广西,次年初报考桂林中苏文化协会举办的俄文专修学校,以两年时间学完三年的课程。1941年冬毕业时,由学校负责人、地下党员孙亚明先生提拔,留校任助教,并开始学习翻译,在秦似与孟昌合编的《文学译报》、司马文森所编的《文艺生活》、邵荃麟和孙亚明主持的《翻译杂志》、林涧青所编的《青年生活》等当地刊物上介绍苏联小说和文学论著,陆续出版了三种单行本,即谢尔宾纳的《论<静静的顿河>》、谢列布罗夫等的《回忆托尔斯泰与高尔基》、托尔斯泰的《少年时代》。1942年加入中华全国文艺界抗敌协会。

1944年秋,日寇进犯广西,蒋路撤到重庆,经陕公校友、地下党员屠公博荐举,在陶行知先生所办的育才学校文学组任教,主要讲授19世纪俄国文学。在当时国统区的院校中,正式设置这门课程者,仅此一家。授课之余常给《中苏文化》、《新华日报》和冯雪峰编辑的《抗战文艺》月刊翻译高尔基、卢那察尔斯基等人的论著,为力扬与林辰合编的《新民晚报》副刊、蒋一苇负责的《人物杂志》写过多篇有关俄国古典作家的文章。

1947年春,蒋路离川赴沪,待业期间译出屠格涅夫的《文学回忆录》,承巴金先生采用刊行。同年12月由戈宝权先生介绍,进入苏联政府在上海所办时代出版社编译部,为该社的《苏联文艺》杂志定期提供译稿,此外还译过史坦因的《奥斯特罗夫斯基评传》、高尔基的《忆列宁》、卡扎凯维奇的中篇小说《星》和车尔尼雪夫斯基的长篇小说《怎么办？》等四部单行本。

1953年春,时代出版社及其下属印刷厂由苏方移赠我国政府,蒋路调人民文学出版社,从此长期从事俄苏文学的选题计划制订、组稿、审校等工作。最初编发古典作品和文艺理论,"文革"后的几年,业务范围拓宽,以外国文学史为重点,如《欧洲文学史》、《瑞典文学史》之类。1978至1983年任外国文学编辑室副主任,分工管俄苏、东欧和西方各国的书稿;同时作为编委和工作组成员,参加本社与两个兄弟单位协作的三大工程——《外国文学名著丛书》、《外国古典文艺理论丛书》和《马克思主义文艺理论丛书》。

从1953年到1987年离休,蒋路在文学翻译方面也做出了贡献,其中比较重要的是卢那察尔斯基的两部文论集《论俄罗斯古典作家》和《论文学》,与人合译的有布罗茨基主编的三卷本《俄国文学史》和巴纳耶娃的《回忆录》。离休后,除了校订几部旧译,又将历年积累的治学心得,写成《俄国文史漫笔》一书行世。

1952年蒋路成为中国作家协会会员,曾参加全国文学艺术工作者第三次(1960年)和第四次(1979年)代表大会、中国作家协会第四次代表大会(1984年)。1979年起当选中国外国文学学会理事、中国俄罗斯文学研究会常务理事和中国翻译工作者协会理事。1983年授"编审"职称,同年授文化部出版局先进工作者称号。1990年获韬奋出版奖。1982、1985 和 1989 年分别应邀出访联邦德国、捷克斯洛伐克与苏联。1984 年起,《北京晚报》、《出版工作》杂志、《光明日报》、《广西日报》和《新闻出版报》先后为蒋路写了专题报道。1997 年荣获中国作家协会颁发的"鲁迅文学奖——全国优秀文学翻译彩虹奖"。

2002 年 12 月 9 日, 蒋路因病在北京逝世, 终年 82岁。

启 功

(1912—2005)

启功,满族,爱新觉罗氏,字元伯, 又作元白, 北京人,1912 年 7 月 26 日生。著名教育家,文史大家,古典文献学家,书画家,文物鉴定家。全国政协第五届委员,第六、七、八、九、十届常委。中央文史研究馆第六任馆长。

启功 1 岁丧父。祖父毓隆,翰林出身,为典礼院学士,曾任学政、主考。由于家学的影响,启功自幼受到严格的教育和良好的道德熏陶。9 岁时,祖父去世。全家因偿还债务,陷于破产,启功中学未毕业就被迫辍学。16 岁时,经一位世交介绍,随戴绥之学习经史辞章,广泛涉猎,在古典文学和历史方面打下坚实基础。1933年,由傅增湘荐举给陈垣教授,陈垣将他安排到辅仁大学附中当国文教员。这是他执教的开始。1935年,又在陈垣推荐下,入辅仁大学美术系任助教,不久被解聘。当时正值北平沦陷期间,他以教家馆、卖画维持一家生活。1938年,陈垣校长再次安排他到辅仁大学一年级任教。在长期的受教中,深蒙亲切关怀,启功说他们间"师生之谊有逾父子"。

严酷的现实使启功认识到,自己是一个中学生,要想立足于高等学府,并做出一些成绩来,必须比别人更加勤奋,以自己的真才实学,取得各方面的认可。从那时起,他便养成了在学术上务实、求真的习惯,几十年从未放松对自己的要求。他从教大学国文开始,直到新中国成立,在辅仁大学的讲台上,显露了他的才华,先后教过中国文学、中国美术和唐宋诗词、历代散文选等课程。由于他学识渊博,讲究教法,深入浅出,无论教什么课,都能胜任,颇受学生欢迎,他也由助教晋升为讲师、副教授。

新中国成立后,院系调整,启功继续在北京师范大学中文系任教。1952年加入九三学社,以后又以少数民族代表身份,被选为北京市政协委员,但在1957年的反右运动中未能幸免。他没有气馁。不能上讲台,他就利用劳动的余暇,潜心学术研究,读书,写文章。继之又探索诗、词、曲、骈文、散文等各类文体的声调,特别是律调的法则,归纳出其中的规律,撰写了《诗文声律论稿》。"文化大革命"期间,他也是白天参加劳动,晚上发奋读书、写作。粉碎"四人帮"后,启功重新登上讲台,晋升为教授,虽已年逾花甲,体弱多病, 仍以顽强的精神和青年教师一起争分夺秒,为恢复教学秩序而无私奉献。他任古典文学教研室教授,博士生导师,不但教本科生,带研究生,还主动要求在夜大兼课,桃李满天下。在政协会议上,他多次为发展业余教育提出积极建议。为了发现人才、培养人才,1988 年,他决定向本校捐赠书画 110 件,义卖后用作励耘书屋主人陈垣奖学助学基金。在香港知名人士荣智健、李嘉诚支持下,1990 年 12 月,他在香港举行了"启功书画义展",筹得基金 170 余万元,加上平时积累的稿费,共 200 多万元人民币,每年用基金所得增款数奖励优秀师生。1992 年 10 月,北京师范大学建校 90 周年之际,颁发了首批奖金。

启功是九三学社中央参议委员会副主任,中国书法家协会主席、名誉主席,国家文物鉴定委员会主任委员。1989 年 4 月被聘任为中央文史研究馆副馆长,1999 年 10 月任馆长。自担任中央文史研究馆副馆长以来,启功始终十分关心馆务工作, 对结合实际开拓文史研究馆工作的新领域、弘扬民族优秀传统文化提出了许多宝贵意见,他认真筹划并积极参加文史研究馆组织的活动,促进中央文史研究馆与各地文史研究馆之间的合作,组织开展中央文史研究馆的国际文化交流。他还先后担任了《新编文史笔记丛书》、《崇文集》、《缀英集——中央文史研究馆馆员诗选》等书籍的副主编、主编工作。2005 年 6 月 30 日,启功因病在北京逝世,终年 93 岁。

启功集诗、书、画和文物鉴赏于一身,是享誉国内外的专家学者。他对古代书画、碑帖见识卓异,造诣精深,早在40年代,就发表过有关的专文,曾被聘为故宫博物院专门委员,经他过目的古代艺术精品,数以千计。由于他对历代作品特征、作者风格了然于心,加上他有丰富的文物知识和文史修养,又熟谙典故,劣品和赝品总逃不过他的目光。1983年,他成为国家文物管理局中国古代书画鉴定组的成员之一。

启功的书法能取得卓著的成就,是与他奋发图强的性格分不开的。他20岁时,一位长辈命他画一幅画,并说要裱装后挂起来,他当然感到十分光荣。但那位长辈又对他说,你画完不要落款,请你的老师代笔。对启功来说,这是一次"沉重的刺激",从此他自下决心,发奋练字,刻苦钻研几十年,终成大家。启功认为,"学写字首先要敢于不受自古以来各流派清规戒律的束缚。比方说,笔只能怎么拿,腕只能怎么用,这是很害人的"。其次是"向古人学习也不一定死学某一家、某一派。我幼年时学祖父和上辈成亲王的,后来又学过赵孟頫、董其昌、米芾,再后学二王、颜真卿、欧阳询及唐人写经。十年动乱期间习柳公权。这样兼收并蓄,经过消化,就变成了自己的东西"。正是由于这样,启功的书法才既蕴深厚传统,又有自己独特风格。书法界评论他的作品:"不仅是书家之书,更是学者之书,诗人之书,它渊雅而具古韵,饶有书卷气息;它隽永而兼洒脱,使观者觉得很有余味。因为这是从学问中来,从诗境中来的结果。"启功对书法理论有独到的研究,他著的《论书绝句》,以诗的形式总结了自己几十年的书法实践。陆续出版的启功著作还有《古代字体论稿》、《书法概论》、《启功书法选》、《启功书法作品选》、《启功草书千字文》、《启功书画留影集》、《启功论书札记》、《启功三帖集》等。

启功自幼喜爱绘画，曾拜贾羲民为师学画，后又从吴镜汀学画。他常随老前辈到故宫观摩古字画，受到不少启迪和教诲。他擅长画山水、竹石等，只是后来忙于教育工作，只得忍痛罢手。改革开放以来，为了对外交流，他还是挤出时间，无偿替学校、国家教委和统战部门创作了不少条幅，赠给国际友人。他十分热心公益事业，多次为赈灾捐款，无偿为一些单位和个人题签、写字。

启功又是诗人。他除了在古典文学教学过程中讲授诗文外，并著有《诗文声律论稿》；解释“秦书八体”，著有《古代字体论稿》，又有《启功丛稿》、《汉语现象论丛》、《说八股》(与人合作)。诗词创作方面有《启功韵语》、《启功絮语》、《启功赘语》等印行问世。他还注释了程乙本《红楼梦》，参与校点《清史稿》。

启功作为中外文化交流的友好使者，多次到日本、新加坡、香港讲学、访问、举办书画展。1995 年 4 月 10 日至22 日，启功随同时任全国人大常委会委员长乔石访问日本和韩国。1999 年 12 月，应邀赴美国参加“中国古书画艺术研讨会”，并宣读学术论文。启功以自己的才能、品德和贡献，赢得了社会各界的敬重和爱戴。

刘北汜

（1917—1995）

刘北汜,曾用名刘惠民,笔名冯荒、董桑，吉林延吉人，1917年11月3日生。曾任紫禁城出版社社长、总编辑。1991年4月被聘任为中央文史研究馆馆员。

"九一八"事变后,从东北到北平读高中,1943年毕业于西南联合大学历史系,曾在昆明峨岷中学、云南大学附中等校任教。1946年9月到上海《大公报》任编辑。1949年5月上海解放后,任《大公报》副刊编辑室主任,继续编《文艺》、《文学周刊》和《群众文艺》等栏。1950年加入中国民主同盟,同年在上海市第一次文代会上当选为上海市文联副秘书长。1951年2月至5月,他作为上海《大公报》唯一的战地记者,参加了抗美援朝战争的新闻采访。1953年起历任天津《大公报》文化生活组组长、北京《大公报》副刊主编等职近二十年。1978年6月调故宫博物院,先后担任过《故宫博物院院刊》和《紫禁城》杂志主编,研究室副主任、主任,紫禁城出版社社长、总编辑。1980年8月加入中国共产党,多次被评为先进工作者和故宫博物院、国家文物局及文化部的优秀党员。1992年起作为有突出贡献的专家,享受政府特殊津贴。1988年1月退休后,仍留在紫禁城出版社任编审。次年应聘为《中国文物报》特约编审。他是中国作家协会会员、北京史研究会副会长、中国俗文学学会副会长。1995年5月12日逝世,终年78岁。

刘北汜致力于编辑工作将近半个世纪,一贯认真负责,坚持原则,具有丰富的经验、广博的知识、全面的业务才能。在《大公报》任职期间,除出色地完成本职工作外,还主编了《戏曲小丛书》、《和平战线文丛》及《工作文丛》等三套读物共四十余种。1986年,他主编的《故宫博物院藏宝录》面世。他又在有关部门配合下,清理了故宫收藏的全部古籍旧书,商请中国书店重新刊行了《晚清簃诗汇》、《新元史》、《退耕堂政书》和《明清八家文钞》等十套古籍。加入中央文史研究馆后仍不辞劳苦,一边在紫禁城出版社上班,一边担任《新编文史笔记》丛书特约编审、馆刊《诗书画》主编和《世纪》杂志编委。

刘北汜自30年代后期起就从事业余文学创作。他的散文意境清新,文笔朴实,善于抓住一个场景、一事一物,从侧面反映时代的气氛,抒发自己深沉的思想感情;他的小说大都取材于农村、工厂、知识分子及城市居民的生活。先后出版了《曙前》、《人的道路》、《拿红旗的人》、《雪霁集》等散文集;《云层》、《伙伴们》、《山谷》等小说集;另有题名《朝鲜在战斗中》的通讯报告集一卷。晚年又推出了《荒原雨》、《涉水集》以及《故宫沧桑》、《故宫春秋》等专著。其全部作品已被美国费城大学图书馆收藏,他的一些散文被选为范文。

刘继瑛

(1921—　　　)

　　刘继瑛，女，1921 年 1 月生，河北武清人。国画家。曾任中山书画社艺术指导委员会委员、齐白石艺术研究会顾问、北京中国画研究会理事等。中国美术家协会会员。1991 年 4 月被聘任为中央文史研究馆馆员。

　　刘继瑛幼年在家塾读书，继入私立女子书画学校学习国画。1938 至 1947 年师从溥心畬先生学习国画、书法和文史知识。1952 年参加北京市中国画研究会。1954 年参加画会组织到中央美院进修素描及人体解剖学，受到叶浅予、文金扬等教授指导，同时又从师王雪涛先生学习写意花鸟画，并从事美术工作。1957 年北京画院成立，由王雪涛推荐为画院画师，后又调北京市美术公司创作室任画师。现为中国美术家协会会员、中山书画社艺术指导委员会委员、齐白石艺术研究会顾问、北京中国画研究会理事、东方书画研究会理事。

　　1954 年，刘继瑛同何香凝、胡絜青、俞致贞等 11 位女画家合作大幅作品《百花齐放》。1957 年 2 月，又同王雪涛、郭味蕖、董寿平等老画家为中国在莫斯科开设的北京饭店大厅合作 150 余平方尺的大画《和平万岁》。1971 年周恩来总理提出组织部分书画家为国家各部委接待外宾场所及各大宾馆作装饰画,刘继瑛为财政部、外交部、外贸部及宾馆创作了3—5米的大幅作品三十多件。1979年为中国驻伊拉克大使馆作丈二尺大画。晚年,走遍名山大川,体验生活,继续为提高国画技艺而努力创作。先后创作了花鸟与山水结合的作品如《黄果树瀑布》、《春到颐和园》等作品,被对外贸易部收藏。

刘继瑛不仅继承了溥心畬、王雪涛二位国画家的技法,而且博采众长,数十年来孜孜以求,勤学不辍,逐渐形成了自己用笔多变、设色清丽、气势生动的风格。她作画意在笔先,信手挥写,行云流水,一气呵成。所绘花鸟,形神兼备,雅俗共赏,令人百看不厌。作品经常参加全国性和各省市画展,多次获奖。还多次在美国、日本、荷兰、德国、台湾等地展出。1987年参加了我国举行的中日女画家首次画展,得到日本有关方面颁发的奖状,被誉为不可多得的写意花鸟女画家。1988年曾应邀赴日本举办巡回联展,全部作品被日本各界收藏。2011年1月在京举办《花沁幽馥———刘继瑛花鸟画精品展》,受到各界赞誉。她的画还为国内外许多美术馆、博物馆所收藏;天安门城楼、毛主席纪念堂、人民大会堂亦有陈列收藏;作为国家礼品,先后赠送澳大利亚总理霍克、美国总统里根夫人、斯里兰卡班达拉奈克夫人。她还为"5·12"汶川地震、"爱我中华、修我长城",为抢救国宝大熊猫,为中国残废人福利基金会、中国红十字会、北京市儿童少年福利基金会和为援助非洲灾民等捐赠国画,多年无私奉献,体现了一位老艺术家的高尚情操。

王楚光

(1934—)

王楚光,湖北应山(今广水市)人,1934年12月1日生,现任国务院参事室副主任、中央文史研究馆副馆长。

王楚光幼年父亲早殁,家道中落,中学时被迫辍学,出走武汉,在京华印刷厂学徒。建国初期加入中国共产党,同时参加革命工作,在武汉市从事青年工作十余年,此时,边工作,边学习,提高了理论和文化素养。60年代初调入中共武汉市委政策研究室,从事编辑和撰写文稿工作。1965年奉调进京,在中华人民共和国对外文化联络委员会担任秘书。"文革"中期下放河南省信阳地区"劳动锻炼"达四年之久。70年代中期回京,在中国科学院哲学社会科学部(后改建为中国社会科学院)从事政治宣传工作有五年。在此期间,和我国文史界的人士建立了较为广泛的联系。80年代,在国务院机关从事机关党务工作有十年时间,后期担任中共中央国家机关工委副书记。1991年7月,被任命为国务院参事室副主任,同时应聘担任中央文史研究馆副馆长,负责承办日常馆务工作。王楚光同志尽职尽责,为筹措经费,增聘馆员,创办刊物,举行画展,拓展馆务,加强与

各地文史研究馆的联系和交流工作经验，以及在组织领导
国务院参事室的活动中，做了大量工作。同时，积极加强与
馆员的联系，在馆员中广交朋友，与各位馆员均建立了良
好的人际关系，得到馆员的信任。他还深入调查研究，努力
钻研文史馆的业务工作，探索文史馆工作的规律，撰写了
很多讲话稿和有影响的政论文章。他于1998年担任中国
人民政治协商会议第九届委员会委员及政协文史资料委
员会委员，积极参政议政，参与文史资料的编审工作。此
外，他还是中国老龄协会专家委员会委员，对老年问题的
研究也有所心得。他还担任中国国际友人研究会常务理
事，参与国际友好活动。

吴小如

(1922—　　)

吴小如，1922年生，安徽
泾县人。学者。北京大学古典文
学、历史学教授。中国作家协会
会员、中国楹联学会顾问。1992年2月被聘任为中央文史
研究馆馆员。

　　吴小如1932年随父（著名学者、书法家吴玉如）迁居
北平，1932至1934年在私立汇文一小读书，1935年在私

立育英小学毕业。1935至1936年升入私立育英中学,赶上了"一二·九"学生运动。由于其父1935年回到母校南开大学任教,他便于1936年秋转入天津南开中学读书。翌年7月,抗日战争开始,全家迁入天津租界,辍学一年。1938年以同等学力考入天津私立工商附中高中,1941年毕业,升入私立工商学院商科会计财政系。1943年先后在天津私立达文中学、志达中学、圣功女中等校任教。1945年抗战胜利,又重新读大学,考入私立燕京大学文学院。1946年夏考入清华大学中文系三年级为插班生,1947年又转入北京大学中文系,至1949年毕业。

1949年至1951年,在天津津沽大学中文系任教员。1951年秋,到燕京大学国文系任助教。1952年进行全国大专院校合并调整,留北京大学中文系任讲师。主要讲授中国文学史,也开设过中国小说史、中国戏曲史、中国诗歌史、古典诗词、散文等课程。1980年晋升为教授。1982年底,调到北大中国中古史研究中心任职,1991年退休。他还任北京大学历史系教授、中国作家协会会员、中国楹联学会顾问、《燕京学报》常务编委和《诗书画》丛刊主编。1953年在北大参加九三学社。

他在业余时间曾为中华书局义务编过一年《文史》(1980—1981)。业余爱好为戏曲(特别是京戏)和书法。

吴小如著作颇丰。1955年即出版了《中国小说讲话及其它》,后来又出版《古典小说漫稿》以及与人合撰的《小说论稿合集》。于话本小说、武侠小说、讽刺小说、公案小说写过一些专题论文。戏曲方面写过《台下人语》、《京剧老生流派综说》和《吴小如戏曲文录》(曾获北京大学优秀文化著作奖)。对古典诗词的研究成绩卓著,先后出版了《诗词札丛》、《古典诗歌习作与欣赏》、《古典诗文述略》等专著。还出版了《古文精读举隅》、《书廊信步》。此外,属于综合类的有《读书丛札》,先后在香港、北京两地出版,被学界认为是较有见地的著作。另外有一本《中国文史工具资料书举要》,也先后在香港和京、津各地出版,受到好评。近年出版的还有《当代学者自选文库——吴小如卷》、《皓首学术随笔·吴小如卷》、《莎斋笔记》、《今昔文存》、《读书拊掌录》、《心影萍踪》、《常谈一束》、《霞绮随笔》、《吴小如讲〈孟子〉》等。

因受家庭影响,书法也是业余爱好。自 2009 年始,陆续出版《吴小如手录宋词》(二百首)、《吴小如手录书斋联语》、《吴小如书法选》等作品。2012 年,又出版了《吴小如讲杜诗》、《莎斋闲览》等著作。

王会庵

(1915—1994)

王会庵,谱名嘉亨,祖籍河北新城,1915 年 5 月 27 日生于北京。1993 年 8 月被聘任为中央文史研究馆馆员。

1935年北平市第三中学肄业。1936年随父移居山西介休县养病,1938年回北平。翌年春起,在傅增湘("五四"时代曾任北洋政府教育总长)家帮助编辑《宋代蜀文辑存》一百卷,历时七年;又任傅增湘主持的《雅言》月刊编辑主任。抗日战争胜利后,先任《华北日报》副刊助编;不久任国史馆北平分馆科员,编辑《民国大事记》、《民国碑传集》等,在此期间曾兼任河北通志馆协修,编修《河北金石志》。

北平解放后,国史馆北平分馆由军管会接管,编入北京大学文科研究所,王会庵任该所民国史组组员。不久,北大文科研究所并入中国科学院近代史研究所,王任资料编辑组编辑。1960年调通史组任助理研究员,协助范文澜编写《中国通史》。1979年11月评为副研究员。1986年12月退休, 受聘为中国社会科学院近代史研究所特约研究员。1994年2月9日病故,终年79岁。

王会庵是学者王树枏之文孙,家学渊源,知识广博,治史严谨。新中国成立后,他参加编辑《太平天国》八册、《太平天国资料》、《太平天国资料目录提要》、《中国地震资料年表》、《西藏地方历史资料》、《陕甘宁边区文献汇编》、《五四爱国运动资料》、《宋史丛考》、《庚子纪事》等,均已出版。还参与选辑了历代救荒资料及中苏、中蒙、中印边界资料。1980年完成的《地震历史资料汇编》第一卷(古代部分),曾获1987年中国图书奖、国家地震科学进步奖一等奖、中国社会科学院优秀科研成果荣誉奖。晚年参加《中国通史》第五、六册的编写工作,写出北宋政治制度初稿。他为史料编纂和研究付出了毕生精力,成绩斐然,荣获国务院颁发的政府特殊津贴。

田世光

(1916—1999)

田世光,字公炜,祖籍山东乐陵,1916 年 10 月 27 日生于北京海淀六郎庄。工笔花鸟画家、美术教育家。1993 年 8 月被聘任为中央文史研究馆馆员。

田世光幼年时在本村读私塾,喜欢绘画。如看到别人放风筝,自己买不起,就自己动手绘制。上中学时,他才华过人,美术成绩总是名列前茅。但因家庭困难,不得不中途辍学,由亲友介绍,到店铺当学徒。1933 年,在舅父资助下,考入北平京华美术学院国画系,先学山水画,后改画花鸟。他的没骨花卉启蒙老师是赵梦朱先生,山水从师吴镜汀先生,书法从师于非闇先生。1937 年毕业后,为了探索重彩工笔画法,考入北平古物陈列所国画研究馆,成为第一期研究员。在国画和古典诗词方面,受到黄宾虹和于非闇教诲,这使他在绘画技法和艺术修养方面得以精进。一年后即任该馆助教,不久又升讲师,同时担任京华美术学院讲师,以后还兼北平国立艺术专科学校讲师、北平临时大学补习班第八分班讲师。1946 年春,田世光正式拜张大千为师。张住颐和园养云轩,田常去聆教,看先生作画。张大千献身艺术的精神和画风, 使田世光在山水画创作和表现风格上受益很大,成为大千先生的入室弟子。直到1983年张大千病危时,还辗转寄来新出版的画册,并在画册上写道:"世光贤弟留阅,不得见者三十余年,弟艺事大进,而爰衰老矣!八十五叟爰。"足见师生感情之深。1946年底,徐悲鸿到北平任国立艺术专科学校校长。他在一次画展里,看到田世光的大幅花鸟与山水结合的作品《幽谷红妆》,大为称赞,即约田会面,并亲自聘请他回到艺专任教。后来徐田曾合作画过多次,如东坡诗意《竹外桃花》图,就是其中之一,此作已收入《徐悲鸿画集》第一集。

新中国成立后,田世光一直任教于中央美术学院和中央工艺美术学院及艺术师范学院,由讲师到副教授、教授。1983年退休后又由中央美术学院返聘,并任研究生导师。他还是北京大学艺术教研室顾问、中国美术家协会会员、北京工笔重彩画会副会长、中国画研究院第一届院务委员。1957年1月加入中国民主同盟。1999年7月28日病逝,终年83岁。

田世光的花鸟画,在当代中国画坛上具有深刻的影响。他的艺术历程,正是对艺术不懈地追求、探索和创造的历程。自清季中叶至30年代,工笔重彩画的许多优秀技法几近失传,田世光发愿要继承和光大"宋元画派双勾重彩"花鸟画的技法。要实现这一理想,对他来说,困难不少。首先是当时没有画宋元派画法者,古本真迹难觅,只能参考有限的印刷品,而这类印刷品又多半不是彩色,惟有到故宫去参观宋元人的原作。当时在故宫看画不准临摹,只好强记画中的形象、构图、色彩和细节刻画,及时默记下来,回家默写。1937年他考入国画研究馆后,对馆中徐熙、黄筌等古代名家的作品真迹,如饥似渴,精心临摹。黄筌画法结构缜密,色泽浓丽;徐熙画法着色柔润,兼用墨法。田世光兼收并蓄,尽得宋元勾勒画派技法之精髓,逐步形成自己造型准确、色彩绚丽幽雅的风格。由于他的作品日多、并举办过画展,故影响渐广,30年代到40年代,其花鸟画已负盛名。他一反传统中非工即写的做法,熔工笔写意于一炉;重视花鸟与山水的结合,烘托出画面的气氛;在色彩运用上也不株守古法,除色墨结合外,根据花鸟固有的鲜丽色彩,善于把双勾分染法与没骨接染法、点染法统一起来,使色彩流动、丰富而有变化。他对传统花鸟画法的变革,也正是他对绘画传统的发展。田世光还善于从大自然中挖掘美的内涵。他笔下的绶带雉鸡、八哥黄鹂,仿佛与人对话,令人如闻其声;瓜肥果硕,蔬鲜笋嫩,朴实无华,自有清淳之美;青松杏柳,幽花野卉,蕴含生机无限,给人以春的气息。这些饱含情与美的作品源于他对生活的深入观察和艺术提炼,又体现出他高尚的审美意趣和对精神境界的追求。通过悉心钻研、勤奋实践,田世光终于创造出了大量具有鲜明民族气派、涵摄今古、富有时代生活气息的作品,为我国近代画坛留下了宝贵的财富。

田世光在花鸟画方面的艺术成就得到社会的承认和肯定,受到党和国家领导人的赞许,多次完成了政府交给的创作任务。1954年创作《四季花鸟年画》四屏条,是新中国成立后第一次以花鸟为题材的年画,向全国发行。1956年参加集体创作彩墨国画《和平颂》,参加创作的主要有齐白石、何香凝、陈半丁、田世光等人，郭沫若题词。此画是建国以后第一张巨幅国画在"世界和平大会"上出现。1957年，与于非闇等人合作巨幅国画《松柏长青》，我国政府作为国礼赠送苏联，庆祝苏联建国四十周年。1959年作巨幅国画《丹枫玉羽》(白孔雀图)，为人民大会堂北京厅收藏。1964年绘制《牡丹》特种邮票十五枚，1979年被邮电部评为建国三十年来最佳邮票。1972年国务院机关事务管理局奉周恩来总理指示，组织知名画家作画，布置国宾馆，田世光画了一幅《池塘鸳鸯图》，被挂置在元首休息室，几个厅堂中也张挂有他的巨幅孔雀图，得到周总理和其他领导同志的赞许。1983年，国务院办公厅组织画家作画装饰中南海各个会议厅，田世光创作了《春晖》巨幅四条屏，画的主题是玉兰锦鸡，和平安详，欣欣向荣等。这幅画画了四个月，被安置在中南海紫光阁内，国务院办公厅赠予刻有"紫光阁作画纪念"字样的纪念品。1984年，为庆祝建国三十五周年，制作巨幅《红梅白鹇鸟》、《红梅迎春图》，被陈设在天安门城楼上。次年应国防部邀请，为远望楼宾馆作丈二巨幅画《松树白鹰》。他的作品《白鹰》曾作为国家领导人礼品，赠送给日本首脑。田世光的作品参加全国画展、集体画展及个人国内外画展共百余次。曾与郭沫若合作诗画合璧的《百花齐放》木刻水印画册。已出版个人画册四部。在《中国画集》、《当代中国画》、《中国画选集》、《中南海珍藏画集》等数十部画册中均收载有他的作品。他还创作了不少年画。

田世光又是一位经验丰富的教育家。他从事美术教学工作五十余年，嘉惠后辈，桃李满门。他在中央美术学院的教学中悉心传授双勾重彩,使这一濒临失传的优良技法得以普及发扬,贡献甚大。

(据陈芳撰《工笔画家田世光》一文,并参阅有关资料辑录)

王世襄

(1914—2009)

王世襄,号畅安,祖籍福建福州,1914 年 5 月 25 日生于北京。学者、文物鉴赏家。享受国务院政府特殊津贴。1994 年 7 月被聘任为中央文史研究馆馆员。

王世襄出身书香门第,小学至高中,就读北京美国学校,同时家中聘请国学耆宿,讲授文史诗词。1938 年毕业于燕京大学国文系,获学士学位。1941 年毕业于该校研究院,获硕士学位,论文为《中国画论研究·先秦至宋》,继在家中撰写论文元至清部分。1943 年全稿完成后,赴重庆寻求工作。是年冬去川西李庄任中国营造学社助理研究员,学习中国古代建筑学。抗日战争胜利后,在国民政府教育部清理战时文物损失委员会驻平津区办事处任助理代表,清理追还抗战时期被敌伪劫夺之文物。一年中,经过侦察调查,奔走交涉,追还、征购数批文物,总数达 2000 余件,一律由故宫博物院接收保管。1946年底任中国驻日本代表团第四组专员,负责调查交涉日方归还所掠中国文物事宜。次年初追还被劫夺的原中央图书馆所藏善本图书106箱,由日本横滨押运到上海,经郑振铎派员接收。旋任故宫博物院古物馆科长及编纂。1948年6月,被派赴美国、加拿大考察博物馆一年。期满后,拒绝了弗利尔美术馆、匹兹堡大学的聘请,返回故宫任原职。

新中国成立后任故宫陈列部主任。曾入华北革命大学学习一年。"三反"运动中,由于追回收缴珍贵文物众多,被列为重点审查对象,蒙冤拘留审查达十个月,经查明无问题开释后,文物局竟令其去劳动局登记自谋出路。1953年开始在民族音乐研究所工作,担任有关音乐史方面的研究,如设计布置中国古代音乐史陈列室,编纂《中国古代音乐书目》,撰写古琴曲《广陵散》说明、《信阳楚墓出土乐器调查》等。1957年的反右运动中,因对"三反"后的处理有意见,被错划为右派。1962年"摘帽",宣布的当天调回文物局工作。他在离开文物岗位的整整十年中,利用一切业余时间,坚持文物研究。诸如《髹饰录解说》一书的撰写,明式家具实物、技法、文献材料的收集,清代匠作则例的访求、整理、汇编等,都是这十年中惨淡经营、点滴积累而成的。"文化大革命"中,他又一次受到冲击,1969年10月在患肺结核活动期中,下放湖北咸宁文化部干校劳动。党的十一届三中全会后,获彻底平反。他从1962年调回文物单位到1994年退休,任文物博物馆研究所(后改为文物保护科学技术研究所、古文献研究所、中国文物研究所)副研究员和研究员。1985 年 12 月被评为全国文物博物馆系统先进个人。1994 年 1 月,其专著《明式家具珍赏》获第一届国家图书奖提名奖。他还是国家文物鉴定委员会委员,九三学社成员,第六、七届全国政协委员。2009 年 11 月 28 日,王世襄因病在北京逝世,终年 95 岁。

王世襄学识渊博,对文物研究与鉴定有精深的造诣。尤其是对古典家具的研究,在国际上有较大影响。1981 年 4 月,在北京为联合国工业发展组织作有关中国传统家具的报告。1983 年应邀赴伦敦剑桥大学作中国文物报告。1990 年 8 月至 9 月出席其专著《明式家具研究》英文本首发式,在美国五大城市博物馆作有关家具的报告。1992 年应美国旧金山民间艺术博物馆之邀,参加有关家具的座谈会。还先后多次应香港中文大学、东方陶瓷学会、台湾中华文物学会之邀,作关于家具、漆器、竹刻、文人趣味与工艺美术的报告或宣读论文。

2003 年,为了表示对王世襄在通俗文化和工艺品方面做出的一丝不苟的研究的高度肯定,荷兰克劳斯亲王文化与发展基金会将当年"克劳斯亲王奖"的最高荣誉奖及 10 万欧元奖金颁发给他。王世襄是第一位荣获此奖的中国人。2003 年 10 月,王世襄致信时任国务院总理温家宝,表示要将其获得的全部奖金捐献给希望工程,建立一所"中荷友好小学"。2006 年 6 月 1 日,王世襄捐建的"武夷山市中荷友好小学"在福建省武夷山市举行了落成典礼。

王世襄的著作颇多,主要有:《中国古代音乐书目》、《广陵散》(说明部分)、《画学汇编》、《清代匠作则例汇编·

佛作·门神作》、《竹刻艺术》、《竹刻鉴赏》、《髹饰录解说》、
《明式家具珍赏》(并有英、法、德文本)、《中国古代漆器》(并
有英文本)、《中国美术全集·竹木牙角器》(与朱家溍合编)、
《中国美术全集·漆器》、《明式家具研究》(并有英文本)、
《北京鸽哨》、《竹刻》、《蟋蟀谱集成》、《说葫芦》(中英双文
本)、《美国中国古典家具博物馆精品选》(中英文本，英文
本，与 Curtis Evarts 合编)、《锦灰堆——王世襄自选集》(包
括历年撰写的文章一百多篇，彩色、黑白图数百幅)、《明代
鸽经 清宫鸽谱》等。

　　王世襄多才多艺，擅书法与诗词，兴趣广泛，故某些著
述超出一般文史工作者的研究范围。

林　锴

(1924—2006)

　　林锴，福建福州人，1924
年1月1日生。书画家、篆刻
家、诗人。1994年7月被聘任
为中央文史研究馆馆员。

　　林锴幼年丧父，自幼随母寄居于外祖父家中。童年时
就酷爱美术。由临摹香烟片开始，继而临摹《芥子园画传》，

有时到户外作水彩写生。那时代字画展览见不到,只好隔一两天就到附近裱褙店去看画。后来又购得《马骀自习画谱大全》一套,利用课余和寒暑假时间着手临习,十分入迷。初中一年级暑假,开始向外祖父学作旧体诗,目的是要在自己画上自题诗,每天练习作一首山水绝句,配一小幅画,完成一百张册页。

1946年考入福建省立师专艺术科,接受谢投八、林子白诸老师指导,学画才算步入正轨。他对中西画都具有浓厚的兴趣,学习很认真,又时常去拜访福州老画家陈子奋先生,陈老诗书画印全能,颇受其教益。读完师专一年,到杭州考入国立艺专国画系。受黄宾虹、郑午昌、潘天寿、吴茀之、诸乐三等画家的当面指点,学业进步很快。

林锴主攻山水专业。开始临摹古法,以元四家、明四家、清四王为主攻方向,重在娴熟古人的笔墨变化;旁及四僧、八怪,旨在领会其情逸趣;也兼向近现代吴昌硕、齐白石、黄宾虹、潘天寿诸家的作品中汲取营养。感到传统方法太陈旧,要加以改进,就必须汲取其他画种的长处。因此课余往往跟随西画教室的同学外出作西画写生。每周除学习专业技法外,还学习书法、篆刻、诗学、美术史及各门理论课。因自幼练过颜真卿、柳公权、苏东坡等人的字帖,书法有点基础,开始迷恋过赵之谦,继而学习魏碑。魏碑中,方笔从《张猛龙》进而爱好《嵩高灵庙》、大小爨;圆笔则喜《石门铭》、《瘗鹤铭》,取其拙朴古厚之神味。对篆刻的兴趣也始于此。曾把积攒下的一百多首旧体诗送请潘天寿先生批改,受到赞扬和鼓励。对其中一首七古,潘天寿批道:

"此诗通首灵活,一气呵成,有大珠小珠落玉盘之妙,可喜、可喜!"

1950年艺专毕业,分配到当时的辽西省康平县当中学美术教师,一年后到北京进人民美术出版社工作,以美术创作为主,也从事一部分编辑工作。创作了大量连环画、年画、插图、宣传画,重点是连环画。其创作的《济公巧断垂金扇》、《妇女主任》等被认为是刻画人物性格比较成功的作品;《三岔口》则是以国画水墨来表现的连环画,博得好评;《甲午海战》于1963年获全国第一届连环画评奖二等奖;《牲口评价大会》,于1956年获北京市青年美展国画一等奖。1957年为中国军事革命博物馆绘制抗日题材《鬼子的汽艇又来了》。1959年为中国革命博物馆绘制大型历史画《捻军大败僧格林沁》。1963年为配合纪念曹雪芹诞生200周年,与刘旦宅、贺友直共同绘制大型水墨组画《曹雪芹传》十二帧,参加展览。

"文化大革命"中,林锴遭受迫害,1970年下放湖北咸宁"五七干校"劳动。1972年返回原单位,任原职。1975年他对旧体诗有了新的认识,认为旧体诗完全可以反映新时代,于是曾经荒废了二十多年的旧体诗创作又重新捡起。中断了好多年的篆刻也逐渐拾起来,经过集中几段时间的探讨,他深感金石篆刻的功效,关键处不在刀与石上,而在于书法的根底及艺术的素养。他对篆刻,偏爱沉雄苍劲一路,追求奔放而复整严,拙厚而不臃肿的风格。上窥秦汉,近取吴昌硕、齐白石、来楚生诸家之长,并参考同时代流行之佳作,力求自出新意。

1979 年人民美术出版社成立创作室，从此林锴以国画为专业，山水、人物、花鸟齐头并进。昔年着重传统的探讨，今日热心自我风格的创立。除了作画，也兼顾书法。以碑帖合参，遇圆则圆，遇方则方，行笔自如，保留魏碑的结构而参以明清书家黄道周、沈曾植用笔的使转方法，方劲中寓流走，拙朴中具秀逸。他体会到：诗书画印分之为四门，合之为一体，是互为影响互为补充的。诗有画意，画有诗情，画的布局影响印，印的金石趣味有助用笔，而书法又是印学的基础。四门要求兼工，又要有所侧重，继前辈文人画之长，熔诗书画印于一炉。

林锴自 1988 年退休以来，身患痼疾，仍旧工作不辍。他还是国家一级画师、中国美术家协会会员、中国书法家协会会员、中华诗词学会会员。在五十多年艺术实践过程中，其作品经常参加国内外展出，发表在各报刊杂志上的诗书画印及文章不计其数，且多次获奖。单行本有 1982 年出版的《林锴画选》、1988 年出版的《林锴书画》、1990 年台湾出版的《林锴书画集》以及 1988 年出版的诗集《苔纹集》。旧体诗自 1992 至 1995 年连续四次获国家级诗词大奖赛大奖。

2006 年 5 月 24 日，林锴因病在北京逝世，终年 82 岁。

张世简

(1926—2009)

　　张世简,浙江浦江人,1926年1月13日生。国画家。1994年7月被聘任为中央文史研究馆馆员。

　　张世简之叔父乃画家张振铎,堂兄张书旂是享誉中外的花鸟画家,还有几位伯父、兄长也都擅长花鸟画。童年时代的张世简常常站在他们的画案旁,为他们磨墨理纸,直到看他们画完为止。就这样他很自然地爱上了绘画。没有颜色,就到山上去采些野栀子果,泡成金黄色,又到染店的染缸边刮点靛青。没有画桌,就将门板拆下一扇,用凳子一架,铺上毛边纸就画起来。学着大人的架势,横涂竖抹画了一些花鸟画,得到长辈们的赞赏。从此,一颗热爱花鸟画的种籽,就播在他的心田里。他着迷似地在田野中写生,一次在写生一丛山菊花时,一条蛇从他的脚背上爬过,当他发现时,蛇已跑掉,后怕不已。还有一次在荷塘边写生,为了更清楚地观察荷花的结构,连人带画一齐掉进了塘里。

　　抗日战争爆发时,家乡礼张村首先遭到浩劫,日军一把大火把他家烧光,从此家道衰落,只有靠借贷度日。张世简不能再上中学读书,就在附近村中任小学教员,赖以养家活口。课余以作画解愁,临摹了张书旂的花鸟画册,同时自己也尝试创作。由于有了一技之长,第二年被聘为县立小学的音乐、美术教员。

张书旂的花鸟画自成一派,1941年,将所作巨幅国画《百鸽图》作为国礼送往美国祝贺罗斯福三任总统就职大典,此为中国画进入白宫之创举,张书旂从此名声大振。1946年,由美国回乡省亲,经常在老家作画。每日下午课后,张世简从县城步行20余里回家,第二天早餐后就去为其大哥磨墨换水,潜心观察用笔、用墨、用色的方法。有时便拿起大哥的画具,大胆地肆意挥写起来,自己感到比以前有很大的进步,同时也得到大哥的称赞。

从此,张世简下决心不顾家里贫穷,辞去小学教员之职,考上苏州美专深造。后来,经张书旂介绍到南京中央大学艺术系旁听傅抱石、黄君壁、陈之佛先生讲课。他的勤奋和执着被大哥看在眼里。张书旂在第二次赴美之前,深情地对他说:"我走后希望你到杭州去学潘天寿、吴茀之先生的笔墨技法,探求更深的造诣。"1949年秋,他考入杭州艺专从师潘、吴二先生,在他们的教导和熏陶下,作品有了新意,既吸收了潘、吴的用笔雄劲,笔墨多变,又保留了张书旂的家风,造型严谨,清新秀丽。

新中国成立后,因受到社会上极左思潮的影响,不敢公开进行花鸟画的创作。在"阶级斗争为纲"的年代,张世简整整画了28年幻灯片。但他始终认为中国的花鸟画有悠久的传统,是人民喜爱的珍贵画种,是我国民族艺术的精华,决不会被毁灭。所以他对花鸟画的学习始终热情不减,没有时间,就早起晚睡;夏天,一大早就骑车到动物园、中山公园去写生,晚上等孩子入睡再整理成画幅。这样坚持了十多年,从未间断,使笔墨愈加熟练,造型更为准确生动,在技法上把握住了写意花鸟的造型规律。在创作思想方面,他坚持走雅俗共赏的路子,倾注以"情",力争达到鸟欲语、花欲言的境界。其作品在1956年参加北京市青年美展时,深得广大群众的喜爱,荣获二等奖,受到于非闇、齐白石、陈半丁等老画家的称赞。陈半丁还聘请他到新办的北京画院任画师。拿起画笔正要奋发有为的时候,爆发了"文化大革命"。他成了专政对象,遭受了半年的牢狱之苦,出狱后又下放到湖北文化部干校劳动。他被分配去打猪草,经常一个人放舟于荷塘湖沼之中,在劳动中体会大自然的美丽,勾起写生的念头。后来听说北京各大宾馆需要大量山水花鸟画装饰墙面,他想终于有用花鸟画的地方了。他从干校回到北京后,正想大干一场,又逢"批黑画",但他仍不改初衷,继续作画。

打倒"四人帮"后,传统的山水花鸟画才得到真正的解放,张世简的艺术才能得以施展。1976年北京市美展上,他的《月季小鸡》得到好评,被选送出国展出。同年,文化部为抢救传统画,成立一个"创作组",他首批入选。以后又为毛主席纪念堂、人民大会堂、中南海怀仁堂、宋庆龄故居和各大宾馆、博物馆作画。

张世简1979年应聘到中央工艺美院教花鸟画,从此他的想法和技艺才得到充分的发挥,也才有时间有条件来整理、编绘一些花鸟画论著。几年间先后出版了《写意花鸟画技法》、《写意花鸟画构图浅说》、《荷花画谱》、《国画辅导第四期》、《花鸟画法》、《中国当代艺术家画库——张世简画集》和台湾出版的《张世简国画集》。1996年荣宝斋出版了《张世简画集》,中央电视台与人民美术出版社合出了他的《写意花鸟画法》,中央电视台还播放张世简的"写意花鸟画讲座",共十二讲,影响很大,受到各地美术爱好者的欢迎。此后出版了讲座的录相带,向全国发行。

1989年张世简在中国美术馆和北京艺术博物馆举办个人画展及联展。他还多次应邀去新加坡、日本、韩国举办个人画展,又参加中国艺术代表团去日本各地进行美术交流活动。1991年获世界和平文化奖"宝鼎艺术大奖"。1994年,他参与了海峡两岸组团访问台湾,并在"华视"展出作品。

张世简曾任中国书画函授大学国画部主任、清华大学美术学院副教授、中国美术家协会会员、海峡书画联谊会理事、张书旂艺术研究会名誉会长、中央书画院名誉副院长、国际文人画家联谊会常务理事。1998年浙江浦江县建立了"张世简国画院",并展出张世简捐赠作品一百多幅,师友贺赠书画六十余幅,2001年出版了《张世简国画院藏画选》。2000年3月,他应美国东方画廊邀请,赴美参加"世博会",展出多幅作品,并参观了罗斯福总统的纪念馆,在馆长的陪同下得以亲眼见到了张书旂的"百鸽图"原作,张世简则赠送两幅国画给纪念馆。2001年张世简捐赠人民币10万元作为浙江省浦江县礼张村中心小学书画班奖学金。

2009年12月4日,张世简因病在北京逝世,终年83岁。

孙 机

(1929—)

孙机,1929年生,山东青岛人。文物学家。中国国家博物院研究员、国家文物鉴定委员会副主任。享受国务院政府特殊津贴。1995年12月被聘任为中央文史研究馆馆员。

1949年4月,孙机作为一名高中生自尚未解放的青岛来到北京,进入华北军政大学学习。1949年11月分配到北京市总工会工作,任干事。1950年调北京市总工会宣传部文艺科工作,任北京业余艺术学校工人部副部长。1955年考入北京大学历史系考古专业。1960年毕业后在北大历史系资料室工作。"文化大革命"期间曾在北大"五七干校"劳动。1979年调中国历史博物馆考古部工作。1983年被评为副研究馆员,1986年评为研究馆员。1998年被聘为国家文物鉴定委员会委员,2005年被增聘为国家文物鉴定委员会副主任委员。2008年被聘为全国古籍整理出版规划领导小组成员。同年获中国美术家协会评出的"卓有成就的美术史论家奖"。2010年被聘为中国国家博物馆学术委员会委员。

孙机的文物鉴定和研究始终保持着自己的特点,他把全部精力都放在通过实物资料进行历史研究上。以前王国维先生提倡历史研究要注重二重证据法,主张用传世文献和出土文献相印证,但仍不外从文献到文献。孙机则不拘一格,将各类文物互相比照,将各类文字材料包括正史、笔记、档案、小说、诗文、信札等加以融会贯通,使文与物相辅相成,从中取得启发,找出线索,实事求是地阐明真相,故尔他每出一说,总有文献和实物多方面的支持,掷地有声,颠扑不破。

　　孙机是一个善于发现问题的人。他注重将文物放在历史中去考察,因此他的文物研究徵而后信,新见迭出。像宝鸡茹家庄出土的动物形铜尊,发掘报告称为羊尊,孙机经考证认为应该改为貘尊,并清理了貘在中国生息的历史。皇帝礼服上所用十二章图案的"蜼彝"之"蜼",孙机考证为金丝猴。孙机还证明了汉代有清酒、白酒两种酽洌程度不同的酒,又有桶形、盆形两种形制不同的樽。盛清酒多用桶形樽,而盛白酒(当时也叫浊酒)多用盆形樽,这就解决了古诗所称"清白各异樽"的问题。南京人台山东晋墓所出嵌铜耳的大螺壳,发掘报告认为"可能为一盏或冠饰"。孙机证明它其实就是李白《襄阳歌》"鸬鹚杓、鹦鹉杯,百年三万六千日,一日须倾三百杯"中的鹦鹉螺杯。上世纪50年代河北唐县曾出土一五代时的"小瓷人",同出有小风炉、小茶釜、茶臼等,孙机认为这个"小瓷人"应当是茶神像。这是迄今为止所能确认的唯一一件古文物中的茶神陆羽像。汉墓中多次出土的漆面罩,孙机考定此即文献中记载的"温明";所谓玉衣实是玉柙即墓主亲身之椑棺。宋代的茶具和酒具,过去分别不甚清楚,孙机明确指出,茶盏与茶托配套,统称托盏;酒盏与酒台子配套,统称台盏。

孙机特别注意将他的工作向面上铺开,使每一个细部的研究都成为整体研究的有机部份。孙机1991年出版的《汉代物质文化资料图说》可以说是这方面的代表作。"从表面看,全书像是各个分散独立的混合本,但只要稍事翻阅,就会发现这是一部分量很重、质量很高的汉代文物研究专著。透过书中对一个个具体的文物资料的考述,可以对汉代物质文化的各方面情况获得完备而清晰的了解"(考古学家黄展岳的评语)。

孙机是接受过现代科学训练的学者,除了对文物中的大项——铜、玉、漆、瓷等器物的研究之外,他还致力于科技文物的研究,并取得了瞩目的成果。他1981年在南开大学最早开设了"科技文物"课。他对托克托日晷的研究,否定了托克托日晷是用于测定方向或测定时刻、节气的赤道日晷的说法,指出它是一种水平放置的,用于测定昼、夜刻数以确定换箭日期, 并可在日中时校准漏壶流速的仪器。他对汉代之"容一龠"黄钟律管的研究,否定了"黄中之管长九寸,孔径三分,围九分"的传统说法,认为应作"长九寸,幂九分"。这样求得的管容积为9.985毫升,与咸阳出土龠的管容积9.898毫升相密合,从而使怀疑汉代律、量关系记载错误的说法得以澄清,证明"同律、度、量、衡"是我国度量衡史上划时代的重大进步, 是世界度量衡史上的创举。

孙机也是我国著名的服装史专家,所撰《中国古舆服论丛》被认为是"可以代表国内古舆服研究水准的论文集"。傅杰先生评价此书"既有对最新出土文物的探索,又有对传世文献的考释。在讨论第一个具体问题时,作者既能纯熟地运用各种考古资料,又能博稽文献加以印证,所论大都能讨源纳流,推陈出新"。这本书对我国服装史的若干重大变革,如南北朝、隋、唐时我国服装由单轨制变为双轨制,辽、金、元、清少数民族主政时代服饰政策的异同等问题,均作了透彻的分析。原纺织工业部筹建的中国服饰博物馆聘他为设计委员。北京服装协会选他为理事。

由于旧史舆、服史料常被编纂在一起,连类而及,孙机对古代车制也进行了深入的研究,提出中国古系驾方式的发展三阶段论,为中国古车本土起源说提供了强有力的证据。1984年在威尼斯召开的讨论中国古代文明起源的学术会议上,英国科技史家李约瑟先生对孙机的研究给予热情的正面评价。孙机还应邀担任了山东临淄中国古车博物馆的总体设计工作,此馆是我国第一座专门介绍历代制车成就的博物馆,1994建成开放。

孙机所撰有关东西文化交流的论文结集为《中国圣火——中国古文物与东西文化交流中的若干问题》一书。在这本书中,"沉默的器物与历史文献的碰撞,便显得出异乎寻常的精致。创见性的结论,在'文'与'物'的严密结合中得到阐发"(《唐研究》第3卷,《书评》)。

他于2012年出版的《仰观集》,匡正了文物研究中若干长期沿用的错误观点,被认为是一本敢讲真话的书。2013年将出版的《中国古代物质文化》,是在他于香港城市大学、台南艺术学院及中国国家博物馆所作讲座之讲稿的基础上整理而成,书中对我国古代生产、生活之诸多方面均有所论述。

程毅中

(1930—　　　)

　　程毅中,1930年3月生,江苏苏州人。古典文学编辑、古籍整理专家。曾任中华书局文学编辑室主任、副总编辑、编审。享受国务院政府特殊津贴。1995年12月被聘任为中央文史研究馆馆员。

　　程毅中自幼在祖母身边生活,三四岁时,祖母教他识字,读唐诗。五六岁时,请了家庭教师教他读《三字经》、《唐诗三百首》、《千家诗》等,也学做对子。1937年,抗日战争爆发,日寇进逼苏州,随祖母逃难到农村居住。1938年回到苏州城内老家,又因盗劫迁居他处。跟一个私塾老师读古书,另外也学一点算术。先后换了几个老师,最后一个老师张蛰公(名荣培),是一个老秀才,在苏州颇有诗名,跟着学习写旧体诗词,写古文,写骈文。其间,读完了《论语》、《孟子》、《大学》、《中庸》和《诗经》、《左传》、《古文观止》及唐宋诗选等。

1945年抗战胜利之后，到上海与父母亲重聚。1947年以同等学历考入苏州市有原中学高中部，1950年考入燕京大学国文系。1952年9月院系调整，合并入北京大学中文系。在校时曾写过一些有关古典文学的文章发表于报刊，1955年毕业于北京大学，分配到西安石油学校任语文教师。

1956年考入北京大学中文系为副博士研究生，1957年初报到，学习中国(宋元明清)文学史。1958年12月，提前被分配到中华书局，在中华书局文学组任助理编辑，编发文学古籍和有关古典文学的书稿。1959年夏，领导交给编纂海瑞文集的任务。查了好多海瑞集的版本及有关资料，进行校勘标点。由于仓促上马，边排边改。最后从陕西借到了一部较好的版本，才弄清了海瑞文集版本源流，编成了一部当时最完备的《海瑞集》，并写了一篇后记。1966年批判吴晗的《海瑞罢官》时，受到牵累，但幸免于难。在"文革"前，编发了《全元散曲》、《元曲选外编》、《孔尚任诗文集》、《读杜心解》、《红楼梦戏曲集》等，除《海瑞集》外，《王船山诗文集》、《徐渭集》也由他担任编辑。此外，还审发了一些著作稿，如《文史述林》(高亨)、《戏曲小说论丛》(叶德均)、《沧州集》(孙楷第)、《月轮山词论集》(夏承焘)等。

1966年"文化大革命"开始，中华书局业务基本停顿。中间曾一度抓了"二十四史"的点校工作，程毅中参加过一段《旧五代史》的校点。1969年9月，在斗批改运动中随队去湖北咸宁文化部"五七干校"。1973年1月，从"五七干校"分配到与商务印书馆联合的中华书局第二编辑室。恢复工作后接受了"中央交办"的重印《文选》的任务。经过反复研究,提出了影印宋刻《文选》的方案,获通过。乘机把珍本尤袤刻本《李注文选》影印出来,公之于世,办了一件好事。嗣后,负责编发了大字本《李太白全集》和《杜诗详注》等书。

1978 年 8 月,在拨乱反正之后,被任命为文学编辑室副主任,独立主持工作;1980 年任主任。在主管文学编辑室工作期间,几次制定了古典文学的出版规划,并参与了 1982—1990 年国家的古籍整理出版规划的拟订。1981 年被任命为中华书局副总编辑,1983 年评定编审职称,仍主管文学编辑室,并一度兼管过影印组工作。在职时,制定了古代文学总集及《中国古典文学基本丛书》、《古小说丛刊》、《明清传奇选刊》等书的整理出版规划,策划组织了《先秦汉魏晋南北朝诗》、《全唐文》、《全辽文》、《金文最》、《宋诗钞》、《元诗选》、《全金元词》、《明文海》、《全清词钞》、《古本小说丛刊》及《管锥编》、《楚辞注疏长编》、《词话丛编》等书的出版。在工作中注意总结经验,随时研究古籍整理的理论和实践问题,发表了一些书评和论文,如《古籍整理浅谈》(收入《编辑理论与实践》,黑龙江教育出版社,1988)、《古籍新生四十年》(《瞭望》1989 年 40 期)、《当代中国的出版事业》第十二章《古籍的整理出版》(当代中国出版社,1993)等,已汇集为《古籍整理浅谈》一书(燕山出版社,2001 年)。

1983 年因病提出辞去行政职务的请求,未获批准,但减轻了一部分工作。1986 年 8 月，获准免去副总编辑职务，仍留在总编室，协助文学编辑室工作。至 1992 年 12 月退休。现为中国作家协会会员、全国古籍整理出版规划领导小组成员、全国古籍保护工作专家委员、中华诗词研究院顾问。2012 年，中国出版集团授与首批"编辑名家"荣誉称号。

程毅中入馆以来，承担了《崇文集》、《崇文集二编》、《崇文集三编》、《中央文史研究馆馆员传略》、《中央文史研究馆馆务活动录》、《缀英集——中央文史研究馆馆员诗选》和《诗书画》、《世纪》等书籍、刊物的编辑工作，还担任了大型学术著作《中国地域文化通览》副主编。

程毅中是中国小说史专家、古籍整理专家，对古典诗词戏曲也颇有研究。著作有《宋元话本》、《古小说简目》、《唐代小说史》、《宋元小说研究》、《明代小说丛稿》、《古代小说史料简论》、《不绝如缕的歌声》(再版本题为《中国诗体流变》)、《古体小说论要》及《程毅中文存》、《程毅中文存续编》等。编纂有《中国古代小说百科全书》(与人合作)等。整理的古籍有《燕丹子》、《隋唐嘉话》、《玄怪录》、《续玄怪录》、《古体小说钞》、《宋元小说家话本集》(辑注)、《清平山堂话本校注》等。

孙大石

(1919—　　　)

　　孙大石，1919年生，山东高唐人。国画家。曾任中国美术家协会理事、文化部侨联主席、中国华侨文学艺术家协会会长。全国政协第六、七、八届委员。享受国务院政府特殊津贴。1998年9月被聘任为中央文史研究馆馆员。

　　孙大石自幼酷爱绘画。"七七"事变后，他投笔从戎参加抗战，但画兴不减。1945年，他在武汉结识了美术理论家兼画家丰子恺。丰先生高度赞扬了孙大石的画艺，并书赠作品。1949年，他赴台湾，辞去军职，专门从事美术教育工作。1955年在台湾高雄首次举办个展。1957年在台湾举办四人联展，并成立台湾较早的美术组织"四海画会"。1960年当选为台湾最高美术组织"中国画学会"常务理事，并获台湾美术最高奖"金爵奖"。1968年，他与何怀硕、刘国松等人筹组"中国现代水墨画学会"，被推举为副会长兼主任执行委员。1974年，他应美国21世纪画廊及纽约圣若望大学之邀，赴美国讲学并举办画展，定居旧金山。1977年在美国加州举办个人画展，引起美国画坛关注。1982年回国。

　　孙大石从事绘画六十余年，辛勤耕耘，获得了丰硕的成果,受到名家的高度赞誉和美术界广泛好评。20世纪60年代至70年代,孙大石曾在马来西亚、澳大利亚、西德、美国、新西兰、巴西等国家举办个人画展或联展。在日本举办过4次个人画展,引起轰动。日本《朝日新闻》、《读卖新闻》、《每日新闻》、《美术评论》、《新美术》、《美术新潮》等多家报刊均予报道和高度评价。日本美术评论家田近宪三称赞孙大石为"中国水墨画的天才"、"中西绘画的高度合流"。日本著名画家、美术评论家纸佐马称他为"中国水墨画的鬼才"。1975年,他参加"中国现代水墨画个人美国巡回展"及"中国现代水墨画赴欧洲巡回展"。1982年,李可染、吴作人等在人民大会堂欣赏并高度赞扬了他的作品。李可染还为他的画室题写"落叶轩"匾额,并劝说孙大石留在中国画研究院(中国国家画院前身,首任院长为李可染)工作。孙大石成为该院较早的专职画家和研究员。1983年,他与同乡李苦禅相见, 李苦禅在他的画作上题写:"上帝造万物,画者亦能造万物,画自家画及开辟自家蹊径也。"高度概括了孙大石画作所独有的风貌。

80年代至90年代,他笔耕不辍,创作了大量优秀作品,参加了许多国内外重要展览。如"亚细亚现代美展"、韩国奥运会"中国现代美展"、"海峡两岸名家联展"。1984年,他的《山水通景画》,与齐白石、徐悲鸿的作品一起参加"中国现代绘画苏联巡回展"、"中国画百年百名画家作品展"等。1993年,中国美术家协会、中国美术馆、中国画研究院和中国华侨文学艺术协会四家单位在中国美术馆联合举办了"孙大石书画归国汇报展",中央领导人及书画界名流参观了画展。其后，又在济南、烟台、青岛、曲阜等地举办画展。孙大石的布上水墨画，在中国国画界独树一帜，令画界同仁惊叹。1995和1998年全国政协主席李瑞环两次出国访问，把孙大石的作品作为国礼赠送给外国总统及国家领导人。

　　孙大石在绘画理论方面也有所建树。他撰写的《中国绘画的现代观》、《论水墨画创新》、《创作具有中国特色的现代绘画》、《中国绘画的精华及其发展》、《我的艺术观及布上水墨画》等文章发表在《人民日报》及专业报刊上，在中国画界引起了强烈反响。人民美术出版社、天津美术出版社出版孙大石个人画集多部。河南美术出版社、山东画报社出版《孙大石画语录》、《孙大石评传》、《画出来的风雨人生——孙大石》等长篇传记。

　　孙大石还积极支持家乡的教育事业。1999年，他投资上百万元，在家乡修建孙大石希望小学。另捐款为家乡修建柏油路、老年活动中心等。他还在高唐一中设立了永久性"大石奖学金"。他还捐款为残疾人学校修建"大石康复中心"等。2000年9月，"孙大石艺术馆"在家乡开馆。他把自己创作的书画精品和收藏的书画艺术精品无偿捐献给该馆。

程莘农

(1921—)

　　程莘农,1921年8月生,江苏淮阴(现淮安市)人。中医针灸专家。中国中医科学院名誉院长、教授,中国针灸学会高级顾问。首批中国工程院院士。全国政协第六、七、八届委员。享受国务院政府特殊津贴。1998年9月被聘任为中央文史研究馆馆员。

　　六岁时随父(序生)学习文字,十一岁起读中医学书籍,十六岁拜温病大家陆慕韩为师临床实习,打下了扎实的基本功,并继承了陆师在温病、内科、妇科等杂病方面的丰富经验。1939年独立挂牌行医。加入中医师工会为会员,并任清江市(淮阴)卫生工作者协会秘书股股长。1948年获民国考试院医师证书。

　　1953年参加清江市区中西医进修班。1954年入江苏省中医学校(南京中医药大学前身)医本科进修班学习,毕业后任针灸学科教研组组长,负责南京市一百余名针灸师及江苏省八个专区约二十个县市针灸医师的进修。此外,他还承担对外教学,为朝鲜友人金光一讲解《难经》,随后金光一将朝鲜五行针和名医李济马所著《四象方》相赠。从此便专门致力于针灸研究工作。

1957年奉调北京中医学院，任针灸教研组组长，兼附属医院针灸科组长、副主任、主任医师，统管针灸教研工作。除了日常临床教学等工作外，他还主持编辑《北京中医学院学报》，任《中华妇科杂志》常务编辑，为原苏联和越南的留学生授课培训，组织骨干力量大搞创新。他主攻功能性子宫出血、中风和三叉神经痛等，并完成了"中风偏瘫64例观察"等课题。编审了《简明针灸学》、针灸挂图、《中国针灸学》统编教材等。这对国内外的针灸学的继承和发展起到了一定的示范和推动作用。

1975年，北京中医学院并入中医研究院后，他任中医研究院针灸研究所经络临床研究室主任，针灸教学研究室主任，针灸研究所专家委员会副主任委员，国际针灸培训中心副主任，主任医师，教授等。在从医数十年中，他诊治患者数十万人次，尤擅长中风、面瘫等疾病的治疗。此外，他还参加一些实验工作与尸体穴位解剖等工作。

程莘农从50年代便开始中医针灸的文献研究工作。60年代后，研究重点放在了经络问题上。他与262医院协作完成的"体表循行81例研究"，为我国早期经络研究起到了一些推动作用。改革开放后，他多次主持国家级、部级课题，其中作为主研人进行的"循经感传和可见经络现象的研究"获国家中医药管理局科技进步一等奖。在学术观点上，他以《灵》、《素》、《难经》为主，反对玄学，提倡务实创新，对针刺"三才法"的改进颇有新见。其主要著作有《中国针灸学》(中、英文本)、《针灸精义》(印度发行)、《难经语译》初稿等。并亲躬教学数百班次，培养博士、硕士近20人，外国学生几千名,遍布一百多个国家和地区。他多次获"优秀教师"、"荣誉教师"等奖项。

为推动针灸走向国际,扩大针灸的学术影响,他先后应邀前往日本、印度、加拿大、美国、英国、意大利、巴西等十几个国家的几十个城市进行讲学和考察,并多次参加国际学术会议,努力向国际推广针灸,在国际上获得较高声望。被聘为加拿大传统针灸学院名誉教授,美国美东中医针灸师联合会名誉理事,南斯拉夫针灸学会名誉主席,挪威针灸学校名誉校长等职。1990年获世界文化理事会"阿尔伯特·爱因斯坦世界科学奖"。

1993年被国家科委聘为国家科技攀登计划"经络的研究"首席科学家,1994年当选首批中国工程院院士。曾任中华针灸进修学院名誉院长,中国医学基金会常务理事,中国针灸学会副会长,中国国际针灸考试委员会副主任委员。2000年为中国中医研究院名誉院长,中国针灸学会顾问。2009年6月19日人力资源和社会保障部、卫生部和国家中医药管理局在京联合举办首届"国医大师"表彰暨座谈会,程莘农获得了"国医大师"的荣誉称号。

此外,程莘农从六七岁起习书法。他的书法作品多次入选展览,在国内外享有一定声誉。新中国成立前加入上海中国画会为会员,中华全国美术会会员,新中国成立后曾任卫生部老工作人员书画研究会名誉会长,北京市中国画研究会会员,国家中医药管理局杏林书画协会顾问、中国书法家协会会员等。亦好篆刻,著有《程莘农篆刻偶存》等。

康　殷

(1926—1999)

康殷,字伯宽,一字天民。
在书画艺术作品中署名大康,
辽宁义县人,1926年4月25
日生。书法家、古文字研究专家。

康殷自幼受家庭薰陶,嗜爱书画。三四岁时,即由雅好
书画的祖父督课习字。读初中即自学段注《说文解字》。十
四五岁,在书法篆刻上初露锋芒,曾获四省中学生书法比
赛头奖,并两次参加当时最高级别的美展,在东北一带颇
有名气。后入吉林大学学习西画。1945年后,到北平教书。

北平解放后,康殷在华北革大短期学习,即随军南下
广州,任广州市中山图书馆馆长、广州市文物管理委员会
委员。在研究古代美术的同时,进行了国画、油画的创作。
在书法篆刻上也未间断临习和创作。其间,交游日广,相
遇和结识了徐悲鸿、王道源、容庚、商承祚、钱瘦铁、包狷
叟、邓散木等,在学术和艺术上交流切磋,颇得启迪指点。
1956年在广州举办了个人"漆器摹本专题展览",并与商
承祚先生合编了《广州出土漆器图考》。1957年、1959年
分别在日本举办的中国书法展,都有他的作品参展,并获
好评。

1958 年，他辞去公职回京，和夫人任兆凤着手编辑《印典》，同时从事美术创作，间或在大学授课。期间，有《文姬归汉图》等作品印行。

"文革"期间，他曾被批斗关押。1969 年秋，又被赶到河北平乡插队为农。同年冬，在河北隆尧山上，他发现了被破坏的石窟造像，立即上书周恩来总理，建议国家给予保护。"文革"后，曾撰文介绍尧山的造像和碑刻。在农村，利用风雨辍耕的空闲临习书法，进行创作。稍后，又投入了古文字的研究。他克服了重重困难，破译了一批古字，整理出一批资料。亲自刻蜡版，抹油墨，在非常简陋的条件下翻印出了最早的几本古文字著作。

1979 年，康殷撰写的《文字源流浅说》出版，并受聘于北京师范学院。从此，他潜心研究，每年都有新的古文字方面的著作问世，还出版了大量的字帖，创作了大量的书法篆刻作品。1987 年 5 月，康殷与其弟、侄在中国美术馆举办了"五康书画展"，展示了康氏两代五人的艺术成就，轰动京城。嗣后参加了中国书法家代表团，和启功先生一起访问新加坡，后又在香港举办了个人展览。他和夫人共耗四十年精力编辑的《印典》于 1994 年出版。这对康殷是个极大的慰藉。

康殷的学识渊博，无论历史、诗词、戏曲、建筑、文物等研究领域都有涉足。他的治学态度严谨，对我国古文字学、书法篆刻的研究卓有贡献。他擅长金文、甲骨文书法及篆刻，兼善隶书、楷书，尤擅榜书；他的篆书在国内享有盛名，在国外也有较大影响。康殷留下百万字，计二十多部著作，主要有:《文字源流浅说》、《古文字形发微》获北京优秀图书特等奖,《金文书法精华》、《古篆文部首》、《古文字学新论》获1982年北京社科院奖,《印典》获第八届国家图书奖。康殷曾获英剑桥名人中心20世纪名人成就银牌奖。

康殷曾任中国书法家协会顾问、首都师范大学研究员、北京印社社长。1998年9月8日被聘任为中央文史研究馆馆员。1999年6月因病逝世,终年73岁。

陈尧光

(1926——　　)

陈尧光,1926年12月生,江苏无锡人。曾任中国社会科学院情报所第二(欧美)研究室主任、研究员,美国加州大学伯克利分校研究员(交换学者),全国政协第八届委员。中国民主同盟第五至七届中央委员。享受国务院政府特殊津贴。1998年9月被聘任为中央文史研究馆馆员。

陈尧光少年时代曾随父母旅居日本东京,后回上海念书。1941年初中毕业,随父母到香港,考入香港培正中学读高中。太平洋战争爆发后,回上海进入圣约翰大学附属中学读书,后辗转至重庆,经父执朱学范先生介绍,入南开中学高中部读书,1944年毕业。同年考入成都燕京大学新闻学系,兼修英国文学。其时,曾兼任成都青年会英文夜校教员及《时代电影》杂志编辑,并开始翻译作品。抗日战争胜利后,曾藉燕京大学迁回北平需时较长之机,回到上海进入《新闻报》任记者,采写社会及外事新闻。1946年9月离沪北上,重返燕大复学。其时于课余继续为上海《新闻报》、《大公报》采写、编译稿件,并兼任当时在平津地区出版的《美星电影》杂志总编辑。

1946年秋季开学后,陈尧光在燕大校园内获悉,在南京的中共代表团领导人叶剑英将军将于某日来北平燕大,会晤燕大前校长、时任美国驻华大使司徒雷登,遂于该日下午到司徒雷登住处对此次会晤进行了采访,并同他们一起合影留念(现照片留存于杭州市的司徒雷登纪念馆)。随后,陈尧光就此事撰写了通讯报道《司徒大使在燕大》,一个星期后登载于上海《新闻报》,成为当时报道叶剑英将军访晤司徒雷登大使的独家新闻。该日采访结束后,陈尧光搭乘中共代表团的小汽车进城。车中,除司机外,还有叶剑英将军的随从黄华同志。叶剑英将军在与陈尧光的相互交谈中热情地表示:欢迎燕大的同学去解放区看看。此次简短的谈话,给陈尧光留下深刻印象,为他在1949年新中国成立时"北上南下"的决择中毅然选择北上参加革命起了关键作用。

1948年夏,陈尧光以文学士学位自燕京大学毕业,即南返至沪。但战事紧迫,上海各报馆难以增编,遂考入上海美国新闻处担任翻译。因仍向往记者工作，乃函询自荐，兼任了广州《建国日报》驻沪记者，利用业余时间为该报采写时事通讯。

1949年5月，上海解放，陈尧光放弃了转入香港美国新闻处就职的机会，毅然北上，于1949年11月来到北京，进入新中国中央人民政府文化部对外文化联络局，参与了开创新中国对外文化交流事业的工作。1951年担任该局展览科科长。1952年被派参加在中南海怀仁堂举行的建国后第一次国际性会议"亚洲及太平洋地区和平会议"的组织服务工作，担任会场组副组长。在新中国开展对外文化交流活动的初期，陈尧光被派接待过苏联、民主德国、匈牙利、捷克斯洛伐克、蒙古等国来我国访问演出或举办展览的团体和艺术家，以及来自印度和尼泊尔的文化使者。1956年起，调任该局编译科科长，主编《文化交流资料》月刊，负责审校译稿。1958年，任国务院对外文化联络委员会宣传司科长，主编供中央领导同志参阅的内部刊物《国际文化动态》周刊。1964年，任国务院对外文化联络委员会增设亚非拉文化研究所亚洲组副组长。1965年被评为副研究员。

"文革"期间，陈尧光被下放"五七"干校。1973年，从干校调回北京，分配到中国科学院科学出版社，担任《中国科学》（英文版）杂志英文编辑。后因专业不对口，1978年春，本人提出申请，经时任中国科学院院长方毅批准，调至新组建的中国社会科学院情报研究所工作，历任第二（欧美）研究室主任、所学术委员等职，并在建院的最初几年，协助院外事局承担了国家领导人对外交流的一些口译工作。

1980 年至 1981 年间，陈尧光作为宦乡副院长率领的中国社会科学院代表团成员先后访问了英国和西班牙，并顺访了法、德、瑞士等国，此乃改革开放后中国社科界学者首次正式出访，在国外产生了较大影响。1981 年 11 月，陈尧光以中国社会科学院首批交换学者身份应邀赴美，担任美国加州大学伯克利分校人类学系及东亚研究所研究员、美中教育学院教授。1984 年 2 月，陈尧光婉谢美方的邀留，如期回国。1985 年至 1987 年间，又两度访美参加学术活动，并被派参加东京联合国大学"亚洲展望规划"学术讨论会，担任中国组组长，先后在日本、澳门、泰国参加学术活动。1988 年春，兼任第七届北京市政协委员、驻会副秘书长。1993 年，任第八届全国政协委员，兼任第八届北京市政协常委及《北京政协》杂志主编。

陈尧光曾任中国翻译工作者协会理事、中国社会科学院美国研究所《美国研究》编委、《社会科学新辞典》编委及国际哲学与人文科学理事会会刊《第欧根尼》中文版编委、北京市社会学学会理事、北京市社会科学联合会哲学社会科学"九五"规划政治学学科组召集人、北京市海外联谊会理事。

陈尧光长期从事翻译工作和社会学、政治学、文化人类学(Cultural Anthropology)及国际文化交流的研究工作，成果卓著。在半个多世纪的研究工作中，除撰写供中央领导同志参阅的大量内参性文章外，还在《人民日报》、《光明日报》、《世界知识》、《北京周报》(英文版)、《新华文摘》、

《国外社会科学》等报刊、杂志上公开发表文章近百篇。发表和出版著述及译作350多万字。其主要专著有《大洋东岸——美国社会文化初探》、《丘吉尔》(曾被台湾出版商在境外再版)、《中国现代化过程中的文化因素》(英文)、《美国人的文化价值观》等；主要译作(包括独译和合译)有《根——一个美国家族的历史》、《社会毒瘤》(菲律宾国父黎萨尔著)、《俄国在中亚》、《无鸟的夏天》(韩素音著)、《杜鲁门回忆录(第一卷)》、《远征欧陆》、《东方快车谋杀案》(中国电影出版社1979年出版,贵州人民出版社、台湾远流出版公司、人民文学出版社相继再版)、《碧波余生》、《拿破仑论》等；负责校审的译作有《艾登回忆录——面对独裁者》、《德拉克罗瓦日记》等。

侯德昌

(1934—　　　)

　　侯德昌,1934年1月生,河南辉县人。书画家。曾执教于中央工艺美术学院。中国美术家协会会员、中国书法家协会会员。1998年9月被聘任为中央文史研究馆馆员。

　　侯德昌生长在一个普通农民的家庭。自幼酷爱书画。1950年考上辉县中学。1953年考入汲县(今卫辉市)师范学校学习。1956年考入中央工艺美术学院(今清华大学美术学院),主攻陶瓷美术设计专业。1961年毕业后留校任教,讲授陶瓷美术设计课。上世纪70年代后期,任教国画山水课,同时,到祖国的名山大川去写生采风,收集素材,潜心研究山水画。创作了《版纳小景》、《昆明黑龙潭》、《木瓜林》等。1974年与白雪石合作的《长城脚下幸福渠》被中国美术馆收藏。

　　侯德昌自幼临池习帖。年复一年苦练不辍,先从颜体入手,后又攻汉隶,又学清代名家,逐步形成了自己的风格。1976年,毛泽东同志逝世,党中央决定修建毛主席纪念堂。侯德昌书写的隶书"伟大的领袖和导师毛泽东主席永垂不朽"十七个大字,被制成金字镶嵌于瞻仰大厅,受到中央领导、专家和群众的好评,获文化部嘉奖。

　　侯德昌的山水画功力深厚,生活气息浓郁,结构严谨,笔墨劲健,气势如虹。

　　1992年,为我国申办奥运会,他主笔创作了百米长卷《中华魂》,生动形象地再现了祖国山河的壮美;1994年国庆前夕,他为人民大会堂东厅主笔绘制巨幅山水画《幽燕金秋图》,受到党和国家领导的称赞。时任国家主席江泽民说:"画的气势很大,体现了中华民族的精神内涵。"1995和1997年,他先后为中南海创作《山永寿松长青》和几幅独具特色的山水画;1999年,为中央军委"八一大楼"创作巨幅山水画《长城雄关》、《黄山松》等。2001年,他与秦岭云、卢光照在河南郑州联合举办"乡情画展"。2001年1月13日,他受到时任国家主席江泽民的接见。2006年,由中央文史研究馆主办、广州市文史研究馆协办的"侯德昌、耿安辉师生书画展"在广州艺术博物院展出。2008年10月,"侯德昌画展"在河南郑州商都艺术馆举办。2009年4月,出版《当代书法名家精品赏析——侯德昌书法作品》。2010年1月,出版《侯德昌作品集》(包括绘画卷、书法卷、画稿卷、印稿卷)。11月,由中央文史研究馆、中国美术家协会、中国书法家协会主办的"融古通今——侯德昌书画展"在中国美术馆举办,共展示60余件书画作品,多为近几年创作的表现太行题材的大幅山水画,作品以书入画,气势雄强,意境清新。人民美术出版社同时出版《中国近现代名家画集——侯德昌》。

　　侯德昌的书法,行、草、隶、篆无不涉猎,尤以篆、隶称誉书坛。1985年创作的篆书、隶书刻字作品,把书法和工艺相结合,得到了张仃、黄苗子、许麟庐等老一代书画家的高度评价。侯德昌对古文字的研究造诣也很深。他以一个书画家的眼光,从美学的角度去研究古文字学的艺术价值。从甲骨、钟鼎、石鼓、竹简、瓦当等上古文字到清代以来书法篆刻家的作品,他都尽力加以收集整理,认真研究,并进行二度创作。历时二十年,用尽心力,几次补充修订,终于在2003年完成了既具工具性质又有艺术性、观赏性的《篆艺通典》书稿,撰写一万余篆字,设计数百枚印稿,由河南美术出版社出版发行。他还先后出版了《侯德昌刻字书法选》、《篆书艺术》、《侯德昌隶书古诗》、《侯德昌隶书帖》、

《侯德昌草篆》等十多部专著。

　　侯德昌曾应邀赴美国、法国、新加坡等国进行访问、讲学、举办书画展，受到好评。他的书画作品也曾作为国礼赠送给许多外国领导人。

杨天石

(1936—　　)

　　杨天石，1936 年 2 月生，江苏东台人。中国近代史专家。中国社会科学院荣誉学部委员、近代史研究所研究员、博士生导师。1998 年 9 月被聘任为中央文史研究馆馆员。

　　1948 年毕业于东台天霞镇中心国民小学。1955 年毕业于无锡市第一中学。同年考入北京大学中文系。在大学时，因勤于读书，被视为走白专道路的典型，受到严厉批判。大学后期，除参加写作《中国文学史》外，大部分精力用于选注《近代诗选》。1960 年毕业，被分配至北京八一农业机械学校教书。1962 年 1 月，该校下马，调到北京师范大学附属中学任教。

　　杨天石初好写作新诗，继而涉猎美学，又转而研究中、晚唐诗人及近代诗。毕业后虽失去研究条件，但仍痴迷于学术研究，以业余时间攻读、写作不辍。1961年与同窗学友刘彦成共同完成《南社》一书的写作。中华书局于1964年将此书排出清样，因"文革"毁版未印。该书与他的另一部书稿《黄遵宪》均延迟至"文革"后才得以出版。

1962年在《光明日报》发表《韩贞的保守思想》一文，在关于明代中叶泰州学派评价问题上提出了与传统迥异的观点，受到哲学史界的注意。1964年进而在《新建设》杂志上发表《关于王艮思想的评价》，指名与哲学史大家侯外庐等人商榷，受到侯先生的赏识。侯先生曾拟调他到历史研究所思想史研究室工作，未成。

"文革"中，不甘于无事可作，一面研究鲁迅，一面暗中向哲学研究所研究员吴则虞先生学习佛学，协助他编辑《中国佛学思想文选》。1972年，受中华书局之约，写出《王阳明》一书，印数高达30万册。此后，相继写出《泰州学派》、《朱熹及其哲学》等书稿，在80年代初陆续出版。

70年代初，中国科学院近代史研究所恢复业务，其业务中有编辑南社资料一项。1974年，杨天石于教书之余，参与编辑南社资料，嗣后又参与《中华民国史》第一编的写作。1978年4月，正式调入近代史研究所民国史研究组（后改为室），从事专业研究工作。1979年评定为助理研究员。1983年，被授予近代史研究所先进工作者称号。同年晋升为副研究员。1988年晋升为研究员。1994年被聘任为中国社会科学院研究生院博士生导师。2002年被聘为中国社会科学院学术委员会委员，三年期满后被聘为学术咨询委员会委员。

杨天石认为,历史学的首要任务是真实地再现历史本来面目,然后才有可能正确解释和说明历史。因此,他在研究工作中,首先着力于访求各种珍稀未刊档案、日记、函电等第一手资料,在此基础上考辨探微,钩沉索隐,揭示鲜为人知的历史奥秘,从而形成自己的治学特色。1985年根据日本外务省档案,撰写发表了《康有为谋围颐和园捕杀西太后确证》一文,被认为是震惊中国近代史学界的重大发现。1988年根据蒋介石日记及蒋与汪精卫之间的来往函件,撰写发表了《中山舰事件之谜》。该文被胡乔木誉为是"有世界水平的文章",获中国社会科学院首届优秀科研成果奖,并被日本和美国学者分别翻译为日文、英文刊出。1993年,将有关论文汇集为《寻求历史的谜底——近代中国的政治与人物》一书,交首都师范大学出版社出版,第二年又在台湾出版了繁体字版。该书获北京及国家教委所属出版社优秀学术著作奖。这以后,杨天石陆续出版的著作有《南社史长编》、《横生斜长集》、《朱熹》(香港版)《中华文化词典》(副主编)等多种。

杨天石在《中华民国史》第一编出版后,以十多年的时间主持编写《中华民国史》第二编第五卷——《北伐战争与北洋军阀的覆灭》,出版后在海峡两岸学界均获得好评。1998年,他将多年来根据海外史料所写的论文、札记汇集为《海外访史录》,该书与他的另两部论文集《蒋氏秘档与蒋介石真相》、《辛亥革命史事探微》共同组成《近史探幽系列》,陆续出版。

　　进入 21 世纪以来，杨天石出版的著作日益增多，有《杨天石文集》，《杨天石近代史文存》(5 卷本)、《杨天石文选》(7 卷本，台湾版)、《帝制的终结》等，其间，还参与了《中国通史》第 12 册的写作。

　　自 1997 年起，受邀出任《百年潮》杂志主编，至 2005 年底止，共担任主编 9 年之久，使该刊成为一时名刊，和胡绳、郑惠一起被誉为《百年潮》"三君子"。该刊的主要文章已收入由其主编的 12 卷本《〈百年潮〉精品系列》。

　　杨天石曾多次访问日本、美国、韩国、法国、英国、德国、加拿大及我国的香港、台湾地区，多次被聘任为美国哥伦比亚大学、哈佛大学、斯坦福大学等校访问学者。2001 年任日本京都大学客座教授。2002 年，与美国、日本、英国、加拿大等多国学者组成名为"中日战争国际共同研究"的群体，先后参与、发起在美国、日本、中国召开四次国际讨论会，陆续以中、英、日三种文字出版《战时中国各地区》、《战略与历次战役》、《战时中国的社会与文化》、《战时国际关系》等论文集四部，任中文版主编。

　　自 2006 年 3 月起，四赴美国胡佛档案馆阅读《蒋介石日记》影印手稿，先后在大陆和香港出版《找寻真实的蒋介石——蒋介石日记解读》第一集和第二集。其第一集被大陆 31 家媒体和中国图书评论学会共同评选为 "2008 年十大好书"，并获同年度"香港书奖"。第二集获南方读书节"最受读者关注的历史著作奖"。

　　杨天石曾任中央电视台"百家讲坛"主讲，五十二集大型系列记录片《百年中国》及《辛亥革命》等文献片的历史顾问。曾任中国社会科学院近代史研究所学术委员会委员、南京大学民国史研究中心客座教授、中国现代文化学会常务副会长兼秘书长、中共党史学会常务理事、中国史学会理事、《中国社会科学》及《中国哲学》编委、社会科学文献出版社专家委员会委员等职。2006年当选中国社会科学院荣誉学部委员(时尚未退休)。现除仍任中国社会科学院近代史研究所研究员外,兼任清华大学教授、浙江大学客座教授、国家图书馆民国文献保护专家委员会顾问、中华诗词研究院顾问、大型学术著作《中国地域文化通览》副主编、《炎黄春秋》编委、《同舟共进》编委、《世纪》顾问。

杜廼松

(1937—　　　)

杜廼松,1937年6月生,北京市人。文物考古研究与文物鉴定家。北京故宫博物院研究员、院学术委员会委员。中国文物学会文物鉴定委员会专家委员,中国保利艺术博物馆、中国收藏家协会顾问。享受国务院政府特殊津贴。1998年9月被聘任为中央文史研究馆馆员。

　　杜廼松自幼受到有高等文化的父母教育和影响,酷爱文史,1962 年北京大学历史系考古专业毕业后, 供职于北京故宫博物院至今。几十年来,杜廼松在故宫博物院主要从事古代青铜器、古文字和商周秦汉考古的学术理论与文物鉴定等工作,研究的内容涉及古文字研究考释,器物考证,考古学类型学,青铜器断代与分期、分区,文物保护,科技考古,文物美学,青铜器与铭文鉴定等多维层面。论著创建了青铜器与金文完整的发展演变的理论体系,并取得金文考释与研究等多方面的科研成果。20 世纪 60 年代初,曾与王人聪(现任香港中文大学教授)共同全面整理研究故宫收藏的杂乱无章的 5 千余件历代铜镜,科学整理排列其考古学谱系,取得了很大成果。为后来人学习与研究奠定了重要基础。

　　杜廼松在青铜器与铭文的鉴定上有一定的造诣。1981 年应邀赴美国、为著名的华盛顿弗利尔美术馆鉴定青铜器,受到美国朋友的赞赏。1992 年他受邀为香港中文大学博物馆鉴定长期悬而未决的夨甲盘及铭文的真伪问题。在中央主要领导指示下,1993 年他受文化部、国家文物局委派赴法国,为旅法老华人吕霞光先生(徐悲鸿的同学)收藏并无偿捐献给祖国的各类文物进行鉴定,圆满完成了国家交给的重要任务。

　　20 世纪 90 年代国家组织全国文物鉴定系统工程专家组,他参加了这一工作,并负责青铜器与铭文的鉴定。从1992 年至 1997 年他每年都要奔赴全国各地的博物馆、考

古机构,以及文物商店系统等国家文物收藏单位进行文物
鉴定,从中发现了一定数量的赝品。工作中他严谨认真,每
件文物亲自摩挲,一丝不苟,坚持原则,最后提出准确结
论。近年他写了《全国铜器鉴定所见金文考察》、《全国铜器
鉴定所见伪器伪铭研究——兼论鉴定的几个理论问题》等
学术论文。

杜廼松近年来参加了国家文物局和国家文物鉴定委
员会安排的不少临时性文物鉴定工作,多是为了配合博物
馆或公安等机构进行工作。其中一次是 2003 年"非典"最
严重时期,他接受任务,赴安徽合肥,为安徽省公安厅鉴定
缴获的 500 余件青铜器。在这批铜器中,鉴定出不少精品
珍品,保护了这批文物。

几十年来,杜廼松结合工作需要,做了大量科研工作,
出版了 30 余种书(包括独著、合著与主编)。在《故宫博物
院院刊》、《文物》、《考古》、《中国文物报》等海内外报刊发
表了 200 多篇学术论文。著作有《青铜器简说》、《步入青铜
艺术宫殿》、《吉金文字与青铜文化论集》、《中国文物定级
图典》(1—4 卷)、《青铜器小辞典》、《青铜器鉴定》、《青铜器
发展史》、《中国收藏与鉴赏》、《20 世纪青铜器发现与研
究》、《故宫博物院藏文物珍品全集——青铜器》(上、下
卷)、《中国青铜器收藏鉴赏全集》、《文物名家大讲堂·中国
青铜器》、《中国青铜器全集——齐鲁燕中山青铜器》、《大
师说器·杜廼松说青铜器与铭文》等。论文有《商周青铜器
定名的几个理论问题》、《青铜匕勺斗考辨》、《邙其三卣铭
文及相关问题研究》、《青铜器分期与断代》、《司母戊鼎年

代问题新探》、《兮甲盘铭文再考释与意义》、《论东周诸侯国青铜器与铭文的风格特点比较》、《金文中的鼎名简释——兼释尊彝、宗彝、宝彝》、《论西周金文父祖宗亲辈分称谓》、《周原地域甲骨文与金文记研》、《吉金文字与青铜文化论集》。他的著作曾获国家图书奖、辞书奖、考古图书奖、最佳论集奖，重要论文被收入到《世界学术文库》。

几十年来，杜廼松做了大量教学工作和学术演讲。曾为北京大学、南开大学、中央民族大学、中国人民大学、清华大学、北京师范大学、社科院研究生院、故宫博物院、文津讲坛和全国文物考古培训班、大区考古培训班，以及外国驻华使馆等授课。

几十年来，杜廼松还参加了许多社会活动，如20世纪90年代初，作为知识分子的代表参加了中央组织的三峡工程考察活动，还发表了《对三峡工程中文物保护的若干建议》、《目前文物保护中若干建议》等文章，在社会上反响很大。成为中央文史研究馆馆员后，多次参加馆内组织的全国采风活动，以及有关学习和社会活动。

近年来，杜廼松多次赴美、法、日、韩、新加坡等国和香港、台湾等地进行文化学术交流或作演讲。并多次参加国内、国际学术研讨会，接受海内外媒体采访或作演讲，如中央电视台"东方之子"栏目、"大家"栏目、香港凤凰卫视"世纪大讲堂"、台湾东森电视台，以及《人民政协报》、《中国文物报》、《中国文化报》、人民网、香港《文汇报》、《北京晚报》等。中央电视台、香港文汇报等海内外媒体誉其为"青铜器鉴定第一人"。

程　熙

(1939—　　　)

　　程熙，女，1939年7月生，湖南醴陵人。著名爱国将领程潜之女，国画家。曾任钓鱼台国宾馆艺术顾问。全国政协第九至十一届委员。1998年9月被聘任为中央文史研究馆馆员。

　　程熙幼时心灵手巧，好剪纸，喜弄墨，稍长，进入湖南成智益湘和香港协恩学校。严格的教会学校教育使她锻炼培养出独立自主、刻苦耐劳的个性。新中国成立后，到北京先后就读于华北军区八一小学、北京女十二中、北京第二师范学校。

　　程熙对国画艺术情有独钟，在父亲及众多先辈的支持鼓励下，绘画艺术提高很快。1960年经傅钟上将和国画家黄胄推荐，到北京中国画院进修，初主攻花卉，在汪慎生、王雪涛、马晋先生的指导下，打下了坚实的基础。1962年在山水画家颜地先生的引导下改画山水。颜地不仅造就了她在山水画方面的发展潜质，更令程熙感念至深的是颜地对艺术执著的追求及正直敦厚刚毅的品格。其后程熙相继幸运地结识了李可染、程十发、许麟庐诸位大家，并得到他们的指教，追随左右，耳濡目染，不仅在绘画技巧上获益匪浅,而且艺术家之风范、造诣、品德,都对她影响甚深、甚大。她还在国画家唐云门下学习花卉。80年代初,又经唐云介绍相识焦墨山水画家赖少其,程熙求教殷切,诚意感人,黄山写生跟随其左右,学到了绘画技巧,使自己的绘画艺术更上一层楼。

　　1971年,在周恩来总理的亲自关怀下,程熙分配到故宫博物院明清档案馆(现中国第一历史档案馆),从事档案保管、复制工作。馆内珍藏着各类明清档案资料,其中包括残破急待修整的绘画史料,如军机处、造办处保存的舆图,以及大量寺庙、江河湖泊、行宫园林图等。为保存这些珍贵史料,她以自己娴熟的绘画技法,埋首十余年,从事舆图复制工作,临摹了《泰山图》、《峨嵋山寺庙图》、《五台山寺庙图》及现珍藏在天津博物馆的《海运图》等,为保存珍贵史料作出了很大贡献。1986年被评定为第一历史档案馆馆员。

　　程熙几十年情注绘画中,善于学习,不断求索,笔耕不辍。她精于工笔,又擅写意,她在绘画中不断的追求秀、静、雅的境界。继承传统,博采众长,"寻门而入、破门而出",形成了自己独具的风格画意。在花卉画中,以笔墨的丰富性和表现花卉鲜活性见长,让传统花卉在现代语境中重现魅力,并把写生当作通向创作的桥梁,改造了文人画的花鸟图式,生机勃发而灿烂纸上。在山水画中,发自画家感受和印象所依据的自然物象,再现南派山水的秀润与委婉,并对自然的挚爱融于笔端,笔墨因形而异,因景而殊,得自然之美,融深情而真。

程熙最推崇近代国画家黄宾虹，为黄宾虹研究会成员。她对黄宾虹先生作品的研究十分深入，对其绘画艺术有着深刻理解和感悟，并充分的贯注表现在她的画作中。黄宾虹先生认为："笔墨沉雄，才能震耀千古"。程熙所作一幅表现黄宾虹先生风格的《苍山春晓图》，专家给予充分的肯定，称赞"不只是在对自然形态的表达，作者通过笔墨的运用，把自然形态和脑中的宇宙世界统一起来"。

白少帆

（1941—　　　）

白少帆，1941年1月22日生，台湾台北人。汉语史教授，古典文学研究员。1998年9月被聘任为中央文史研究馆馆员。

白少帆早年执教台湾岛内，其后赴海外讲学，遂侨寓法国。1982年，作为"来华定居专家"经由国务院科技干部局引进，先后供职于中央民族学院汉语言文学系及中国社会科学院文学研究所古代室，继续其教学和研究工作。1995年至1998年，借调华侨大学，任中文系主任兼艺术系主任、华侨大学台湾暨东南亚华文文学研究所所长，并受聘为福建师范大学客座教授，被选为福建省文学学会副会长。此前，他曾担任中华台港暨海外华文文学研究会创会副会长兼秘书长、中央人民广播电台对台湾广播顾问、台湾同学会第二届副会长等职。是中国训诂学会会员、中国作家协会会员、欧美同学会留法同学会会员。

白少帆回国前，曾长期与国际汉学界合作，开发多项汉语史课题，如《古汉语在中国境内及周边传布的最大化现象：清代乾隆朝官文书流通研究》。同时期，指导博士研究生完成汉语言学和中国古代文史领域的学位论文多篇。

1987年，白少帆领衔主编的《现代台湾文学史》出版。凡千万言，被两岸学界公认为开拓之作，迄今仍普遍被两岸高校采用为中文系本科生和研究生教材。

1995年起，他受聘为国家级重点课题《中华文学通史》古代卷编委，并为该书撰写南明以降台湾章节，填补了一向以来的空白。至此，从传统期到现代期的中国文学史编，因为有了四百年全程连贯的台湾组成部分而初具完备。

白少帆入馆以来，先后承担了《世纪》、《缀英集——中央文史研究馆馆员诗选》等书籍、刊物的编审工作，并担任了大型学术著作《中国地域文化通览》副主编。

近年来，白少帆致力于汉语中古音疏证及台湾文史整理，撰有《台区河洛系今古音辨》、《清代宦台诗》及《海东文史丛稿》、《清季台民内渡诗作辑注》等书稿。另有新旧体诗作及散文，结集为《沧海月明楼诗歌》，2013年由中华书局出版。

霍 达

(1945—)

霍达,女,回族,1945 年 11 月生,北京市人。国家一级作家。全国政协第七、八届委员,第十、十一、十二届常委,第九届全国人大代表,中国文联全国委员会委员,中国少数民族作家学会副会长。1999 年 8 月被聘任为中央文史研究馆馆员。

霍达自幼酷爱文学艺术,1966 年毕业于北京建筑工程学院。曾先后在四机部、北京市园林局、文物局做翻译工作,同时师从著名史学家马非百先生研究中国历史,1981 年调北京电视艺术中心任一级编剧。

霍达自青年时代步入文坛,迄今著有小说、报告文学、影视及戏剧剧本、散文、诗词等多种体裁的文学作品约 800 万字,成就卓著,蜚声海内外。创作于 1987 年的长篇小说《穆斯林的葬礼》获第三届茅盾文学奖、第三届全国少数民族文学创作奖、建国 40 周年北京市优秀文学奖,中央人民广播电台多次全文播出,多家出版社出版,20 余年畅销不衰,2009 年收入人民文学出版社出版的《新中国 60 年长篇小说典藏》、作家出版社出版的《1949—2009 共和国作家文库》。赴香港深入生活、历时三载创作的长篇历史小说《补天裂》，于 1997 年香港回归祖国前夕由北京和香港同时出版，中央人民广播电台全文广播，多家报刊转载，1999 年被中宣部、文化部、中国文联、中国作协、新闻出版总署、广电总局评为"建国 50 周年十部优秀长篇小说"之一，获"第七届全国五个一工程奖优秀图书和优秀电视剧"双奖，并获"全国少数民族文学创作骏马奖"、"北京市优秀图书奖"。中篇小说《红尘》获"第四届全国优秀中篇小说奖"，由她本人据此改编的话剧《红尘》获"第二届全国舞台精品工程优秀剧本奖"。报告文学《万家忧乐》于 1988 年获"第四届全国优秀报告文学奖"、"第四届全国少数民族文学创作奖"，1992 年获首届"全国保护消费者杯"个人最高奖，2001 年获"3·15"金质奖章。报告文学《国殇》于 1988 年获首届"中国潮报告文学奖"，1992 年获首届"全国卫生题材文学一等奖"。报告文学《小巷匹夫》于 1988 年获"火凤凰报告文学奖"。电视剧《鹊桥仙》于 1980 年获首届"中国电视剧飞天奖"。电影剧本《我不是猎人》于 1992 年获"第二届全国优秀少年儿童优秀读物奖"。电影剧本《龙驹》于 1990 年获"建国 40 周年全国优秀电影剧本奖"。散文《东山男儿》于 1990 年获《光明日报》"共和国在我心中"优秀征文奖。散文《烟雨文武庙》、《义冢丰碑》于 1997 年分别获"香港回归话征文"、"香港回归征文"一等奖。散文《为了那片苍天圣土》于 2007 年获"全国政协庆祝香港回归 10 周年优秀征文奖"。2009 年获国务院授予的"民族团结进步奖"。2010 年获上海世博会联合国千年发展目标主题公益活动组委会授予的"中国民族文化保护与传承卓越成就奖"。

　　代表作尚有长篇小说《未穿的红嫁衣》，报告文学《民以食为天》、《搏浪天涯》，大型历史电影剧本《秦皇父子》，大型电视连续剧本《苍天圣土》，贴近生活、反映现实的京味话剧剧本《海棠胡同》等。作品有英、法、阿拉伯、乌尔都等多种文字译本及港、台出版的中文繁体字版多部。1999年北京十月文艺出版社出版六卷本《霍达文集》，2008年人民文学出版社出版八卷本《当代作家系列·霍达卷》、九卷本《霍达文选》，2010年线装书局出版宣纸本《抚剑堂诗词集》，2013年长江文艺出版社出版《现当代名家作品精选·霍达作品精选》。

　　多年来，霍达曾参加美国爱荷华国际写作中心，并先后应邀赴美、英、法、俄、日、新加坡、马来西亚、西班牙、毛里塔尼亚、埃及、意大利、挪威、芬兰等十余国及我国港、澳、台地区进行学术交流。曾应邀出任《港澳大百科全书》编委、第十八届开罗国际电影节评委、第四次世界妇女代表大会代表等。其生平及成就载入《中华古今女杰谱》、《中国作家大辞典》、《中国电影家大辞典》、《中国当代名人录》、《世界名人录》等大型辞书。

袁行霈

(1936——)

袁行霈,字春澍,江苏武进人。中央文史研究馆馆长。中国古典文学专家。中华诗词研究院院长。北京大学文科资深教授、人文学部主任、国学研究院院长,国际汉学家研修基地主任。国务院学位委员会委员,兼中国语言文学学科评议组召集人。第一、二届教育部教育咨询委员会委员。全国政协第八、九届常委,第十届全国人大常委,民盟中央第八、九届副主席。享受国务院政府特殊津贴。1999年10月被聘任为中央文史研究馆副馆长,2006年1月任中央文史研究馆馆长。

袁行霈出身于传统的读书人家庭,家庭培养了他对古典文学的兴趣。1953年他考入北京大学中文系,接受了严格的学术训练。1957年大学毕业,被林庚教授选中留校任助教,从此开始了教学与科研生涯。

1957年至1966年,袁行霈在北大讲授中国文学史,结合备课系统读书和撰写论文。同时,他跟随林庚先生参加了《魏晋南北朝文学史参考资料》、《中国历代诗歌选》(上)的编纂工作。其间,他多次下乡下厂下矿劳动锻炼。从"干校"回北京后,他参加了集体编写《中国小说史》的工作。同时,独自撰写了《山海经初探》、《汉书艺文志小说家考辨》等论文。

　　1977年高校恢复招生后,袁行霈在北大为本科生和研究生讲授中国文学史、中国诗歌艺术研究、陶渊明研究、唐诗研究、李贺研究、唐宋词研究等课程。他在教学工作中不断探索进取,取得较好的效果。1979年晋升讲师,1980年任副教授,1984年任教授,1986年取得博士生导师资格。1992年,兼任北京大学中国传统文化研究中心主任、《国学研究》主编;1994年主持大型系列电视专题片"中华文明之光"(150集)的编撰工作;1999年出任北京大学人文学部主任;2000年筹建北京大学国学研究院,并出任院长。

　　1982年至1983年,他应日本东京大学的邀请,担任该校外国人教师,讲授陶渊明研究等五门课程,受到广泛赞誉,东京大学在致北京大学的公函中称赞他"学识渊博,人格高尚"。1992年至1993年,任新加坡国立大学中文系客座教授。1997年以美国哈佛燕京学社访问学者身份前往从事研究,并在哈佛、耶鲁、哥伦比亚、华盛顿、夏威夷等大学讲学。1998年再次任新加坡国立大学中文系客座教授。2001年在台湾淡江大学、台湾大学讲学。2004年任香港城市大学客座教授。2005年、2006年任新加坡南洋理工大学教授(与北大联聘)、中文系国际顾问团顾问。

　　由于他在教学工作中做出的贡献,1989年获"全国高等学校首届优秀教学成果奖"国家级特等奖(个人);1991年获国家教委和人事部授予的"全国教育系统劳动模范称号暨人民教师奖章";1993年获北京市人民政府授予的"北京市人民教师"称号(公众推选的十佳教师之一);1995年获

"北京市先进工作者"称号;2006年获"北京大学首届蔡元培奖";2008年获中国老教授协会"科教兴国贡献奖"、北京大学首届"国华奖"。

袁行霈入馆以来,先后参与主编了《崇文集二编》、《崇文集三编》、《中央文史研究馆馆员传略》、《中央文史研究馆馆务活动录》、《缀英集——中央文史研究馆馆员诗选》;与陈进玉同志共同主编了大型学术著作《中国地域文化通览》(34卷)等。

袁行霈主要的科研成果有:《中国诗歌艺术研究》,此书于1991年获"北京市第二届哲学社会科学优秀成果(著作)"一等奖,1992年获国家教委授予的"高等学校出版社优秀学术专著"特等奖,有日文、韩文译本。《中国诗学通论》(合著,第一作者)于1995年获"第二届国家图书奖"提名奖,1998年又获教育部授予的"全国高等学校第二届优秀社科成果"二等奖。他主编的《中国文学史》四卷本于2000年获"北京市第六届哲学社会科学优秀成果(著作)"特等奖,2001年获"第五届国家图书奖"。《陶渊明集笺注》于2008年获"第四届中国高校人文社科研究优秀成果"一等奖。《中华文明史》(四卷本,第一主编)于2008年获"北京市第十届哲学社会科学优秀成果(著作)"特等奖,此书由美国汉学家翻译为英文,2012年在剑桥大学出版社出版。

此外还著有《陶渊明研究》、《陶渊明影像》(有韩文译本)、《中国文学概论》(有韩文译本)、《唐诗风神及其他》、《学问的气象》、《愈庐集》、《清思录》(北京社科名家文库之一)、《中国文学作品选注》四卷本(主编)、《中国文学史纲要》(二)、《中国文言小说书目》(合编,第一作者)、《历代名篇赏析集成》(主编)、《袁行霈学术文化随笔》、《当代名家学术思想文库 袁行霈卷》、《论诗绝句一百首》、《盛唐诗坛研究》(合著,第一作者)等。

欧阳中石

(1928—　　)

欧阳中石,1928年10月生,山东泰安人。学者、书法家、书法教育家。首都师范大学中国书法文化研究院名誉院长、教授、博士生导师。曾任国务院学位委员会艺术学学科评议组成员、文化部艺术系列美术专业高级职称评审委员会委员。全国政协第八至十一届委员。2003年被国务院聘任为中央文史研究馆馆员。

欧阳中石1950年考入北京辅仁大学哲学系,1951年转入北京大学哲学系,师从金岳霖等先生,专攻逻辑学。1954年大学毕业后,先后在通县师范、通县二中、北京171中学等单位从事教育工作。期间曾主持中学语文教改项目,以简驭繁,取得了应有的效果,引起教育界关注。1981年调到北京师范学院(今首都师范大学),在教育科学研究所讲授学科教育与逻辑,并从事书法研究。欧阳中石还参与中国书画函授大学的创办,并承担主要领导工作。同时还参与中国语言与逻辑函授大学的创办,任逻辑教研室主任。自1985年创办书法大专班开始,欧阳中石逐步在首都师范大学实现了他的中国书法高等教育构想,先后经历了由教育系创办、中文系转移拓展、中国书法艺术研究所成立、进而调整为中国书法文化研究所、又发展为中国书法文化研究院。

　　1993年,国务院学位委员会在首都师大设立美术学专业(书法方向)博士授权点,欧阳中石担任我国第一位书法博士生导师。1998年,国家人事部批准首都师范大学接收书法博士后研究人员,由他指导。经过多年坚持不懈的努力,使首都师范大学成为我国第一所覆盖书法成人本、专科,书法自考本、专科,书法硕士、博士,艺术学(书法方向)博士后,艺术硕士,同等学历,访问学者,第二学历副修,研究生主要课程进修班等各种教育模式,拥有完整书法高等学历教育体系的学府,并在2005年成立中国书法文化研究院,创办了我国大学第一家书法文化博物馆。2007年首都师范大学书法学科和美术、音乐一起成为国家重点培育学科。欧阳中石还在首都师范大学指导成立了中国戏曲研究中心。

　　欧阳中石在首都师范大学创办书学教育,提出了鲜明的教学思想和理念。他将书法置于文化的大背景下,构建书法文化学科。提出以"书法文化"为龙头,"书法史论"为两翼,以汉字、碑帖、鉴藏、材料研究等为外围的"书学"概念。他将自己对书法的认识概括为"作字行文,文以载道,以书焕采,切时如需",他教授书法,以德为先,注重传统,更以时代需要为主。

欧阳中石有深厚的国学功底和多方面的艺术才能,在逻辑、音韵、戏剧、书学、语文教育学等专门领域有很高的造诣,他于书法各体兼通,而汇综到行草书,以东晋书风为宗,博采周金汉石、碑刻法帖的长处,形成自己古雅而奇绝、飘逸而沉稳、刚健而温润、灵动而厚重的独特的艺术风格,在海内外享有盛誉。他精于诗词曲联创作,擅长传统写意画,京剧为著名老生奚啸伯的嫡传弟子。

欧阳中石获得过多项奖励和荣誉称号。主编的《书法与中国文化》2002年获北京市哲学社会科学优秀成果二等奖,主编的《(新编)书法教程》获2008年国家级精品教材奖。他在1998年至2008年期间主持国家外文局和美国耶鲁大学合作的国际项目《中国书法艺术》的研究,在中国和美国同时出版,荣获"新闻出版署三个一百原创图书出版工程奖"、美国出版家协会(AAP)"Award for Excellence in Humanities"和"Book Subject Categories: Humanities"中的"Art & Art History"奖,在国内外学术界引起很大反响。他于2002年获中国书法家协会"首届中国书法兰亭奖·教育特别贡献奖",他领导下的首都师范大学中国书法文化研究所也获"首届中国书法兰亭奖·教育奖"。2006年获中国书法家协会"第二届中国书法兰亭奖·终身成就奖"。2007年获教育部、人事部联合颁发的"全国模范教师"荣誉称号。
2008年获北京市人民政府颁发的"北京市人民教师"荣誉，
中国文联颁发的"第六届造型艺术家成就奖"。2009年人
民网评选为新中国成立60周年"人民喜爱的艺术家"称号。
2010年荣获中华全国总工会"全国先进工作者"、北京市人
民政府"首都杰出人才"奖。

　　欧阳中石社会贡献显著，影响广泛。为全国政协、中央
办公厅、中央统战部、人民大会堂、毛主席纪念堂、司法部、
最高人民法院、最高人民检察院、教育部、人民日报社、光
明日报社等数十个重要部门和场馆以及名地各胜创作了
大量艺术精品，为众多大中小学题写校名、校训。

　　欧阳中石关心祖国文化建设和社会公益事业。作为四
届全国政协委员，他积极建言献策，投身实践。他经常为教
育事业、为灾区等捐款，数额较大。

　　欧阳中石一生从事教育工作，热爱教育事业，虽然年
过八旬，依然工作在教学科研第一线。他自视为"教书匠"，
把自己概括为"普普通通一教师，持心若水顺时宜。兼葭本
分安平素，只问耕耘自不移"。他不但教授过的学生众多，
还培养了大批的书法、戏剧专业的高层次人才。他说，他的
大门始终为学生敞开。

　　欧阳中石自著有《书学导论》、《中国的书法》等，合著
有《中国逻辑史资料选·先秦卷》、《中国书法史鉴》等，主编
有《文学概论与艺术概说》、《书法》等，以及《当代名家楷书
谱·朱子家训·珍藏本》、《欧阳中石书古文辞》等作品集。

傅熹年

(1933—　　　)

傅熹年,1933年1月生于北京,原籍四川江安。建筑历史学家、文物鉴定专家。中国建筑设计研究院建筑历史研究所研究员、国家文物鉴定委员会主任委员、全国古籍整理出版规划领导小组成员。首批中国工程院院士。全国政协第七、八、九届委员。享受国务院政府特殊津贴。2003年8月被聘任为中央文史研究馆馆员。

1956年毕业于清华大学建筑系。先后在中国科学院土木建筑研究所与清华大学建筑系合办的建筑历史理论研究室、建筑工程部建筑科学研究院建筑理论历史研究室、建设部中国建筑技术研究院建筑历史研究所工作,四十余年来一直从事中国建筑史研究工作。1956—1957年协助梁思成教授进行《北京近代建筑史》研究,1961—1963年参加浙江民居和福建民居的调查研究,1963—1965年协助刘敦桢教授进行《中国古代建筑史》的编写工作。以后侧重于进行汉晋南北朝隋唐建筑研究,并对历代城市规划、建筑群布局和建筑设计方法作重点探讨。

1989年以后,承担国家自然科学基金会资助项目《中国建筑史的研究》,主编了五卷本《中国古代建筑史》的第二卷《三国两晋南北朝隋唐五代建筑史》,于1994年完成。由于此期遗存实例极少，只能依靠将实例与大量文献史料和考古发掘成果三方面互证，并利用外域资料为参证，整理、推证出该时期建筑的基本面貌、技术发展水平和发展脉络等情况。此专著已于2001年由中国建筑工业出版社出版。

1994年起，承担建设部科技司下达的任务，从事《中国古代城市规划、建筑群组布局、单体建筑设计手法和构图规律研究》专题研究，重点对形成中国古代独特建筑体系并能对持续发展起重要作用的规划设计手法进行探索。通过研究大量实例并分析实测图及数据，揭示出古代除文献中已有记载的单体建筑设计以材分为基本模数外，还存在着运用扩大模数控制规划设计的方法。如在都城和城市规划中以宫城或里坊、街区为面积模数，在大建筑群组布局中以主院落为面积模数，在单体建筑设计中以檐柱高为扩大模数等。又发现除在院落布局中置主体建筑于地盘几何中心的重要特点外，还存在着在宫殿、坛庙、寺院、邸宅等多院落的大型建筑群组的规划布局中，使用方格网为布置基准，用为有一定宽容度的共同面积模数，以控制不同院落间和建筑物间的相互关系、保持尺度上的和谐等规划设计手法。此外，还探索出日本九世纪以前建筑设计中运用模数的特点和规律，作为研究南北朝末年至唐代建筑设计手法和规律的旁证参考，把对中国古代在规划设计中较成熟运用模数的认识前推了约三百年，阐扬了中国古代在城市规划和建筑设计方法上的先进性。此项目于2000年完成，2001年由中国建筑工业出版社出版。

2003年末，承担卢嘉锡院士主编的《中国科学技术史》

中建筑卷的编写任务,目标是按《中国科学技术史》的要求,撰成一部中等篇幅的图文结合、侧重于技术发展的建筑通史。本研究项目对"技术"采取较广义的概念,除一般意义的结构、构造、材料、施工、制做工艺等具体建造技术、技艺外, 也包括构成中国传统建筑主要特点的规划城市、布置大型建筑群组和使建筑之间保持和谐和级差所使用的方法和技术手段等。全书按时代顺序分为十章,每章包括时代概说、建筑概况、规划设计方法、建筑技术、工官和重大工程建设等五部分,侧重发掘建筑技术方面的发展脉络,探讨其创造成就和不足,分析其原因。至 2007 年完成,全文 53 万字,近 700 幅图,2008 年由科学出版社出版。

2007 年又主持住房和城乡建设部下达的《中国古代工程管理和建筑等级制度研究》专题。该课题为该部标准定额司主持的《建设标准发展战略研究》中的一个子课题,内容分中国古代工程管理机构研究、中国古代建筑等级制度研究、中国古代建筑工程管理方式研究、中国古代建筑标准规范研究、中国古代有关工程管理的法律法规辑要五部分,从历史文献角度探讨等级制度、定额管理、建筑工程管理等社会和行政因素对中国古代建筑形成和发展的作用,全文近 33 万字,已于 2009 年完成。

2008 年承担中国科学院自然科学史研究所组织的为领导同志介绍中国古代科技史的任务,介绍中国古代建筑科技成就,包括中国古代建筑发展概况、中国古代都城宫殿、中国古代防御建筑、中国古代礼制建筑、中国古代宗教建筑、中国古代民居、中国古代园林七部分。全文 9 万 7 千字，119幅图，已收入上海交通大学出版社出版的《走进殿堂的中国古代科技史》中，于2009年出版。

此外，自1963年以来，利用逐步了解到的古代模数规律，对西周、战国、唐、宋、金、元一系列建筑遗迹进行复原研究，其论文选编为《傅熹年建筑史论文集》，于1998年由文物出版社出版。又选编所绘建筑画为《古建腾辉》，于同年由建筑工业出版社出版。

傅熹年数十年来还在业余从事古籍版本目录学和古代艺术史等方面的研究：

其祖父傅增湘是近代目录校勘学家和藏书家。他整理了祖父遗稿，编成《藏园群书经眼录》、《藏园群书题记》、《藏园订补郘亭知见传本书目》、《藏园游记》四书，约500万言，分别由中华书局和上海古籍出版社出版。又对美国、日本所藏中国古籍善本进行考查，撰有专文加以研究探讨。1984年他被聘为国务院古籍整理出版规划小组（现改称国家古籍整理出版规划领导小组）组员。

其父傅忠谟是现代古玉研究专家，他整理父亲遗稿，编成《古玉精英》、《古玉掇英》二部专著，均由香港中华书局出版。

傅熹年对中国古代书画也颇有研究，参加全国书画鉴定小组，在1983至1989年的七年间鉴定了大量全国公藏的古代书画，在该项工作成果《中国古代书画目录》中，收有大量由他签署鉴定意见的藏品。他曾对国内外所藏若干重要古代名画进行重点的考辨研究，撰有论文十余篇，编为《傅熹年书画鉴定集》出版，并主编了《中国美术全集·绘画编》中的《两宋绘画》上、下卷和《元代绘画》。

赵仁珪

（1942—　　）

赵仁珪,1942 年 6 月生,北京市人。北京师范大学古典文学教授、博士生导师。中华诗词研究院顾问,中华诗词学会常务理事,中国书法家协会会员。2003年 8 月被聘任为中央文史研究馆馆员。

赵仁珪 1949 年入北京师范大学第一附属小学（今改为北京第一实验小学)学习。1955 年以优秀的成绩入北京四中读初中,因而自幼打下了良好的学习基础,学习成绩一直名列前茅。1958 年因一些偶然的原因,转入河北北京中学读高中。高中三年正值父亲因历史问题被下放劳动时期(所谓历史问题是抗日战争时期参加过国民党领导的抗日游击队),1961 年高中毕业时,又正值强调"千万不要忘记阶级斗争"时期,故高考时学校的政审结论是"不宜上大学"。不得已,经北京财贸学校培训后到北京六里屯供销社任过短期的出纳,但总觉得这不是自己适合的工作。1963年抱着侥幸一试的心理,再次参加高考,结果以优异的成绩获得成功,但也只被当时列为二类学校的北京师范学院(今首都师范大学)外语系所录取。在校学习期间成绩仍然优秀,但"四清"等接连不断的政治运动,严重地冲击了正常的教学秩序。1966年"文化大革命"开始。"文革"中他保持清醒的头脑,没参加任何所谓的"造反派",是一个地地道道的"逍遥派",且暗中抽暇继续学习专业。1967年毕业,由于当时正值"文革"的混乱之中,无法直接分配工作,与所有应届的同学一起被编入65军所属的学生连,在河北蔚县、山西阳高一带参加劳动锻炼,接受再教育。1969年秋季,被分配到北京市密云县塘子中学当老师。这是一所半山区的农村中学,不设外语课,便改教语文。由于中小学曾打下较好的学科基础,所以很快就能适应这一工作,并越来越游刃有余,更发现自己最适合、最喜爱的专业恰恰是中文,尤其是中国古典文学。因此在这十年内,课上认真教学,课下努力钻研古典文学。虽然那时仍属于"复课闹革命"时期,学习气氛、时间、条件都很有限,但自己仍能顶住压力,抓紧一切机会,认真教书,刻苦学习,从而补足了比较系统、比较坚实的专业基础知识。1978年参加了"文革"后的首次研究生考试,并以优秀的成绩被北京师范大学中文系古典文学专业录取,迎来自己迟到的春天。

　　研究生期间主攻唐宋文学,遍得名师指点。尤其幸运的是在撰写论文时能被分配在启功先生门下,成为启先生"登堂入室"的弟子(所谓"登堂入室"是指可以经常到先生家得到个别的教诲,而并非指自己在启先生门下有多么高明)。除了专业研究外,在诗词创作上也得到先生悉心的指导,经常将自己的习作请先生批改,从中获得很多的鼓励和教诲。虽然仅是启先生"古典文学"专业的研究生,而非书法专业的学生(启先生曾多次强调自己没有正式的书法专业的学生),但也能经常看到先生挥毫进行书画创造,有时还特意作一番讲解,故也能从中体悟到很多书画创作的门径与奥妙。可以说能长期、深入地目睹大师的风采,亲炙大师的教诲,学习大师的做人与学艺,是自己一生最大的幸运,也是影响自己后半生的最重要因素。1981年研究生毕业,留校任教,直至2009年退休,在教育战线共工作了40余年。由于大量人才的长期积压,直至1983年、1988年、1997、1998年才被评为讲师、副教授、教授、博士生导师。在长期的教学工作中,培养了大批的本科生,以及26名硕士生、24名博士生、2名博士后及多名高级进修生、访问学者,并协助启先生培养博士生若干名。同时还致力于学术研究,先后出版了《宋诗纵横》(中华书局,1994年)、《禅学要义》(光明日报出版社,1996年)《论宋六家词》(北京师范大学出版社,1999年)、《中国古代文学史长编》(宋辽金卷,上海古籍出版社 2007年修订版)、《中国古代文学史》(宋辽金卷,上海古籍出版社, 1998年)、《中国古代文学简史》(宋辽金部分上海古籍出版社,1998年)、《中国古代文学作品选》(上海古籍出版社,2004年修订版)、《中国古代文学史》(唐代部分, 北京师范大学出版社,2008年)、《唐诗》(天地出版社,1997年)、《唐宋八大家文集·苏轼文》(人民日报出版社,1997年)、《读诗有智慧》(中国对外翻译出版公司,2005年)、《走进唐宋诗词》(首都经贸大学出版社,2007年)、《唐五代词三百首译析》(吉林文史出版社,1997年)、《唐宋词学习辞典》(学生版,吉林文史出版社,2006年)等专著、教材、选集共30余种,学术论文及其他文章100余篇。还曾应北京广播电视大学之邀在北京电视台系统讲授唐诗,应中央电视台多家频道之邀讲授古典诗词,在社会上产生一定的影响。2000年之后,出于"与其隔着一层研究古人,不如研究身边大师"的想法,将研究方向调整为以"启功研究"为主,先后协助启功先生整理了《启功口述历史》(北京师范大学出版社,2004年)、《论书绝句》(注释本,三联书店,2002年)、《启功讲学录》(与人合作,北京师范大学出版社,2004年)、《启功韵语集》(注释本,北京师范大学出版社,2004年),在启先生逝世百日之内主编了《启功先生追思录》、《启功先生悼挽录》(北京师范大学出版社,2005年),编选了《启功的书画世界》(北京出版社,2010年),撰著了《启功研究丛稿》(北京师范大学出版社,2006年)、《启功隽语》(文物出版社,2009年)等著作,发表了研究、评论、介绍启功先生的文章数十篇。其中一些重要文章如《启功先生的文化价值》、《启功先生诗词论》、《启功先生的题画论书诗》等,分别在《光明日报》、《人民政协报》、《中国文化报》等刊物上发表,对启功先生的学、艺作了较充分的阐释和研究。并全面参与了北京师范大学出版社《启功全集》的编纂工作。

　　入馆后参与馆内的多项工作,如参与"国学论坛"的工作,担任了大型学术著作《中国地域文化通览》副主编,参与了"文化安全"课题的调研工作。通过结识很多专家学者和到各地采风调研，大大增长了学识和眼界，同时也进一步激发了古典诗词歌赋的创作热情，创作了很多作品。2012年5月由线装书局出版了个人第一部诗文集——《土水斋诗文选》，共选诗词160首，文19篇。出版后受到业界的广泛好评，认为能写出个性，且能颇得启先生诗文的精髓。随着教学任务的逐渐减少，逐渐增加了书法学习和书法创作的时间，并拟将"纯粹的"诗词创作和书法创作作为今后有生之年的努力方向。

1987年参加"九三学社"，2003年加入中国书协，兼任北京师范大学文学院教授委员会副主任，北京文化发展研究院国际交流中心主任等职。

沈　鹏

（1931—　　　）

沈鹏，1931年生，江苏江阴人。书法家、诗人、编辑出版家、美术评论家。中国书法家协会名誉主席，中国美术出版总社艺术顾问，中国国家画院书法创作研究院院长。曾任中国文学艺术联合会副主席、中国书法家协会主席。全国政协第八至十二届委员。2007年11月被聘任为中央文史研究馆馆员。

沈鹏自幼受传统文化熏陶。5岁上学,7岁时全家迁往上海,沈鹏就读于醒华小学、浦东中学,1943年返回家乡南菁中学,直至高中毕业。13岁至16岁,沈鹏课余向章松庵(举人)学诗、书、画,向曹竹筠学画,向姚葰、李成蹊等学古文、书法,老师赞扬他对艺术有"虚"的自觉。

少年沈鹏爱看"五四"文学作品,在南菁中学发起创办进步文艺社团"曙光文艺社",任《曙光》总编,出版文学刊物《曙光》20多期,在报刊上发表《国庆即国哀》、《<闻一多的道路>读后》等散文25篇。作文《农业国必须实现工业化》获江阴第2名,英语演讲获全校亚军,初步懂得诗词格律。

1948年沈鹏考入江西国立中正大学(现为江西师范大学),1949年9月以大学毕业的同等学力考入新华社新闻干训班(后更名北京新闻学校),他的艺术人生发轫于斯。1950年5月毕业,分配到人民画报社,1951年末被调往人民美术出版社,历任社长室秘书组长、总编室主任、副总编、编审委员会常务副主任、艺术顾问等职。

"文革"前,沈鹏临帖习书,研读前苏联和西欧哲学、美学以及中国古代画论、书论、文论、诗论,涉猎古今中外经典,因思想受束缚,所写评论不尽如意。40岁起,沈鹏艺术思维开始解脱,写"字"、作诗、评论等艺术创作奔放自觉,进入"游于艺"状态。

沈鹏是当代书法大家,书艺在国内外享有盛誉,与他日日求新的勤奋探索分不开。他不断研究书法的重大理论课题,从1962年加入中国美协以来,评论的古今中外书画艺术家有王羲之、八大山人、傅山、林散之、金正喜(韩国)、柯乃柏(法国)、赵守镐(韩国)等上百位,发表评论、论文百万字以上,先后出版《书画论评》、《沈鹏书画谈》、《沈鹏书画续谈》。他的艺术评论带有个人感悟和自我发现的审美取向以及探索诗意的艺术情思,在相当程度上把严肃的学术论文写成活泼的散文,常见纪实笔法、心理描写,把美学、文学、哲学糅在一起,集艺术思想、人文知识和技艺技法为一体。他提出"书法的形式即内容"、"书法是纯形式的,它的形式即内容"、"它不属于某个阶级"、应回归"书画"本体,"书法本体是书法赖以存在和发展的本质力量"等书论,学术界认为取得历史性突破,获中国美术家协会颁发的"卓有成就的美术史论家"称号。

沈鹏任中国书协代主席、主席的13年里,积极推动中国书法可持续发展,尽力做有益于他人的事;多次率团访问亚洲、欧洲、美洲等有关国家以及港、澳、台地区,代表国家举行书展、研讨等多种形式的中外书法学术交流活动,学术视野立足于时代和国际。他提出中国书法可持续发展的理念,在中国书协第四次代表大会上正式建议并主持中国书协制定《中国书法发展纲要(2001年—2020年)》,促其实施。古稀之年,执教鞭,2007年起先后在中国国家画院主持沈鹏书法"精英班"、"课题班"、"创研班",教育界认为这是中国当代高等书法教育形式之一种。他制定的"宏扬原创,尊重个性,书内书外,艺道并进"十六字高等书法教学方针,为发现培养富有个性的创新意识的书法艺术人才做出贡献。

沈鹏独树一帜的行草诗书和草书长卷是其艺术硕果。《人民日报》、《光明日报》、《北京晚报》等几十家报刊不时刊登沈鹏诗书。2009年8月文物出版社编号线装出版《沈鹏书自作诗词百首》,与同等规格的启功书画选集相衔接,被媒体称"成为现代中国文人书法最后一道靓丽的风景"。

沈鹏书法精行草,兼长隶、楷等多种书体,1983年炎夏一气呵成创作的行草长卷《沈鹏书杜甫诗二十三首》,奠定沈鹏行草沉着深厚、气脉连贯、笔法多变的风格,同时也开拓沈鹏草书长卷之路,自成面目。沈草兼融篆隶,集众体之长而自出机杼,寓刚健古拙于潇洒俊逸之中,"不让明贤"(赵朴初语),"无一旧时窠臼"(启功语),线条、笔势、墨韵尽显苍劲、错落、呼应,追求书法美学的崇高品格,镌刻于各地名胜古迹,遍及亚、欧、南北美各大洲。沈鹏已陆续出版《沈鹏书法作品集》(日本)、《韩·中书艺两人集　权昌伦·沈鹏》(韩国)、《中国美术馆当代大家书法邀请展作品集·沈鹏》、《中国人民大学沈鹏艺术馆藏品集》等30多种著述,在国内外举办大型专题书展4次,参与学术研讨和艺术演讲百余次。书草书《王羲之兰亭序暨兰亭诗》6条屏、《积兴八首》18条屏以及《沈鹏楷书千字文》等长卷近百篇,书自作诗词以及题字、题签、题标,难以统计。林岫说:"而今草书真能以'龙蛇夭矫'当之者,独沈鹏一人。"沈鹏先后荣获中国书法艺术特别贡献奖、中国文联 2006 年"造型艺术成就奖"、第二届中国书法兰亭奖终身成就奖。

沈鹏成为书法大家,也与他善于从诗词创作中悟书魂、多书自作诗词分不开。他一直在北京市中心小巷居住,关切国家大事,也关心身边小事,直感"生活中的诗意无所不在",养成从参加国内外各种文化艺术活动中归纳、提炼、升华"诗意"的习惯,随时从兜里掏出纸片或向身处的环境寻找能书写的东西,修改打印后再誊写到诗书册页。沈诗折射命运、探索书魂、针砭时弊、注重内在节律、常引入现代口语或时尚语汇,已出版《三馀吟草》、《三馀续吟》、《三馀诗词选》、《三馀再吟》。2010 年起沈诗创作进入互联网,和诗、点击者众。中华诗词学会与中华文学基金会于 2006 年 3 月举办沈鹏诗词研讨会。刘征认为《黄山人字瀑》是好诗中的好诗。周笃文说沈鹏诗作主体风格清奇,赵朴初、王朝闻、启功、马凯、霍松林等对他都有较高评价。2010 年沈鹏获中华诗词学会"荣誉奖"。

沈鹏书法和诗词创作从底层汲取营养,离不开他半个世纪从较高层次上参与或介入国内外有关报刊书籍的编辑出版工作。他创办、主编《美术之友》、《美术向导》等多种国家级美术专业刊物,主编或参与主编、审读《中华人民共和国大典》、《中国艺术通史》等书刊,其中《中国美术全集·书法篆刻编 4 宋金元书法》获 1986 年中国图书荣誉奖,《苏联》获 1991 年中国优秀美术图书奖,《中国历代绘画·

故宫博物院藏画集(1—8)》获1993年第一届国家图书奖,他本人先后获"中国十大魅力英才"称号、联合国Academy"世界和平艺术大奖"。

　　沈鹏一贯热心参与社会公益事业,书界谓之"沈鹏现象"——从最初的电视书法讲座、应对四面八方各界各个层次的索题,到频繁应邀出席各种文化艺术活动,应对访谈、媒体报道、参与救灾扶贫活动等。他读万卷书,行万里路,写万卷诗书,把普通的社会活动升华为诗意的文化艺术作品,奉献时代。他向社会、团体和个人无偿捐款赠物,包括祖居、书画、文物以及6000余册书籍,先后创建多家"沈鹏艺术馆"和"沈鹏书法艺术学校",并设立多家"沈鹏奖学金"、"沈鹏书法艺术基金会"。他曾获残奥会组委会"爱心大使"、"中国十大慈善家"等称号。

金开诚

(1932—2008)

　　金开诚,1932年11月生,江苏无锡人。学者。全国政协第六届委员,第七、八、九、十届常委。2007年11月被聘任为中央文史研究馆馆员。

金开诚 1951 年至 1955 年就读于北京大学中文系。1955 年至 1994 年历任北京大学助教、讲师、副教授、教授、博士生导师。1981 年 4 月加入九三学社，1983 年起历任九三学社第七届中央委员会委员、第八届中央委员会常委、第九、十届中央委员会副主席兼宣传部长、第十一届中央委员会副主席，在九三学社中央十一届十三次常委会上被聘为顾问。金开诚还是中央社会主义学院、中华文化学院副院长，北京大学教授、博导，北京大学书法艺术研究所所长，无锡市江南大学书画研究所所长，九三学社中央书画院院长。

金开诚长期从事中国古代文学、文艺心理学、书法及戏剧等方面的研究，潜心治学，博闻强记，成果卓著。出版的著作有《文艺心理学论稿》、《文艺心理学概论》、《楚辞选注》、《屈原辞研究》、《艺术丛谈》、《谈艺综录》、《学术文化随笔》、《艺术欣赏之旅》、《燕园岁月》、《文化古今谈》、《金开诚文集》等。主编了《中国古文献研究丛书》、《文艺心理学术语详解辞典》、《中国书法艺术大观》。另发表各类论文 150 余篇。他在长期的教学过程中言传身教，奖掖后学，为国家培养了大量人才，桃李满天下。

文艺心理学的研究在我国曾长期缺失，金开诚在"文革"结束、拨乱反正以后率先恢复了该学科的研究，完成了《文艺心理学论稿》、《文艺心理学概论》等一系列专著和论文。他直接把普通心理学最基本的原理与文学艺术创作欣赏中的事实结合起来，从而形成具有独创性的观念和论点，为文艺心理学在中国的发展作出了重要贡献。

金开诚先后出版了《楚辞选注》等学术专著，并在国家重点学术刊物上发表多篇楚辞研究论文。他主持并参与撰写的《屈原集校注》一书，是迄今为止屈原作品研究中最为详尽可靠的注本。

金开诚主持创办了北京大学书法研究所、无锡市江南大学书画研究所，在学术研究、人才培养及国际交流等方面做了许多工作。他曾任中国书法家协会会员，是中国书协学术委员，发表书法方面的学术论文20余篇，著有《金开诚书画作品选》，与别人合作著有《书法艺术美学》，主编有《中国书法文化大观》等，作品和传略载入多种辞书。

金开诚积极投身于统一战线和多党合作事业。他十分注重中华传统文化的传播，致力于传统文化与现实接轨，把中华传统文化作为凝聚中华儿女的精神纽带，运用于统一战线工作之中。他在中华文化学院及多所国内大学举办了中华传统文化讲座；在传统文化对企业文化的启示作用方面提出诸多见解；2004年10月，他积极促成了由九三学社中央和中华文化学院共同主办的"著谈中华传统文化"座谈会，积极推动传统文化在促进祖国统一、凝聚人心方面发挥作用。

2008年12月14日，金开诚因病在北京逝世，终年76岁。

方立天

（1933—　　　）

方立天，1933 年 3 月 3 日生，浙江永康人。中国人民大学佛教与宗教学理论研究所所长、宗教高等研究院院长，教授，博士生导师。享受国务院政府特殊津贴。2007 年 11 月被聘任为中央文史研究馆馆员。

方立天 1946 年春毕业于永康县四路口小学，1949 年春毕业于永康县初级中学。1950 年春到上海入华东税务学校学习（该校后改为华东财政干校、上海财政干校），学习不久即留校工作，先从事教务工作，后任校长文书，后又调任马列主义教研室助教。

1956 年，党中央号召"向科学进军"，鼓励在职青年报考高等院校。方立天考取了北京大学哲学系。学习期间，他对中国哲学史发生浓厚的兴趣，经常扎到图书馆文史阅览室阅读文史哲典籍。北大五年的系统学习，为他从事中国哲学的教学和研究工作打下了初步的基础。

1961 年 8 月底，方立天被分配到中国人民大学哲学系中国哲学史教研室工作。他选择魏晋南北朝隋唐时代儒道佛三教互动的哲学为重点学术研究对象，决意把中国佛教与中国哲学结合起来研究。为了弥补佛教知识,他于1962年到中国佛教协会主办的中国佛学院进修了八个月。方立天的学术研究历程大体经历了三个阶段:

起步(1962-1965)。方立天选取对魏晋南北朝佛教代表人物进行系列的个案研究,经过两年多的努力,在《新建设》、《哲学研究》和《人民日报》发表了研究道安、慧远、僧肇的论文四篇和书评两篇,其中《试论慧远的佛教思想》还被美国译成英文,刊载于该国的《中国的哲学研究》。1965年方立天被指令参加京郊的"四清"运动,随后是十年"文革"期间,他的学术研究停顿中断了。

拓展(1978-1987)。"文革"结束后,迎来了科学研究的春天。方立天重操旧业,继续进行佛教人物的研究,其成果于1982年结集为《魏晋南北朝佛教论丛》,由中华书局出版。后又撰写《慧远及其佛学思想》一书。他还把佛教人物研究和佛教典籍整理结合起来,与几位师友合作,就中国佛教典籍进行比较系统的整理、标点,由中华书局出版四卷本《中国佛教思想资料选编》。他个人还撰成《华严金师子章校释》一书。在此期间,他还拓展宏观的佛教哲学研究、佛教文化比较研究和佛教中国化研究,撰成《佛教哲学》于1986年出版(1991年出版增订本),又撰《中国佛教与传统文化》于1988年出版。方立天的佛教研究是在与中国哲学研究的互动中展开的,他戏称之为"双耕"。他在为高校哲学进修班授课讲稿的基础上,撰写出《中国古代哲学问题发展史》(上、下册),于1990年由中华书局出版。

专攻(1988-2002)。方立天说："阐扬中国佛教哲学智慧,是我的一大心愿。"在完成《佛教哲学》、《中国佛教与传统文化》和《中国古代哲学问题发展史》书稿以后,约自1988年始,他开始集中地研究中国佛教哲学思想。他大约花了15年时间,从中国人的佛教著作出发,以中国哲学思想及印度佛教哲学思想的发展为参照系,以哲学问题、理念和范畴的研究为核心,来梳理中国佛教哲学的重要思想,勾勒中国佛教哲学的体系结构,前后发表约百篇相关论文,最后撰写成《中国佛教哲学要义》(上、下卷)一书。

在完成《中国佛教哲学要义》以后,方立天采取适应工作和课题的需要,结合参加学术会议的主题和关注现实问题来开展学术研究。除继续研究佛教外,还拓展了两个研究领域:一是探讨中国宗教的理论和实践问题,如撰写《论中国化马克思主义宗教观》(《中国社会科学》2005〔4〕),归纳、总结中国化马克思主义宗教观的十个创新观点;二是关注中华传统文化的弘扬,如撰有《中华文化的三大传统》(《新华文摘》2004〔7〕)、《建设中华民族共有精神家园——国学之魂:中华人文精神》(《光明日报》2007.11.1),和《中国佛学思想精华与当代世界文明建设》(《新华文摘》2010〔2〕)等。

近年来,应中国人民大学出版社的建议,方立天将《中国佛教哲学要义》以外的中国佛教和中国哲学的著述,结集为六卷本《方立天文集》于2006年出版。2007年,北京师范大学出版社"当代中国哲学家文库"出版了方立天卷:

《寻觅性灵——从文化到禅宗》。2009年首都师范大学出版社出版《仰望崇高——方立天自选集》。2011年1月《禅宗概要》由中华书局出版。2012年7月应约结集长年的创作,统编为十卷十二册《方立天文集》,由中国人民大学出版社出版。

方立天曾经总结自己佛教学术研究的态度与方法。他说:"我的治学态度主要是秉持'中国本位'和'心性体会'两条原则;在治学方法上,是运用以分析方法和比较方法为主的哲学研究法。"(方立天:《我的治学之路》,《光明日报》2010.8.17)他还将自己的中国佛教哲学研究方法总结为八条:"结合现代哲学发展的要求,筛选、归结中国佛教的重大哲学问题,构筑中国佛教哲学的思想体系;运用现代语言,诠释中国佛教哲学的概念、范畴;寻究中国佛教哲学思想的原来意义;体会中国佛教某些哲学语言的言外之意;探索中国佛教哲学思想的发展规律;总结中国佛教哲学理论思维成果;进行比较研究,以把握中国佛教哲学的思想特色;阐发中国佛教哲学的现代价值与意义。"

方立天的专著《佛教哲学》获首届"中国图书荣誉奖"和"国家教委首届人文社会科学优秀成果"一等奖;《中国佛教哲学要义》获第六届"国家图书奖"、第八届"北京市哲学社会科学优秀成果"特等奖和首届"中华传统文化优秀著作"一等奖。此外,1980年方立天获"中国人民大学先进工作者"称号,1984年经教育部特批由讲师破格晋升为正教授,2004年韩国首尔佛教大学授予名誉教学博士学位,

2005年获"全国先进工作者"称号,2007年获第五届"吴玉章优秀科研奖"。2012年获"北京市人民教师"称号。

方立天在从事学术研究的同时,长期坚持在教学第一线,先后讲授过中国哲学史、中国古代哲学问题、魏晋玄学与隋唐佛教、中国古典哲学原著选读、佛教哲学、中国佛教与传统文化、佛典选读和中国哲学与中国佛教专题等。自上世纪80年代以来,方立天先后培养硕士生、博士生近50人,学习的专业方向涉及中国哲学、中国佛教、印度佛教、中国传统文化和基督教文化等,其中大部分人毕业后在高校和科研单位工作,成为所在单位教学和科研骨干。

由于方立天和同事的共同努力, 2000年教育部决定在中国人民大学设立人文社会科学重点研究基地——中国人民大学佛教与宗教学理论研究所,成为全国高校系统佛教与宗教学理论领域的国家级研究中心,方立天被任命为所长。2007年,又以佛教与宗教学理论研究所为主要依托,中国人民大学宗教学学科顺利通过专家评审,被正式批准为国家级重点学科,成为全国唯一的既拥有教育部重点研究基地,又拥有国家级重点学科,同时又具有本科、硕士、博士、博士后完整人才培养序列的宗教学学科。

自1985年始,方立天先后多次赴日本、美国、韩国、马来西亚、新加坡、英国、土耳其等国和港、澳、台地区参加学术会议或访问、讲学,其间赴宝岛台湾十多次。

学术兼职方面,约自1986年始任中国哲学史学会副会长、常务副会长、顾问,《中国哲学史》杂志主编、顾问,

1988年始任中国宗教学会副会长、顾问,1997年始任教育部人文社会科学专家咨询委员会委员、教育部社会科学委员会哲学学部委员, 2008年开始担任大型学术著作《中国地域文化通览》副主编,同年被聘为中央统战部马克思主义理论工程"马克思主义宗教理论若干重大问题研究"首席专家,2010年被聘为中国佛教协会特邀顾问。

李学勤

（1933—　　　）

李学勤,1933年3月28日生,北京市人。历史学家、古文字学家。清华大学出土文献研究与保护中心主任,历史系、思想文化研究所教授、博士生导师。国际欧亚科学院院士。享受国务院政府特殊津贴。2007年11月被聘任为中央文史研究馆馆员。

1951年秋,李学勤考入清华大学哲学系。由于1950年前后自学甲骨文,做了《殷虚文字》甲乙编的一些研究与缀合工作,1952年秋到中国科学院考古研究所,参加编著《殷虚文字缀合》(1955年出版),是为学术生涯的开始。

1953年末,李学勤转到中国科学院历史研究所。次年春,历史所正式成立,作为著名马克思主义历史学家侯外庐先生的助手,参加侯外庐先生主编的《中国思想通史》第一、二、三、五卷的修改和第四卷的编写,并在学术思想史领域作了广泛探索,写了一系列有关文章。

50年代到60年代"文革"以前,李学勤仍以余力进行古代史和古文字学等方面的研究,发表了一些有一定影响的论文。例如1956年在《谈安阳小屯以外出的有字甲骨》文中鉴别出西周的甲骨文;1957年至1958年在《评陈梦家〈殷虚卜辞综述〉》等文中提出殷墟甲骨分期的新观点"同一王世不见得只有一类卜辞,同一类卜辞也不见得属于一个王世";1958年在《近年考古发现与中国早期奴隶制社会》文中推测洛达庙文化(今称二里头文化)属于夏代;1959年在《战国题铭概述》文中对战国文字做了综合考察,分之为齐、燕、三晋两周、楚、秦五系,至今为学者沿用。

李学勤第一部专著《殷代地理简论》原于1954年成稿,经修订后在1959年出版。此书借鉴董作宾先生《殷历谱》的甲骨文排谱方法,而以历史地理线索贯穿,对于分期也有新的见解。

1965年冬,因侯外庐先生筹备编著继《中国思想通史》之后的《中国近代思想史》,李学勤前往上海查阅西文资料,看到《文汇报》载姚文元《评新编历史剧〈海瑞罢官〉》,匆匆返京。"文革"期间,1970年后下"五七"干校,1971年冬调回,参加郭沫若院长主编的《中国史稿》修订工作。1974年,被征调参加国家文物局组织的长沙马王堆汉墓帛书整理研究,但由于历史所仍在搞"运动",直到1975年初才被允许前往整理小组报到。1975年底,湖北云梦首次发现秦代竹简,受命于1976年初去现场勘察,随后进行整理考释,负责定稿。马王堆帛书等出土文物的整理工作,后来延续多年。

"文革"结束后,历史所恢复工作,并划归中国社会科学院,李学勤回到原岗位。1979年评为研究员,任古文字古文献研究室副主任,不久改任先秦史研究室主任,兼图书馆馆长。1985年至1988年,任历史所副所长。1991年至1998年,任所长。同年,中国社会科学院学术委员会成立,任第一、二届委员。

1995年秋,李学勤开始筹备作为国家第九个五年计划重点科技攻关项目的"夏商周断代工程"。1996年5月,该项目正式启动,任首席科学家、专家组组长。"夏商周断代工程"的总目标,是将中国历史上夏商周三代的年代学进一步科学化,制定这一时期有科学依据的年表,为深入研究中国古代文明的起源和早期发展打下良好基础。"工程"共设立9个课题,44个专题,体现了人文社会科学与自然科学技术的多学科结合,直接参加工作的各学科专家学者约200人。2000年9月,"工程"通过了科技部组织的验收,11月,《夏商周断代工程1996—2000年阶段成果报告(简本)》出版,其中的"夏商周年表"得到许多方面采用。到"十五"期间,又在"夏商断代工程"基础上进行了"中华文明探源式程预研究",仍任专家组组长。

改革开放以后,李学勤多次在欧美亚澳国家及港台地区任教讲学。如 1981 年任英国剑桥大学克莱亚堂(学院)客座院士,1985 年任日本关西大学客座教授,1988 年任澳大利亚国立大学远东系客座研究员,1990 年任美国加州大学(伯克利)校聘教授,1994 年任泰国华侨崇圣大学名誉教授,1998 年任美国达默思大学蒙歌马利基金教授,2001 年任台湾新竹清华大学客座教授,2003 年任韩国明知大学客座教授等。1986 年被推选为美国东方学会荣誉会员,1997 年当选国际欧亚科学院院士(现为该院中国科学中心主席团成员)。

李学勤在出国期间,经常观察当地公私收藏的中国古代文物,并作出鉴定研究。特别是在 1980 年至 1981 年,在英国观察所藏甲骨,与英国伦敦大学亚非学院艾兰博士(美国人)及中国社会科学院历史所齐文心研究员合编了《英国所藏甲骨集》(1986、1992 年出版)。1986 年,同艾兰博士走访欧陆,参观所藏中国青铜器,编成《欧洲所藏中国青铜器遗珠》(1995 年出版)。同时又与艾兰、齐心文编著了《瑞典斯德哥尔摩远东古物博物馆所藏甲骨集》(1999 年出版)。2000 年,为新加坡东亚文明博物馆纂成《中国青铜器萃赏》图录。

作为清华大学校友,李学勤长期关心母校的发展,尤其对其文科的重建非常关切。1992 年,在校领导支持下,建立了清华大学国际汉学研究所,任所长,倡导对国外汉学历史与现状的研究,组织出版了一系列专著、译作以及刊物,在该学科领域中是较早的。后由校方安排,又担任思想文化研究所所长。2003 年 8 月,正式从中国社会科学院调到清华大学任职。

1984 年,李学勤获国家"有突出贡献的中青年专家"称号。2001 年,被评为"九五国家重点科技攻关计划突出贡献者"。2002 年,获"全国杰出专业技术人才"称号。

李学勤曾任第九届全国政协委员,第二至四届国务院学位委员会委员,并为国家文物鉴定委员会委员至今。

李学勤任多所高校兼任教授。除中国社会科学院研究生院、清华大学外,曾于西北大学、南开大学、山东大学、湖南大学、中央美术学院等校指导研究生。

李学勤现任职务还有中国文字博物馆馆长,中国先秦史学会名誉理事长,中国钱币学会副会长,湘鄂豫皖楚文化研究会会长。

李学勤的主要研究范围是中国古代史和古文字学,已出著作有《殷代地理简论》、《中国青铜器的奥秘》、《东周与秦代文明》、《古文字学初阶》、《新出青铜器研究》、《比较考古学随笔》、《周易溯源》、《简帛佚籍与学术史》、《走出疑古时代》、《古文献丛论》、《失落的文明》、《缀古集》、《四海寻珍》、《夏商周年代学札记》、《拥篲集》、《重写学术史》、《中国古代文明十讲》、《清路集》、《中国古代文明研究》、《青铜器与古代史》、《文物中的古文明》、《通向文明之路》、《三代文明研究》等,另外还有几种论文选集。有的著作有英、日、韩文译本。

傅璇琮

（1933—　　　）

傅璇琮，1933 年 11 月生，浙江宁波人。清华大学中文系教授、古典文献研究中心主任。全国政协第八、九届委员。曾任中华书局总编辑，国务院古籍整理出版规划小组秘书长、副组长。2007 年 11 月被聘任为中央文史研究馆馆员。

傅璇琮 1951 年考入北京清华大学中文系，1955 年 9 月毕业，留校担任助教，在浦江清教授指导下，从事宋元明文学史的教学辅导工作。1958 年 2 月，调至商务书馆从事古籍编辑工作，同年 6 月，调至中华书局。1958 年至 1966 年间，建议中华书局编纂《中国古代文学研究资料汇编》，组稿并出版有《白居易卷》、《陆游卷》、《韩愈卷》、《柳宗元卷》、《陶渊明卷》，自编有《黄庭坚与江西诗派卷》、《杨万里范成大卷》。此为中国古典文学作家作品基本资料辑本，在学术界甚有影响。

傅璇琮“文革”期间参加“五七”干校劳动，1973 年 4 月返回中华书局工作，参与“二十四史”点校工作，担任《宋书》的责任编辑。70 年代后期在做编辑工作的同时，又从事唐代文学研究，撰有《唐代诗人丛考》，考证、论析初唐至中唐时期有代表性诗人，约40万字，于1980年1月在中华书局出版，在学术界颇有影响，被誉为"把唐文学的研究推进到一个新的层次"（南开大学罗宗强教授为《唐诗论学丛稿》所作序）。

1979年，傅璇琮任中华书局古代史编辑室副主任。在职期间，受书法家黄苗子先生介绍、委托，审阅美籍华裔学者黄仁宇教授所著《万历十五年》，经文字修饰，校改，于1982年初出版。此书出版后，又有日文、法文等译本，在国内外影响很大。1981年任中华书局副总编辑。1983年加入九三学社，后历任九三学社三届中央委员。1987年加入中国共产党。

1980年代，傅璇琮继续从事唐代文学研究，编著有：《唐五代人物传记资料综合索引》、《李德裕年谱》、《唐代科举与文学》、《〈河岳英灵集〉研究》等。1987年至1990年，中华书局出版傅璇琮主编的《唐才子传校笺》，共四册。该书于1991年获首届全国古籍整理出版奖二等奖。1984年，傅璇琮任中国唐代文学学会副会长，1992年任会长，2008年改任名誉会长。1989年5月，傅璇琮应邀担任北京大学古文献研究所承担的《全宋诗》项目的第一主编（主编共有5人）。此书1998年由北京大学出版社出齐72册，并于1999年获得国家图书奖之荣誉奖。

1991年10月，任中华书局总编辑。次年被任命为国家古籍整理出版规划领导小组秘书长，主持小组的日常工作,并于 1997 年改任副组长。在此期间,开始主持筹划《中国古籍总目》的编纂。

1993 年起,在任全国政协第八、九届委员期间,除参加全国政协会议和参加考察活动外,还参与"文史资料"补辑的审校工作。

1990 年代期间,傅璇琮以中华书局总编辑的身份,为中华书局筹编《中国古典文学史料研究丛书》,陆续出版有《诗经学史料》、《赋体史料学》、《汉魏六朝文学史料学》、《隋唐五代文学史料学》等七、八种。他曾主编《唐诗研究集成》丛书,自己编撰有《唐人选唐诗新编》,于 1996 年由陕西人民教育出版社出版。1994 年起,傅璇琮与学术界前辈顾廷龙共同主编《续修四库全书》,共收书五千三百余种,为《四库全书》之一倍半。全书共 1800 册,于 2002 年 2 月由上海古籍出版社出齐,同年 8 月获全国优秀出版物荣誉奖。90 年代前期,编纂《唐五代文学编年史》,任主编,邀集有关专家编撰,分初盛唐、中唐、晚唐、五代等四卷,约二百多万字。1998 年 12 月由辽海出版社出版,1999 年 11 月获国家图书奖。

1999 年 9 月至 2000 年 1 月,傅璇琮先后到台湾清华大学、台湾大学、淡江大学、台湾师大、高雄师范大学、台南成功大学等作学术讲座。

2001 年以来,傅璇琮应宁波出版社之邀,参与编写《中国藏书通史》,任主编,此书于 2002 年冬获中国图书奖。参与商务印书馆影印文津阁《四库全书》,与任继愈共同任主编,全书于 2005 年印制完成。他还从事唐代翰林学士研究,连续有论文发表,后撰写《唐翰林学士传论》、《唐翰林学士传论·晚唐卷》两书,于 2005 年、2007 年先后由辽海出版社出版。傅璇琮与中国社科院文学所蒋寅研究员共同主编《中国古代文学通论》,共 5 卷,约三百万字,于 2005 年 3 月由辽宁人民出版社出版。

　　2003 年底,全国古籍整理出版规划领导小组决定重新启动《中国古籍总目》编纂工作,傅璇琮受聘为编纂委员会主任。2005 年 10 月, 应邀为中国人民大学国学院特聘教授,除讲学外,陆续指导博士生 4 人。2008 年 3 月,任清华大学中国古代文献研究中心主任,并应聘为该校的全职教授,开始编撰《续修四库全书提要》。又主编《宋才子传笺证》,于 2011 年 12 月由辽海出版社出版,获全国优秀古籍整理一等奖。2009 年,傅璇琮主编的《宁波通史》、《中国古代诗文名著提要》、《宋登科记考》、《中国古代散文精选评注》先后出版。其中,《宋登科记考》获中华优秀图书奖,《宁波通史》获中华优秀图书提名奖。2012 年下半年,傅璇琮被聘为西南大学重庆国学院名誉院长,又被聘为苏州大学古典文献研究所名誉所长。

　　2007 年入馆后,傅璇琮还担任了大型学术著作《中国地域文化通览》副主编。

靳尚谊

（1934—　　　）

　　靳尚谊，1934年12月生，河南焦作人。油画家。中央美术学院教授、博士生导师。曾任中国美术家协会主席、中央美术学院院长。全国政协第八至十二届常委。2007年11月被聘任为中央文史研究馆馆员。

　　1947年9月，靳尚谊考入北平私立九三中学读初中。1949年考入国立北平艺术专科学校绘画系，接受素描基础知识和画法训练。1950年4月1日，国立北平艺术专科学校和华北大学三部美术系合并，更名为中央美术学院。1953年本科毕业，留校在绘画系读研究生，主要师从董希文。1955年考取由文化部在中央美术学院开设的油画训练班，执教老师为前苏联油画家康·麦·马克西莫夫，在此培训班中逐步学习和掌握造型与色彩的基本规律。1957年从马克西莫夫油画训练班毕业，毕业创作为《登上慕士塔格峰》，反映中苏联合登山队攀登新疆帕米尔高原的慕士塔格峰的场景。此后留校在版画系任教，1962年调入油画系第一工作室。曾主持过第一画室及油画进修班的教学工作，担任油画系副主任，1983年担任中央美术学院副院长，1987年起担任中央美术学院院长,2001年卸任。

从1958年起,他的油画作品不断参加全国美术展览,历史画多幅被革命历史博物馆收藏。"从《和平的讲坛上》到《十二月会议》,他在肖像特别是领袖人物肖像这个难度极高的课题上做出了时代的水平,他通过大量的素描研究解决形象塑型问题,使人物的造型建立在结构严谨的基础之上。他对结构的理解和研究使肖像作品不再停留在一般的描绘层次,而是进展到深入刻画和深度塑造上,在成功的油画肖像作品后面,饱含着他大量而认真的素描研究,而素描研究的成果转换到肖像创作上,则推进了20世纪前半叶中国油画的水平,成为中国油画学术进展的标志"(范迪安语)。

1980年以后,他作为中央美术学院油画系教授,以自己丰富的教学与创作经验培养了许多人才,同时大量肖像作品产生了广泛的社会影响,被评论家称为当代中国油画的代表画家。80年代早期,他曾应邀在美国纽约市立大学东方艺术系讲学,并在美国和欧洲各艺术博物馆访问,研究欧洲油画从古代、中世纪、文艺复兴、印象派,一直到现代整个演变过程。他对油画这个画种的认识逐渐深入,"体积、空间是西方油画里极为重要的因素。西方油画造型体系的特点是通过明暗不同的面来塑造及表达对象,与东方有根本的不同。东方绘画是平面的,以线造型为基础,表达的是意境和装饰美。西方造型体系是写实的,以明暗造型形成黑白关系,表达真实的物体或场景,追求的是立体的、层次丰富的厚重感与丰富感,因此对西方绘画来说,空间和体积是重要的基础。作为东方人,学习西方绘画,首先要改变自己的观察方法和审美习惯,把适应平面改为找出体积感,要与这个体系的要求同步"。因此在80年代以后的作品中,他将中国传统的美学观念与欧洲古典油画技巧结合起来,形成了鲜明的个人风格。他的《塔吉克新娘》《青年女歌手》《瞿秋白》《医生肖像》《画家》《晚年黄宾虹》《髡残》《八大山人》《惊恐的妇女》等作品成为中国当代油画的代表,得到了广泛传播,出版了多种个人画集。2005年在中国美术馆举办了第一次大型个展。

在艺术教育上,他不仅是一个严格和高水平的教授,而且以现代艺术教育的思想和他的社会声望促进了中国美术教育的发展,他所领导的中央美术学院在改革专业结构、建立新专业和学术发展等方面成为中国高等艺术教育的中心与楷模。他还对中国美术馆事业的建设给予积极支持,将自己的重要作品捐赠给国家,中国美术馆、中央美术学院美术馆、上海美术馆、刘海粟美术馆、宁波美术馆、江苏美术馆、河南省美术馆等都接收有靳尚谊的捐赠作品。2009年,中国美术馆专门举办了"靳尚谊捐赠作品展"。

靳尚谊一直不断追求油画艺术表现力,在油画研究过程中沉潜往复。他观看、研究了世界上几乎所有重要美术博物馆中的重要作品,熟知欧洲各时期美术大师作品的风格与特质。

靳尚谊的创作经历了直接画法时期、平面化时期、侧光时期、笔墨化时期，现在处于新平面化时期。1957至1976年，初步掌握写实技巧和基本创作规律。代表作品《登上慕士塔格峰》、《送别》、《十二月会议》、《踏遍青山人未老》、《毛主席视察上钢三厂》、《毛主席做"目前的形势和我们的任务"的报告》。此时期他研究油画的基本创作规律和现实主义创作方法，用十九世纪欧洲的直接画法，取得了对油画创作的基本经验。1977至1982年，运用中国画的平面技法来探索民族风格的运用，用平面化探索民族风格。代表作品《探索》、《归侨》、《思》、《画家黄永玉》、《雕塑家》等。此时期他进行多种探索，从欧洲意大利画家波提切利和永乐宫壁画中吸取营养创作出具有中国装饰风的油画。1983至1995年，用侧光方法来彻底研究体积问题(新古典风时期)。代表作品《塔吉克新娘》、《青年女歌手》、《果实》、《高原情》、《医生》、《孙中山》、《瞿秋白在狱中》、《藏女》、《侧光人体》、《双人体》、《梦》、《坐着的女人体》、《画家詹建俊》等。此时期他研究了欧洲和美国大量油画名作，采用古典的艺术形式来表现中国的现实人物。1996至2006年，研究油画和水墨的融合问题。代表作品《画家黄宾虹》、《晚年黄宾虹》、《画僧髡残》、《八大山人》等。此时期他探索中国水墨画与油画笔墨的融合。

从20世纪90年代起，靳尚谊长期担任教育部艺术教育委员会主任，新闻出版署艺术图书评审委员会主任，多次担任国家重大文化形象设计评审委员会主任。作品多次获得国内奖项，并广被美术机构和个人收藏。

舒 乙

（1935—　　）

舒乙，满族，1935年8月生，北京市人。中国现代文学馆研究馆员、中国博物馆学会副会长、中国老舍研究会顾问、北京老舍研究会会长。曾任中国现代文学馆馆长。第九、十届全国政协委员。2007年11月被聘任为中央文史研究馆馆员。

舒乙1953年北京二中高中毕业，统考后被录取进北京俄语专修学校留苏预备部。1954年9月到苏联列宁格勒基洛夫林业技术大学留学，学习林产化学工艺木材水解专业。回国后分配到中国林业科学院从事研究工作，1959年入林科院南京林产化工学业研究所，当研究实习员，参加林业部组织的木材水解科研重点试验，完成中间试验和成果鉴定。1975年调北京光华木材厂当工程师，后晋升为高级工程师，领导科研室和中心实验室，该室荣获全国总工会颁发的"技术革新全国先进单位"称号。1978年开始业余文学创作，首篇作品《老舍的童年》在《人民日报》连载。1984年调入中国作家协会，参加筹备中国现代文学馆，1985年开馆后历任副馆长、常务副馆长。1993年以后负责筹建中国现代文学馆新馆,2000年5月新馆落成,任馆长。1986年出版第一部散文集,此后一直以散文、传记文学创作为主,兼事文学研究,发表作品数量达千篇以上,已出版《我的风筝》、《老舍》、《现代文学瑰宝》、《小绿棍》、《梦和泪》、《走进中国现代文学馆》、《大爱无边》、《发现北京》、《疼爱与思考》等二十余部专集,曾获"十月优秀散文奖"等项。

舒乙爱好美术和书法,已举办个人画展17次。1999年3月曾在美国洛杉矶市举办个人画展,并分别荣获蒙特利公园市和阿汉布拉市荣誉市民称号;2004年曾在北京市和上海市举办个人画展;2005年在台北举行个人画展;2006年分别在吉隆坡、澳门、中山、上海举办个人画展;2007年在洛杉矶市和成都举办个人画展;2008年在湖州、德清举办个人画展;2010年在开平、香港和武昌举办个人画展;2011年在北京举办个人画展。有画册《舒乙的画》。

在老舍研究上着重研究老舍生平,经过调查研究填补了老舍身世研究中的三段空白:童年和青少年时期、英国时期、美国时期,此三段合计约占老舍生平的一半时期,并在此基础上完成了第一个老舍传记,由人民出版社1986年作为《祖国丛书》的专题分册出版。书中揭示了老舍先生不同于其他几位现代文学大师的特质:穷人出身、满族、北京人、先后有十年旅居国外、诞生于上上世纪最后一年,这最后一点是和那个时代一批历史巨人同步的,即在他们身上中国古典文化和西洋现代文化同样发达,是站在纵横两个坐标系交点上的人，而其前、其后的人或只有纵坐标或只有横坐标。书中对老舍之死进行了详尽描述和回忆，澄清了许多不实之词，其中重点文章是《父亲最后两天》、《再谈老舍之死》；对老舍文学中的几个重要问题进行了深入研究，特别是对老舍文学中用真实地名做故事背景问题、巡警问题、隐式满族文学问题、穷苦童年及其影响问题等，都有专门的论述，在老舍研究界中产生了深远影响。对其他几位现代文学大师，如冰心、巴金，舒乙也多次发表文章，有比较深入的探讨。

　　舒乙在主持中国现代文学馆工作期间，在征集作家文稿、书信、照片和遗物、建立作家文库、举办作家生平和创作成就展览、举办作家寿辰诗文朗诵会和画展、出版藏书票、出版百人作品选集、举办大型作家纪念画展并出版画册、出版作家辞典、组织公众系列讲演等方面，做了大量组织工作，取得了开创性、实质性的进展。他主持了中国现代文学馆新馆建设的申报、扩充设计、选址、布展设计和开馆，并在选用志愿者讲解员、选用专业物业公司做后勤工作上有开创性举措。2000 年新馆投入使用后，建筑荣获建设部优秀奖，《中国现代文学展》被评为全国博物馆十大精品展（2000 年度），大型壁画《中国现代文学名著中的受难者和反抗者》荣获全国第十届美展壁画金奖，十三尊作家铜像荣获建国六十年雕塑大奖，在国内外产生了重大影响。中国现代文学馆新馆被公认为中国最具有个性的博物馆。舒乙撰写并出版了全面介绍中国现代文学馆的专著

《走近中国现代文学馆》。

在参政议政和文史工作方面，舒乙在十年北京政协委员和十年全国政协委员任期内提出了几十项政协提案，并多次登上全委会的讲台进行大会发言，其中被采纳并发挥了重要作用的提案有：建设北京地铁网、制定北京历史文化名城的保护规划并进入法律程序、保护文化名人故居、大运河申遗、设立"文化遗产日"等，先后担任北京市政协文史委员会副主任和全国政协文史委员会委员，并荣获2006年国家文物局颁发的特殊贡献奖。

被聘为中央文史研究馆馆员之后，在大运河保护和申遗、加大文物保护投资扩大内需、继承传统热闹春节、大力弘扬中华文化增加香港人的归属感、整顿寺庙作风去除商业气、维修北京的藏式古建、定位承德市为民族团结的象征、会诊永乐宫壁画褪色、新疆发展（新疆关键问题是人才问题）、在北京西郊贝家花园旧址建中法文化交流纪念馆、敦煌莫高窟保护、开放（应确定保护第一利用第二的原则）等问题上，提出了自己的意见、建议，得到党中央和国务院领导的重视并批示，不少意见已在实践中落实。

朱乃正

（1935—2013）

　　朱乃正，浙江海盐人，1935 年 11 月 25 日生。中央美术学院教授、博士生导师，国家文物鉴定委员会委员。曾任中央美术学院副院长、学术委员会主任。中国美术家协会理事、油画艺术委员会委员，中国油画学会副主席。全国政协第八、九、十届委员。享受国务院政府特殊津贴。2007 年 11 月被聘任为中央文史研究馆馆员。

　　因得家学，朱乃正自幼好文艺，喜习字。中学时期，课余助学生会办墙报板报，抄写注意工整，装饰力求醒目，颇得赞誉。其间为活跃板面而习美术字，画刊头、尾花之类，遂对绘画产生兴趣，作画渐入迷，暇中能趋静临摹人体解剖，照原大勾勒全本连环画《鸡毛信》、《东郭先生》，同时入业余美术班画石膏像。1953 年考上中央美术学院后，专攻油画，曾得吴作人、王式廓、艾中信、韦启美等名师指导。在校期间的有些素描习作，至今仍被视为佳品。求学期间，曾一度向往云南与新疆，认为那里不仅山水引人，且民族色彩更具独特风貌。却不料，1957 年夏风云突起，从此走上人生坎坷之途，并于 1959 年春被远谪青海高原，开始了长达二十余载之边地生涯。

初至青海，正值生活艰苦时期，除从事文学刊物美术编辑与各种展览工作、群众辅导等杂务外，朱乃正仍情系艺术，不忘绘画，常深入农村牧区，遍历青海诸州县，领略西海风物粗犷真朴的情感，并从中寻觅自己的绘画语言。数年之间，画稿渐见厚积。60年代初期，作油画《雪原风情》、藏族史诗《格萨尔》插图组画、油画《五月的星光》、《金色的季节》等等，此乃朱乃正在高原耕耘初结之果。60年代后期至70年代初期"文革"中，朱乃正深陷困厄之境，虽无缘握笔，然艺思未辍。蛰伏数载，一经解冻，又临春风，作画意兴益浓。通过《银色之梦》组画的创作，渐由写境而入造境之途。

1980年，时任青海省美术家协会副主席、青海省人大常委的朱乃正由青海调到北京，回母校中央美术学院执教。时值改革开放，中西文化交流活动始频，眼界为之阔展。虽已告别青海，西部风物仍是魂牵梦绕；虽曾饱览神州山川，但此心犹属高原，入京后陆续创作了油画《青海长云》、《春风》、《临春》、《归巢》、《国魂——屈原颂》等，似更有一番新境界。

朱乃正于1989年夏秋患脑梗塞住院治疗，病后因身体不适而辞去院职。任副院长期间，主管教学与创作。除主持多次大型展览，教学等学术活动外，还于行政事务繁杂之余，抽隙作画。近年来，油画《西部风》系列渐次面世，作品对西部高原大自然了作更概括的表现，意在抒发对自然与人生之综合感受。

自中国古代开始,常谓"工画者多善书"。朱乃正少年时便喜临池,虽仅守颜鲁公一家,但兹始与书道结下了不解之缘,至中央美院专攻西画多年间,从未忘怀中断。1959年分配至青海工作后,杂务之余,仍潜心研习,赖随身所带数册三希堂法帖与几本米南宫散帖,遂从米芾及苏东坡、黄庭坚等宋代名家入手,面壁临池。稍后又幸得宝晋斋三大集,由此上溯晋唐,下至明清,渐悟书道之要,运笔之理,点画使转之意。在朱乃正任院职期间,曾主持创建中央美术学院书法艺术研究室,力求培养书法专业人才,并为各系学生开设必修之书法课,此亦缘于对中国书法与传统文化精萃之根本认识。

朱乃正兼作水墨画,凡作水墨,既无对传统水墨画之明确师承,又绝非具体时空与名山胜水之描写,而是以单纯而丰富之水墨变化,以行云流水之姿,抒写胸中墨梦。吴冠中先生为其出版《水墨百图》作序云:乃正水墨"是为着探索中西方艺术之间的通途"。

已有《朱乃正素描集》、《朱乃正画集》、《朱乃正水墨百图》、《朱乃正小型油画风景集》出版,除多次举办国内外个展,作品参加展出、出版、发表、被收藏者,不计详数。

朱乃正喜饮酒。远谪高原之时,即与此驱寒助兴之物结下深缘,作画时,乘微醉,豪然一挥,偶得龙蛇飞动之意。朱乃正亦好读古文,由于遍临唐宋前贤名札,亦喜作文白相间之尺牍与序跋,多年来,为国内知名书画家撰写文序跋多篇,对书画之辨识,多散见其中。

2013 年 7 月 25 日,朱乃正因病在北京逝世,终年 77 岁。

韩美林

(1936——　　　)

韩美林,1936 年 2 月生,山东济南人。清华大学美术学院教授,校学术委员会副主任。国家一级美术师。全国政协第六、七、九、十届委员,第八、十一、十二届常委。享受国务院政府特殊津贴。2007 年 11 月被聘任为中央文史研究馆馆员。

7 岁时入济南市正宗救济会贫民学校、济南省立第二实验小学读书。1948 年考入济南市立第一中学,三个月即辍学参加革命,到烈士纪念塔委员会浮雕组当通讯员。1950 年参加中国人民解放军第三野战军二十四军教导团。1951 年调济南话剧团当演员,嗣后又到济南市南城根小学任教导员。1955 年-1960 年,中央美术学院、中央工艺美术学院学生。1960 年毕业后留校任中央工艺美术学院装饰美术系助教。1963 年调安徽轻工业厅工艺美术研究室工作。

1964年"四清运动",下放到淮南陶瓷厂劳动。1978 年调入安徽文联从事专业美术创作, 曾任安徽画院副院长等职。1986 年任中国作家协会创作研究部专业作家。1989 年,成立中国美术家协会韩美林工作室。2011 年任清华大学美术学院教授,校学术委员会副主任。

韩美林是一位孜孜不倦的艺术实践者和开拓者。其创作涉及绘画、书法、雕塑及陶瓷、染织、剪纸、标志设计等多个领域。他从中华民族传统文化尤其是两汉以前的文化和民间艺术中汲取精华,并博采西方艺术之长,把写实、夸张、抽象、写意、工笔、印象等东西方艺术手法巧妙地融为一体,创作了大量隽永生动、情趣盎然的绘画、雕塑,狂放不羁的书法,以及气势恢宏的城市巨型雕塑等,形成了独特的、体现现代审美理念的艺术风格。1980 年,他应邀在美国 21 个城市举办巡回画展, 并获得美国圣地亚哥市赠予的"金钥匙"。2011 年 12 月,中国国家博物馆百年来首次艺术家个人大展——"韩美林艺术大展"在刚刚竣工的国家博物馆新馆举办,这是韩美林在时隔十年后再次举办作品展览,展陈面积达 6000 平方米,展出书画、雕塑、陶瓷、设计四个门类的 3000 余件新作。1980 年, 他创作的动画片《狐狸打猎人》获得南斯拉夫第四届萨格拉布国际动漫电影节最佳美术奖;1983 年,6 幅作品入选联合国发行的圣诞卡;2003 年,获世界艺术家协会(美)世界艺术贡献奖;2004 年,获世界艺术家协会(美)颁发的世界艺术大师奖和美国前总统布什颁发的总统教育奖。2011 年被《环球时报》

评为"最受全球关注的中国人物"，并荣获由中华人民共和国文化部颁发的"中华艺文奖终身成就奖"。2012年，系列雕塑作品"母与子"荣获世界知识产权组织版权金奖。

韩美林积极推动和促进艺术文化发展和交流。他曾多次应邀到日本、印度等国进行文化交流和访问，在德国和日本设立韩美林艺术基金会，在北京、杭州两地建有韩美林艺术馆，2013年，第三座韩美林艺术馆将在银川贺兰山上落成。

其代表作有：巨型城市雕塑《迎风长啸》、《大舜耕田》、《五云九如》、《钱江龙》、《钱王射潮》、《火凤凰》、《火凤迎祥》、《百鸟朝凤》、《丹凤朝阳》、《南湖之门》，设计作品有中国国际航空公司航徽、中国国际航空公司飞机内饰，2008申奥会徽、2008北京奥运吉祥物福娃等，作品集《山花烂漫》、《美林》、《韩美林自选雕塑集》、《韩美林自选绘画集》、《豆蔻梢头——韩美林人体艺术作品集》、《几回明月——韩美林课徒人体画稿选》、《嚎山嚼水——韩美林山水画集》、散文集《闲言碎语》、《韩美林自述》、《韩美林散文》，古文字集录《天书》、《良弓在手——韩美林书法作品集》、《韩美林书法·草书》五卷、《磨杵铸砚·韩美林书法课徒手稿》等。

韩美林热心社会公益事业，多次向国内外捐资赈灾助学，在全国各地捐建了十几所希望小学。为了更好地弘扬奥运精，2009年，由北京奥组委牵头、他个人出资，在全国的东、西、南、北、中五个方位的贫困地区建立了5所希望小学,分别以他为北京奥运会设计的五个福娃的名字命名,即浙江省丽水市莲都区峰源乡中心小学(福娃贝贝希望小学)、甘肃省敦煌市肃州镇南阳沟小学(福娃欢欢希望小学)、云南省建水县临安镇罗卜甸村小学(福娃晶晶希望小学)、内蒙古自治区土默特左旗蒙古族学校(福娃妮妮希望小学)、湖南省桃源县马宗岭乡兴安小学(福娃迎迎希望小学)。他曾将数千件艺术作品捐赠给国家。2011年12月,在国家博物馆举办的韩美林艺术大展闭幕之际,他又向国家博物馆捐赠20件包含多个门类的艺术作品。

韩美林现任中国民间艺术委员会副主任、中国美术家协会陶瓷艺术委员会主任、中国工艺美术学会书画委员会会长、中国文化研究院荣誉院士、中国作家协会创作研究部专业作家、中国艺术研究院研究生院博士生导师、中国和平统一促进会常务委员、世界华人协会副会长、美中文化交流促进会(美)副主席、国际关爱基金会名誉会长、世界艺术家协会(美)艺术顾问等职务。

金鸿钧

（1937—　　　）

金鸿钧，满族，1937年9月
生，北京市人。爱新觉罗后裔，系
清太祖努尔哈赤第15子豫亲王
多铎之第12世孙。画家。中央美
术学院教授。曾任中央美术学院中国画系花鸟画室主任。中国文联牡丹书画艺术委
员会副会长，北京工笔重彩画会副会长，中国美术家协会
会员。2007年11月被聘任为中央文史研究馆馆员。

金鸿钧自幼对中国传统文化有浓厚的兴趣，每日练习
书法、篆刻，学唱京剧。1953年考入中央美术学院附中。
1957年考入中央美术学院中国画系，开始了五年系统的中
国画专业的学习。1961年中央美术学院中国画系分科，他
开始选修花鸟专业，并拜田世光、俞致贞先生为师，立志终
生从事工笔花鸟画的创作、研究和教学。1959年创作的《时
传祥在群英会上》入选"北京市美展"。1962年创作的《国色
天香》参加了当年北京艺术院校举办的"新芽美展"。毕业
后，金鸿钧留在中央美院附中任中国画教员。1974年，从附
中调到中央美术学院中国画系任教，专任工笔花鸟画教
师。

　　金鸿钧在中央美术学院任教35年，在教学上秉承老一代艺术家的风范，热爱学生，认真备课，循循善诱，深入浅出，引导学生热爱中华民族艺术传统，向青年灌输爱国主义思想。教过的本科生、研究生、进修生数百人。他还为兄弟艺术院校学生上课，为校外的进修班、老年大学授课，学生遍及全国。在中央美院他还教过日本、韩国、法国、印度、芬兰、美国以及我国港台地区的学生；并于1992年、1996年、1999年三次公派赴日本东京东洋美术学校举办的中国画科授课。还曾赴澳大利亚办中国画班。1986年金鸿钧晋升为中央美术学院副教授，1992年晋升为教授。

　　在教学过程中，他不断总结经验，编绘多部教材，先后出版《牡丹画谱》、《工笔花鸟画技法》、《中央美术学院中国画教材之五——工笔花鸟画》、《金鸿钧画工笔山鹊技法》、《工笔花鸟画教学示范》等。其中1991年8月人民美术出版社出版的《工笔花鸟画技法》一书，文字7万余，插图一百多幅，内容详实，印刷12次，印数达9万多册，深受中外读者欢迎。此外还录制有大量绘画技法光盘教材。

　　1978年到1998年，是金鸿钧创作的全盛时期。他创作的70多幅作品参加了国内、国际许多重大展览，其中20余幅为国家美术馆收藏和在全国性的大展中获奖。《无瑕》、《万紫千红》(1978年曾入选由联合国教科文组织主办的第13次巡回展，即"中华人民共和国现代绘画展")、《锦绣前程》等8幅作品为中国美术馆收藏；《繁荣茂盛》、《早春》等4幅作品为北京市美协收藏；《枫叶白鸽》为江苏省美术馆收藏;《凌霄寿带》为辽宁博物馆收藏。此外,他的作品在河南省博物馆、中国画研究院、中国对外展览公司、中南海、京西宾馆、外交部及驻外使馆都有收藏和陈列。他创作的《春色满园》、《生生不已》、《榕根》、《石壁榕根》都在全国性美展中获得铜牌奖,《叶落归根》获丹青银奖,《枝繁花盛》获荣誉金奖,《南国春早》获1996年中日水墨画联展金奖,《幽谷玉妆》、《叶落归根》获优秀奖(最高奖),还有三幅作品获得北京市优秀美术作品奖。《叶落归根》被公认为是金鸿钧后期的代表作。《叶落归根》第一稿创作于1996年,曾入选中国美术家协会中国画艺委员会举办的"首届中国画邀请展",在深圳展出。1998年金鸿钧再次创作重彩稿的《叶落归根》,入选"第四届当代中国工笔画大展,"获得"丹青银奖";2001年7月入选庆祝中国共产党成立80周年全国美展并获优秀奖（最高奖),9月入选由文化部、中国美协、中国美术馆、中国画研究院共同主办的"百年中国画展",并刊入《百年中国画集》;2009年入选由文化部与中国美术馆共同主办的"向祖国汇报——新中国美术60年"大型美术作品展。

　　1995年6月20日由中国美术家协会、中央美院、中国美术馆共同主办的"金鸿钧画展"在中国美术馆隆重开幕,展出他的71幅精品。国家领导人布赫、王光英、程思远、阿沛·阿旺晋美到场参观,中央电视台做了报导。著名美术评论家王朝闻、潘絜兹、邵大箴、薛永年、李松、孙克、杜哲森、刘曦林等分别在《美术》、《美术研究》、《中国画》、《美术观察》、《人民日报》等报刊上著文给予好评。潘絜兹评价说金鸿钧"在画坛成为革新的闯将","也在工笔重彩花鸟画领域创拓出一个新局面,在美术史上写出了新的篇页"。"他的工笔重彩花鸟画已完成了从传统型到现代型的转变,这个过程很长,也很艰苦,但成果是令人高兴的"。

在创作与教学同时,金鸿钧积极参加美术界各种活动,如:1978年他与潘絜兹先生等七位工笔画家共同发起组织"北京工笔画会",担任常务理事,负责学术研究、讲座等工作,多次组织草图观摩、画展评选,推动了工笔画的复兴。1987年被选为副会长。1983年加入中国美术家协会。1987年8月,金鸿钧组织并参加了在中国美术馆举办的"十人工笔花鸟画联展"。

金鸿钧还多次外出访问、讲学和办展。1989年2月受文化部中国对外展览公司委派,随"中国工笔画展"访问印度,并在印度新德里、宅布尔等三地举办讲座介绍中国工笔花鸟画艺术。1992年、96年、99年三次赴日本授课,同时举办画展。1997年9月29日至10月24日为纪念日中邦交正常化25周年,金鸿钧组织并参加在东京日中友好会馆举办的"中国工笔花鸟山水画展",展出《生生不已》等作品22幅。2000年5月、8月又两次赴日本,在小仓、横滨、仙台、广岛、千叶等地举办巡回画展。1996年8月应邀赴香港中艺(香港)公司美术馆办展,展出作品91幅。1997年8月应邀访问澳大利亚,在悉尼"名家艺术中心"举办个展。1998年悉尼出版的英文杂志《国际艺术家》第4期上刊载了由金鸿钧撰写的介绍中国工笔花鸟画及技法的文章,发表作品及步骤图十多幅。

金鸿钧受中共中央统战部之邀,多次参加中国和平统一促进会的活动和中国书画研讨活动。1997年11月随代表团赴台北,参加在国父纪念馆举办的"两岸著名书画家联合大展",并与台北书画家共同参加交流研讨;1999年5月昆明世博会期间,与台湾书画界人士共同参加了在昆明举办的"第5届两岸文化交流研讨会";2002年11月参加了在南昌滕王阁举办的"第6届两岸文化交流研究会";2003年11月参加了在福州举办的"海峡流觞——两岸书画名家作品联展及交流研讨会";2005年8月在北京参加了"第7届两岸文化交流研讨会"。2003年9月金鸿钧被中共中央统战部聘为中华海外联谊会第2届理事会理事;2004年9月被中共中央统战部聘为中国和平统一促进会第7届理事会理事;2009年9月被聘为中国和平统一促进会第8届理事会理事及书画家联谊会副主任。

多年来,金鸿钧积极投身于民族团结、扶贫助学等社会公益活动。为修复恭王府花园、举办满族新年联欢会、修复承德避暑山庄等活动捐献多幅作品。1988年为赞助第11届亚运会捐献作品9幅。1994年10月参与组织中国少数民族美术促进会,被选为常务理事、评委,参加"民族百花美展"的组织评选工作。1998年捐献作品《报春》参加国务院中国扶贫基金会主办的"首届功在千秋书画扶贫大展"。2005年10月作为满族画家参加了全国政协举办的

"民族团结颂——庆祝中华人民共和国暨人民政协成立56周年画展";同年创作的《锦绣春光》参加北京晚报与北京市慈善协会共同主办的慈善拍卖活动。2006年9月创作了《芳菲》捐赠给中华慈善总会救助白血病儿童活动,他还参加了救助江南水灾、印度洋海啸、汶川大地震等捐献活动。

陈高华

（1938—　　）

陈高华,1938年生,浙江温岭人。中国社会科学院学部委员、历史研究所研究员、博士生导师。曾任国家社会科学规划中国史组成员,中国社科院历史研究所所长、研究生院历史系主任。全国政协第七、八届委员,第九、十届常委。享受国务院政府特殊津贴。2007年11月被聘任为中央文史研究馆馆员。

陈高华1955至1960年就读于北京大学历史系。1960年9月到中国科学院哲学社会科学部历史研究所工作。1982年至1988年任联合国教科文组织《中亚文明史》编委会委员。1990年国家人事部授予"有突出贡献的中青年专家"称号。1992年7月至12月日本京都大学人文科学研究所外国人研究员、日本京都大学文学部、京都女子大学访问学者。曾到法国、挪威、印度、伊朗、阿曼、韩国、蒙古等国作学术访问。1992年起享受国务院颁发的政府特殊津贴。曾任元史研究会会长、中亚文化协会副会长、中外关系史学会副会长。现为中国史学会理事、元史研究会顾问、中国海外交通史研究会会长。

陈高华主要从事元史研究，兼及明史、中国绘画史、中亚史、海外交通史等。20世纪中国的元史研究，是由王国维、陈垣等大师开创的。第二代的代表人物是翁独健、韩儒林和邵循正。他们都是学贯中西、在国内外有很高声望的学者。陈高华到历史所参加工作，便得到翁独健的指导，这对于他在学术上的成长，有至关重要的作用。

陈高华的元史研究工作，大体上可以分为两个阶段：从60年代到80年代中期主要研究元代农民战争和元代社会经济；80年代后期起，主要从事元代文化、风俗史和法制史的研究。反映前一阶段研究工作的成果主要有：《元大都》、《元史研究论稿》以及与他人合作的《元上都》、《宋元时期的海外贸易》、《元代农民战争资料汇编》、《中国经济通史元代卷》等。反映后一阶段研究成果的主要有：《元史研究新论》、《中国社科院学者文库·陈高华文集》、《元朝史事新证》，以及与他人合作的《中国政治制度通史元代卷》，《中国风俗通史元代卷》、《元代文化史》等。其中《元大都》曾译成日文，在日本出版，国内还出版了蒙文本。2010年，

《元大都》和《元上都》合成《元代大都上都研究》一书,列入"当代中国人文大系"出版。《元代文化史》获"中国出版工作者协会 2010 年中华优秀读物奖"。

在 20 世纪 70 至 80 年代,陈高华先后编著了三本古代画家资料,即《元代画家史料》、《宋辽金画家史料》和《隋唐画家史料》。后来,又将《元代画家史料》加以大量的补充修订,改名《元代画家史料汇编》,于 2004 年出版。

过去研究绘画史的学者,大多依靠清人编纂的《古今图书集成》、《佩文斋书画语》等书,这是第二、三手资料,而且很不完备。陈高华的几种著作,搜集各代画家的资料,一是力求穷尽,二是尽可能追索原始的第一手资料,为研究者提供了坚实的基础。

1958 年有关部门提出了编写全国各少数民族简史简志的任务,为此开展全国范围的民族调查。陈高华奉命到新疆参加民族调查和哈萨克族简史简志的编写,历时一年。足迹遍及北疆伊犁、塔城、阿勒泰等地。当时新疆物质生活很艰苦,但是丰富的历史文化底蕴却给他的心灵带来了极大的震撼,使他认识到民族问题在中国历史上的重要性,以及中亚(新疆是中亚的一部分)作为多种文明交汇点在世界历史发展过程中的特殊地位。后来他一直关注中亚史的研究,先后编撰了《明代哈密吐鲁番资料汇编》、《元代畏兀儿哈剌鲁资料辑录》二书,发表了一些论文。14 至 17 世纪新疆历史长期以来是模糊不清的,《明代哈密吐鲁番资料汇编》一书发掘了许多前人未知的资料,有填补空白的作用。1983年起，陈高华出任联合国教科文组织中亚文明史编委会委员（中方二人）。当时中苏关系紧张，编委会主席是苏方专家，处处压制中国，企图强行贯彻他们的具有强烈反华色彩的学术观点。陈高华和另一位中方委员一起，坚持原则，在涉及中国历史问题时，决不退让，迫使对方作出妥协。认识到中亚历史问题与现实政治生活的密切关系，陈高华和其他同志一起，积极向有关方面提出加强中亚史研究的建议，为中国中亚史研究的发展，作出了贡献。

海外交通在中国古代有过辉煌的历史，但在西方列强来到东方以后衰落了。在相当长的时期内，中国学术界在海外交通史的研究方面是滞后的。20世纪70年代后期起，由于福建泉州宋代沉船的发现，海外交通史的研究逐渐兴盛起来。陈高华参与了泉州沉船一事的讨论，并在20世纪80年代初与一位同事合作发表了《宋元时期的海外贸易》一书，后来又和另一位同志合写《中国海外交通史》，在台北出版。20世纪80年代后期，联合国教科文组织发起以东西方对话为主题的"丝绸之路综合考察"，其中之一"是"海上丝绸之路考察"。陈高华作为中方代表参加"海上丝绸之路考察"的筹备工作。

陈高华入馆后，承担了《世纪》杂志的编审工作，还担任了大型学术著作《中国地域文化通览》副主编。

近年来，陈高华主要从事古籍整理和妇女史研究。他主持的《元典章》点校本于2011年问世（中华书局、天津古籍出版社出版），获 2012 年古籍整理一等奖。他与另一同志共同主编的《中国妇女通史》（10 卷本，其中《元代卷》由陈高华执笔）获 2013 年中华优秀读物奖。

金默如

（1938—　　）

金默如，1938 年 5 月生，北京市人。画家。满族，爱新觉罗后裔。中国美术家协会会员。2007 年 11 月被聘任为中央文史研究馆馆员。

金默如在童年时代就受到中国传统文化艺术的熏染，与翰墨结缘，酷爱书画。1956 年拜著名画家王雪涛为师，从事写意花鸟的学习、研究、创作。1958 年向留学捷克的西洋画家王仲年学习素描，从而在着色、造型准确，用色丰富，中西结合，用笔用墨不拘一法等方面有很大提高。

20 世纪 80 年代，先后在加拿大、英国、日本举办个人画展，并参与创作庆祝中华人民共和国建国 35 周年巨幅国画。1985 年，作品《鹤寿》作为中国政府代表团礼品赠送给日本首相中曾根康弘。1991 年，应新加坡南洋艺术家学院邀请赴新加坡举办个人画展及艺术交流活动；出版《金默如画集》。1992年,北京齐白石艺术研究会出版《当代翰墨大观》书画集,特聘为荣誉顾问、荣誉编委;国家体委为第25届奥运会17位金牌得主举办赠画仪式,作为参加活动的17位画家之一,将作品《牡丹》赠予了女乒冠军乔红;受聘担任在北京举办的"中华杯·希望杯"全国书画比赛的总评委;随中国轻工业部代表团赴马来西亚吉隆坡参加"93中国文化节"开幕式,并举办个人画展及文化交流活动。1994年,个人简历收录于北京荣宝斋出版社出版的《北京画家名鉴》中;受邀担任四川省"大千纸坊"揭幕典礼及"乐山国际大佛节"嘉宾;受聘担任北京营养美食会副会长,并参加亚太地区国际会议;参加中共中央统战部对港、澳、台宣传工作,并捐赠画作;参加"中国建设国际书画展"深圳大剧院开幕式,并担任特约评委;被中国中外名人文化研究会出版的《中国当代名人录》(国际名人版)收录;参加国家民委和中国美协举办的"中华民族书画大展",获"优秀民族艺术家"奖;受聘为"中华名人协会中国诗书画研究会"顾问;参加了"残疾人联合会"、"希望工程基金会"、"救助贫困地区失学儿童基金会"等捐赠活动,并获颁捐赠证书。1995年,参加为建设世界儿童和平筹款活动;参加"纪念抗日战争胜利50周年,世界反法西斯战争胜利50周年,联合国成立50周年"大型活动;应大连市委市政府之邀举办个人画展;在新加坡举办第二次个人画展。1996年,应中央电视台之邀拍摄"书坛画苑"专题片;受《中国当代书法家美术家系列丛书》编委会之邀,担任编委、评审委员会委员职务；受聘担任现代民族书画艺术家协会副主席。1997年，参加周恩来诞辰100周年"中国百名书画家精品展"并出版《当代书画家精品集》。1998年，《科学中国人》杂志社出版《中国专家人才库》，收录评论金默如艺术成就的文章《业精于勤拥抱成功》。1999年，参加中国文联举办的"中国当代著名书画家牡丹作品展"；参加"庆澳门回归名家书画展"并入选大型画册。

2000年，作品《牡丹图》被中国历史博物馆入选"世纪收藏"并出版画册；应中央电视台之约拍摄《中国当代著名花鸟画家金默如》，湖南卫视拍摄《真心风采》专题片并出版《2000中国风流杰出人物特辑》。2001年，《中国当代创业英才》、《中华名流人物洽谈录》、《中国世纪英才荟萃》等出版物收入金默如介绍；新华社发表专访文章。2002年，受聘为湖南岳麓书画研究院副院长；出版《共和国专家成就博览》世纪珍藏版；天津杨柳青画社出版《中国写意画技法丛书》牡丹专辑；入选《二十一世纪杰出专家》。2004年，出版中国当代美术家画集；被聘为中国人民革命军事博物馆画院顾问，并参加庆祝中华人民共和国建国55周年画展。

2010年参加中央文史研究馆书画院在台湾举办的海峡两岸中国书画艺术展"大道同行"。同年7月应国家民政部之邀书写"龙的传人，中华首善"为李嘉诚先生八十二岁寿辰致贺。8月，应全国人大之邀创作书法作为国家礼品赠予时任韩国总统李明哲先生。

金默如的小写意花鸟画以其多姿的韵致，广受嘉赏。

其作品立意甚高，构思精湛，意境超逸，形成自己的风格，花、鸟、虫、鱼、竹、石等在他笔底都十分生动。他作画行笔赋彩考究，刚柔相济，疏密错综，繁简自若，形神兼备，意趣隽永，令人赏心悦目。

樊锦诗

（1938—　　　）

樊锦诗，女，1938 年 7 月生，浙江杭州人，敦煌研究院院长、研究馆员。全国政协第八、九、十、十一、十二届委员。2007 年 11 月被聘任为中央文史研究馆馆员。

1963 年毕业于北京大学历史系考古专业，被分配到敦煌文物研究所工作，从此扎根敦煌 50 年。1975 年，担任敦煌文物研究所副所长，1984 年任敦煌研究院副院长，1993年任常务副院长，1998 年任敦煌研究院院长。樊锦诗长期致力于敦煌学研究和世界文化遗产莫高窟的保护、研究、弘扬工作，被誉为"敦煌的女儿"。在主持领导工作期间，敦煌研究院发展为世界最大的敦煌学研究实体和敦煌文物保护基地，使莫高窟成为中国文物实施有效保护、合理利用和精心管理的典范。

为了保护好敦煌莫高窟这一人类文化瑰宝,她发挥专业特长,带领科研人员,努力探索石窟科学保护的理论与方法,在世界文化遗产管理领域开拓了一条全新的路子。她组织实施了莫高窟建国后第二次大规模崖体加固和壁画塑像修复工作,领导并见证了莫高窟从抢救性保护到科学保护的过程,并把敦煌石窟的保护工作推向了预防性保护的新阶段。目前,敦煌研究院在石窟壁画与土遗址保护领域居于国内领先水平,国家科学技术部在该院设立了国家古代壁画和土遗址保护工程技术研究中心,这是目前我国文化遗产领域唯一的一个国家工程中心。

莫高窟地处沙漠戈壁之中,风沙肆虐,严重影响着壁画彩塑文物的保存。樊锦诗带领科技人员,在原来人工清沙的基础上,中外合作发展出了尼龙沙障拦沙、砾石压沙、生物固沙等综合方式,使窟区流沙减少80%,基本遏制了沙患侵袭。并通过环境整治工程,改善了窟区环境,方便了游客参观游览。

敦煌石窟壁画、彩塑艺术弥足珍贵也极其脆弱,为了使之永久保存、永续利用,樊锦诗在80年代后期便提出利用计算机技术进行敦煌壁画、彩塑艺术永久保存的构想,经过多年的探索试验,首批顶级精华洞窟的数字化档案工作正在顺利实施。数字化的成果,被广泛应用于敦煌艺术展示、研究之中。

为了进一步明确莫高窟的法律地位,落实世界遗产管理要求，樊锦诗发起并组织起草了《敦煌莫高窟保护条例》，该条例已于 2003 年由甘肃省人大常委会第 31 次会议通过实施,这是甘肃省第一部为保护世界文化遗产而做出的专项立法。在《世界文化和自然遗产公约》及中国《文物保护法》等法律法规体系之下，为莫高窟文化遗产保护提供了有针对性的法律保障。在她组织下,敦煌研究院与中外科研机构合作,吸收国际先进理念和管理经验,编制了《敦煌莫高窟保护总体规划》(2006—2025)。明确了敦煌莫高窟 20 年的保护、研究、利用和管理分项规划目标与内容，制订了将其建成为符合国际保护规范的世界遗产地、世界级的遗址博物馆、具有国际影响的敦煌石窟研究信息资料中心、石窟壁画保护研究中心,并发挥相应社会效益的总目标。

为了取长补短,追赶世界先进水平,从上世纪 80 年代中期开始，樊锦诗积极谋求敦煌文物保护的国际合作,按照"以我为主,为我所用"的原则,先后与日本东京国立文化财研究所、美国盖蒂保护研究所、美国梅隆基金会等机构建立了持久深入的合作研究关系，使莫高窟的保护、研究和管理水平不断向世界领先水平迈进。

为了让更多的人了解敦煌石窟博大精深的文化内涵，弘扬祖国光辉的文化遗产,樊锦诗极力倡导并积极推动敦煌文化的普及工作。在她担任敦煌研究院领导期间,敦煌艺术展览多次在海内外展出。对外展示了辉煌灿烂的中华艺术文化,对内激发了国人热爱优秀传统文化的民族自豪感,促进了世界人民对敦煌艺术的热爱以及对敦煌石窟保护工作的支持。她还与国内外新闻媒体合作,策划拍摄、制作了一些主题影片, 对敦煌文化和石窟艺术进行全面介绍。特别是与中央电视台合作拍摄的十集高清影片《敦煌》,引起了广泛关注。

作为石窟考古专业人员,樊锦诗运用考古类型学和层位学的方法,结合洞窟中的供养人题记、碑铭和敦煌文献,先后撰写了《莫高窟北朝洞窟分期》、《莫高窟隋代洞窟分期》、《莫高窟唐代前期洞窟分期》等论文,完成了敦煌莫高窟北朝、隋及唐代前期的分期断代,揭示了各个时期洞窟发展演变的规律和时代特征。由她主编的26卷大型丛书《敦煌石窟全集》则是百年敦煌石窟分类专题研究的汇集展示。在此基础上,她制订了敦煌石窟全集百卷考古报告编写出版规划,主持运用三维激光测量技术测绘、摄影加文字说明的方法,全面系统地整理、记录每一个洞窟的结构、内容、遗迹,并探讨洞窟原建、重建的时代,加强敦煌学的基础研究工作。目前《敦煌石窟全集·第一卷·莫高窟第266—275窟考古报告》已于2011年8月出版,后续各卷也在持续进行。

樊锦诗重视游客大量增加与石窟保护之间的矛盾,并积极探索解决办法。以大量实际监测试验为基础,在全国政协十届一次会议上提出了《建设莫高窟游客服务中心的建议》,引起党和国家领导人的高度重视。在没有先例可循的条件下,完成了数字展示技术验证、环境评估以及莫高窟保护与利用项目可行性研究报告等工作。2008年10月,项目设计方案通过国家发改委和国家文物局的评审立项后正式实施。该项目包括保护利用设施、崖体加固和栈道改造、风沙防护及安全防护等4个部分,是建国后国家第三次投资实施的大规模莫高窟保护利用综合工程。这一工程的实施,对于保护敦煌莫高窟文化遗产,继承和弘扬敦煌文化,促进甘肃省文化发展和繁荣,起到有力的推动作用。

樊锦诗2004年当选由《人物》杂志等单位组织评选的"2004年最深刻影响中国的文化人物"。2005年被国务院授予"全国先进工作者"荣誉称号。2008年被全国妇联授予"三八红旗手"称号。2009年荣获"100位新中国成立以来感动中国人物"和"时代领跑者——新中国成立以来最具影响的劳动模范"两项荣誉称号。2011年被中华文化促进会和香港凤凰卫视授予"中华文化人物"荣誉称号。2013年被香港大学授予社会科学名誉博士学位。

樊锦诗是中共十三大代表,甘肃省第七、十、十一次党代会代表,甘肃省优秀专家。还是兰州大学历史文献学(敦煌学文字学)博士生导师、中国敦煌吐鲁番学会名誉会长,大型学术著作《中国地域文化通览》副主编。

杨延文

（1938—　　　）

　　杨延文，1938 年农历 7 月生，河北深县人。画家，国家一级美术师。曾任北京画院党委成员、北京画院艺术委员会主任、中央文史研究馆书画院常务副院长、中国美术家协会理事、中国美术家协会中国画艺术委员会委员、北京市艺术系列高级职称评委会副主任。全国政协第十届委员。享受国务院政府特殊津贴。2007 年 11 月被聘任为中央文史研究馆馆员。

　　杨延文 1947 年入解放区小学，高小毕业后于 1954 年考入北京第五十二中学（现北京市大峪一中）。这时受美术老师邱正锦和李大钊幼子李欣华校长的启蒙，接触并爱上了绘画。1957 年考入北京艺术学院预科部，并于 1958 年直接升入本科第三油画工作室，成为吴冠中、赵域的学生。

　　大学毕业后，杨延文留京到中学任教。这期间他广泛涉猎了中国古典文学、历史、简明哲学等。1973 年下乡锻炼，并担任工作队副队长。1974 年 3 月加入了中国共产党。1972 年，北京市举办了自"文革"以来的首次画展，他的作品《白洋淀女民兵》和《风雪草原》两幅油画作品入选。1978

年,杨延文调入北京画院。这个时期,重获艺术新生的杨延文,以一种炙烈的热情投入到创作中,且毅然从油彩到墨彩,走进了中国山水画的创作与创新之路。他的《翠屏织锦》获得了1979年建国30周年全国美展三等奖。1981年,在建党60周年全国美展中获得二等奖。

　　1983年,杨延文的艺术创作生涯迎来了一个高峰。他的山水画《江村疏雨》在意大利曼奇亚诺国际美展中被评为第一名,获得唯一金牌奖。这次获奖提升了社会大众对杨延文的认知度。1985年杨延文作为特邀代表,出席了中国美术家协会第四次代表大会。同年,受澳门贾梅氏博物馆之邀访问澳门。1986年,作品《西江月》参加了印度三年一度的世界美术大展、中日联展。1987年6月,在中国美术馆举办了杨延文画展,10月参加瑞士巴塞尔国际美展。1988年4月,访问美国,在东方画廊举办个展,并在纽约市立大学讲学,出版了《杨延文近作选》画集。同年参加了蒙特卡洛现代艺术国际展和在美国克罗拉多博物馆举办的现代中国画巡展以及在中国画研究院举办的"中国国际水墨画"大展。1989年9月访问香港,出席香港集古斋和北京荣宝斋联合举办的《杨延文画展》开幕式,出版了《杨延文画集》。1990年4月访问日本,出席由荣宝斋在日本福岗举办的"杨延文"画展,并出版了《杨延文自选画集》;9月由香港大业公司出版了大型画集《清水出芙蓉——杨延文画集》;12月赴新加坡访问,并在新加坡商会嘉庚堂举办"中国一级画家杨延文画展"。

　　杨延文多次在美国、香港、意大利、法国、冰岛、新加坡、加拿大、英国、日本举办个人画展。曾作为中国友好代表团成员,随北京市中法代表团出访法国巴黎,也前往意大利等国家,进行了长达数月的观摩和学习。

　　1998 年,杨延文被评为有突出贡献专家。2000 年,出任北京市艺术系列高级职称评委会副主任;出席文化部组织的第一次全国画院工作会议。2001 年 8 月在庆祝建党 80 周年时被评为北京市宣传系统先进共产党员, 受到表彰。2002 年画院建院 45 周年,举办"大将之门"画展轰动画坛。2004 年 9 月获文化部艺术研究院颁发的黄宾虹奖。2005 年 1 月由中央新闻电影制片厂完成了纪录片 "画家杨延文"的拍摄和制作;3 月"风梳柳"等 10 件作品参加了由全国政协主办的"北京当代国画优秀作品 20 人"展;5 月"杨延文新作"展在荣宝斋展出,并由荣宝斋出版社出版了《杨延文新作》画集;6 月由华艺出版社出版的《当代中国美术家档案——杨延文卷》上市发行。 2006 年 3 月由中国美术家协会、全国政协书画室、中国美术馆、北京画院、万达集团联合在中国美术馆举办了"山水有情——杨延文画展",贾庆林、李瑞环同志出席并参观了展览,并出版《山水有情——杨延文画集》;12 月在上海美术馆举办了"山水有情——杨延文画展"。2007 年 7 月,随全国政协庆祝香港回归 10 周年代表团访问香港;10 月, 随全国政协中国经社理事会代表团访问法国、意大利。2008 年 1 月,由人民美术出版社出版《中国近代名家画集杨延文》;11 月, 参加韩中现代画展并访韩。2009 年 5 月，随中央文史研究馆书画院代表团访问台湾；11 月，被聘为中国艺术研究院研究员。2010 年，受聘为清华大学吴冠中艺术研究中心研究员。2011 年 6 月，受聘为中国国家画院研究员。12 月，由中央新闻电影制片厂、中国国家画院联合录制的《敢为彩墨绘新题——画家杨延文》文献片完成，并在中央电视台播出。

张立辰

（1939—　　　）

张立辰，号渔人，斋号紫苑，1939 年 9 月生，江苏沛县人。画家。中央美术学院教授、博士生导师，中国美术学院荣誉教授、博士生导师，中国美术家协会理事。曾任中央美术学院中国画系主任，全国政协第九、十届委员。享受国务院政府特殊津贴。2007 年 11 月被聘任为中央文史研究馆馆员。

张立辰自幼喜欢画画，常以火棍头作笔依门神灶马满地涂鸦。1954 年考取徐州三中，中学六年，得到美术老师名画家李雪鸿的全面启蒙，受过素描、色彩、笔墨的基础训练，临摹《芥子园》，背诵"六法"、"六要六长"等中国画论，并常随老师到乡村写生。1960年张立辰考取浙江美院,得到潘天寿、吴茀之、诸乐三、陆维钊、陆抑非等名师的亲炙指授、言传身教,奠定了诗、书、画、印"四全"的观念及功技训练之道,确立了专工写意花鸟画的艺术方向,树立了对民族传统研究、传承、发展、捍卫的自觉和自信意识。

张立辰的艺术之路南北结合,传统创新。其创作与教学、理法研究并行而互证。他大学时代从学于南潘门下,打下了极为坚实的梅兰竹菊的基本功和既擅笔画又工指画的本领,来北京工作后又经常问学于李苦禅,故此他的大写意花鸟画艺术自然而然地把南潘的雄峻高旷、出奇制胜与北李的笔精墨妙、触手成春结合起来。张立辰既能在不断地读书行路观察自然中师造化养浩气,又善于调动幼年生活的深切感受与动人回忆,更善于在笔墨与形象的互动中抒写情怀。所以他每以淋漓酣畅、不与人同的笔墨描写粗枝大叶的瓜果芰荷,把天骨开张、势足力大和感受精微结合得不露痕迹,粗中而有细,气旺而情长,可谓"出新意于法度之中,寄妙理于豪放之外"。张立辰不但充分继承了写意画的优良传统,而且按照自己的艺术个性强化了笔墨节奏,极尽轻重、浓淡、干湿、虚实对比之妙。更为可贵的是,他在注重起承转合、呼应顾盼的抒情笔墨结构的气局中,巧妙地引进了西方现代艺术中的平面构成意识,形成笔墨构成的理论与实践,从而在强化视觉冲击力上超越了前人,为传统大写意花鸟画走向现代做出了自己的贡献。

几十年来,张立辰的画作参加国内外重要展览出版并获奖。其中，1980年《雪蕉》（指画）获北京地区美术甲级奖；1984年《西陆晨霜》（指画）获第六届全国美展优秀奖、建国卅五周年北京文艺创作荣誉奖；1992年《秋荷》获"二十世纪·中国大展"中央美术学院院奖；1994年《新荷》获第八届全国美展优秀奖、建国四十五周年北京文艺作品二等奖；2007年《花鸟四条屏》获"中国百家金陵展"艺术贡献奖。他还非常注重开展对外往来和学术交流活动。他接待过来自挪威、法国、英国、澳大利亚等国家的学者、名流，多次到日本、意大利、西班牙、法国、德国、荷兰、俄罗斯、美国、埃及、南非等国家进行文化考察和艺术交流活动，作品被多个知名博物馆和收藏家收藏。

张立辰具有强烈的民族意识和社会责任感。多年来坚持为赈灾、环保、助学等捐款、捐物、捐画，数量无计。他还积极参政议政，在政协会上针对"中国画、书法专业招收研究生及教师高级职称晋升免试外语加试古汉语"、"为了加强民族文化教育建立国学院"、"建立中国画学院"、"尽快恢复中国画在《普通高等学校本科专业目录》中的应有地位"等问题作了多次提案和呼吁。

张立辰出版有《张立辰画集》三册、《张立辰画选》、《张立辰小品集》、《张立辰精品画辑》、《笔墨张立辰》作品与研究集二部等。发表论文《中国画的笔墨结构》、《不要动摇中国画的根本基础》、《回顾与前瞻——中国画的教学》、《博大精深　造诣独特——对潘天寿先生艺术教学思想阐析》、《中西绘画拉开距离——中国画发展的认识论和方法论》、

《抉幽发微 悟变悟常——写在潘天寿指头画展前》、《画意入书书自高——浅谈潘天寿先生书法艺术及书画关系》、《中国画写意精神——中国画创作中笔墨结构的两度神化》、《张立辰中国画理法讲习录》等。其艺术成就、理论研究、教学思想在美术界、美术教育界取得广泛影响。2009年被评为首都五一劳动奖章获得者。

郭怡孮

（1940—　　）

郭怡孮,1940年2月生,山东潍坊人。中央美术学院教授、博士生导师。中国美术家协会中国画艺术委员会名誉主任,中国画学会会长。全国政协第八、九届委员。享受国务院政府特殊津贴。2007年11月被聘任为中央文史研究馆馆员。

郭怡孮自幼受家庭文化熏陶,父亲郭味蕖是位学者型画家。郭怡孮1959年考入北京艺术学院美术系中国画专业,授业于俞致贞、高冠华、张安治、田世光、白雪石、戴林等先生。

1962年北京艺术学院毕业,毕业创作《春秀》入选文化部主办的新芽美展，邓拓写文中称："郭怡孮的画生机勃勃，大有出蓝之概。"毕业后分配到中学任教。教美术、政治等课程，并从事中学美术教材编写、社会文化宣传等多种工作。

1978年创作《东风朱霞》、《万里山河一片春》、《架锅煮蟹》等作品参加粉碎"四人帮"后首次山水花鸟画展，获得社会好评。同年应文化部邀请参加文化部中国画创作组，前后约两年时间，有机会与全国著名国画家学习和同台创作，在此期间完成了我国赠送联合国的三件中国画作品之一《烂漫春光图》，至今还在联合国大厦陈列，同时为钓鱼台国宾馆、人民大会堂、中南海、北京火车站贵宾厅等多处场馆作画，为我国驻日本、巴基斯坦、波兰等十几处使领馆创作大幅花鸟画作品。

1978年调中央美术学院任教，协助李苦禅、田世光先生教学，任首届中央美术学院花鸟画研究生班班主任，历任讲师、副教授、教授、院学术委员会委员。1981年任中国画系花鸟科主任，1987年起任中国画系副主任，现为中央美术学院造型艺术研究所博士生导师。在中央美术学院和中国艺术研究院举办了两届"郭怡孮花鸟画创作高研班"，培养了一大批花鸟画优秀人才。在担任中国画系副主任期间，组织教师编写《中国画》高校教材，由高等教育出版社出版。

郭怡孮的花鸟画作品以强烈的时代气息、深厚的传统功力、独特的艺术语言而受到社会的广泛关注。他的代表作《春光图》、《荷花图》由中南海收藏并长期陈列,《与海共舞》、《烂漫山花》等多件作品由中国美术馆收藏,《新霞》等多件作品由人民大会堂收藏,《碧海新霞》由中央统战部收藏并长期陈列,《荷风吹来一水香》由外交部收藏并长期陈列。他的多幅作品由国家领导人作为国礼赠送外国元首。他的《日照香江——为香港回归而作》、《赤道骄阳——我的内罗毕宣言》、《自有春涛可化龙》、《畅春图》、《绿乡》、《半是浓妆半淡妆》、《一溪碧水半溪画》、《西湖过雨图》、《雨林深处》、《大好春光》、《天地和同·春光锦绣》等都是大幅主题性花鸟画创作,来自于对大自然和生活的深刻感受,有着明确的构思主题,这些作品都具有较大的社会影响。

在绘画创作理论方面,郭怡孮有独立的见解。《大花鸟意识》的提出,是他考察了西方描写自然景物中草木鸟兽的绘画而对中国花鸟画的认知,认为中国花鸟画与西方同类题材的绘画相比,具有更大的内涵和精神性。他提出的"技法重组"、"写交响曲"、"重彩写意"等观点,是对中国花鸟画的改革和发展所做的理论性探索,他以自己的大量创作实践来验证其可行性,取得了成果。特别是在工笔与写意、重彩与泼墨、山水与花鸟的三结合方面继承了他父亲提出的主张,不断进行了创造性实践。《你的野草是我的花园》这是郭怡孮就中国花鸟画家的自然观方面提出的一个鲜明的观点,他走进大自然,去画那些山花野卉,去关注那些以前并不被画家表现的"野自然",从而开拓了花鸟画的表现范围,在审美取向方面也从描绘园林的花木走向了大野山花,启功先生称其创造了"大麓画风"。

郭怡孮于教学和创作之外,还是一位美术活动家,1993年任全国美协中国画艺术委员会副主任,2001年任名誉主任,2011年任中国画学会会长,参与组织过许多重大美术活动,如第一、二、三届全国中国画展,百年中国画展,全国首届和第二届写意画展,中国当代花鸟画精品展,中国画学会首届全国中国画学术展等。多次担任全国美展的评委和总评委、文化部美术高级职称评审委员,兼任中国艺术研究院中国美术创作院首任院长、全国政协书画室副主任、中国和平统一促进会常务理事兼书画联谊会会长等职,对中国画的普及和提高做出了自己的贡献。他应邀在法国、美国、加拿大、日本、肯尼亚等国以及香港、台湾等地多次举办个人画展和讲学。

郭怡孮出版有《中国花鸟画写生教学》、《中国花鸟画创作教程》、《郭味蕖纪年》、《郭味蕖花鸟画技法研究》、《郭味蕖文集》、《中国近现代美术家——郭怡孮》、《大好春光——郭怡孮绘画选集》、《重彩写意大花鸟——郭怡孮》等各种画册二十余种。

宋雨桂

（1940—　　）

宋雨桂，1940年9月生，山东临邑人，画家。辽宁美术馆馆长，辽宁省文联副主席、省美术家协会主席，民革中央书画院院长，中国艺术研究院博士生导师。第十、十一届全国政协委员。2007年11月被聘任为中央文史研究馆馆员。

宋雨桂自幼随母习画，1960考入鲁迅美术学院绘画系。1966年毕业，后参军，任中国人民解放军1308部队政治部宣传科干事。1975年任辽宁省文化局美术、书法、摄影负责人。1979年调入辽宁画院。1980年，宋雨桂以作品《故乡恋》引起美术界关注。1981年画作《秋声赋》入选第五届全国美展，同年画作《花溪》等5幅作品被中国美术馆收藏；1982年画作《十月》参加"现代中国画艺术日本巡回展"；1984年画作《苏醒》入选第六届全国美展，获中国山水画奖银奖。自1988年开始，宋雨桂先后赴新加坡、香港、日本、伊拉克、澳门、台湾等地举办个人展览，作品被多家收藏机构收藏。

2002年4月，宋雨桂获辽宁省委省政府授予的优秀专家称号,5 月获全国"五一"劳动奖章。 2004 年 5 月,宋雨桂的作品《追梦》、《槐露》入选 "第三届国际美术交流展"。 2006 年 11 月应邀在辽河美术馆举办个展,12 月在大连举办个展。 2007 年 2 月在山东济南举办个展 "回家展",4 月在冯骥才艺术馆举办个展 "访友展",8 月任第三届全国中国画展评委,10 月赴日本任世界华商大会画展评委并应邀参加"当代九名巨匠展"(先后在东京、神户举办)。 2008 年 5 月 16 日,宋雨桂组织辽宁美术家为五一二汶川大地震灾区捐款义卖,个人捐款 30 万元。同年 6 月带队辽宁美术家赴韩国参加第七届国际友好美术交流展。2009 年 7 月, 出任第十一届全国美展辽宁展区总评委会主任,8 月,赴上海出任第十一届全国美展评委。2010 年 4 月,在中央电视台举办的"情系玉树,大爱无疆"活动中,个人捐款 50 万元。2010 年 12 月主笔由国务院参事室、中央文史研究馆组织的海峡两岸著名书画家共同创作的《新富春山居图》66 米长卷。2011 年 4 月 25 日与韩美林、冯骥才共同举办"岁寒三友"全国巡回画展。2012 年 2 月,由沈阳市政府全额拨款、面积为 12000 平米的宋雨桂艺术馆动工开建,2013 年 8 月正式开馆。

宋雨桂出版有《宋雨桂国画》、《宋雨桂画集》、《宋雨桂山水》、《中国近现代名家宋雨桂画集》、《寒暑赋画集》、《青山吟画集》、《荣宝斋画谱》第 27 册、《荣宝斋画谱》第 128 册等。

王立平

（1941—　　　）

　　王立平，满族，1941 年 8 月生，吉林长春人。作曲家，词作家，摄影家，国家一级作曲。全国人大第八届代表，第十届常委。全国政协第七届委员，第九、十一届常委。享受国务院政府特殊津贴。2007 年 11 月被聘任为中央文史研究馆馆员。

　　王立平出生于知识分子家庭，从小受父亲的影响对音乐产生了浓厚的兴趣，很小年纪就立下了当音乐家的志向。良好的家教更使之得以健康成长、品学兼优。1954 年经层层选拔，作为长春市唯一的代表，随中国少先队代表团赴匈牙利参加国际夏令营。同年考入中央音乐学院少年班，经六年严格、系统的音乐专业学习和训练，又升入中央音乐学院作曲系深造。作曲师从吴祖强、刘庄、杜鸣心等名师，其他专业和相关课程也都受教于陈宗群、刘烈武、段平泰、朱启云、文怀沙等著名专家。1965 年以优异成绩毕业，原计划用大学毕业劳动锻炼的一年时间留校创作芭蕾舞剧，后由于"文革"开始创作搁浅，工作分配暂停。1968 年底下放到解放军农场劳动，搞运动、受冲击，经历了四年半的水深火热。

1973年5月,王立平被分配到中央新闻纪录电影制片厂,从事纪录片电影音乐创作,开始走上专业音乐创作的道路。此后,一直以影视音乐为主要工作方向。在音乐创作方面,王立平的主要作品有记录片音乐《潜海姑娘》、《周恩来总理永垂不朽》(合作)、《红旗渠畔展新图》(合作)、《亚非拉乒乓球友好邀请赛》等,故事片音乐《戴手铐的旅客》、《大海在呼唤》、《印有金锚的飘带》、《少林寺》、《香魂女》、《潜网》、《诱捕以后》、《武林志》、《夕照街》、《苏鲁国王与中国皇帝》、《琴思》(合作)、《残月》(合作)、《直奉大战》(合作)、《见习律师》、《来了个男子汉》、《人生没有单行道》、《黑色狂人》、《荧屏奇遇》、《黑太阳731》(香港)、《她从台北来》、《晚清风云》(香港　上、中、下)、《有钱的感觉》等,电视连续剧音乐《红楼梦》、《聊斋》、《徐悲鸿》、《飞刀问情》、《赵树理》、《红顶商人胡雪岩》、《宅门逆子》、《火烧阿房宫》、《百年虚云》等,话剧、广播剧音乐《未来在招唤》、《虎符》、《甲子园》、《红楼梦》等,影视歌曲《太阳岛上》、《浪花里飞出欢乐的歌》、《大连好》、《驼铃》、《少林寺》、《牧羊曲》、《太行颂》、《飞吧鸽子》、《大海啊故乡》、《说聊斋》、《江河万古流》、《枉凝眉》、《葬花吟》等。历经四年半为1987年版电视连续剧《红楼梦》创作的全部乐曲和歌曲是其代表作之一,由包括电视连续剧《红楼梦》全部歌曲的《红楼梦套曲》入选《二十世纪华人音乐经典》,演唱和演奏这部电视连续剧音乐的《红楼梦音乐会》在全国各地包括香港、澳门、台湾、新加坡、加拿大等国，及北京大学、清华大学、人民大学、北师大、首师大等许多大专院校演出了一百数十场，深受海内外广大听众欢迎和喜爱。歌曲《世界在歌声中听到了你》和《血缘》两次获"五个一工程奖"，另有多首作品多次获国家级和全国性评选奖项。

王立平从小喜爱摄影，五十多年来一直热心摄影活动。曾在 1976 年的"四五运动"中拍摄了大量珍贵历史镜头。有八幅作品入选 1979 中国文联和中国摄影家协会举办的《总理为人民　人民爱总理》摄影展览，其中《让我们的血流在一起》获中国文联、中国摄影家协会共同颁发的"四五运动优秀摄影作品一等奖"和中国摄影家协会颁发的"四十年摄影艺术展览优秀作品奖"等，入选"二十世纪华人摄影经典"。还有许多其他摄影作品发表、参展和获奖。是"四月影会"、"自然 社会 人"艺术摄影展，"中国现代摄影沙龙"等著名摄影团体及影展的发起人和组织者之一。

王立平于 1984 年担任中国音乐家协会书记处书记，开始负责音乐著作权保护工作。为推动我国著作权法的制定、实施和完善，做了大量社会工作。创建了并领导了我国第一个著作权集体管理组织——中国音乐著作权协会。在极为困难的条件下，团结广大词曲作家和相关界别的专家学者，经过长达二十七年的努力，初步建立起既符合国际惯例又符合我国国情的音乐著作权管理体系。同国际上主要国际组织和国家建立了合作关系，签订了相互代表协议。在国内已经形成了音乐著作权使用费收费及其分配体系,形成了相应的管理机构运行机制,并不断改进和完善。受到国内外音乐著作权人和同行的好评。

1980年王立平在陈荒煤、钟惦斐等老一代电影界领导的支持下,与肖远、王云阶等老一代艺术家一起发起成立中国电影音乐学会,此后一直致力于团结中国各片种电影音乐作曲家、指挥家、音乐编辑、导演,研究中国电影音乐的经验、规律、现状和问题,组织研讨会、撰写论文、出版书籍等,并担任理事、常务副会长、会长、名誉会长等职务。多年来还在文联、音协、影协、版协、摄协等许多社会团体中任职,尽心尽力做了许多工作。

1984年,王立平出任中国电影乐团(原北京电影乐团)团长。1993年初改任中国电影乐团艺术指导。1995年8月加入了中国民主促进会,同年12月当选为民进中央委员和中央常委,1997年当选为中央副主席。2001年1月调任民进中央任专职副主席,主要分工负责全会的参政议政、社会服务、支边扶贫、台港澳工作和八个专门委员会的工作。在全国人大和民进参加或领导过多次有关民族、文化、经济、环境、农业、教育等问题的考察调研。曾率民进代表团访问加拿大、芬兰和奥地利,随李铁映副委员长率领的全国人大代表团访问毛里求斯、摩洛哥、突尼斯、肯尼亚等非洲四国,随王兆国副委员长率领的全国人大代表团访问泰国、缅甸、印度等东南亚三国,随张梅颖副主席率领的全国政协代表团访问巴西、秘鲁、委内瑞拉等南美国家,随全国人大民族委员会代表团访问挪威、奥地利等北欧国家。
参加和主持过多项参政议政、论坛、研讨活动和各种会议。
出版了《王立平论民主党派工作》一书。为多党合作事业、
民主党派建设和统一战线工作做了许多有益的事情。

王立平曾任中国电影音乐学会会长、中国文联全国委
员会委员、中国音乐家协会副主席、中国音乐文学学会副
主席、中国电影家协会理事、中国版权研究会理事、中国摄
影家协会权益保障委员会主任等职。现任中国音乐著作权
协会终身名誉主席、中国电影音乐学会名誉会长、中华文
化促进会副主席、中国延安精神研究会副会长、中国和平
统一促进会理事、中国国际文化交流中心理事、中国摄影
家协会理事、中国作家协会会员、中国书法家协会会员。

薛永年

（1941—　　）

薛永年，1941 年 11 月生，北
京市人。中央美术学院教授、博士
生导师。享受国务院政府特殊津
贴。2007 年 11 月被聘任为中央文史研究馆馆员。

薛永年 1965 年毕业于中央美术学院美术史系本科，其后任吉林省博物馆馆员。1978 年考取母校美术史系中国绘画史研究生，毕业获硕士学位留校任教。曾任美术史系主任、研究生部主任，美国堪萨斯大学研究员、俄亥俄州立大学访问教授、台湾艺术学院和香港中文大学客座教授。1994 年 8 月，他被文化部评为部优秀专家。 1996 年北京市教育委员会聘为市高校职称评审委员会委员。1997 年被人事部评为有突出贡献的中青年专家，被文化部聘为部博士生导师评审委员会委员。2000 年国务院学位委员会聘为美术学通讯评审委员。2005 年 8 月，被国家文物局聘为国家文物鉴定委员会委员。2007 年 9 月，被北京市教委授予北京市高等学校教学名师称号。现任中央文史研究馆书画院副院长，国家文物鉴定委员会委员，国家画院美术史论研究院副院长，中国美术家协会理事兼理论委员会主任。中国书法家协会会员。

入馆后，薛永年先后担任了大型学术著作《中国地域文化通览》副主编、全国文史研究馆馆员书画艺术文选《谈艺集》主编等。2009 年 12 月，获文化部、中国文学艺术联合会、中国美术家协会颁发的 "首届中国美术奖·理论评论奖"。

薛永年在留校工作初期，主要研究明清绘画史与古典书画论。在研究中，力避以往多通史编写借古说今 "以论代史" 之弊，不靠人所共知的史料做价值判断，从尚少研究或众说纷纭的画家个案、作品个案、画论名篇或书画论的范畴入手，了解学术前沿，以大观小，找出问题，发掘本土新材料，立体化地把握历史的生动性与丰富性，从中引出新的结论，再小中见大，积点成线，重新梳理历史线索，从具体画家具体作品的风格与内涵、功能与创造、艺术与社会诸因素的具体联系，说明艺术演变的来龙去脉，或书画论中的一些重大问题。成果以论文发表者，有明代孙隆、王履、清代华嵒、李鱓、任伯年，明代吴门纪游山水、清代扬州八怪新变、海派群体对扬州群体的继承发展，元明画论从"不求形似"到"舍形悦影"，明初医学家兼画家王履以实践检验理论的山水画论、清代石涛的"蒙养生活"论、"兼字"论与"一画"论的意义与来源，明清文人画与职业画家画在市场经济下的互动与变异，对五四以来基本否定的董其昌与"清初四王"的再认识，对中国文人画传统的再研究，并逐渐形成对后期中国画史有别于前人的系统见解。这方面代表性的论文有：《元明文人画论中的两个问题》、《追本溯源去故就新的王履画论》、《陆治钱谷与吴派后期纪游图》、《论八大山人艺术》、《石涛与戴本孝》、《董其昌的书法理论与实践》、《四王论》、《商品经济与扬州八怪》、《论扬州八怪艺术之新变》、《文人画传统的创生内涵价值》等。

后因教学授课需要，薛永年应聘出国讲学，受国家文物局委托主持培养书画鉴定研究生，研究内容亦拓展到书画鉴定、美术史学方法、美国研究中国美术史的源流、学派与方法、中国近代美术学术史。先局部后整体，逐渐疏理线索脉络。对书画鉴定的研究，偏重于学理与方法、近当代鉴定名家、书画鉴藏史、书画鉴定与考古学、美术史学的关系。代表性成果有《书画鉴定与个案研究》、《书画鉴定与鉴定名家》。对 20 世纪美术史与美术学术史的研究,关注西学东渐下国内研究方法的改步变古、西方考古学的引进与鉴定学的创建、通史成为主要体例的原因与得失、民族文化自觉意识的体现、近代对中国古代美术史学传统的疏离、视觉文化研究引进美术史的双面作用。其中,除滕固、黄宾虹、汪世清、饶宗颐等个案外,《美国研究中国画方法述略》,是开放后较早全面论述其学术源流、不同学派与方法的论文,《20 世纪中国美术史研究的回顾和展望》、《回顾新中国六十年的美术史学》、《反思中国美术史的研究与写作》是自具见解的总结性论述。

更后,由于本院和美术界的需要,薛永年开始研究品评身边画家,把他们放在历史长河中,放在与同代画家共存的环境中,借古观今,用历史眼光和反思“文革”的意识,探讨他们对传统的继承和突破。继而又逐渐扩大范围,写他们的师辈及学生中的佼佼者,从历史的承变着眼,论其“成功之美”和“所致之由”,力求把美术评论提升为美术史个案研究,并进一步思考近百年中国美术发展演变中的一些问题,把握以往论者忽略的历史脉络,从过去教科书的遮蔽中解放出来,形成了“立足于优良传统而不固步自封,认真学习西方而不邯郸学步”的系统认识。这方面的文章,部分是融合中西取向或借古开今取向的美术家个案,部分是不同画派与不同画种的论评,部分是百年书画的整体性论述。也有一些理论专题,比较突出的有:近百年失落的文人画传统、写意精神与笔墨语言、笔墨与境象的关系、书画关系、书法教学与中国画教学的关系、新文人画问题、工笔画与重彩画、市场经济条件下对大众审美的适应与提升、国际语境下中国美术的民族身份和理论自觉,不同渊源不同形态美术并存的生态及彼此互补与宏观调控等等。其中,《以书入画之我见》、《变古为今借洋兴中——20世纪中国水墨画演进的回顾》、《百年山水画之变论纲》、《世纪革新中的传统派》、《民初北京画坛传统派的再认识》有一定代表性。

薛永年能书画篆刻,亦偶作古文诗词。出版的主要著述:文集有《书画史论丛稿》、《横看成岭侧成峰——古代美术论集》、《江山代有才人出——近现代美术论集》、《蓦然回首——薛永年美术论评集》、《中国现代美术理论批评文丛·薛永年卷》。专著有《华嵒研究》、《王履》、《晋唐宋元卷轴画史》、《扬州八怪与扬州商业》(合著)。主编有《中国美术简史增订本》、《扬州八怪考辨集》、《中国绘画的历史与审美鉴赏》、《鉴画研真》、《名家鉴画探要》。

杨力舟

（1942—　　　）

杨力舟，1942年3月生，山西临猗人。国家一级美术师，有突出贡献专家。全国政协第十、十一届委员。享受国务院政府特殊津贴。2007年11月被聘任为中央文史研究馆馆员。

杨力舟1949年在甘肃兰州上小学，毕业后考入兰州回民中学。1957年考入西安美术学院附中，1961年考入该院油画系，1968年毕业。后入太原印刷厂工作，做了大量的美术普及工作，得到工厂和社会的赞许。1969年受北京军区邀请，参加"平型关战役纪念馆"油画《平型关大捷》等作品的创作，至此开始以"王迎春、杨力舟"联名创作大型作品的艺术生涯。

1972年杨力舟调进山西省美术创作组，专事油画、中国画、版画、连环画、宣传画、插图、儿童读物等创作，同时辅导工人、农民业余美术工作者。多次深入山西黄河沿岸、太行山革命老区和大寨大队、昔阳县新农村体验生活，积累创作素材，坚持独立思考，在特殊的年代不迷失方向。先后和夫人王迎春合作大型油画《文武之道，一张一弛——

毛主席给晋绥日报编辑人员的谈话》、《汇报——给毛主席写信》;国画《挖山不止》、《如今管地又管天》、《太行浩气传千古——朱德肖像》、《华国锋参加义务劳动》等作品,连续数次参加全国美展,产生较大影响。1978年杨力舟考入中央美术学院国画系人物画研究班深造。得到叶浅予、蒋兆和、李可染等名师亲授。毕业作品《农乐图》、大型水墨三联画《黄河怨》、《黄河在咆哮》、《黄河愤》获得中央美院叶浅予奖学金,被中国美术馆、中央美院、中国画研究院收藏。海外评论家评为"大陆描绘现实生活的国画中极少见到的有力作品,有种真实动人的感染力"(见台湾《雄狮美术》杂志)。

1980年,杨力舟研究生毕业,到文化部中国画创作组,协助朱丹、安静、李可染、蔡若虹、叶浅予、黄胄等筹建中国画研究院,负责举办建院全国中国画展、人物画研究班等,并从事国画创作与理论研究。1984年,在河南开封举办"杨力舟、王迎春国画联展",展出作品70幅。与王迎春合作国画《太行铁壁》、《火线上的姐妹》、连环画《小二黑结婚》参加"第六届全国美术作品展览",《太行铁壁》获"金奖",还获"第二届中国人民解放军文艺评奖大奖"、"北京市建国三十五周年文艺作品荣誉奖"。1986年,《小二黑结婚》获"全国第三届连环画评奖二等奖",由四川美术出版社出版在全国发行(2012年由人民美术出版社再版)。后又创作连环画《百合花》参加全国美展。中国画《黄河在咆哮》曾在杭州、沈阳、西安、天津和香港巡展。参加苏联莫斯科、白俄罗斯明斯克"中国现代绘画展览",印度新德里"中国当代绘画展",匈牙利"中国当代艺术展"。1987年在内蒙古自治区呼和浩特市举办"杨力舟、王迎春作品展"。1988年在台北、台中举办"杨力舟国画展"、"两岸金奖获得者联合展览"。1993年被文化部外联局委派为团长,率领大陆32位画家赴台中美术馆出席"两岸三地现代水墨画展"开幕式和学术研讨会,开启两岸美术家在台湾学术交流的首次合作。还曾出访日本、保加利亚等国。

杨力舟1989年出任中国美术馆常务副馆长、中国美协党组成员。1998年任该馆第二任馆长。1997年,在中国文联第五次代表大会上,被选为全国文联委员。1998年在中国美协第五届全国代表大会上被选为副主席,2003年连任。参与了第七、八、九、十届全国美展的筹备、组织和评选工作。现任中国美术家协会顾问,中国画学会副会长,中国国家画院顾问、院务委员、研究员。

杨力舟在中国美术馆主持工作15年,稳定大局,在国家经济困难的情况下,奔走呼号,对楼体进行了抗震加固,增修4000平方米的现代化藏画库。对美术馆主楼进行了全面装修、改造、扩建,完成一期工程,并确定了二期扩建工程的立项。"到他离开美术馆馆长职位之前,历经50年沧桑的中国美术馆终于形成了收藏、研究、陈列、展览均衡发展的基本格局"(艺术评论家水天中语)。

杨力舟从事艺术创作50余年,始终坚守中国传统文化"以文载道"的精神性和秦汉唐宋之民族风,坚持内容与艺术形式尽可能完美统一的原则，重视基本功的训练，不断地提高全面修养，广纳博采。长期定位于中国画的创新探索，主张中西融合，笔墨当随时代。曾有9年的油画正规学习，以及雕塑、版画等门类的艺术实践，水彩画、素描、速写写生不断，坚持书法临写和创作，并撰写美术评论、画论研究文章。在艺术创作上不断地梳理与王迎春多年合作油画、国画的优点、心得与不足。重视形式美的探索和研究，临摹中国古代、近代大师的名作，广泛涉猎敦煌壁画和丰富的民间艺术，全面理解中国传统绘画的规律与写意精神，吸收传统山水画的艺术技巧，运用于表现现实生活，丰富人物画的表现力。同时对俄罗斯绘画和欧美现代诸流派的艺术进行较深入的研究。在实践中探索文人画元素与表现派、立体派艺术元素的结合，讲究构成，使画面富有现代意识和造型特点。艺术创作坚持个人风格的深入探索，使中国画的表现力（特别在表现现实人物画方面）有所拓展与提高。并在水彩画出新，在画马系列、戏曲人物系列方面做了有意义的尝试。

　　出版有《杨力舟画集》、《杨力舟速写集》、《当代中国美术家王迎春、杨力舟画传》、《当代画史名家经典作品集杨力舟卷》、《国家重大历史题材美术创作工程入选画家作品集——王迎春、杨力舟卷》、《艺苑撷言——杨力舟文集》、《春舟水墨世界》等。作品入编画册《庆祝中华人民共和国建国廿五周年画集》、《中国人民解放军建军五十周年画集》、《中共党史画典》、《中国美术全集》现代卷封面、人物卷、素描卷、连环画卷,《中国美术馆藏精品集》《中国美术50年》《中国美术60年》《中国当代美术》《20世纪中国美术》《中国画百年大展》《第二届北京国际双年展》《浩瀚草原——中国美术作品集》《世纪的转折——20世纪中国艺术中的传统与现代性》(英文版)等大型画册。

龙　瑞

（1946—　　　）

　　龙瑞,1946年生，四川成都人。国家一级美术师。中国国家画院名誉院长，中央文史研究馆书画院副院长。全国政协第十、十一、十二届委员。文化部评为国家有特殊贡献专家、德艺双馨专家。享受国务院政府特殊津贴。2007年11月被聘任为中央文史研究馆馆员。

　　龙瑞在成都和重庆上小学，天府四川人杰地灵，山川风物人文丰厚,他从小潜移默化于心性之间。1955年随家人北上北京，乘轮船第一次目睹三峡风光，被自然鬼斧神工般的奇伟景色所慑服，热爱祖国山川自然的情感油然而生。 1959年于北京男二中上初中时常去王府井北京画店看画，对绘画产生了浓厚兴趣，即在朝阳区少年宫学美术，立志于从事美术事业。1962 年考入北京工艺美术学校学习四年,该校不仅在课程设置上注意学生全面发展,而且在传统中国画和书法教学方面聘请学养深厚的饱学宿儒任教,为他的艺术事业打下了良好的基础。1967 年毕业分配到北京工艺美术厂工作,参加工艺美术生产及设计,从事象牙工艺品及金丝镶嵌的制作,在十余年的工艺美术设计中体悟到中国传统艺术特征及中华民族审美观,初步形成了他对人生、社会、艺术的认识。1979 年考入中央美术学院中国画系山水画研究生班,受教于山水画大师李可染先生,真正认识和领略了中国画和李家山水画的堂奥。1981年毕业分配到中国美术家协会工作。1985 年调入中国画研究院为专职画家,曾任该院业务处副处长。1987 年加入中国共产党。2001 年调中国艺术研究院美术研究所任所长、《美术观察》主编。2003 年调回中国画研究院任院长,2006年中国画研究院正式更名为中国国家画院,任首任院长。

　　龙瑞的作品曾多次参加国内外重大展览并获奖。1984 年作品《山乡农校》入选第六届全国美展,获优秀奖;《幽燕秋趣》入选第二次东方美术交流学会展 。1985 年在融现代艺术经验于山水画创新实验的"构成性山水"探索方面取得了全国性影响。1986 年赴香港参加"东方美术交流学会画展"。1987 年参加日本"现代水墨画美术展"获优秀奖。1988 年《山上一颗小树》获第一届国际水墨画展大奖,并被中国美术馆收藏。同年于美国纽约赫夫纳画廊举办个展,并获美国俄克拉赫马州荣誉市民证书。同年还赴法国巴黎联合国教科文组织总部举办由中国文化部主办的"现代中国画展"。1989年于台湾举办"龙瑞水墨画展"。1990年随中国画家代表团赴泰国参加"中国当代美术家十五人展"。1991年赴韩国汉城国家艺术殿堂举办"中国画代表作家展"。1992年应曼德国际登纳基金会邀请，赴德国柏林皇宫举办"中国画展"。1993年赴台湾台中美术馆参加"现代水墨画展"并参加学术研讨会，送展作品为台中美术馆收藏。1994-1995年策划并参加"张力的实验——表现性水墨画展"。1996年为纪念红军长征胜利六十周年，策划组织全国知名山水画家赴井冈山写生，创作并举办"井冈山大型山水画展"，于北京、南昌、珠海等地巡展。1997年参加"新文人画展"。1996、1997年两次访问意大利及西班牙，并举办"现代中国画展"。1998年参加"河山画会第四次画展"、"98中国国际美术年——当代中国山水画·油画风景展"。1999年参加"世纪末中国画著名画家二十一人画展"。2000年策划组织"锦绣中华万里行——漓江篇画展"。2001年组织"锦绣中华万里行——太行篇画展"。同年策划参加文化部重大文化项目"聚焦西部"，先后组织众多画家赴甘肃、新疆、四川、贵州等地写生，创作了大量反映西部山川风貌的作品，并举办画展，出版画册。2002年参加"二〇〇二年全国中国画展"、"百年中国画大展"。2003年参加"北京国际双年展"、"第二届全国中国画展"、"彩墨境界——中国山水画学术展"。2003年率大陆文化艺术交流考察团赴台湾参加"中华两岸近现代名家书画大展"。2004

年总策划并参加"黄宾虹国际学术研讨会暨系列展览",并获"黄宾虹奖"。同年还组织参加"聚焦西部·宁夏行——中国画画家宁夏写生创作展览"。2005年任组委会主任,组织由中国油画学会、中国画研究院、李可染艺术基金会共同在中国美术馆主办的"自然与人——第二届当代中国山水画·油画风景展",并获艺术奖。同年还组织参加"第三届全国画院优秀作品展"。2006年参加中国美术馆"同庚四人画展"。2007年参加"第三届全国中国画展"。2008年参加"全国廉政文化大型绘画书法展"。2009年,作品《红旗渠》参加"国家重大历史题材美术创作工程"展览。

龙瑞从1984年在张仃先生指导下主创北京西直门地铁站长达70米的超大壁画《长江万里图》、《长城万里图》、《长城入海图》开始,创作了一批在国家重大公共场所陈列的大型山水作品,营造了雄浑壮阔的艺术风格,描绘了锦绣中华大地和民族精神。这类作品包括人民大会堂二楼的大幅《华山图》、元首接见厅的《群山叠翠图》、江西厅的《井冈山图》、人大常委会会议厅的《泰山图》、毛主席纪念堂贵宾休息厅的《井冈山》、京西宾馆会议厅十八米长的《江山万里图》、长城饭店的《泰山图》和《华山图》、解放军驻澳门司令部大楼的《长城图》、中央统战部新办公大楼的巨幅大画《乾坤和畅》,主创铁道部83米长2米宽的《京沪高铁盛景图》、中国驻外使、领馆以及中南海、钓鱼台国宾馆、日本中国文化中心、首尔中国文化中心等场所的作品布置多达数十幅。特别是1998年香港回归一周年庆典上,由时任国家主席江泽民题字，文化部赠送香港特别行政区的长12米、高4米的作品《锦绣中华》，幅面巨大，气势雄伟，笔力雄强，墨彩华滋，洋溢着高昂的时代精神，观之令人振奋。1998年长江发生大洪水，他代表文化部及中国画研究院主创大型山水画《砥柱中流》，参加大型赈灾义演活动并献给抗洪抢险中的英雄人民解放军。

龙瑞高度重视中国画学术研究。在出任美术研究所所长和《美术观察》主编期间，加强"当代中国的美术基础理论"建设，强调从国家文化发展战略高度重视和建构中华民族传统文化，以及在当前文化创新中的现实意义，出版《龙瑞水墨画集》、《秋天的收获——龙瑞山水画专辑》、《龙瑞说八大山人》等著作。提出"正本清源，贴近文脉"的艺术主张，批评了无笔制作、特技构成等否定中国画传统的画法。为突出中国画画学的艺术特性，彰显时代精神，举办"黄宾虹国际学术研讨会"，将中华文化文脉的当代延伸，作为支撑和滋生中国画笔墨"内美"并继续拓展其现代空间的思想基础。由国家画院倡导的"国家重大历史题材美术创作工程"获得文化部财政部立项后，龙瑞申请承担了《红旗渠》创作任务。

龙瑞还是一位美术教育家，肩负着美术教育和普及工作。为了培养中国画人才，他继承中国画师傅带徒弟的传统方法，又兼任中国艺术研究院博士生导师，探索以现代学位制度的方式培养传统中国画的博士生，并在国家画院举办多期中国画研修班、课题班、高研班、精英班，为国家培养了大量的中国画人才。

　　龙瑞主持国家画院期间，为国家收藏了不少名家作品，还创办了国家画院网站，举办了"生活之路——纪念黄胄先生诞辰 80 周年中国画画家写生作品展"、"何海霞先生诞辰百年主题画展"、"新时期中国画之路 1978——2008"作品回顾展等数十次画展。

潘公凯

（1947—　　　　）

　　潘公凯，1947 年生，浙江杭州人。画家。中央美术学院院长、教授、博士生导师，中央文史研究馆书画院副院长。全国政协第九至十一届委员。2007 年 11 月被聘任为中央文史研究馆馆员。

　　潘公凯从小在美术学院长大，虽然耳濡目染于良好的艺术氛围，却没有马上走上美术之路，而是对科技的兴趣特别大，小学三年级就会自己制作电子管收音机。对于潘公凯"背离"家学渊源，父亲潘天寿并不在意，没有教过他画画，但是在传统文化方面对他是有引导的，比如希望他读唐诗宋词、练书法，并帮他找一些字帖之类的，让他自己下功夫。"

考高中时,潘公凯本来想学理科,但初中的美术老师觉得潘公凯画画有天分,就自作主张替他报名参加浙江美术学院附中的入学考试,结果潘公凯考了第一名。附中的校长亲自到家做工作,让潘公凯不要去别的学校了。潘公凯最终入读浙美附中。附中的美术系教的基本就是西洋绘画的基本功,潘公凯大部分时间是在画素描、水粉、色彩,偶尔会学中国绘画基本功——白描,用毛笔很工整地画人物。附中没读完,"文革"就开始了,也正因为此,潘公凯常说自己 "大概是整个中国美术学院教师中学历最低的一个"。潘公凯真正学国画是在"文革"结束后。1978 年,潘公凯考入了浙江美术学院,这一年他 31 岁,虽然专业成绩很好,但因为超龄只好进了中国画系的进修班。

1980 年代中期,潘公凯提出中国画的发展策略,希望用 20 年的时间维护中国画传统体系的独立性和完整性,希望有一拨人关起门来研究中国传统画, 不要乱改革传统,把传统搞明白之后自然会明白未来要怎么走。1984 年、1985 年,潘公凯写了一篇大概 3 万字的长文,寄给了当时的美协副主席蔡若虹。潘公凯把这篇长文拆分为四个部分,分别在 4 个不同的刊物上陆续发表。第一部分《中西方传统绘画的不同土壤》在《浙江美术界》1985 年第 4 期上发表;第二部分《传统作为体系》刊于《新美术》1986 年第 2 期;第三部分《中西传统绘画的心理差异》刊于《新美术》1985 年第 3 期;第四部分,潘公凯本想再做深化补充,就留着没有发表。后来,将第三、四部分合起来,以《略谈中西绘画的差异》为题,收入1998年10月北京《国际水墨画研究讨论会论文集》。1985年11月,文化部在浙江美术学院召开"全国高等艺术院校中国画教学讨论会",潘公凯在会上作了题为《互补结构与中国绘画的前途》的发言,讨论的中心是中国美术尤其是中国画发展应该采取什么样的宏观战略的问题,成为会上最长、也最引人注目的发言。

1985年潘公凯在《美术》第11期发表了《绿色绘画的略想》,提出现阶段画坛中西两大体系"互补并存"的"橄榄形"格局设想,并试图为过渡时期的中国画寻找一个赖以生存和发展的立足点,而且认为中国画会有一个向世界"播散"的过程。从1985年冬到此后的几年里,是自建国以来美术理论领域最活跃也是最令人兴奋的时期,文化热的主题是又一次的"中西文化争论",美术界各种形式的理论研讨会,与当时潮流涌动的文化热相呼应,讨论的中心是选择和发展的宏观战略问题。大家的观点虽然不同,主张采取的策略也不同,但激烈争论的各方都着眼于同一个目的:如何在新的历史条件下,繁荣和发展中国美术,使之走向现代化。潘公凯提出中西两大艺术体系"互补并存,两端深入"的学术主张,即以中国画传统为一极,以西方现代主义为一极,中间留出广阔的混融区域,构成橄榄形的中西绘画"互补并存"的格局,就是要在一个相当长的时期中,让中国画传统与西方现代主义这两极在中国的土地上并存不悖,各自沿着自己的自律性路线走,都不把自己的意志强加于对方，造成一种自然开放的生态环境，而在高层次的研究中，则有必要保护中西两大艺术体系的严整性和纯粹性。时任浙江美院国画系主任的潘公凯，将自己的这些基本思想，部分地融入了此后几年的教学改革实践中。

1992年，潘公凯应美国加州伯克利大学东亚研究所邀请赴美一年有半。带着中国画生存和发展的问题，潘公凯流连在旧金山美术学院、纽约现代艺术博物馆，心里却在思考：以中国的传统文化为根基，究竟是否能引伸和构建出另一种不同于西方现代主义的艺术形态，一种中国自己的现代主义？1996年潘公凯就任中国美术学院（原浙江美术学院）院长一职，2001年调任中央美术学院院长。在此期间，为了在宏观战略和基础理论上回答上述问题，潘公凯在1999年提出"中国现代美术之路"的研究课题，并着手搭建研究梯队，自1999至2004年先后在中国美术学院和中央美术学院招收博士研究生十余人，通过课题研讨推进研究、培养人才。

从潘公凯自身的绘画实践上看，潘公凯画画的路子，也是出乎大家意料的。八九十年代，以水墨画写意作品为主；新世纪以来，随着进一步探索中国画的现代转型课题，其创作除了守护和保留中国画的笔墨外，又开始考虑让这个笔墨传统合乎当前变化了的绘画观赏功能，同时开始研究和探索在西方前卫艺术和实验艺术的中国化的尝试。2010年在中央美术学院美术馆举办潘公凯个人大型装置作品展"错构与转念——穿越杜尚"。另一大型装置作品《融》入选2011年意大利威尼斯双年展。

自 1996 年来的十几年间，潘公凯在高等美术教育学科发展和学院管理上投入了大量的时间和精力。他任中国美术学院院长期间，在该院传统的造型学科基础上，创办了完整的现代设计学科，扩大美术教育的内涵，建立中国美术学院江南校区、上海设计分院和杭州象山校区，其中占地 6 万平米的中国美术学院南山路校园，获一系列建筑奖项，成为高校建筑的典范。就职中央美术学院院长至今，潘公凯一直致力于带领中央美术学院完成从单一造型学科的"小美术"体系发展为具备造型、人文、设计、建筑的"大美术"现代学科体系，校园面积增长 3 倍，学生数增长 7 倍。中央美术学院奥运设计团队圆满完成北京奥运会主设计任务，获中共中央、国务院授予"北京奥运会、残奥会先进集体"；中央美术学院上海世博会中国国家馆展示深化设计团队完成上海世博会中国国家馆展陈设计，获党中央、国务院授予"2010 上海世博会先进集体"，潘公凯个人作为中国国家馆内部展陈设计总策划与总设计，获上海世博会组委会和执委会分别颁发的"个人积极贡献奖"。除积极承担国家任务，完成国家重大历史题材工程外，于国际领域，中央美术学院与国际一流美术与设计院校建立了长期稳定的交流关系，在专业领域占领国际制高点；创立"国际校长论坛"，成功举办有"设计奥运会"之称的国际设计大会；成功举办国际建筑学院/建筑系院长大会；中央美术学院国际艺术与设计学院院长峰会。

任继愈

(1916—2009)

　　任继愈，字又之，1916年生，山东平原人。哲学家、宗教学家、历史学家，国家图书馆名誉馆长。2009年11月被聘任为中央文史研究馆馆员。

　　任继愈1934年考入北京大学哲学系，1938年毕业。1939年考取西南联大北京大学文科研究所第一批研究生，师从汤用彤和贺麟教授攻读中国哲学史和佛教史。1941年毕业，获硕士学位。1942-1964年在北京大学哲学系任教，历任讲师、副教授、教授，先后在北京大学讲授中国哲学史、宋明理学、中国哲学问题、朱子哲学、华严宗研究、佛教著作选读、隋唐佛教和逻辑学等课程，并在北京师范大学担任中国哲学史课程。1955-1966年担任《北京大学学报》人文科学版编辑。1956年起兼任中国科学院哲学研究所研究员，为新中国培养第一批副博士研究生。1964年，负责筹建国家第一个宗教研究机构——中国科学院世界宗教研究所，任所长。1978年起招收宗教学硕士生、博士生。1985年起与北大合作培养宗教学本科生，为国家培养大批宗教学研究人才。致力于用唯物史观研究中国佛教史和中国哲学史。曾多次在国外讲学并进行学术访问。

1987年至2005年,任国家图书馆馆长,兼北京大学教授,中国社科院研究生院博士生导师,中国哲学史学会会长,中国社科基金宗教组召集人,中国无神论学会理事长,王羲之艺术研究院学术顾问。1999年当选为国际欧亚科学院院士。第四、五、六、七、八届全国人大代表。2009年7月11日,任继愈因病在北京逝世,终年93岁。

任继愈把总结中国古代精神遗产作为自己一生的追求和使命,致力于用唯物史观研究中国佛教史和中国哲学史。在中国古代诸子百家中,他最初崇尚儒家。解放以后,他接受了马克思主义,并用马克思主义总结中国古代哲学。由他主编的《中国哲学史》(四卷本)从1960年代开始,就是大学哲学系的基本教材,四十年来,培养了一代又一代哲学工作者。1970年代后期,他又主编了《中国哲学发展史》(七卷本)。

1950年代,他把对佛教哲学思想的研究作为中国哲学研究的组成部分,连续发表了几篇研究佛教哲学的文章,受到毛泽东的高度重视。这些论文后来以《汉唐佛教思想论集》出版,成为新中国用马克思主义研究宗教问题的奠基之作。1964年,他奉毛泽东主席和周恩来总理之命,组建世界宗教研究所。几十年来,世界宗教研究所培养了一批批宗教研究人才。他在继《汉唐佛教思想论集》之后,又主编《中国佛教史》(八卷本)、《中国道教史》、《宗教大辞典》、《佛教大辞典》。

任继愈提出了"儒教是教说",这一判断根本改变了对中国传统文化性质的看法,是认识中国传统文化本来面貌的基础性理论建树。

任继愈领导了大规模的传统文化的资料整理工作。担任国家图书馆馆长的 18 年,任继愈提出"书是让人阅读的,和钟鼎这样的文物不同,现在有些书躺在图书馆里,不整理就不能发挥实际作用"。通过他的多年努力,许多孤本、善本得以开发利用,其中最宝贵的就是与《永乐大典》、《四库全书》、《敦煌遗书》并称国家图书馆四大镇馆之宝的《赵城金藏》。1982 年,国家召开了古籍整理规划会,作为委员之一,任继愈提出佛教典籍也是古籍,也需要保护。经过批准立项,成立了由他担任主编的"大藏经编辑局"。以《赵城金藏》为基础,又挑选了 8 种有代表性的佛经作为对比参照,编辑《中华大藏经》(汉文部分)。将 9 种佛教典籍集于一编,史无前例,历经十几年才陆续出完,全书 106册,1.02 亿字。先后有 160 多人参加了这项文化工程。《中华大藏经》(下编)的编纂工作也已经启动,预计 2 亿–3 亿字。任继愈还曾主持编纂《中华大典》。

任继愈始终坚持以科学无神论为思想基础的马克思主义宗教观,坚持宗教研究中的马克思主义立场,坚持用无神论思想批判形形色色的有神论,抵制各种打着科学和民族文化旗号的土洋迷信。由他领导创办了以宣传无神论为宗旨的杂志《科学与无神论》。

任继愈著有《汉唐佛教思想论集》、《中国哲学史论》、《任继愈学术论著自选集》、《任继愈学术文化随笔》、《老子全译》、《老子绎读》等；主编有《中国哲学史简编》、《中国哲学史》(四卷本)、《中国佛教史》(八卷本,已出第 1–3 卷)、《宗教词典》、《中国哲学发展史》(七卷本,已出第 1–4 卷)等。

饶宗颐

(1917—　　)

饶宗颐,1917 年生,广东潮州人。著名历史学家、考古学家、文学家、经学家、教育家、书画家、翻译家。香港中文大学中文系荣誉讲座教授、艺术系伟伦讲座教授,香港大学、北京大学等校名誉教授。2009 年 11 月被聘任为中央文史研究馆馆员。

饶宗颐幼承家学,从事学术研究及教学工作逾七十载,研究范围广博,可归纳为上古史、甲骨学、简帛学、经学、礼乐学、宗教学、楚辞学、史学(包括潮学)、中外关系史、敦煌学、目录学、古典文学及中国艺术史等 13 大门类,已出版著作 70 多种,发表文章近 900 篇;他还善诗书琴画,刊行的诗文集有十余种,书画集 45 种等等。饶宗颐精通中国古代文献及多种外语,研究注重史料考证,且不断创新,在多个学术领域皆有开创性的研究成果。例如他是首位编著词学书录和《楚辞书录》,研究敦煌本《老子想尔注》、《日书》、敦煌白画及写卷书法,将《盘古图》的年代推到东汉,编录星马华人碑刻,开海外金石学先河,中国学人翻译及研究《近东开辟史诗》等的学者。他的多项研究在国际汉学界获得高度评价与回响,对于海内外推动汉学研究及弘扬中华文化贡献巨大。

饶宗颐有家学渊源,天资聪颖,7 岁著《后封神演义》,10 岁能读《史记》,16 岁时咏《优昙花诗》,发表于中山大学中文系《文学杂志》第 11 期。同年(1932 年)其父饶锷先生病逝,饶宗颐继承父志续编《潮州艺文志》,刊于《岭南学报》1935 年第 4 卷及 1936 年第 5、6 合卷,共计 65 万字,成为研究潮州历代文献的里程碑著作。

1935 年,饶宗颐在弱冠之年受詹安泰先生委托,代授国文课于韩山师范学校,旋即受聘为中山大学广东通志馆艺文纂修(1935 至 1937 年),与温廷敬、冒鹤亭、冼玉清等著名学者共事。同年加入禹贡学会,后受著名史学家顾颉刚先生委托,主编以上古历史地理为核心内容的《古史辨》第 8 册,惜因战乱,未及完成,其目录载于《责善》半月刊。

1939 至 1941 年,饶宗颐应聘为中山大学研究员,时中山大学迁校云南,赴聘途中因病滞留香港。留港期间,为王云五主编的《中山大词典》撰《古籍篇名提要》稿,又辅助叶恭绰编定《全清词钞》初稿。1943 至 1945 年,于广西任无锡国学专科学校教授,1946 年任广东文理学院教授,1947 至

1948年任南华大学文史系教授兼系主任。1946 至 1949 年担任《潮州志》总编纂兼广东省文献委员会委员,以新材料、新体例和新方法编撰该志,全书设 15 门类专门分志,共 20 分册。

在 1949 年移居香港前,饶宗颐先后出版了《潮州艺文志》、《潮州丛著初编》、《楚辞地理考》、《潮州志》和《瑶山诗草》等著作和诗集,另发表论文约 30 余篇。

饶宗颐在 1952 年至 1968 年任教于香港大学中文系,历任讲师、高级讲师和教授等职,主讲诗经、楚辞、汉魏六朝诗赋、文学批评和老庄等,课余从事古代文献的整理和研究。同时,也潜心研究道教、佛教、敦煌学、简帛学、中外文化交流史、中国艺术史等,成为这些领域中多个研究课题的先行者。这一时期,他出版专著共 16 本,各类文章约 120 余篇。其中,最主要的著作包括 1956 年出版的《敦煌本老子想尔注校笺》,以及 1959 年和 1963 年的《殷代贞卜人物通考》和《词集考》等。《敦煌本老子想尔注校笺》引起了上世纪五六十年代欧洲道教研究热,巴黎大学中国学院康德谟先生更选定此书为研究院教材。《殷代贞卜人物通考》是饶宗颐以 20 年心力,利用出土的甲骨数据,全面而系统地研究殷商时代贞卜人物的专著。该书开创了以贞人为纲排比卜辞的先例,在理论和方法上均超越前人,对了解各个贞人的占卜内容及其所属的时代很有参考价值。更有学者认为这是一部早期商代社会原始资料最基本的综合研究。此著作出版后,引起中外学术界的高度重视,共有 13

国文字书评予以介绍,在学术界产生了重要影响。韩国学者孙睿彻以 10 年时间,将此著翻译成韩文,于 1996 年出版。《词集考》则为学术史上第一部以目录学和版本学研究词学的著作,其研究方法与角度,为词学研究提供了丰实的研究资料与基础。

1962 年,饶宗颐获法国法兰西学院颁授"汉学儒林特赏",学术成就得到国际汉学界的认同。

在港大任教期间,饶宗颐曾赴日本、韩国、英国、法国等地从事研究。1963 年,他应印度班达伽东方研究所之邀,赴天竺作学术研究,成为该所永久会员,并跟随白春晖先生(V.V.Paranjepe)父子二人学习婆罗门经典,曾深入钻研《梨俱吠陀》经等。饶宗颐后来从事东方学研究,其梵学知识便植根于此。

1968 至 1973 年, 饶宗颐出任新加坡国立大学中文系首任讲座教授兼系主任, 课余专事搜求当地华文碑刻文献,撰有《星马华文碑刻系年》等论文。1994 年出版《新加坡古事记》,该书是饶宗颐未赴新加坡前所搜集的民国以前有关新加坡的各项资料,后经历年增订而成,为东南亚国别华侨史提供了一部新体例的著作。

此间饶宗颐曾两度出外讲学:1970 年至 1971 年为美国耶鲁大学客座教授,1972 年至 1973 年为台湾"中央研究院"历史语言研究所研究教授。1971 年由法国国立科学研究中心出版的《敦煌曲》是此时期最重要的著作之一,法国著名汉学家戴密微(Paul Demiéville)作法文翻译。书中利用了敦煌出土的经卷曲子词的数据，探究词的起源问题，亦为研究唐代由西域经敦煌传入中原的乐曲提供了宝贵的原始数据。

1973年至1978年，饶宗颐返回香港出任香港中文大学中文系讲座教授兼系主任，作育英才，同时亦继续进行研究。此时期出版最重要的著作有《黄公望及富春山居图临本》、《敦煌白画》和《中国史学上之正统论》等，另有文章60余篇。1976年，饶宗颐第三次到法国巴黎，在远东学院工作，并追随蒲德侯(Jean Bottero)学习巴比伦文，开始研究上古楔形文字和西亚上古文献，后以多年时间将一部以楔形文字记述阿克得人开天辟地的神话集(乃西亚神典，世界最早的史诗之一)翻译成中文，在1991年出版，书名《近东开辟史诗》，这是巴比伦史诗之第一部中译本。

1978年至1979年，饶宗颐在法国高等研究院宗教部任客座教授一年，后往日本京都大学及人文科学研究所任教授五个月。1979年饶宗颐退休，但他坚信学者应是退而不休的。他一方面在澳门东亚大学本科学院和研究院中国文史学部(至1988年止)与香港中文大学艺术系兼课培育后进，另一方面在香港中文大学中国文化研究所继续从事学术研究。

1980年代起，饶宗颐经常到中国内地进行学术交流，内地学界对饶宗颐的学术成果渐有认识。季羡林先生曾在《〈饶宗颐史学论著选〉序》中以"地下实物与纸上遗文"、"异族故书与吾国旧籍"、"外来观念与固有材料"三方面高度概括了饶宗颐的治学方法与成就。

　　饶宗颐晚年的研究硕果累累,先后编著及出版书刊近50部,各类文章约570篇,举其要者,如《选堂集林·史林》、《云梦秦简日书研究》、《虚白斋藏书画选》、《敦煌书法丛刊》、《楚帛书》、《甲骨文通检》、《中印文化关系史论集·语文编——悉昙学绪论》、《画——国画史论集》、《梵学集》、《补资治通鉴史料长编稿系列》、《符号·初文与字母——汉字树》、《饶宗颐二十世纪学术文集》等。2005年出版的《饶宗颐新出土文献论证》获得第九届华东地区古籍优秀图书奖二等奖。

　　饶宗颐认为研究传统中国学问,得用中文撰写,1995年,他创办及主编了一部以中文为媒介的大型国际性学报——《华学》,至今已出版至第10辑,所载学术论文质量深得国际学术界的重视。

　　经过数十年来对敦煌学和吐鲁番学的研究,饶宗颐不但在此范畴有卓越的学术成果,还为推动有关研究及文物保护作出了贡献。1990年,饶宗颐在香港中文大学办有《香港敦煌吐鲁番研究中心丛刊》(1990至2006年,共11册)。1995年又与季羡林、周一良合作创办和主编大型学刊《敦煌吐鲁番研究》,得到国际敦煌和吐鲁番学界的高度评价。2000年,他荣获中国国家文物局及甘肃省人民政府"敦煌文物保护、研究特别贡献奖"。

　　除上述奖项外,饶宗颐还曾获得海内外学界与艺坛多项重要的奖项与殊荣,如香港大学荣誉文学博士学位(1982

年)、香港岭南学院(今岭南大学)荣誉人文科学博士学位
(1995 年)、法国文化部颁授的"艺术及文学军官勋章"(1993
年)、法国索邦高等研究院授予建院 125 年以来第一位人文
科学荣誉国家博士学位(1993 年)、香港艺术发展局"视艺成
就奖"(1997 年)、香港公开大学荣誉人文科学博士学位
(1999 年)、香港特别行政区政府"大紫荆勋章"(2000 年)、国
际欧亚科学院院士(2001 年)、香港科技大学文学荣誉博士
学位(2003 年)、香港中文大学荣誉文学博士学位(2003 年)、
澳门大学人文科学荣誉博士学位(2004 年)、日本创价大学
名誉博士学位(2006 年)等,也是北京大学、浙江大学、复旦
大学、南京大学、中山大学、厦门大学等学府的名誉教授。

此外,饶宗颐古体、律诗、绝句,无一不精,尤擅填词,
又骚、赋、骈、散,无一不晓,先后出版诗词文集 14 种。饶宗
颐在书法、山水画、人物画的创作上,承先启后,自成一家,
晚年更开创了"西北宗"山水画,至今已出版 48 种书画集,
曾在海内外举办和参加较大型的书画艺术展览不下于 30
次。他对音乐方面,特别是古琴,也有涉猎和创造。

2003 年,饶宗颐将其个人数十年因勤于学术研究而积
累的藏书赠送香港大学,香港大学为此成立了饶宗颐学术
馆,该馆一个宗旨,就是要延续饶宗颐永不言休的学术研
究精神。

2009 年 4 月饶宗颐获香港艺术发展局授予"终身成就
奖",其丰硕的学术成果与艺术成就进一步得到肯定。

王 尧

（1928—　　）

王尧,1928年生,江苏涟水人。中央民族大学藏学研究院名誉院长、教授、博士生导师。中国佛教文化研究所特邀研究员。2009年11月被聘任为中央文史研究馆馆员。

王尧少年时期,正值国难,敌寇肆虐,国土沦丧。及长,就学南中,胡小石、方光焘、韩儒林诸师,每每勉以发奋报国。1951年,奉调尚在筹备中的中央民族学院(今中央民族大学),并被派往藏区,在贡噶活佛处,学习藏语和藏族文化(包括藏传佛教)。50年代,他在藏区参加过如火如荼的民主改革。1956年6月号的《中国语文》杂志,发表了王尧的第一篇描写藏语声调的论文。

60年代,中央民族学院举办了两期藏文研究班,当时有两门课程,其一是张克强(建木)先生主讲的《印度佛教史》,这被后人认为是补足印度佛教历史（特别是晚期历史）的重要著作;其二是东噶活佛主讲的《西藏王臣记》,这是五世达赖喇嘛的名著。王尧以助教身份,跟着研究班同学一起学习,通读了《西藏王臣记》全书,这使他在藏文古典作品的学习上又迈了一个台阶。

为了丰富藏文研究班的学术活动,王尧奉命邀请周叔迦先生讲"中国佛教的十宗",邀请法尊法师讲"西藏佛教的前弘期"和"西藏佛教的后弘期",邀请高观如先生讲"佛教与中国文化"、喜饶嘉措大师讲"藏族的佛教信仰"。为此,王尧开始探索古代藏文的发展脉络,把主要精力投入对吐蕃时期的敦煌写卷、金石铭刻、简牍文字三大藏文文献的研究。他以极大的兴趣钻研敦煌写卷,首先把注意力放在《敦煌本吐蕃历史文书》上。直到"文革"结束,他对此书的录文和译稿才得以编印成册,于1980年由民族出版社正式出版,定名《敦煌本吐蕃历史文书》。此后又于1992年出版了增订本。在此期间,王尧与陈践合作解读了大约50个藏文写卷,后来结集为《敦煌吐蕃文献选》、《敦煌吐蕃文书论文集》两部著作。

1981年8月,王尧应邀到维也纳参加"纪念乔玛国际藏学研讨会"。王尧在会上提交了《藏语 mig 字古读考》、《南宋少帝赵㬎遗事考辨》两篇论文。在发言当中,他离开手上的英文讲稿,用藏语向在座的藏族学者致意约三分钟,全场为之愕然。当时在外国藏学界,很少有人能讲藏语口语的。通过这次会议,王尧萌发了主编《国外藏学研究译文集》的想法。这套丛刊几经周折,至今已出版了19辑,确实对了解情况、沟通中外、交流学术起了一些作用。

1982年夏,王尧应邀到美国纽约哥伦比亚大学,参加第3届国际藏学会。同年秋天,他应聘到维也纳大学佛学–

藏学系教了一年书。1983 年春，王尧去了巴黎，又赴伦敦，调阅目验敦煌藏文原卷和新疆藏文简牍。他连续参加了第3—10 届国际藏学会，一直有兴趣于向国际藏学同道介绍西藏的民间文化——戏剧（a ce lha mo；1982 年，纽约）、占卜（mo，khram；1985 年，慕尼黑）、马球（Polo；1989 年，东京）、摩诃葛剌崇拜（Mahākāla；1992 年，奥斯陆）、博戏（sho，sbag；1995 年，格拉茨）……。

王尧的藏学生涯始于对藏语文和藏传佛教的研习，学术兴趣触及藏族民间文学、古藏文文献的整理和译释、汉藏文化的双向交流轨迹、藏传佛教和汉藏佛典比勘等几个领域，先后出版了《敦煌本吐蕃历史文书》、《吐蕃金石录》、《吐蕃简牍综录》、《西藏文史考信集》、《水晶宝鬘——藏学文史论集》、《藏学零墨》等几部论著。2012 年 6 月，由中国藏学出版社汇集于《王尧藏学文集》一至五卷，综合出版。

王尧入馆以后，担任了大型学术著作《中国地域文化通览》副主编。

资中筠

（1930—　　）

　　资中筠，女，1930年生于上海，祖籍湖南耒阳。中国社会科学院荣誉学部委员，研究员。曾任中国社会科学院美国研究所所长、博士生导师，中美关系史研究会会长、《美国研究》杂志主编。2009年11月被聘任为中央文史研究馆馆员。

　　资中筠1947年毕业于天津耀华中学。1947年至1948年肄业于燕京大学，后就读于清华大学，1951年毕业于西方语言文学系，通英、法文。

　　资中筠大学毕业后到"文革"前，一直从事"民间外交"工作，所在单位为"中国人民保卫世界和平委员会"，因工作关系，得以访问亚、欧、非、拉美等几十个国家，参加国际会议与民间往来。1956年至1959年常驻维也纳，担任"世界和平理事会"书记处中国书记的助手及翻译。1959年回国后一段时期内除本单位工作外，间或担任毛主席、周总理等国家领导人的外事翻译。1969年至1971年下放"五七干校"劳动。1971年为准备尼克松访华，从"五七干校"调回，参加了尼克松访华的随行记者接待工作。1971–1979在

"中国人民对外友好协会"负责美国方面工作,在此期间接待并陪同过一些在中美关系史上的知名人士和有特殊意义的历史人物,与美国左、中、右,上、中、下人物都有接触,既有基辛格、美国参众两院两党领袖等政要,也有黑人民权运动、学生运动领袖、左派激进人士。这一经历引起她对美国和中美关系史的强烈兴趣,遂决定在实际经验的基础上专业从事学术研究工作。1980年,根据资中筠自己的要求,调(外交部下属)中国国际问题研究所,在美国研究室工作。1983年因有关台湾问题和中美关系的研究成果被评为全国三八红旗手。1985年起应聘到中国社会科学院新组建的美国研究所任副所长,1988年至1992年任所长,同时任研究员,博士生导师。1991年被授予国家级有突出贡献专家称号。1992年至1998年任《美国研究》主编。1996年退休,仍继续研究、写作,参加学术、文化活动,兴趣由国际问题拓宽至文史领域,在古今中西现实与历史之间进行探索思考。大部分较重要的作品完成于退休之后。

资中筠在美国研究所任领导期间参与创办《美国研究》杂志和中华美国学会。1993年发起并主持创办"中美关系史研究会",任第一、第二届会长。2000年至2005年兼任南京大学——约翰·霍普金斯中美研究中心国际问题研究所学术委员会中方主任(美方主任为大卫·兰普顿)、该中心客座教授。

资中筠多次访问美国出席国际学术会议;1982年至1983年,普林斯顿大学国际研究中心客座研究员;1992年

1月至10月,华盛顿威尔逊国际学者中心研究员;曾应邀在美国十几家大学作演讲。1994年"敦巴顿橡树会议与联合国"国际研讨会(纪念敦巴顿橡树会议50周年)荣誉委员会委员。在国内主持过若干大中型国际研讨会,在组织中国的美国学和中美关系史的研究以及参加和促进中美学术交流方面有较大贡献和影响。

资中筠的主要学术专著有《追根溯源:美国对华政策的缘起和发展:1945-1950》、《战后美国外交史:从杜鲁门到里根》、《国际政治理论探索在中国》、《冷眼向洋:百年风云启示录》、《二十世纪的美国》、《财富的归宿:美国现代公益基金会述评》(此书初版题为《散财之道》)、《资中筠集》(为一些较为重要的学术论文选)。散文随笔有《学海岸边》、《锦瑟无端》、《读书人的出世与入世》、《斗室中的天下》等。2011年出版《资中筠自选集》,收录其30年来发表的学术著作以外的文章、随笔、散文,按题材分为五卷,分别为:《感时忧世》、《士人风骨》、《不尽之思》、《坐观天下》、《闲情记美》。

译著以英、法文文学名著为主,包括巴尔札克(法)《公务员》、《浪荡王孙》、《农民》,薇拉·凯瑟(美)《啊,拓荒者!》,阿兰·德波顿(英)《哲学的慰藉》等。2004年获"资深翻译家"称号。作品《美国对华政策的缘起和发展:1945-1950》获1977-1991社科优秀著作奖,《百年思想的撞击与冲击》和《美国强盛之道》曾获社科院优秀学术论文奖。

《资中筠自选集》影响较大,出版后获多种奖项,被多种书评刊物及读书频道评为年度好书，或"年度致敬人物"。2013年又获国家图书馆"文津图书奖"。

钢琴是其主要业余爱好，2012年参加天津海泰杯第二届国际非职业钢琴比赛，获老年组一等奖。

王　蒙

（1934—　　　）

王蒙，1934年10月生，河北南皮人。作家。中国作协名誉副主席。中共中央第十二届候补委员，第十二、十三届中央委员。全国政协第八至十届常委。2009年11月被聘任为中央文史研究馆馆员。

王蒙在日本占领下的北平开始他小学阶段的学习，亡国的现实给了他深刻的记忆与投身革命的冲动。1948年10月，正在读中学、尚不满14周岁的王蒙加入了中国共产党北平地下党组织，开始了他与中国当代政治分不开的人生。

1949年3月，王蒙被调往新民主主义青年团北京市筹备委员会工作，同年8月被选派到中央团校学习。1950年从中央团校二期学习班毕业后，先后担任北京市青年团东四区委副书记，国营七三八工厂团委副书记，首都师范学院助教,参与了新中国建立初期的北京基层社会政治与文化建设。1957年被错划为右派,下放京郊劳动。1961年"摘帽",1962年调北京师范学院中文系任教。1963年赴新疆工作,任新疆文联干部。1965年到伊犁巴彦岱红旗公社劳动,任二大队副大队长。"文革"中曾到自治区文教口"五七干校"劳动。1973年回到新疆自治区文化局任翻译与编辑。1979年获平反并调回北京,任北京市文联专业作家。1981年出任中国作协书记处书记。1982年当选十二届中共中央委员会候补委员。1983年出任《人民文学》主编。1985年当选十二届中共中央委员,中国作协常务副主席。1986年任文化部长。1987年当选为第十三届中共中央委员。1988年递交辞职报告,1989年9月获准辞去文化部部长职务。1993年当选全国政协第八届委员,1994年在全国政协八届二次会议上当选为全国政协常务委员。从1994年起,担任第八届、九届、十届全国政协常务委员,2005年2月在第十届全国政协八次会议上被任命为全国政协文史和学习委员会主任委员。2007年11月,在中国作协七届一次会议上被推举为中国作协名誉副主席。2008年起不再担任新一届全国政协委员。

　　1953年开始他第一部长篇小说《青春万岁》的创作。1956年发表了让他成名也让他受难的短篇小说《组织部新来的年轻人》。1963年在《新疆文学》担任编辑,继续他的文学生活与创作。1965年他下放到伊犁劳动煅炼。1972年开始创作他的第二部长篇小说《这边风景》。1977年重新开始发表文章,1979年调回北京之后，开始了他井喷式的创作历程。1981年,他写了《一个值得探讨的问题——谈我国作家的非学者化》,1982年发表在《读书》杂志上。王蒙认为作家应具有广博知识,他自己身体力行地实践着这样一种认识,对学习任何知识都充满兴趣,不断给自己开拓新的学习领域。1962年进入北京师范学院的时候他报名学习英语;在新疆他无法写作的日子,他向当地维族群众学维吾尔语;1980年赴美国交流时他刻苦学习英语，并开始尝试将英文作品翻译成中文。1989年开始进入《红楼梦》研究,1990年开始他的李商隐研究。个人电脑刚刚兴起时,他便开始了电脑应用的学习。他很早就对老庄有浓厚的兴趣,2006年,他又投入到了《道德经》和《庄子》的研究,并写出了一系列的学术专著。

1962年王蒙调到北京师范学院中文系任教,开始了他为人师表的生涯,但时间很短,结束于1963年他赴新疆工作时结束。之后的日子里,他曾无数次登上国内外大学的讲坛,讲授他对于文学,对于文艺理论的见解。20世纪90年代初,受聘为解放军艺术学院名誉教授。2002年4月1日，王蒙受聘为中国海洋大学顾问、教授、文学院院长(2006年5月卸任)。此外,他还先后受聘于南京大学、上海师范大学、浙江大学、新疆大学、新疆师范大学、南开大学、北京师范大学、东南大学、中山大学、河北科技师范学院、西北工业大学、河北师范大学、海南师范大学、川音绵阳艺术学院、上海交通大学、深圳大学、重庆师范大学、温州大学、上海大学、武汉大学、哈尔滨学院等高等院校,担任教授、名誉教授或顾问。他还出任过一些学术研究机构和出版机构的顾问等职务,如安徽师范大学中国诗学研究中心的顾问、李商隐研究会名誉会长、人民文学出版社首席专家等。他在大学里或自己演讲,将自己的研究成果变成学生的知识;或组织学术活动,让更多的学者参与到自己从事的大学教育活动。2009年入馆后,还担任了大型学术著作《中国地域文化通览》副主编。

在长达近60年的创作、研究活动中,王蒙创作了大量的作品。到2012年底,他发表的长篇小说有《青春万岁》、《暗杀3322》、《恋爱的季节》、《失态的季节》、《踌躇的季节》、《狂欢的季节》、《活动变人形》、《青狐》等八部;中、短、微型小说集有《在伊犁》、《组织部来了个年轻人》、《来劲》、《布礼》、《尴尬风流》等二十余部;还有大量的评论集、散文集;古典文学研究专著有《双飞翼》、《红楼启示录》、《王蒙活说红楼梦》、《不奴隶毋宁死——王蒙谈红说事》、《老子的帮助》、《庄子的享受》、《庄子的快活》等;还著有旧诗集一卷,新诗集二卷;并有取自英语、维吾尔语的译作。2006至2008年,王蒙出版了《王蒙自传》三卷。2012年出版了讲述他政治见解的《中国天机》。他将自己的人生与学术思考编成了《我的人生哲学》、《王蒙讲稿》、《王蒙新世纪讲稿》、《王蒙文学十讲》、《王蒙的红楼梦(讲说本)》等文集与演讲集。带有突出个人特点的《王蒙评点红楼梦》已经多次修订出版。较大型的选集有1986年出版的《王蒙选集》(四卷),

1993年出版的《王蒙文集》(十卷),2003年出版的《王蒙文存》(二十三卷)。

王蒙是国内政治活动、文学活动的积极参与者,同时也是中外文化交流的积极参与者。除了参与众多在国内举办的国际交流项目,自1980年11月前往美国参加"中美作家计划"起,到2012年,他已经出访过六十余个国家与地区。作为作家,他被邀请参加各种国际学术会议;作为学者,他被邀请前往各地大学进行讲学活动。他曾作为哈佛大学燕京学院特邀学者(1993年)前往哈佛讲学,曾任美国三一学院高级学者(Presidential fellow,1998年),在美国一些著名大学巡回讲学。还曾在荷兰的莱顿大学、挪威的奥斯陆大学、瑞典的哥德堡大学、西班牙的马德里大学、德国的特立尔大学等欧洲大学讲学。此外,他还融入到非洲、亚洲、澳洲等地学者群中间,参与多种国际文化交流,特别是文学交流活动。他的作品1956年就被译介到欧洲,现在已有英、法、德、俄、日、韩、意、挪、瑞、荷等二十余种文字的译本在世界各地出版发行。1987年他获得了第十三届意大利蒙德罗国际文学特别奖和日本创价学会和平与文化奖,1989年获得约旦作家协会名誉会员称号,2004年俄罗斯科学院远东研究所授予他荣誉博士学位,2009年澳门大学授予他荣誉博士学位,2012年11月成为澳门大学驻校文学艺术家计划的首任驻校作家。近年来,王蒙积极来往于港澳台之间,推动两岸四地间的文学与学术交流活动。

李炳华

（1942—　　　）

李炳华，1942 年生，河南光山
人。曾任北京市西城区区长、中共
西城区委书记，中共北京市委常
委、组织部部长，第 29 届奥林匹克运动会组织委员会执行
副主席。全国政协第十届委员。2009 年 11 月被聘任为中央
文史研究馆馆员。

李炳华 1958 年至 1961 年就读于北京四中，1961 年考
入清华大学工程化学系，大学期间加入中国共产党，后在
中国人民解放军 69 军锻炼。1970 年分配至北京市化工局，
先后在化工三厂、化工局党委办公室工作。1980 年调入中
共北京市委办公厅，先后任市委第一书记林乎加、段君毅
秘书。1985 年至 1997 年历任中共北京市西城区委常委、副
书记、代区委书记、区长等职。1997 年至 2002 年任中共北
京市委组织部常务副部长、北京市委常委、组织部长。2002
年至 2009 年任第 29 届奥林匹克运动会组织委员会党组
成员、执行副主席、机关党委书记。

李炳华是中共十五大、十六大代表。2010 年任北京市体
育基金会理事长。2011 年任北京市乒乓球运动协会主席。

入馆后,李炳华任中国国学中心项目建设工作领导小组副组长,负责国学中心项目办公室日常工作,为国务院参事室、中央文史研究馆与北京市委、市政府及北京市有关单位间的沟通协调起到了重要的桥梁纽带作用。

陈祖武

(1943—　　　　)

陈祖武,贵州贵阳人,1943年旧历10月14日生。中国社会科学院学部委员、研究员。曾任中国社会科学院历史研究所所长。全国古籍整理出版规划领导小组成员,中国地方志指导小组成员,中国史学会副会长。2009年11月被聘任为中央文史研究馆馆员。

1949年春,陈祖武入私立正谊小学求学,五十年代初该校改公立会文路小学。1955年秋,升入贵阳第二中学初中部。1958年秋,再升至贵阳第一中学高中部。1961年9月,考入贵州大学历史系。1965年7月毕业,由国家统一分配至云南省昆明市粮食学校任教。"文革"十年间,下放昆明市东郊凉亭粮食转运站。

1976年后,陈祖武相继借调昆明市粮食局、市财贸办公室供职。1978年2月调云南民族学院历史系任教。同年10月考入中国社会科学院研究生院,师从杨向奎先生,1981年7月毕业后留中国社会科学院历史研究所供职。历任研究实习员、助理研究员、副研究员、研究员。1994年加入中国共产党。1998年10月起,兼任历史研究所所长,至2008年10月卸任。2006年8月,当选中国社会科学院学部委员。

陈祖武自幼读史,不识门径,偏好而已。进入大学历史系,得姚公书、张振珮诸位先生教诲,初知矩矱。负笈京华,又承郑天挺、杨向奎先生厚爱,教以历史学乃一门讲究积累之学问,务求字字有根据,句句有来历,须刻苦读书,充分占有史料,且要学会辩证法,留意广泛联系,切不可将历史问题简单化。遵二老所教,陈祖武以清儒文献为功课,从顾亭林《日知录》入手,继之而孙夏峰、黄梨洲、王船山、李二曲诸大儒著述,历经十余年,梳理顺治、康熙二朝学术之习作《清初学术思辨录》于1992年6月问世。

清初学术梳理粗成,陈祖武将精力移至学案体史籍源流的摸索。历时四年,头绪渐明,于是以《中国学案史》为题,将书稿交台北文津出版社出版。后交上海东方出版中心于2008年修订出版。

1992年冬,陈祖武应邀旅台问学,参加清代经学研讨会,以《乾嘉学派吴皖分野说商榷》为题撰文,提请与会方家指教。之后,鉴于海峡两岸之乾嘉学派研究起步甚速,文献准备尚欠充分,遂集合历史研究所的几位年轻学人,从爬梳文献着手,致力于乾嘉学派与乾嘉学术的研究。集体劳作,五易寒暑,于2005年相继完成并出版《乾嘉学术编年》、《乾嘉学派研究》。后者被中国出版集团辑入《中国文库》。2011年,所著《清代学术源流》入选《国家哲学社会科学成果文库》。

数十年来,陈祖武在致力中国古代学术史研究的同时,亦潜心于古籍之整理与研究。自1980年代中以来,应中华书局之约,先后完成《颜元年谱》、《李恭年谱》、《榕村语录 榕村续语录》、《杨园先生全集》诸书之整理并出版。为国家图书馆出版社选订《清代名儒年谱》、《国家图书馆藏乾嘉名人抄稿本别集丛刊》目录。集三十余年精力整理之《清儒学案》,于2008年12月承河北人民出版社出版。

陈祖武入馆以来,担任了大型学术著作《中国地域文化通览》执行副主编、审读小组负责人。

尼玛泽仁

(1944—　　　)

尼玛泽仁,藏族,1944年1月生,四川甘孜藏族自治州巴塘人。国家一级美术师,班禅画师。四川省文史研究馆副馆长。全国政协第九、十、十一、十二届委员。2009年11月被聘任为中央文史研究馆馆员。

尼玛泽仁出生在青藏高原一个贫苦家庭里,自幼随父母流落到雪山环绕的文化古城德格县。那里气势恢宏的德格印经院,绚丽多彩的壁画,阿妈长年点燃的酥油灯,强烈地印在他幼小的心灵深处,丰富的藏民族文化和宗教文化培育了他的审美情操。他从小喜爱胡乱涂鸦,家中满墙都是他的画。1957年他被保送到四川美术学院学习。五年的学习使他打下了坚实的中外美术知识和绘画技能的基础。

尼玛泽仁从美术学院毕业后,便深入基层。在四川新龙县文化馆工作期间,他常背着行囊走向大山,走进寺庙,临摹壁画,画唐卡,努力学习本民族的文化知识,在浩瀚的雪域文化艺术中汲取养料,提高自身的艺术修养。其间,他创作了版画《哺育》、《绿色的冬天》、油画《采药归来》。此后深入藏区各大寺院,与同事们合作创作了《岭·格萨尔王》、《扎西德勒》、《朱德会见格达活佛》三幅大型新藏画,受到了藏族广大僧俗群众和国内外艺术家的高度赞扬。其中《岭·格萨尔王》参加了法国1982年秋季沙龙展览,获文化部等联合授予的优秀作品首奖和佳作奖。著名理论家王朝闻评论"这些新作品体现了艺术的民族形式的发展规律——文化的继承与创造性的关系,对传统既体现着创造性的突破,在形式方面又有所继承;以突破为继承,在继承中发挥了创作的自由。新时代的藏族艺术家在艺术上辩证地处理着被动性和主动性的关系,保证了绘画的民族性与时代性的和谐统一"。

　　通过实践，尼玛泽仁更深刻地领悟到要继承和发展藏画传统并使之走向世界，必须下大功夫，必须从文化的角度把握藏民族长期形成的文化内涵和审美心理，在民族的文化积淀和现实生活中探索藏民族的精神解放和发展走向。他再次深入雪山，拜寺院画僧为师，与藏族学者广交朋友，像朝圣者一样走遍了敦煌和西藏各大寺院，写出了许多有质量的论文，如《藏族唐卡画的历史及其艺术特征》、《敦煌宝库中的藏族壁画》等。与此同时，他又研究中外美术史，穿梭于藏族古老文化与外来文化之间。他认为传统唐卡大多以宗教为内容，无法传达新时代鲜活的文化信息。所以，他在自己的绘画中既保留了藏画特色鲜明、造型夸张和超时空的特征．又融合了中国画的线条和西方艺术的立体造型手段。在其间创作的《珠姆遣鹤送信》、《雪域》、《生命》等就出现新的变化，摆脱了旧唐卡画的固定模式，减弱与主题无关的繁琐装饰，强化浪漫主义手法，使主题向哲理深度发展。如《雪域》中巨大的牛头骨上刻有六字真经，在头角之间描写了藏族人与野牦牛的搏斗，永恒的日月和珠穆朗玛峰象征着雪城高原的精神。尼玛泽仁认为，藏族封闭的地理环境和高山大川的险峻既培养了这个民族的正直勇敢、豪迈强悍和不畏艰难的坚韧性格，又使他们具有强烈的生命意识，对生命的高度崇拜和对死亡的无所畏惧。

　　尼玛泽仁在艺术上取得的成就，得到十世班禅大师的赏识。1988年被十世班禅额尔德尼·确吉坚赞聘为中国高级佛学院藏语系藏传佛教传统绘画研究员，亲赐为班禅画师,并受十世班禅大师委托,在西藏日喀则扎西伦布寺为班禅创作肖像壁画。其间,尼玛泽仁大开眼界,思想进一步深化,审美水平进一步提高,艺术上又出现了一个新的飞跃。他完成了上千幅《藏传佛教历史故事》插图和《格萨尔王》大型彩色连环画。1990年代初,他进入到一个创作高峰期,先后完成了数十幅1.5米以上巨型绢画。其中有歌颂劳动的,如《黑白世界》、《暮晚深秋》;有表现民族风情的,如《遥远的回忆》、《草原深处》;有颂扬民族历史伟大业绩的,如《米拉日巴》、《文成公主入藏弘佛图》;有表现藏族特有精神世界的,如《天地间》、《最后的净土》、《辉煌的遗迹》;有描写神话传说的,如《鹿的女儿》。这些画卷,内容丰富,气势恢宏,绚丽多彩,别开生面,极富想象力。

1988年,作品《雪域》获四川省国画大展金龙奖。1994年,《辉煌的遗迹》获第三届当代工笔画大展二等奖。1995年《元蕃瑞和图》获全国少数民族画展金奖。1999年,《牧马图》获全国少数民族画展金奖。2001年,《佛门盛事》获全国画展银奖,《有故事的土地》获全国少数民族美术作品画展金奖。作品《文成公主入藏弘佛图》入选全国画院双年展首届中国画展。其间,他先后在美国、英国、瑞士、德国、印度、日本、智利、法国、奥地利、卢森堡、意大利等国和香港、台湾地区的博物馆、美术馆举办个人画展和联展。

1991年,尼玛泽仁任四川甘孜州藏画研究院副院长,获州人民政府授予的"拔尖人才"称号。1992年任四川甘孜州美术家协会副主席。1993年当选为四川省政协常务委员。1994年当选为甘孜州政协副主席。1995年调四川省文史研究馆任馆员,2001年任副馆长。2000年任四川美术家协会副主席。2003年当选为第六届中国美术家协会副主席。2007年聘为国家画院顾问,同年被中国美协聘为顾问。2007年尼玛泽仁作为十世班禅画师,被十一世班禅召见,班禅肯定了他的工作成绩并为他创作的巨型工笔重彩《普贤菩萨》和唐卡画《宗喀巴大师》亲书偈颂词。尼玛泽仁将此两幅珍贵作品分别捐赠给了峨眉山佛教圣地和四川新都宝光寺。

2008年,尼玛泽仁当选为第十一届全国政协委员,中国少数民族美术促进会会长。这一期间,他被国务院授予全国民族团结进步模范称号,中国美协颁发民族杰出美术家奖牌,四川省文联授予他德艺双馨艺术家称号。中央电视台《大家》、《面对面》、《东方之子》等栏目,分别采访他并作了他个人专题介绍。同年,被列为中央和四川省委直接联系的高层次艺术人才。

尼玛泽仁的艺术成就也得到了世界各国文化界人士的赞扬。他先后获得了美国巴特鲁治市政府授予的"荣誉市民"称号、英国利物浦市政府授予的国际杰出艺术家称号。英国电视制片人安东尼·艾撒克先生说:"尼玛泽仁的画想象力丰富,结合了东西方的绘画技艺。欧洲用了整整五百年才把宗教绘画发展成新的艺术,而尼玛泽仁先生只用了短短几十年就完成了这一过程。"一位英国学者说:"尼玛泽仁先生的作品体现了宇宙感、历史感、文化感。难以想象有此力度的作品,看了使人心灵受到震撼。尼玛泽仁的艺术不仅开拓了新的视觉空间,而且开拓出新的心灵空间,接通了宇宙自然和人在精神上的情感。"瑞士藏学家霍伊斯感叹道:"作为一名藏族艺术家,尼玛泽仁堪称奇才!我从未见过任何一位藏族艺术家能运用佛教传统和现代西藏这两个题材,创造出如此趣味盎然、富有生气的作品。"

尼玛泽仁的作品不仅以工笔重彩为主,同时也作水墨写意画。他的写意不同于汉族文人的画,具有敦煌遗风。如《佛天》、《菩提觉悟》通过丰富的水墨层次,透出神秘的灵光。而《黑白世界》则运用中国画的水墨技法,又区别于传统,构图饱满,气势磅礴。作品以严酷寒冷的生命禁区与藏民族丰富的精神信仰进行鲜明对比,色彩黑白交映,展示人与自然的和谐,展示祥瑞和生命的永恒。该作品现收藏于上海世博会中国国家馆贵宾馆。

尼玛泽仁还为北京国际科技会展中心创作了大型青铜雕塑《生命,创造,时空》;为江西弋阳县龟峰风景区设计创作了巨型石雕《卧佛》;为青海果洛州格萨尔广场创作的青铜雕塑《英雄格萨尔王》,受到各族各界群众的认可、赞许。

尼玛泽仁积极参加各种公益活动,常年送欢乐下基层,先后多次为汶川地震、玉树地震、红十字会、中华慈善总会捐款、捐画。

2010年尼玛泽仁由国务院新闻办派遣参加中国藏学家代表团到智利、墨西哥等地介绍中国藏区的发展、文化历史。

2010年12月得到十一世班禅的接见,大师接见时说:"在你的画里我看到了你对藏族文化传统的深刻理解,你不仅坚持传统,双且运用西方或现代手法表现传统进行创作,从不同角度让人理解佛教思想、弘扬了民族文化。"大师还赞扬尼玛泽仁将作品展示在中国佛教四大名山的愿望。目前创作完成的普陀山观音菩萨九华山地藏王菩萨巨幅工笔作品已请十一世班禅题写偈颂词.择日献给世界佛教圣地,以彰显我们这个时代对佛教的尊重以及佛教文化的发展.

尼玛泽仁爱国、爱家、热爱绘画艺术,孜孜不倦,精益求精。他的画作不仅在国内,而且在很多国家产生了强烈的反响。四川省文联为此授予他特殊荣誉证书,证书中写道:"尼玛泽仁以高超的艺术,渊博的知识,坚定的立场,宏扬了民族文化优秀成果,维护了民族团结和祖国统一。为表彰所做出的巨大贡献,现颁发特殊荣誉证书。"原国务院新闻办领导、现国家副主席李源潮亲笔写信表彰他时也写道:"感谢你为祖国统一和民族团结所做出的贡献。"

尼玛泽仁还是第六届中国美术家协会副主席,第七届中国美术家协会顾问,国家画院顾问、院委、研究员,中国少数民族美术促进会会长。

赵德润

（1946—　　）

　　赵德润,1946 年 3 月生,吉林长春人。国务院参事室新闻顾问、中央文史研究馆书画院副院长。中国韬奋新闻奖获得者。享受国务院政府特殊津贴。2009 年 11 月被聘任为中央文史研究馆馆员。

　　赵德润 1965 年从吉林省实验中学考入北京大学哲学系。1966 年 3 月大学一年级加入中国共产党。1970 年 3 月北大毕业后分配到河北省邢台地区临西县插队劳动,一年后到临西县宣传部任报道干事;1974 年调任《邢台日报》记者,1976 年 6 月调入新华通讯社,先后在河北分社、河南分社任记者、记者站站长、采编主任、副社长;1992 年 6 月至 2003 年 6 月任新华社河南分社社长、党组书记;2003 年 6 月至 2007 年 9 月任《光明日报》副总编辑;2003 年任中国新闻摄影学会执行主席,2006 年任中华炎黄文化研究会常务副会长;2008 年 8 月任国务院参事室新闻顾问;2009 年 6 月至 2013 年 4 月任《中华书画家》杂志社社长。

　　在长期的新闻实践中,赵德润采写了大量对党和国家有重要价值和产生较大社会影响的公开和内参稿件。文章贴近群众,贴近生活,富于哲理。1982年关于河北肥乡选举事件的报道,揭露该地党内帮派思想严重和党性不纯的人利用县党代会选举机会进行非组织活动。此事受到邓小平、胡耀邦等中央领导同志的高度重视,中纪委、中组部查办了这一事件并向全国发出通报,对广大党员干部进行党风党纪教育。党的十二大通过的新党章在《党的组织制度》一章中补充了防止类似事件发生的内容;邓小平同志曾在三次重要讲话中谈到肥乡选举事件,其中一篇已收入《邓小平文选》第二卷。1991年采写的《总书记晤见小和尚》,通过江泽民同志在洛阳考察时与白马寺小和尚一番发人深思的谈话,反映共产党惩治腐败的决心和信心,阐明了党的宗教政策。《瞭望》周刊国内版和海外版同时发表了该文,国内外几十家报刊予以转载。该文获1992年中国新闻奖通讯二等奖,被收入大学新闻院系教材。

赵德润善于从党和国家工作大局出发思考问题,主持、策划通讯社和党报战役性报道和重点报道。他深刻理解、努力实践党的基本路线,成功地主持、策划了农村改革、国企改革攻坚、黄河治理、人口与环境等一系列重大报道,深刻反映祖国伟大历史性变革。1987年他沿陇海兰新铁路西行,参与中西部地区经济社会发展状况调查,写出《横贯祖国的金腰带》、《是打开西大门的时候了》等系列报道,较早提出开发中西部地区,引起中央有关领导部门的重视。1992年邓小平南方谈话发表后,他主持一系列重点报道,写出《刮目相看河南人》、《挣脱历史的重负》等系列报道,反映了新一轮改革开放热潮给古老的中原地区带来的变化。他深入实际调查研究,写出的内参受到江泽民、朱镕基、胡锦涛、温家宝等中央领导同志的重视。

2003年调《光明日报》任副总编辑,他在许振超、任长霞、常香玉等典型报道中,强调从不同视角反映典型人物的精神世界,和媒体特色风格相结合。他参与组织指挥的重点报道《许振超:令世界惊叹的中国工人》、《妻子眼中的许振超》受到中宣部表彰;他撰写的新闻论文《典型宣传的改进与创新》,被评为2004年中国新闻奖新闻论文一等奖。

赵德润熟悉媒体报道业务、队伍建设和事业发展,具有较强的创新意识和领导水平。担任新华社河南分社社长11年间,河南分社的宣传报道和事业发展取得显著成绩,进入国内分社前列。他组织、审改的一批稿件评为好稿,其中《274列车采访记》等分别入选中国新闻奖一、二等奖。

他在《光明日报》社负责教育部、国内部、经济部、图书出版部、摄影美术部、人物版和《新京报》的工作,成功策划了一批反映教育改革发展、抗日战争胜利六十周年、科学发展观和建设和谐社会等重点报道。先后策划以整版篇幅报道季羡林、方圻、袁隆平、丘成桐、方汉奇、王选、罗哲文等知识界大家。关于樊云芳的报道《生命之歌》发表后,李长春、刘云山等中央领导同志作出重要批示,要求中央新闻单位宣传和学习樊云芳精神。

他参加中央党校第40期省部级班学习,撰写的论文

《提高党对新闻舆论的引导能力至关重要》，从党报党刊"正确引导国内舆论，积极影响世界舆论"的使命，谈到新形势下面临的严峻挑战；联系当前实际提出提高党报党刊舆论引导水平、加强对新兴媒体的领导和管理、树立大外宣理念、加强改进舆论监督等项有深刻见解的建议。此论文刊于中央党校《思想理论内参》，中宣部《内部通信》全文转载。

在分管《新京报》工作中，他努力探索作为党报重要补充和延伸的子报，怎样走导向正确、格调高雅的新型时政类都市报的路子，取得了成功。《新京报》连续被评为最具影响力媒体和最具投资价值媒体。

赵德润长期从事新闻摄影和传统文化研究，积极推动中国新闻摄影和中华文化走向世界。在30多年新闻实践中，在采写了大量有影响的文字报道的同时，还拍摄了大量新闻图片。在担任中国新闻摄影学会执行会长期间，积极推动中国新闻摄影与世界新闻摄影同行的交流，参与创办国际新闻摄影比赛（华赛），组织国内外摄影专家评选世界年度新闻摄影作品。以"和平与发展"为主题的华赛，先后在深圳、上海、杭州等地成功举办了9届，每年有来自五大洲70多个国家和地区3000多位摄影记者摄影师近3万幅作品参赛，以其国际性、专业性和公信力，体现了"世界水准、中国特色"，成为国际新闻摄影交流合作新平台。

2007年赵德润担任中华炎黄文化研究会常务副会长，主编研究会学术刊物《炎黄文化研究》，积极推动研究会重要学术品牌"21世纪中华文化世界论坛"。论坛在北京、香港、澳门、台湾、广州成功举办5届国际学术研讨会,并走出国门,先后在新加坡、澳大利亚成功举办,扩大了中华文化在海外的影响。

2008年北京奥运会前夕,赵德润受聘担任国务院参事室、中央文史研究馆新闻顾问,主持对国务院参事室网站改版,主持创办供党中央国务院领导同志和省部级以上领导干部阅读的《国是咨询》内刊和国家级艺术类大型专业期刊《中华书画家》杂志。2009年,赵德润撰写的《政府参事的楷模——郭崇毅》,在《人民日报》、《光明日报》显著位置刊登,国务院参事室党组作出决定,在参事、馆员和全国参事室文史馆系统学习郭崇毅心怀天下、敢于直言的精神。他参与策划并担任总撰稿的电视文献片《中国政府参事六十年》、《文之脉 国之魂——中央文史研究馆六十年》,分别于国务院参事室、中央文史研究馆成立六十周年之际,在中央电视台播出。入馆以后,担任全国文史研究馆馆员书画艺术文选《谈艺集》的副主编。

赵德润主要著作有《横穿中国》(合著)、《中原县域经济》、《穆青摄影》、《赵德润作品选》等。2005年在清华大学新闻与传播学院"名记者研究"系列讲座讲授《新闻工作者的社会责任》,受到师生好评。

程大利

(1945—　　)

程大利,1945年9月生,江苏徐州人。中国文联委员,中国画学会副会长,中国国家画院院务委员。享受国务院政府特殊津贴。2009年11月被聘任为中央文史研究馆馆员。

程大利出生于书香家庭,自学绘画。1971年被分配到沛县师范学校教书。1974年调入沛县文化馆从事美术创作和铺导工作,其间在江苏人民出版社出版了一批年画和宣传画作品。同时,写下《吴道子艺术风貌析》等论文发表于南京艺术学院学报《艺苑》。1980年调入江苏人民出版社任美术编辑,开始了长达30余年的编辑生涯。

江苏美术出版社成立后,被任命为副总编,分管画册、年画、宣传画的出版。1988年被任命为社长兼总编辑,制定了该社发展规划和办社宗旨。同年被选为江苏省美术家协会副主席。1989年率队赴莫斯科与苏联国家艺术出版社签署了交换出版两国民间美术的协议。《中国民间艺术》和《苏联民间艺术》在两国分别出版。1990年与敦煌研究院段文杰院长和樊锦诗副院长签署了《敦煌石窟艺术》(32卷)

的出版协议书,并任副主编,领导各项编辑工作,该书获第三届国家图书奖。同时期策划实施担任主编或亲任责编或负责审读的重要书稿还有《童规》(8卷本,获"五个一"工程奖)、《中国民间秘藏》(3卷)、《中国工艺美术大辞典》、《中国民间美术大辞典》、《扬州八怪研究资料丛书》(8卷)、《中国砖铭》(该书获第六届国家图书奖)、《当代西方美术理论研究丛书》、《中国现代艺术研究丛书》、《中国民间美术研究丛书》、《西方画论辑要》、《中国画论辑要》、《老房子》(10卷)等。这批书在当时出版界和美术界产生重要影响。在领导《江苏画刊》和兼任该刊主编的十年间,坚持为当代美术立传,为前卫艺术提供一片园地,推出一批当代最具活力的中青年艺术家。重视美术学的学术建设并以此为核心抓住传统艺术和现代艺术两端确定选题是程大利始终坚持的出版主张。他本人也因此在美术界获得了赞誉,荣获多项奖励。

这一时期,程大利在出版工作之余坚持中国画的研究与创作。写下了《中国山水画的意境美》、《江苏历代绘画概论》、《认识能力与作品深度》、《美术编辑的知识结构》和专著《宾退集——灯下谈艺录》。1995年和1996年在江苏省美术馆先后举办了《荷花系列》和《悠悠天地间——西部山水系列》的个人画展,并举办了学术讨论会。1992年起获国务院颁发的政府特殊津贴,这一时期担任江苏出版系列高级职称评委会委员、南京艺术学院和南京师范大学博士、硕士学位答辩委员会委员。1995年10月中央电视台《东方之子》栏目作了专题介绍。这一时期创作的山水画《黄河之水天上来》、《浩渺太湖千倾月》、《曲尽笙箫息》等被收入各种画集。出版了个人画集数种。

1998年2月调入中国美术出版总社，任副总编辑;5月,任中国美术出版总社副董事长、副总经理,兼任《中国艺术》主编。参与创办了《荣宝斋》杂志。2001年被任命为中国美术出版总社总编辑兼人民美术出版社总编辑,《中国美术分类全集》副总编辑,策划并组织实施了《新中国出版50年》、《新中国美术50年》、《中国古代名家作品选萃》(丛书)、《中国美术百科全书》、《中国现代美术批评文丛》、《中国碑刻全集》等书的编辑出版,这批书均为获奖图书。程大利主编并组织六家出版社合作的《中国民间美术全集》获第六届国家图书奖等多项奖励。在人民美术出版社、荣宝斋出版社、连环画出版社的出版方向、选题设计以及编辑队伍建设方面,提出了一系列的主张并落实实施。

在繁忙的组织领导和编辑工作余暇,撰写了《找回传统艺术精神》、《走进当代的美术学——美术学博士论丛序言》、《传统笔墨的当代观》、《笔墨精神与中国文化》、《中国书画鉴藏通论序言》等数十万字的理论文章刊于《光明日报》、《中华读书报》等,并被《新华文摘》及多家报刊、网站转载。他还应邀在北京大学书法研究所作了《中国书法的人文精神和中国书画家的人文修养》的讲座,在清华美院作《笔墨精神与中国古典哲学观》等讲座。在南京大学、深圳大学、西南大学均作过关于中国画的学术讲座,并被这三所高校和其他数家高校聘为客座教授。2005年起,在中国画研究院(后改名国家画院)和荣宝斋画院分别设立程大利工作室,面向全国招生,一批院校教师、画院专业画家和社会上的职业画家经培训后,对笔墨文化的学术思想有所领悟。培养了一批山水画创作人才。他强调文化自觉和文化责任,强调续接传统文脉,弘扬民族艺术。他率工作室学生数次赴太行、秦岭、巴蜀、黄山、富春江等地写生,积累了大批创作素材。

　　这一时期他的山水画作品参加了国内各项大型展览,并多次在国外举办个人画展,参加了多项国内外相关学术活动。2002年,赴美参加在纽约举办的"中国水墨画百年回顾及未来发展前景"国际研讨会;参加"世纪风骨——中国当代艺术50家展";担任"全国第二届中国画展"评委。2003年,担任第二届全国艺术图书评选委员会秘书长;参与主持首届北京国际艺术双年展学术研讨会;主持"再识传统——中国画研究院学术研讨会"。2004年,参加文化部"黄宾虹奖获奖画家作品展",获中国艺术研究院黄宾虹奖;担任第十届全国美展评委。2005年12月在中国美术馆圆厅,由中国美术家协会和中国美术馆联合主办了"程大利山水画展",并举办了大型学术讨论会,被誉为当代山水画的代表人物。同年获"自然与人——第二届当代中国山水·油画·风景画"佳作奖。《此地高阔可一游》入选第二届北京国际艺术双年展。

　　程大利重视公益事业。2007年6月向江苏沛县图书馆捐赠大型艺术图书 5000 余册，同时捐赠 3 件作品。同年，向江苏省美术馆捐赠 5 件作品。此后，还曾向遭受地震灾害的汶川地区、玉树地区地震捐赠绘画、书法作品 10 余件（以拍卖折款捐赠），向全国红十字、中华慈善总会、中国绿化工作委员会、全国妇联母亲水窖工程、救治白血病儿童专场拍卖等各项公益活动捐献作品达数十件。中国美术馆、故宫博物院、中南海及人民大会堂等处均收藏有程大利作品。程大利现为中国出版工作者协会理事、中国编辑学会理事、新闻出版署高级职称评委会委员。同时还担任中华文化促进会理事、国务院新闻办对外图书推广小组成员，被聘为中国艺术研究院研究员。

程大利入馆以来，担任了大型学术著作《中国地域文化通览》、《谈艺集》的副主编。

多年来，程大利出版各种个人画集 10 余种，入选《百年中国画》、《百年中国画经典》、《中国美术 60 年》、《中国现代美术全集》、《20 世纪中国美术》等大型画集。同时，出版散文集《师心居随笔》、《宾退集》、《师心居笔谭》、《雪泥鸿爪》等。此外，创作的一批山水画，发表于各专业报刊。相当一批作品被介绍到国外。被《美术》杂志认为是"当代深具影响力的代表性画家"（《美术》2012 年 12 期）。

戴　逸

（1926—　　　）

戴逸,原名戴秉衡,1926 年 9 月生,江苏常熟人。历史学家。中国人民大学清史研究所一级教授,国家清史编纂委员会主任,北京市文史研究馆馆长。曾任中国人民大学清史研究所所长、历史系主任。2011 年 2 月被院聘任为中央文史研究馆馆员。

戴逸诞育成长在山清水秀、景色优美,且文化氛围浓重的鱼米之乡江苏常熟城。至中学时代得邑中名师杨毅庵、金叔远(南社诗人)教诲,学习《论语》、《孟子》、《诗经》、《昭明文选》、《史记》、《古文观止》、唐诗等,奠定了较深厚的文史基础。十一岁时日军侵占常熟达八年之久,家中亲戚、朋友多人被日军或杀害或监囚拷打,青少年时代即怀抱国恨家仇的爱国之心。

1944 年高中毕业后考入上海交通大学铁道管理系。抗战胜利后,因爱好文史,向往北京大学,放弃交大二年之学籍,重新考入北大史学系一年级就读。得邑中钱昌照之兄钱昌时的介绍,得识校长胡适,胡适与系主任郑天挺对他照顾有加。在北大得重病时,郑天挺(当时兼北大秘书长)

送他入医院,免费住院一个半月,得以痊愈。

戴逸在校时,对国民党统治不满,积极参加学生运动,当选为北大学生自治会理事兼孑民图书馆常务干事。1948年国民党在全国登报通缉大批进步学生,戴逸名列其上,被抓捕到特种刑事法庭。此时胡适校长虽因戴逸参加学运,规劝不听颇有意见,不和戴逸联系,但听到戴逸被捕,立即写信给特种刑事法庭极力保释,刑庭即以"保释在外,听候传讯"释放。戴逸和地下党联系,数天后逃出北京,去往解放区,将戴秉衡之名改为戴逸,"逸者逃逸也"。

戴逸在解放区进入正定华北大学(校长吴玉章)第一部学习,毕业后留校当实习教员,在中国革命史教研室工作。北京解放后,华北大学迁往北京,改名中国人民大学,戴逸在学校工作至今。

戴逸一直从事中共党史、中国近代史、清史的教学与研究,1953年升为讲师,1955年新中国第一次评副教授,戴逸即入选,时年29岁。1959年兼任吴玉章校长的学术秘书。1979年被评为教授。

戴逸喜写文章,当年上中学、大学期间即在《常熟日报》、上海《时事新报》、天津《大公报》副刊上发表题为《春》、《爱山篇》、《谈扇》、《巫师娘》、《西南联大复员通讯》、《故宫巡礼》等十余篇文章。1951年又在北京《人民日报》发表长篇论文。他写的《中国抗战史演义》(20万字),刊行五万册,且在一些广播电台连续播放。1958年,他的代表作《中国近代史稿》(第一册38万字),由人民出版社出版,教

育部指定为大学教材。1959 年出席全国群英会。1960 年被
派往越南河内综合大学讲学三个月，获"胡志明勋章"。
1962 年参加全国文教战线群英会。1964 年下放山西五台
山参加四清运动近一年。

此时，戴逸参加《中国历史小丛书》编委会（主编吴
晗），又在吴晗为会长的北京历史学会工作，任学会的理事
兼近代史组组长。

"文化大革命"之初，戴逸被借调到中宣部，在周扬部
长指导下参与写作组，与龚育之、邢贲思、林甘泉等合作，
写了一篇《海瑞罢官代表一种什么社会思潮》（笔名"方
求"），《人民日报》发表后，全国各报刊转载，受到"四人帮"
痛恨，指其为周扬、吴晗的黑线上人物，游街、抄家、强迫劳
动。1969 年问题初步澄清，恢复党籍，被下放到江西"五七
干校"养猪，1973 年回京，中国人民大学在文革中已被解
散，他被分配到北京师范大学，当时正是中苏进行边境谈
判之时，他受委托研究并写成《中俄尼布楚条约》一书。

建国之初，董必武为继承易代修史的传统，建议纂修
《清史》，得到中央同意。1959 年，时任总理周恩来委托吴晗
草拟修史规划，吴晗曾找戴逸商谈此事，后因批彭德怀和
批判右倾机会主义而停顿。1966 年中宣部周扬奉周总理之
命召开部长会议，准备启动清史纂修，任命郭影秋为编纂
委员会主任，戴逸也列名编委会委员。不久"文化大革命"
开始，清史修纂工作再度夭折。

"文革"后拨乱反正，1982 年有人建议启动清史编纂工

作,邓小平转发了这封人民来信,纂修清史又被提上日程。但改革开放之初,百废待兴,无暇顾及,此事又被搁置。1978年人民大学复校,戴逸回到人大清史所工作,任所长,此后一直从事清史的教学与研究。1983年任国务院学科评议组成员、召集人,被评为博士生导师。同年应邀赴日本东京都大学讲学三个月。1984年率中国人文科学代表团赴美国旧金山、华盛顿、纽约、费城考察,担任团长。1986年获全国教育系统劳动模范人民教师奖章。同年赴澳大利亚悉尼大学参加孙中山学术讨论会。1987年当选为第七届全国人民代表大会代表。同年赴德国哥廷根大学参加国际汉学家会议。1988年任第四届中国史学会会长,1993年再次当选,连任会长。1989年获北京市科研一等奖。同年任中国和平统一促进会理事。同年赴苏联莫斯科考察。1990年任北京市社科联副主席。同年赴挪威奥斯陆参加世界历史学大会。1993年获国家教委教材奖。1994年获"五个一工程"奖及香港柏宁顿金球奖。1996年受聘为北京市文史研究馆馆长任职至今。2000年所编《清通鉴》、《中国通史》(彩图版)两书双获中国图书奖。2002年所编《18世纪的中国和世界》获吴玉章奖一等奖。同年赴日本东京考察。2002年纂修清史之议再起,全国人大和全国政协均有代表、委员的提案,党中央经调查研究,于2002年8月通过此议,决定设立国家清史编纂委员会,任命戴逸为主任委员(时年已76岁)。2009年被评为中国人民大学一级教授。

戴逸著述丰富,发表文章七百余篇,著作与主编的书籍约 40 种，主要有《中国抗战史演义》、《中国新民主主义革命的历史经验》、《中国近代史稿》(第一、二册)、《简明清史》(上、下册)、《履霜集》、《繁露集》、《步入近代的里程》、《乾隆帝及其时代》、《语冰集》、《十八世纪的中国与世界》、《戴逸自选集》、《清通鉴》、《中国近代史通鉴》、《皓首学术随笔——戴逸卷》、《清代人物传略》(上册)、《涓水集》、《人大名家自选集——戴逸卷》、《理论文库——戴逸》、《当代名家文库丛书——戴逸卷》、《中国西部开发与近代化》等。

汤一介

（1927—　　）

汤一介，1927 年生，湖北黄梅人。北京大学儒藏编纂与研究中心主任、儒学院院长，教授，博士生导师。中华孔子学会会长、中国炎黄文化研究会副会长、中国哲学史学会顾问。2011 年 2 月被聘任为中央文史研究馆馆员。

汤一介 1931 年到北平就读于孔德小学、育英小学，同时在中国古典文化方面受教于父亲汤用彤。1940 年随父到昆明，先在云南宜良县中读初一，后转到西南联大附中就读。1943年到重庆南开中学就读。1946年入北京大学先修班,1947年9月升入北京大学哲学系。在南开中学和北大这一时期读过大量中外文学和哲学著作。

1946年底以后,汤一介参加过一些反对国民党统治的学生运动,但并不是特别激进的积极分子。解放后,因中国共产党把帝国主义势力通通赶出中国,使他感到鼓舞。1949年5月参加了新民主主义青年团,并任历史、哲学两系的团组织委员。1949年11月11日参加了中国共产党。1951年1月中共北京市委调他到市党校学习,并留在该校任教。1955年曾在中共中央党校哲学班学习。自1949年起,汤一介开始系统地学习了马列主义,但更重要的是受到当时在我国影响很大的斯大林和日丹诺夫关于辩证唯物主义和历史唯物的教条主义影响。1956年9月调回北京大学,从事中国哲学史的教学与研究工作。在五、六十年代,汤一介先后发表了三十余篇论文,主要有两类,一是对中国古代哲学的批判,二是对当时颇有影响的学者冯友兰、吴晗等关于继承中国传统文化的主张的批判。所有这些文章大都是在当时"教条主义"思想指导下写出的。同时讲授过《中国哲学史》、《中国近代思想史》。

1966年,"文化大革命"开始,汤一介成了北大主要"黑帮分子",1969年下放到江西南昌鲤鱼洲,1971年得到解放,并出任"工农兵学员"的教员。1972年后,任北大哲学系教改组的负责人。1973年9月,北大军宣队按照毛主席的指示,把汤一介调入"清华北大两校大批判组"。1976年9

月,"四人帮"倒台后,参加"清华北大两校大批判组"的全体成员都被隔离审查,直到1978年初得到解放。

1978年后,汤一介开始重新研究中国哲学,并教授"中国哲学史"、"魏晋玄学"、"早期道教史"、"中国哲学名著选读"等课程。1981年被评为副教授,1986年被评为教授、并任博士生导师,2006年任北大资深教授。

自1983年起,汤一介多次到国外及港台地区讲学、开会和访问。1983年以"罗氏基金学者"名义到美国哈佛大学费正清研究中心任访问学者,同年第一次参加国际性学术会议。此后,曾在加拿大麦克玛斯特大学、澳大利亚墨尔本大学、香港科技大学及城市大学任客座教授,1996年任荷兰莱顿大学胡适讲座教授。1986年任美国纽约州立大学石溪分校宗教研究院研究员。1990年获加拿大麦克玛斯特大学文学荣誉博士学位,2006年获日本关西大学科学与人文荣誉博士学位。在国内出任过多个学术团体的领导职务:如1984年出任中国文化书院院长,2006年出任中华孔子学会会长等职。在此期间还兼任过南京大学等七所高等院校兼任教授。在海外曾任"国际中国哲学会"主席(1992–1994),并任国际价值与研究会理事等职。

自1982年,汤一介发表了《中国传统哲学范畴体系诸问题》,力图摆脱"教条主义"的影响,并批判斯大林、日丹诺夫以及苏联哲学教科书"条件主义"错误理论。1983年8月,汤一介在加拿大蒙特利尔大学第十七届世界哲学大会上作了《关于儒家思想第三期发展可能性的探讨》的发言,提出可以"天人合一"、"知行合一"、"情景合一"作为儒家哲学讨论"真"、"善"、"美"问题的三大命题。这三个命题中"天人合一"是最根本的命题，"知行合一"、"情景合一"是由"天人合一"派生出来的命题。受到与会学者的好评。此后，汤一介又提出可以从三个方面来考察中国传统哲学的问题，即"普遍和谐论"是中国传统哲学的"宇宙人生论"的问题；"内在超越论"是中国传统哲学的"境界修养论"的问题；"内圣外王论"是"政治教化论"的问题。而这三套理论又都是可以从"天人合一"这个根本命题推演出来。

　　自上个世纪九十年代中起，汤一介的兴趣由中国传统哲学问题的研究，逐渐转向"文化问题"和"当代中国哲学走向问题"的讨论。1993年底汤一介写了一篇《评亨廷顿〈文明的冲突？〉》，针锋相对地批评了亨廷顿的"文明冲突论"，此文发表在1994年《哲学研究》第三期上。此后，他又写了《"和而不同"原则的价值资源》、《关于文化问题的几点思考》、《"文明的冲突"和"文明的共存"》等多篇这方面的论文，其中汤一介认为，中国文化或中国当代哲学应该走出"中西古今"之争，而走向会通"中西古今"之学的轨道上。在北大举办的纪念五四运动八十周年的会上，汤一介发表《五四运动与中西古今之争》的讲话，后又写了多篇文章讨论这个问题，如《"拿来主义"与"送去主义"》、《略论百年来中国文化上的东西古今之争》、《走出"中西古今"之争，融会"中西古今"之学》等等。

　　在20世纪末，汤一介开始考虑"当代中国哲学"的走向问题。他注意到自上个世纪80年代西方解释学对中国哲学、宗教学、文学、艺术、社会学等等诸多学科都有重要影响。他提出,中国有很长解释经典的历史,是否可以利用中国解释经典的经验来丰富"解释理论",创构中国解释学理论体系?为此,他在庆祝北京大学100周年校庆时写了《能否创建中国的"解释学"?》一文,发表在《学人》1998年第13期中。此后,他又连续写了四篇讨论这一问题的文章,引起了学术界的关注。进入21世纪,西方有学者提出"新轴心时代"的理论,引起了汤一介的兴趣。中国是"轴心时代"四大古文明之一,在新世纪必将如雅斯贝尔斯所说,它的文化复兴将会"重新燃起火焰"。为此,汤一介写了三篇关于"新轴心时代"的文章参与讨论,其中一篇是专门讨论儒家思想的,题目是《新轴心时代的中国儒家思想的定位》(收入新加坡出版的《儒学与新世纪的人类社会》论文集中)。汤一介之所以关注西方的学术发展,是希望在了解对方的同时,也能让他们听到中国学者的声音,中国文化只有在和其他各民族文化的交流中,才能实现由传统到现代的转型。为此,汤一介又写了三篇文章讨论"现代中国哲学的走向"问题的文章:《在中欧文化交流中创建中国现在哲学》、《在西方哲学冲击下的中国现代哲学》和《中国现代哲学的三个"接着讲"》。汤一介提出,真正中国现代哲学的发展,不能只是"照着"过去的哲学思想讲,而是要接着中国传统哲学、西方哲学和马克思哲学讲。

2002年,汤一介向北大校领导提出编纂《儒藏》的构想。2003 年得到教育部的支持,并立项为教育部的重大攻关项目。自 2004 年起,由北大牵头联合我国 25 所大学和研究单位以及日本、韩国、越南的学术团体,共四百人开始编纂《儒藏》精华编。精华编收书 600 余种(其中包括日本、韩国、越南用汉文写本的儒家典籍), 现已完成校点 3000 余万字,出书 62 册。在主持编纂《儒藏》的同时,汤一介仍然对现时讨论的问题有所关注。他注意当前各界对"普遍价值"(或"普世价值",universal value)有不同看法是由于没有区分西方帝国霸权鼓吹的 "普遍主义"(universalism)和"普遍价值"的根本区别,于是就写了一篇《寻求文化中的"普遍价值"》,说明要把"普遍价值"与"普遍主义"区分开来,并提出任何民族的文化中都具有"普遍价值"意义的因素。其后,又写了一篇"儒学与"普遍价值"问题",专门讨论儒学中所具有"普遍价值"意义的因素。在此期间,由于北京大学儒学院的成立,该院把《中国儒释道三教关系史》作为重点研究课题之一,汤一介为此撰写了《论儒、释、道"三教归一"问题》(刊于《中国哲学史》杂志 2012 年第三期中), 探讨世界范围内在历史上和现实中由于宗教信仰的不同而常发生战争,而在中国历史上则没有因宗教信仰不同而发生过战争的原因,以论证虽宗教信仰不同仍可"和平共处"。

汤一介出版有《郭象与魏晋玄学》、《中国哲学中的儒释道》、《儒释道与内在超越问题》、《早期道教史》、《佛教与中国文化》、《我的哲学之路》、《反本开新》、《新轴心时代与中国文化的建构》、《儒学十论及外五篇》等二十余部著作，发表论文三百余篇。主编七卷本《汤用彤全集》（获 2001 年国家图书奖）；主编十四卷本《20 世纪西方哲学东渐史》（获 2004 年第 14 届中国图书奖）；主编九卷本《中国儒学史》（获 2012 年北京市第十二届哲学社会科学优秀成果奖特等奖）。

马振声

（1939—　　　）

马振声，1939 年 10 月 29 日生，北京市人。画家，国家一级美术师。北京语言大学艺术系主任、教授、博士生导师。2011 年 2 月被聘任为中央文史研究馆馆员，9 月任中央文史研究馆书画院院长。

马振声自幼酷爱美术，1952 年考入北京市第二十四中，先后得到美术老师边炳麟先生、侯长春先生的悉心关爱，学会写生并接受了艺术的启蒙教育。1955 年考入中央美术学院附中。在附中接受了严格的素描、色彩、构图等基础训练，文化和艺术素质全面提高。1958 年秋在京郊农村开门办学 4 个月，深入农村生活写生和创作。1959 年毕业创作《慰问妈妈》(油画),参加了建国十周年北京市美术展览,发表于《新观察》等报刊杂志。1959年怀着继承和发展中国传统文化的极大热情,考取中央美术学院中国画系,以后专攻人物画创作。得到叶浅予、蒋兆和、刘凌沧、李斛等先生的精心指导。1963年赴河北省平山县,进行毕业创作实习,画了大量速写和创作小构图。1964年春创作《天下大事》,参加了由文化部主办的"全国高等美术院校毕业成绩展",后被选入"中国现代美术作品展"赴苏联及东欧巡展,并发表于各大报刊杂志,受到社会广泛关注。1964年经过考试被录取为中央美术学院中国画系蒋兆和教授的研究生,研究方向是水墨人物画的创作。1965年创作四条屏《狼牙山五壮士》(与赵志田合作),由人民美术出版社发行,并参加了第四届全国美展。同年秋随中央美院全体师生赴河北邢台地区,参加农村"四清"运动。1966年3月5日邢台地震以后与侯一民、周令钊、刘勃舒诸先生一起筹办"邢台地震展览"。1969年3月随美院66、67、68届毕业生一起赴65军接受再教育,经过四年的劳动锻炼。1973年照顾家庭关系,分配到四川画报社工作,后调入四川美协创作组(为驻会专职画家)。同年创作了中国画《毛主席视察三峡》。

1974年至1975年到凉山彝族地区和攀枝花钢铁厂深入生活,创作了年画《永远年轻的人》(与朱理存合作),黑白木刻《凉山需要你们》等等。1976年赴大港、大寨、井冈山等地写生收集素材,创作了大型水印木刻《毛主席重上井冈山》(与朱理存合作)，并参加了 1976 年的全国美展，发表于各大报刊杂志。1977 年同四川美协七位画家赴西藏深入生活七个月，为生活在雪域高原上的藏族人民丰富多彩的劳动生活和精神风貌所感动，画了大量的写生，并收集创作素材，为以后的创作打下了扎实的生活基础。1978 年创作了《枯木逢春》、《鲁迅像》，水墨连环画《雾都报童》参加全国连环画展览等。1979 年创作的《酒歌图》(长卷，与朱理存合作)，参加了第五届全国美展，并获三等奖。以后多次到四川农村深入生活，创作了表现四川农村题材的中国画作品如《逢场》、《巴山夜雨》、《送猪图》、《山道》、《喜得图》、《报春图》等。1980 年在成都郊区农村深入生活，创作了《许茂和他的女儿们》(小说插图)。同年加入中国美术家协会。1981 年创作历史人物画《陆游》、《辛弃疾》、《杜甫》、《钟馗》等等。1982 年被重庆市政府聘为重庆国画院副院长，分管创作及展览等业务工作。

1985 年，作品《爱国诗人陆游》在第六届全国美展上获得银奖，《赛牦牛》参加了首届奥林匹克体育美展并获优秀奖。1986 年应澳门市政厅和贾梅士博物院邀请，在澳门举办"马振声、朱理存伉俪画展"。1987 年应邀在新加坡举办"马振声、朱理存伉俪画展"，访问了东南亚著名前辈书画艺术家刘抗、陈文希、潘受、李曼峰等先生。1988 年夏天参加中国美术家协会组织的"丝绸之路考察团"，为时两个月的考察写生，对新疆人民的生活有了较充分的感性认识，从此开始了以西域风情为题材的创作。如《葡萄熟了》，

2001年获得"西北情"黄胄美术基金奖。还有《金风送爽》、《戴月归》、《月上沙洲》等等。同年被评定为国家一级美术师。

1990年以后，他在中国画笔墨表现的基础上，开始了艺术形式语言的拓展和探索。这时期创作了《赶集》、《戈壁龙沙起》等一批以水墨或彩墨为主的作品，《老人和羊》曾参加第二届北京国际双年展。1992年创作表现女子柔道的石雕作品《难解难分》，参加了第二届全国体育美展，获得优秀奖。创作了《文学家艾芜胸像》（铸铜）。1993年中国画《聊斋》参加了"首届全国中国画展览"，获得中国美协中国画艺委会学术一等奖，"四川省第二届巴蜀文艺"一等奖。2001年为四川泸州"蒋兆和艺术馆"创作了《画家蒋兆和坐像》等等。

1994年应邀到北京语言大学，筹建艺术系，任教授、系主任、名誉系主任。1999年任重庆国画院名誉院长。同年6月，中国美术家协会、中国美术馆、北京语言大学、重庆国画院联合在中国美术馆举办了"马振声画展"，展示了他多年来的创作成果，其作品题材主要由两方面内容组成，其一中华民族的浩然正气；其二吟唱淳朴自然的人情美，展览得到业内外的一致好评。

2001年参加文化部在巴黎联合国教科文总部举办的"中华世纪之光——中国当代书画艺术大展"。2002年参加在韩国安城举办的"国际美术展"。2005年参加在印度举办的"中国当代名家作品展"。2007年被聘为中央文史研究书画院院部委员。同年参加在墨西哥举办的"同一个世界——中国画世界巡展"的开幕式。发起并组织了2007年至2010年连续四届"山与海的联谊——中韩书画家作品联展"。

为倡导关注社会关注民生的现代水墨人物画的创作，在中国美协领导下，以蒋兆和艺术研究会的名义于2007年由他发起并组织了"民生·生民——现代中国水墨人物画学术邀请展"。经过两年多创作实践和理论研讨相结合的准备，于2009年4月在中国美术馆，由中国美术家协会、中国美术馆、中央美术学院主办，蒋兆和艺术研究会承办的"民生·生民——中国水墨人物画学术邀请展"成功举办，在社会上得到好评，被列入中国美术馆2009年度最佳展览，他创作的中国画《一年之计》参展。同年当选为中国美术家协会蒋兆和艺术研究会会长。他参加了由文化部和财政部主办的"国家重大历史题材美术创作工程"，是《川西三月》题目组负责人，于2009年4月完成创作，10月在北京中国美术馆展出及全国各地巡展，得到社会关注。2010年重庆市人民政府为表彰这一创作成果，为他授予个人二等功。

他的作品被收入《中国美术全集——现代卷》，出版有《中国当代名家画集——马振声》等等，作品被中国美术馆等单位收藏。

刘梦溪

（1941—　　　）

刘梦溪,1941年1月5日生于辽宁,山东黄县人。中国艺术研究院中国文化研究所所长、终身研究员。《中国文化》杂志创办人兼主编。享受国务院政府特殊津贴。2011年2月被聘任为中央文史研究馆馆员。

刘梦溪受家庭影响,从小喜欢文学,小学和初中读了很多诗词古文和侠义小说。1958年被保送升入县城第一高中,文理分科后念文科班,阅读兴趣转到欧洲十九世纪文学。酷嗜普希金,《叶甫格尼·奥涅金》女主人公说的“一架子书和一所荒凉的花园”,成为他憧憬的人生意象。

1961年考入中国人民大学语言文学系中国文学专业,经系主任何洛教授特许,准予听研究班课程。大学期间对古典文学和文学理论用力最勤,对《红楼梦》的思想、人物作了较深入的研究。《论<红楼梦>前五回在全书结构上的意义》、《探春新论》,是大学期间写的代表性红学论文。《探春新论》分上下两篇,连载于1964年3月19、21日《光明日报》。

1968年8月,刘梦溪下放至山西太原钢铁厂劳动。

1971年转赴人民大学在江西的"五七干校"。1973年,调至山西省委政策研究室,从事文教调研工作。这期间他通读了"二十四史"中的前四史。1975年初,文化部成立《红楼梦》版本校订小组,奉调来京参与该项工作。1977年,调至文化部政策研究室,在部直属写作组专事写作。1977至1979两年时间,除集体项目外,他个人发表署名文章十七篇,分别载于《人民日报》、《光明日报》、《文艺报》、《文学评论》等报刊。对新时期的文学艺术创作,也写有多篇研究和评论文字,1985年出版的《文学的思索》一书作了收录。

这期间,红学研究也续有新作,1980年中国社会科学出版社出版刘梦溪的红学论文结集《红楼梦新论》,33万字。他的另一项研究,关于马克思主义文艺学的体系问题,共十二论,以《文艺学:历史与方法》为书名,上海文艺出版社1986年出版。

1979年第四次文代会后,文化部政策研究室调整为中国艺术研究院理论政策研究室。不久后又调整为中国文联理论研究室。刘梦溪一度为该研究室的负责人,分管学术业务。此时他的研究已由文学进入思想史和学术史,重点研究王国维、陈寅恪、钱锺书等20世纪学术人物。为更专注从事学术文化研究,1988年由中国文联调入中国艺术研究院,被任命为院直属的中国文化研究室主任,同时筹建中国文化研究所和创办《中国文化》杂志。《中国文化》杂志1989年创刊,在北京、香港、台湾三地出版,刘梦溪担任社长兼主编。1993年4月,经文化部批准,在原中国文化研究室基础上成立中国文化研究所，刘梦溪任所长。

《陈寅恪的学术创获和研究方法》是刘梦溪研究陈寅恪最早发表的文章，六万字，连载于台湾1990至1991年《书目季刊》杂志。后来这篇文字亦收入王瑶主编的《中国文学研究现代化进程》，季羡林看后许为"至文"。后来陆续发表《陈寅恪的"家国旧情"与"兴亡遗恨"》、《"借传修史"：〈柳如是别传〉的撰述旨趣》、《陈寅恪学术思想的精神义谛》等专题论文，逾二十万言。2012年故宫出版社出版的《陈宝箴和湖南新政》一书，是他研究陈寅恪和义宁之学的另一成果。

刘梦溪走进王、陈、钱的同时，也走进了20世纪中国现代学术。1990年开始，他主持编纂一套规模宏阔的《中国现代学术经典》丛书，计三十五卷、四十四家、两千万字，1997年出版，获中国图书奖。他为丛书写的六万字的总序，1996年12月18日和25日，《中华读书报》以《中国现代学术要略》为题，用四个整版的篇幅连载。后经梳理增补，2008年由三联书店出版专书。

九十年代中期，肖克将军主持编写《中华文化通志》，聘请汤一介、李学勤、庞朴等十位学者担任各典主编，刘梦溪分任主编《艺文典》。百卷《中华文化通志》1998年由上海人民出版社出版，获国家图书奖。

1998年11月至1999年3月，刘梦溪以高级访问学者的身份赴美，应邀在哈佛大学作访问研究，后又至哥伦比亚大学东亚系访学。期间与多名哈佛暨哥大的中国学学者作学术对话。2007年，他的学术访谈录由中华书局出版，书名为《中国现代文明秩序的苍凉与自信》。

2000年以来，刘梦溪出版著作十多种，包括《学术思想与人物》、《庄子与现代和后现代》、《红楼梦与百年中国》、《陈寅恪与红楼梦》、《大师与传统》、《论国学》、《书生留得一分狂》、《牡丹亭与红楼梦》、《国学与红学》、《中国文化的狂者精神》、《陈宝箴和湖南新政》等。刘梦溪长期关注中国传统文化怎样走进现代生活以及本民族文化传统的传承问题，《百年中国：文化传统的流失与重建》、《当代中国与传统文化》、《国学与传统文化》等论文，是他这方面的代表作，并两次以此为题担任部级领导干部文史讲座主讲。

近期，刘梦溪又以马一浮作为20世纪学术思想研究的具体个案，发表《马一浮与复性书院》、《马一浮的佛禅境界和"方外诸友"》、《马一浮和"六艺论"》、《马一浮的文化典范意义》等十多万字的论文。并由研马进入对宋学和对"六经"的研究，探讨中国传统文化价值理念在今天可能有的意义。《为生民立命——"横渠四句教"的文化理想》（《中华读书报》）、《"将无同"：文化融合是人类未来的发展趋势》（《光明日报》）、《中国传统价值理念的现代意义》（《中华读书报》）、《重建中华文化的信仰之维》（《中国文化报》）等，是其近作。这些文章对"敬"、"恕"、"和"、"耻"等传统价值理念作了系统阐释，特别提出"敬"是标示人的"自性庄严"的理念，可进入中华文化的信仰之维。

九十年代至今，先后担任文艺学、艺术文化学和文学思想史方向博士生导师,主讲《中国文化史导论》、《中国现代学术思想史》等课程。

陶思炎

(1947—　　　　)

　　陶思炎,1947年3月生,江苏南京人。东南大学东方文化研究所所长。教授,博士生导师。中国民间文艺家协会第七届副主席、第八届顾问,江苏省文联副主席,江苏省民间文艺家协会主席。第十一届全国人大代表,中国致公党江苏省副主委。享受国务院政府特殊津贴。2011年2月被聘任为中央文史研究馆馆员。

　　陶思炎,是“五柳先生”陶渊明的后裔,生于六朝古都南京,长于文化厚重的秦淮河畔,自幼受到文化艺术和南风北俗的熏染,对民间文化情有独钟。在他生活过的南京城南一带,更堪称民俗艺术的大观园,什么纸扎花灯,糖吹面塑,剪纸刻纸,彩绘泥人,手制绒花,竹木玩具,彩纸风筝、说书唱戏、杂耍表演等,应有尽有。小时候,他爱到夫子庙看热闹,也常在城隍庙里观庙会,春日为登上雨花台而动手扎过风筝,也喜欢在正月里提着蛤蟆灯或拖着兔子灯与邻童们结队在街巷巡游……孩童时代的兴致成了他沉醉于民俗艺术的最初情结,也是他日后走上研究民俗与艺术道路的重要诱因。

陶思炎的父亲是位于南京锦绣坊的"陶公森油漆作"的传人,这家老字号作坊创建于 19 世纪 60 年代,以擅做书画匾额、挂牌和商铺门面装饰著称,还曾为民国要人谭延恺的棺材做过油漆。父亲的大字写得很好,还能作公园门廊上的山水画。母亲是个宽厚、慈祥的劳动妇女,闲时她特别爱回忆历史事件,经常把她所闻见的有关太平军的"长毛"故事、侵华日军南京大屠杀罪行等讲给孩子们听。陶思炎童年的生活氛围总包含着历史的、地域的与文化的因素。

1954 年他进入南京市承恩寺小学学习,1960 年小学毕业后考入南京一中读书,至高中毕业。中学时期,优秀的教师队伍、大学式的读书氛围、自修习惯的养成等,为他日后进入大学深造打下了较坚实的基础。

1966 年高中毕业时,正碰上"文化大革命",高考被废止,作为应届毕业生滞留学校两年。1968 年 12 月 被安排到江苏省扬州地区邗江县红桥公社插队务农。当时农村的生活很艰苦,农活又比较繁重,干一个工仅几角钱,但他凭着青春热血,依然坦荡乐观。1969 年 12 月在《红扬州报》上发表了一首有关农村劳动生活的诗歌,成为他个人最早公开发表的作品。

1970 年 11 月邗江县首次从插队知识青年中招工,通过推荐、选拔，陶思炎被分配到邗江县施桥农机厂工作，户口由农村转为城镇。在施桥农机厂，先做了几个月的炉前工，后因是"老三届"的高中毕业生，基础知识较扎实，调到技术室做制图员。1972年底借调到邗江县工业局从事社队办工业的调研、联络工作，为局里写过多份调研报告。1974年7月调入邗江县建筑安装工程公司，正式从施桥镇迁入了扬州市，在公司的宣传组任宣传、人保干事。

　　1975年9月经推荐、选拔，入南京工学院建筑系建筑学专业学习，有幸听过杨廷宝先生的讲座，并跟李剑晨先生学习过素描。1977年7月毕业后到邗江县建筑设计室工作，独立承担过办公楼和教学楼的设计任务。1978年9月考入南京师范学院中文系汉语言文学专业学习，1982年7月毕业。在读期间，在《南京师范学院学报》发表论文2篇，发表小译文多篇。学士论文《比较神话研究法刍议》1982年发表于《江海学刊》，后收入1983年《中国文学研究年鉴》，1985年又收入由浙江人民出版社出版的《全国大学生毕业论文选编》一书。

　　1982年8月大学毕业后被分配到江苏教育学院中文系任教，讲授外国文学课程，并担任辅导员和班主任。在这一时期，在学术方面主要进行神话学的研究，先后在《华南师大学报》、《光明日报》、《学术月刊》、《民间文学论坛》等报刊发表了《神话文体辨正》、《<西游记>是神话和童话的交融吗？》、《五代从葬品神话考》、《鱼考》、《试论神话的语言》等论文，其中一些文章全文收入了中国人民大学的《复印报刊资料·中国古代、近代文学研究》，并在《中国文学研究年鉴》中做了摘介。1986 年曾应邀到北京出席由《民间文学论坛》杂志社主办的"全国民间文艺青年理论家座谈会"。

1987 年 9 月考入北京师范大学中文系攻读博士学位，师从锺敬文教授、张紫晨教授研习民俗学，于 1990 年 1 月获得"文学博士"学位。博士论文《中国鱼文化的功能与演进》受到答辩委员锺敬文、杨堃、林耀华、刘魁立、龚书铎、宋兆麟等先生的好评，后加以充实，以《中国鱼文化》的书名于 1990 年由中国华侨出版公司出版，后经修订于 2008 年由东南大学出版社再版。在攻博期间曾任北京师大中文系研究生会主席。

1989 年 12 月博士论文答辩后到东南大学任教。1990 年 5 月东南大学成立东方文化研究所，任所长。1992 年晋升副教授，1996 年晋升教授，2002 年获博士生导师资格。

1996 年 12 月获日本学术振兴会长期项目，于 1997 年 3 月至 1998 年 1 月以"中日民间信仰的比较研究"为题，在日本东北大学进行了为期 10 个月的合作研究。其间，对日本东北地区的民间风俗、民间信仰和民俗艺术开展了田野调查，后写成《问俗东瀛》一书，由广西人民出版社于 2006 年出版。在日期间，还多次在学术会议上做专题报告，并在日本东北大学等开设有关中国民俗与艺术的讲座，还在仙台市民俗资料馆举办了"中国纸马展"，直观地介绍了这一富有特色的中国民俗版画。

在学术著述方面，除了专著《中国鱼文化》和《问俗东瀛》,1993年在香港三联书店出版《祈禳:求福·除殃》,1995年在东南大学出版社出版《风俗探幽》,1996——2003年先后在台湾东大图书公司出版《中国纸马》、《中国镇物》、《中国祥物》3种,2001年在江苏教育出版社出版《应用民俗学》,2004年在东南大学出版社出版《中国都市民俗学》,2011年在东南大学出版社出版《江苏纸马》,2012年《中国镇物》和《中国祥物》的简体字版在上海的东方出版中心出版。此外,还主编《东方文化》丛刊3集(1991——1994),《中国民间文化探幽丛书》一套4种(1995),《扬花集》(2002),《江苏特色文化丛书》一套9种(2006),《民俗艺术学研究丛书》4种(2011——2012),等等。其中,《应用民俗学》获中国民间文艺山花奖"学术著作奖",《中国镇物》获第九次江苏省哲学社会科学优秀成果一等奖。

自1980年开始在学术刊物发表论文,迄今在《中国社会科学》、《世界宗教研究》、《北京师范大学学报》、《民族艺术》、《民俗研究》等刊物发表论文170余篇,并用英、日、韩、越南等文字在国外书刊发表论文十余篇,研究领域涉及民俗学、神话学、艺术学、文化学、宗教学等方面。此外,参加国际项目和主持国家及省级项目多项。

2002年6月至2011年2月,担任致公党江苏省委副主委;2003年2月至2009年3月任政协江苏省委员会常委、文史委副主任;2008年担任致公党中央文体委副主任。

在社会学术任职方面,2006年至2011年任中国民间文艺家协会副主席,2003年至今任中国民间文化抢救工程工作委员会委员、专家委员会委员，2004年至今任江苏省文联副主席，2001年至今任江苏省民间文艺家协会主席，2004年至今任江苏省非物质文化遗产保护项目中民俗、民间文学类专家组组长。

　　1999年3月获中国文联、中国民协"中国民间文艺家协会中青年德艺双馨会员"称号；2001年8月获"江苏省1999—2000年度哲学社会科学优秀工作者"称号；2006年9月被中共中央统战部及各民主党派、工商联联合表彰为"为全面建设小康社会做贡献先进个人"；2008年12月被中国致公党中央委员会授予"5·12抗震救灾先进个人"称号。

叶嘉莹

（1924— 　　　）

　　叶嘉莹，号迦陵。1924年6月生于北京，蒙古裔满族人，学者、诗人、中国古典文学教授。加拿大皇家学会院士、加拿大不列颠哥伦比亚大学终身教授、天津南开大学中华古典文化研究所所长。2012年6月被聘任为中央文史研究馆馆员。

　　叶嘉莹幼承庭训，四岁由父母亲课识字，教以四声。七岁从姨母受读《四书》,又从伯父诵习唐诗。1934年入北平笃志小学五年级,始作绝句、文言文。1935年以同等学力考入北平市立女二中,母亲为购《词学小丛书》一部作为奖励,中有王国维《人间词话》及纳兰容若《饮水词》,始自学填词。1937年方初中二年级,即身历"七七"卢沟桥事变,北平沦陷。1941年高中毕业,以辅仁大学为教会学校,不受日军及敌伪控制,且多有沦陷区中不甘事敌、颇具风骨的教师设帐其中,遂尔报考。时辅大国文系名师云集,余嘉锡、孙楷第、陆宗达、戴君仁、孙人和、刘盼遂、赵万里、周祖谟诸先生皆曾亲为讲授。课中尝有以《书〈五代史·一行传〉后》命题作文者,盖国难中师生以气节相砥砺,堂上教学,亦多微旨。1942年始受业于顾随(字羡季,号苦水)先生,诗词曲创作渐丰。顾先生之说诗,全任神行,一空依傍,叶嘉莹曾自言:"生平所历,上堂说诗,予人启迪之多,得其神理之妙,殆无逾于羡师者。"其间师生唱和相得,所获犹多。顾先生对叶嘉莹亦期许备至,1946年致嘉莹信中至谓:"假使苦水有法可传,则截至今日,凡所有法,足下已尽得之。不佞之望于足下者,在于不佞法外,别有开发,能自建树,成为南岳下之马祖;而不愿足下成为孔门之曾参也。"1945年大学毕业后,叶嘉莹在佑贞、志成、华光三所女中任教。1948年春赴上海结婚,婚后赁居南京,是年冬,随丈夫赵钟荪渡海迁台。

叶嘉莹在台湾遭遇"白色恐怖",1949年冬丈夫因思想问题入狱三年。1950年夏叶嘉莹因受牵连,怀抱哺乳中之长女入狱受审,幸而获释。1949–1954 年,先后在彰化女中、台南光华女中、台北女二中任教。1954 年由许世瑛先生介绍,始任教于台湾大学,先后被聘为台湾大学专任教授、台湾淡江大学、辅仁大学兼任教授,开设大一国文、诗词曲选、历代文选、杜甫诗、陶谢诗、苏辛词等课程,并在台湾教育电台及电视台播讲大学国文与《古诗十九首》。叶嘉莹以诗歌中兴发感动之生命为重点的讲授方式极受欢迎,她也乐此不疲地承担了数倍于一般教师的课时量,同时,也藉此排遣迁台后一段忧苦患难的生活。学生回忆那时的叶嘉莹"正如三民(书局)版《迦陵谈诗》背后所附的照片,清秀优雅中恍惚带一点淡淡的愁意";友人回忆那时的叶嘉莹"意暖而神寒"。对于个人的不幸,叶嘉莹从未在人前表露,她把精神感情全都寄托在教学、研读和写作中。1950 年代后期,她开始应约撰写诗词评赏的文字,并因讲授"杜甫诗"课程的缘故,着手编撰《杜甫秋兴八首集说》,1964 年完成初稿,1966 年由台湾中华丛书编审委员会出版。是年应邀赴美国哈佛大学及密西根大学任客座教授,1968 年返台。

1969 年叶嘉莹接到哈佛的聘书,本拟经由加拿大转至美国,但因签证问题留滞温哥华,任教于不列颠哥伦比亚大学亚洲系,次年 3 月即获终身聘书。同时,叶嘉莹仍在台湾的《纯文学》、《中外文学》等刊物上发表文章,1969 年台湾商务印书馆出版《迦陵存稿》,1970 年《迦陵谈诗》、《迦陵谈词》分别由台湾三民书局、纯文学出版社刊行。在北美期间,叶嘉莹仍然利用假期前往哈佛大学,与东亚系海陶玮教授合作研究中国古典诗词,并着手撰写《王国维及其文学批评》一书,此书1980年由香港中华书局出版。

1970年中加建交,1973年叶嘉莹开始申请回国探亲,至1974年始得首次回国,所赋《祖国行长歌》中有"一朝天外赋归来,眼流涕泪心狂喜"之语。1976年长女赵言言夫妇遭遇车祸,同时罹难,至此始决意申请回国教书。1979年应邀回国讲学,此后每年假期自费回国讲授诗词。曾先后受邀于北京大学、北京师范大学、南开大学、天津师范大学、南京大学、南京师范大学、复旦大学、华东师范大学、四川大学、云南大学、黑龙江大学、哈尔滨师范大学、辽宁师范大学、渝州大学、兰州大学、新疆大学、新疆师范大学、华中师范大学、武汉大学、湖北大学等数十所大学讲学并受聘为客座教授或名誉教授。1980年《迦陵论词丛稿》由上海古籍出版社出版,1984年北京中华书局出版《迦陵论诗丛稿》。1981年赴成都参加杜甫学会首届年会,得识缪钺先生,倾盖相逢,知音见赏,缪先生至以汪容甫、刘端临订交事相比拟,期之曰:"诚使学业行谊,表见于后世,而人得知其相观而善之美,则百年易尽,而天地无穷。"后合作撰写《灵谿词说》、《词学古今谈》,分别由上海古籍出版社、岳麓书社于1987年、1993年出版。1980年代后期,陆续撰成《中国词学的现代观》,借鉴西方理论研讨中国词学,后由岳麓书社于1990年出版。1987年叶嘉莹应北京辅仁大学校友会、中华诗词学会、国家教委老干部协会、中国国际文化交流中心联合邀请,在国家教委礼堂举行唐宋词系列讲座,其后整理为《唐宋词十七讲》一书,1988 年由岳麓书社出版。1989 年应台湾清华大学之邀讲学一年,并同时在台湾大学、辅仁大学、淡江大学作主题讲演。1990 年在不列颠哥伦比亚大学荣休,同年被授予为"加拿大皇家学会院士",是学会有史以来唯一的中国古典文学院士。

　　1979 年以李霁野先生邀约讲学,叶嘉莹遂与南开结缘。1993 年在南开大学创建"中国文学比较研究所",1999 年改名为"中华古典文化研究所",任所长。加拿大实业家蔡章阁先生与澳门实业家沈秉和先生均曾因为听过叶嘉莹讲授诗词的缘故,有感于其传承古典文化的理想,在南开慷慨捐资,襄助其事。蔡先生与南开大学合资建成了与文学院中文系合用的中华古典文化研究所大楼。1997 年叶嘉莹也曾捐出自己退休金的一半(十万美金),以恩师顾随的名义,在南开设立"驼庵"奖学金;同时设立"永言"学术基金,以表达对长女赵言言及婿宗永廷夫妇的纪念。是年河北教育出版社出版《迦陵文集》(十册)。1998 年与海陶玮(Hightower)教授合撰的英文版《中国诗歌论集》(Studies in Chinese Poetry)由哈佛大学亚洲中心(Harvard University Asia Center)出版。2000 年台湾桂冠图书公司出版《叶嘉莹作品集》(二十四册)。叶嘉莹当年在顾随先生堂上心追手写,经过多少流离患难都行箧亲携的听课笔记,返国后觅得顾先生在河北大学任教的女儿顾之京教授,遂将十余册笔记郑重交付,经过其多年的整理,2001 年由桂冠出版为《迦陵学诗笔记——顾羡季诗词讲记》一书,2006 年中国人民大学出版社增订出版为《顾随诗词讲记》。2007年北京中华书局出版《迦陵诗词稿》，为叶嘉莹历年诗词曲联创作的一本结集。同时，叶嘉莹仍然不辞劳苦地奔波在大陆、香港、澳门、台湾之间，以及马来西亚、新加坡等地，授课讲学，其讲演纪录曾经学生们整理成书，先后由北京大学出版社出版为《迦陵讲演集》（说词系列七种），北京中华书局出版为《迦陵说诗》（系列八种）。

上世纪90年代以来，叶嘉莹愈发感到古典诗词传承的责任，1998年致函江泽民主席呼吁重视童幼年之古典文化教育，随后教育部基础教育司编写了一套《古诗词诵读精华》教材。叶嘉莹更亲身投入，在多地幼儿园录制给儿童讲授诗词的示范课程，设计并提倡在适龄儿童中组织以"古诗唱游"为内容的教学形式。1995年为《与古诗交朋友》一书分别撰写致老师、家长和小朋友的序言，并录制了读诵音带。同时，又致力于传统吟诵的普及与提倡，强调吟诵与旧体诗歌之评赏、创作以及古典文化传承的密切关系。

叶嘉莹迄今虽已年届九旬，仍然不辞长程飞行的劳苦，为了传承古典诗词与文化的理想，独自在北美与中国各地之间奔走忙碌。除了授课讲学以外，也坚持学术研究和写作，温哥华B.C大学亚洲图书馆的研究室里还经常能看到她的身影。在北美期间，大陆学生写有怀念老师的诗篇，其中有："东望茫茫横大海，孤灯想见照宵深"两句，这是暮年叶嘉莹最真实的写照。

杨福家

（1936—　　　）

杨福家，1936 年 6 月生于上海，祖籍浙江镇海。复旦大学教授，核物理学家，1991 年当选为中国科学院学部委员（院士），2012 年 6 月被聘任为中央文史研究馆馆员。

杨福家从小就机灵好动。淘气顽皮的他，曾多次转学。从 1951 年杨福家进入上海格致中学就读，一直到 1954 年从格致中学毕业，是一段难以忘怀的成长过程。他在多个场合提起格致中学给了他两件最宝贵的"礼物"，一是人生观，从没有"梦"到有"梦"，有了理想，有了追求；二是培养了学习和之后做学问的兴趣，他从进学校之初的对英语很不耐烦，到经过老师引导之后喜欢上了英语。1997 年，已是复旦大学校长的杨福家个人出资设立格致中学"爱国奖"，奖励品学兼优的格致学子，该奖每年颁发一次，一直延续至今。当时有人建议命名为"杨福家物理奖"，但被他婉言谢绝。他认为，作为中国人，爱国是最起码的情感，设立"爱国奖"，就是希望格致学生铭记自己是祖国的儿女，激励自己担负起祖国赋予的责任。1955 年秋，在复旦大学物理系读二年级时，他就加入了中国共产党。在著名物理学家卢鹤绂教授的指导下，他在 1958 年完成了毕业论文，并被挑选到北京学习加速器技术，为筹建新兴的原子能系作准备。1960 年，24 岁的杨福家被任命为新成立的复旦大学原子能系副系主任。

1963 年 10 月，杨福家作为新中国派往西方国家的第一批学者，到丹麦哥本哈根的玻尔研究所进修。为了给祖国争光，杨福家经常是连续超过 24 小时在实验室工作，他牢记祖国的重托，以中国科学工作者特有的勤奋和刻苦精神，给玻尔研究所的研究人员留下了深刻印象。半年后，他的研究证实了该所奥格玻尔教授和莫特逊教授（后均获诺贝尔奖）所预告的"一种核的运动状态"，发现了核的一些新能级。玻尔教授盛情挽留他延长在研究所的工作时间。杨福家所证实的这种运动状态，至今仍被国际核物理学界引用。在玻尔教授的热情推荐下，杨福家连续到芬兰、瑞典等国作了学术报告。1979 年，玻尔邀请杨福家夫妇访问丹麦。在玻尔研究所，他不仅学到了物理学的一些新知识，同样重要的是，他深为物理大师尼尔斯玻尔的爱国主义情操所感染，受到莫大鼓舞。熟悉杨福家的人都知道，每当讲到爱国主义，他总是提到这位受人尊敬的大师引用的安徒生的诗句："丹麦是我出生的地方，是我的家乡，这里就是我心中的世界开始的地方"，他把"丹麦"两字改为"中国"。

1965 年，杨福家怀着"要使中国在世界现代科学殿堂里得到她应有的席位"的美好憧憬，回到了复旦大学。但是,不久之后,"文化大革命"的风暴席卷了中国大地。在干校下放劳动期间,他一如既往地阅读各种可以看到的书籍,不断思考问题,继续追寻着自己的"梦想"。1975年,在涉及放射性的工厂,他经过对复杂能级的衰变规律的深入研究,给出了"核级联衰变的一般公式",概括了国内外已有的各种公式,较广泛地用于放射性厂矿企业,并推广至核能级寿命的测量,给出图心法测量核寿命的普适公式。1978年,在他主持下的实验组以质子 X 荧光分析技术对千年古剑——勾践剑进行了无损分析。1987年,他的著作《原子物理学》获得国家级优秀教材奖,同年被评为教委优秀科研奖,科技进步奖。1996年,杨福家与 J.H. Hamilton(美国 Vanderbilt 大学杰出教授,杨福家自 1988年9月起兼任该大学物理学教授)合著的《现代原子与原子核物理》一书由美国 McGraw-Hill 公司出版。1997年,著作《原子核物理》获得全国教委颁发的国家级教学成果二等奖。所著《原子物理学》(第三版)于 2002年获教育部优秀教材二等奖。2009年度再次修订的《原子物理学》(第四版)获评教育部普通高等教育精品教材。

杨福家自 1960年担任复旦大学原子能系副系主任以来,历任复旦大学研究生院院长、副校长、校长、上海市科协主席等职。1991年先后当选为第三世界科学院院士、中国科学院院士。1987年至 2001年兼任中科院原子核研究所(现为中科院上海应用物理研究所)所长。领导、组织并基本建成了"基于加速器的原子、原子核物理实验室",完成了一批在国际上受到重视的工作。领导实验组用 γ 共振吸收法发现了国际上用此法找到的最窄的双重态;在国内开创离子束分析研究领域;在束箔相互作用方面,首次采用双箔(直箔加斜箔)研究斜箔引起的极化转移,提出了用单晶金箔研究沟道效应对极化的影响,确认极化机制。并主持全国第一、二次离子束分析会议。培养了国内第一批实验核物理博士研究生。2001 年至 2011 年,担任了中国科学技术协会副主席一职。

杨福家自 1995 年起,被日本创价大学、美国纽约州立大学、香港大学、英国诺丁汉大学、美国康涅狄克大学及澳门科技大学授予名誉博士,同时,也是香港大学校长特别顾问、马来西亚第一所由华人创办的大学——拉曼大学的国际顾问、美国德州(达拉斯)大学国际顾问委员,以及美国防核威胁倡议(NTI)董事会成员。2000 年 12 月 12 日,英国诺丁汉大学(University of Nottingham)校董会宣布,鉴于"杨福家教授的科学成就及国际影响",正式聘请杨福家为学校第六任校长(校监,Chancellor)。这是英国重点高校第一次选举中国人担任这一职务,在中英教育史上开了先例。杨福家多次连任英国诺丁汉大学校长至 2012 年底。在他的大力推动下,2003 年 10 月 2 日,宁波诺丁汉大学合作办学双方在英国签订了合作办学协议书。时任国务委员陈至立称"这是中英关系史上非常有意义的一件大事",教育部部长周济表示,希望两家的合作办学模式为中国教育走向世界闯出一条新路。2004 年 3 月 23 日,教育部正式批准筹建宁波诺丁汉大学,杨福家任校长。经过一年多的筹建工作,在 2005 年 5 月 20 日,教育部批准正式设立宁波诺丁汉大学,这是我国第一家具独立法人资格、拥有独立校区的中外合作大学。宁波诺丁汉大学得到了中英两国政府的高度关注。在 2011 年 4 月 8 日晚,时任国务院总理温家宝专程来到宁波诺丁汉大学看望中外师生,并与他们座谈,希望学生们胸怀祖国,放眼世界。

杨福家对教育有着深刻的理解,出版了多本关于中外高等教育的专著,包括《追求卓越》、《博学笃志》、《中国当代教育家文存——杨福家卷》以及《走近一流学府》等。杨福家于 2010 年起担任国家教育咨询委员会委员,当年还获聘国务院参事室特约研究员,2012 年起受聘国家教育考试指导委员会委员。

王永炎

（1938—　　）

王永炎,1938 年 9 月出生,天津人,中医药学专家。中国工程院院士。现任中国中医科学院名誉院长、北京师范大学资源生态与中药资源研究所所长、中国中医科学院中医临床基础医学研究所所长等职。2012年6月被聘任为中央文史研究馆馆员。

王永炎出生于知识分子家庭,父母都是教师。幼承家教,酷爱中国传统文化,《四书五经》等读本自幼即烂熟于心。对古今中外的文学名著多所浏览,兴趣广泛。唱歌、演戏、长跑、游泳、踢足球、下棋、钓鱼等都很擅长,尤其酷爱读书。

中学就读于北京辅仁中学(后改为北京十三中)。喜欢自然科学,阅读过大量的科普读物,重视提高逻辑思维与思辨的素质。

1956年考入北京中医学院(现北京中医药大学),就读于医疗专业。大学期间兼职院报的责任编辑,养成了以独到眼光审视事物、以全新思维分析问题,一丝不苟、精益求精的工作作风。至今数十年从未间断做兼职编辑。

1962年大学毕业后,被分配到北京中医学院附属东直门医院内科从事临床工作。适逢卫生部落实中医师承教育之机,有幸拜附属医院内科主任董建华教授为师。先生师承沪上名医严二陵,内外妇儿诸科专擅,针灸方药医术皆精,尤其长于诊治各种急性热病与内科杂病,以疗效显著饮誉江南。3年的拜师学习,他尽得先生真传,很好地将书本所学、所记验之临床,奠定了扎实的理论与实践基本功,悟出"继承——验证——质疑——创新"的为学之道。60年代中期被送往北京协和医院进修西医,学习神经内科临床及病理解剖,从急性热病、内科杂病领域向专科方向发展。

从此致力于开拓中医诊治脑病的新领域。

80年代初期,为更好地学习掌握国际先进的神经科学知识,提高中医脑病科研与诊疗临床水平,他又作为访问学者应邀东渡日本,进行为期1年的中西医的协作与交流。由于具有国内外现代最新脑神经科学的知识与技能,因此,他在组建附属医院脑病研究室之始即起点较高,既重视保持中医特色,又注意与国际接轨。

1984年后,先后任北京中医学院院长,北京中医药大学校长、中国中医科学院院长、国务院学位委员会中医学、中药学学科评议组第三、四、五届召集人;中国科协第六届、第七届常委,第八届荣誉委员;全国科学技术名词审定委员会中医药名词审定委员会第一、二、三届主任委员;中国药典委员会第六、七届委员,第八、九届执委;中国医师协会副会长;中华中医药学会副会长;国家重点基础研究发展规划专家顾问组成员、第十届全国人大代表、常务委员会委员、科教文卫委员会委员等职,1997年当选为中国工程院院士。主要从事中医药防治中风病与脑病的临床与基础研究、方剂配伍、中医药防治传染病等研究。

1983年,他作为中华全国中医学会内科学会副主任委员兼秘书长,在老一辈中医学临床专家的支持下,选定中医药防治中风病作为攻关的领域,组建了以中青年中医为主体的团队。倡导临床疗效评价的方法学研究,制定与推广"中医辨证量表",首次引进医学计量学探索能被国内外与中西医均认可、能推广、立得住的疗效评价指标与方法,在全国中风病学组与攻关协作组中强化树立"中医中药的生命力在于疗效"的理念。通过对缺血性中风系统的临床观察，总结了证候演变、辨证治疗、调摄护理的规律。针对中风病急性期痰热证、痰热腑实证而研究设计的化痰通腑汤与清开灵注射液静脉滴注疗法，提高了临床显效率，减轻了病残程度，目前在全国范围内被广泛应用于临床。

1999—2004 年主持承担中医药行业第一个 973 项目《方剂关键科学问题的基础研究》，创立并发展了以标准组分、组分配伍、组效关系为重点的现代中药的一种研发模式，探索将中药研究纳入系统复杂性科学范畴，提出"品质性效用"一体化系统工程，为现代中药的研制提供了科学可行的技术方案。

2009 年甲流爆发后，王永炎作为中医药 "防治甲型 H1N1 流感专家委员会"组长，迅速组织中医药专家进行多次论证，总结甲流中医证候特征，制定并更新四版《中医药防治甲型流感》诊疗方案，有力保证了中医药在 2009 年甲流应对中的早期介入，优势发挥，在全国范围内为中医药应对甲流提供了及时、安全、有效的指导。他主持承担的中医药行业科研专项项目，从中医临床、基础研究、中药筛选、人才培养、体系建设、科研信息一体化等方面，开展中医药防治传染病的研究，建立了一支稳定的中医药防治传染病人才队伍和 41 家覆盖全国的中医药防治传染病重点研究室(临床基地)，有效推动了中医药防治传染病体系建设。

2011年12月，国家中医药管理局中医药应急专家咨询委员会成立,王永炎任主任委员。2012年2月,为完善中医药防治传染病体系建设, 中国中医科学院与解放军302医院等7家单位共同签署了"中西医结合防治传染病军民融合式发展战略合作"协议。王永炎作为首席专家,积极组织军地两方专家落实战略协作具体工作,建议并成立军地紧急应对突发公共卫生事件联合办事组,确保军地融合工作模式的实际开展与相关体系建设的进行。王永炎主持初步建立的"快速、准确、科学、有效"的中医药防治传染病的应急体系,使中医药在服务公共卫生、保障人民健康中发挥了不可替代的作用。

王永炎站在行业高度关注中医药学科的发展,提出新世纪学科建设已呈现出大学科、广兼容的发展趋势,应从哲学、史学、人文多学科多视角探索中医药学科的发展方向及趋势,突出前沿学科的辐射作用,逐步形成多学科的渗透交融,体现了宏观与微观的结合、综合与分析的结合、实体本体论与关系本体论的结合。他提出"中医学概念诠释也是创新",认为通过概念诠释,能深化并促进对中医学的"理解、解释与应用",实现"发黄古义,创立新说"的目的,把诠释学引入到中医学研究中。他还主持了《中医药基本名词术语规范化研究》、《中医病案书写规范》和《中医内科常见病诊疗指南》等标准化建设工作。2001年组建了全国科技名词委员会中医药学分委员会,主持起草了《中医学基本名词》等,现已颁布。并倡导建立了中医药标准化研究中心,在规范全国中医药名词术语、诊疗指南及引领中医药国际标准化建设等方面做了有益工作。

王永炎先后主持了 WHO 国际合作项目、国家 973 计划、863 计划和国家"七五"至"十五"科技攻关项目 20 余项。主持的科研成果获国家科技进步二等奖 2 项、三等奖 3 项、省部级一等奖 5 项、何梁何利基金"科学与技术进步奖"、香港求是基金会"中医药现代化杰出科技成就奖"。2004 年被授予中央国家机关"五一劳动奖章",2005 年获全国先进工作者荣誉称号。作为第一主编出版学术著作 20 余部,发表学术论文 600 余篇,已培养医学博士 70 名,出站博士后 37 名,其中 2 名博士荣获全国百篇优秀论文奖励。

刘大钧

（1943—　　　）

刘大钧,1943 年 1 月生,祖籍山东邹平。山东大学终身教授、博士生导师,易学家。全国政协第十、十一届委员。2012 年 6 月被聘任为中央文史研究馆馆员。

刘大钧 1948 年入读于山东周村云麓街小学,1951 年转至济南惠元小学,1954年入济南育英中学读初中,1958入济南第三中学读高中。1962年,参加济南二轻局举办的会计训练班,1963年分配至济南旋木厂任会计。1966年"文革"爆发,因读《易》被批斗。1967年调至济南雕塑厂当工人,做匣钵。1975年,调入济南服装五厂任仓库保管员。1979年底,被借调到山东大学哲学系,1980年正式调入,结束了十六年的工厂生活。

1980年,刘大钧开始为山东大学哲学系77级本科生和78级中国哲学史硕士生开设《周易》选修课,1981年又为本科生讲授中国哲学史资料选读。1983年,被破格晋升为讲师,并成立山东大学哲学系周易研究室,任负责人。1985年,被破格晋升为副教授。1987年,为促进易学的交流与发展,刘大钧克服种种困难,经国家教委批准,在山东大学组织召开了建国后"首届国际周易学术研讨会",有6个国家的200多名代表参加大会,可谓盛况空前。正是这次大会的成功举办将国内易学研究推向了繁荣发展的新阶段。1988年,在山东大学哲学系周易研究室的基础上,刘大钧组建了直属学校的独立学术研究机构——山东大学周易研究中心。同年,他自筹经费,创办了大陆唯一的经学研究专刊《周易研究》,并担任主编,该刊克服当时极其严重的经费困难,很快就以其严肃严谨的学术品质发行至二十多个国家和地区,产生了广泛的影响。今天的《周易研究》早已成为"全国中文核心期刊"、"全国人文社会科学核心期刊","国际社科基金资助季刊",成为中国哲学研究和传统文化研究的重要学术交流平台。

1989年，在学界前辈和同仁的大力支持下，刘大钧筹划成立了"中国周易研究会"；1996年，经民政部批准，"中国周易研究会"由二级学会升格为一级学会，并更名"中国周易学会"，刘大钧任会长至今。著名学者、美国夏威夷大学教授成中英曾将"山东大学周易研究中心"的成立、《周易研究》的创办以及"中国周易研究会"的成立，称之为"推动当代易学研究发展的三个重要里程碑"。

为推动海峡两岸文化的交流与发展，1993年刘大钧在山东大学组织召开了"首届海峡两岸周易学术研讨会"，开两岸学术文化交流的先河，正式建立起两岸易学界双向交流的机制。此后每两年交替在两岸著名大学举办易学研讨会，至今"海峡两岸周易学术研讨会"已近十届，汇聚了数百位两岸治《易》的学者，其开展早、层次高、影响广、持续久，为海峡两岸之间召开的各种经济、文化、学术会议所无法比拟。

刘大钧领导的山东大学周易研究中心于2000年被评定为"教育部人文社会科学重点研究基地"，充分显示了山东大学在易学研究领域强大的学术实力和不可替代的学术地位。

在学术研究上，刘大钧长期致力于中国传统易学研究，以弘扬大易文化为己任，于上世纪80年代率先倡导并开展了传统象数易学研究，是山东大学易学学科的创建者和领导者，中国易学研究的领军人物，为传统易学的恢复和发展做出了重要贡献。在治《易》路数上,他主张在新的历史文化视野下超越传统的象数义理两派之争,坚持象数义理兼顾,探寻易学的整体学术特色和内涵。在具体研究方法上,他坚持出土文献与传世文献互证,运用训诂学、考据学的方法疏通明证,辨析易学发展史上的重大问题。他先后在《中国社会科学》、《哲学研究》、《文史哲》、《周易研究》等刊物上发表论文40多篇,出版《周易概论》、《今、帛、竹书〈周易〉综考》、《纳甲筮法》、《周易古经白话解》、《周易传文白话解》等学术著作多部。

刘大钧注重学术研究与社会文化建设的结合。1998年,开始研究《周易》与现代企业管理的关系,开发易学中古老的管理智慧,为现代企业管理提供咨询。2001年,受青岛市崂山风景区管委会之邀,设计了崂山最高峰巨峰山的开发方案,依此方案建成的崂山巨峰景点被青岛市民评为青岛十大景点之一。2005年,受新疆特克斯县政府的邀请,先后四次赴新疆,为载入《吉尼斯世界纪录大全》的特克斯县八卦城的城市文化建设作指导,2007年八卦城被国务院评为中国历史文化名城。

"忆青灯滋味,承继先贤弘易业;存丹心痴情,追怀圣哲育德风",这是1993年刘大钧为《周易研究》创刊五周年所写的一副对联,既表达了他当时办刊弘《易》的宗旨,也是他几十年来致力于易学研究的发展与进步的真切写照。

吴静山

（1943—　　　）

吴静山，本名九如，字静山，号静者，以字行。1943年3月生，广东顺德人。书画家。2012年6月被聘任为中央文史研究馆馆员。

吴静山11岁到广州读中学，1962年秋入读浙江美术学院（现中国美术学院）国画系。早年曾在广东省工艺美术工业公司研究所、广东省贸促会等单位工作。1997年12月被聘任为广东省文史研究馆馆员。2004年起定居北京。现为中国国际友好联络会理事，中国国际贸易促进委员会广东分会美术指导，中央文史研究馆书画院院务委员，中国书法家协会会员，中国美术学院、北京师范大学等多所高校客座教授。

吴静山潜心于传统文化宝库的采撷，不囿门派，上法古人，既得南派画风之润泽秀雅，更获北派壮阔雄奇之熏陶。书画兼攻，相得益彰，既承继古人，又不似古人；既源于自然，又超出自然。遍临历代名迹并集诸家之长融为自己之独特风格，在继承传统的基础上，师法自然，独成一格。他的山水、花卉、人物画及各体书法，均有较高造诣，尤山水画最能体现其功力。

国际著名古文字学家、书画鉴赏家容庚先生于 1971 年在《吴静山小传》中写到："静山好读书，手不释卷，又擅长书法，诗书画融会贯通，至为难得。"1970 年，吴静山拜访国画大师潘天寿先生，潘老戏言："广东出二山：苏仁山、吴静山。"苏仁山也是顺德人，生于清代嘉庆年间，善画山水人物，被称为"画坛怪杰"。潘天寿先生把吴静山与苏仁山并提，虽带戏言，却包含了对爱徒由衷之称誉与期待。

1978 年，他用三天时间写出 30 米长卷《长江万里图》，不久后还以同样速度创作了同样长度的《黄山大观》手卷，受到了画坛前辈陆俨少、李可染、林散之、谢稚柳、钱松岩的赞誉，并为之题词。吴静山 1979 年至 1980 年应国家文化部邀请，赴京藻鉴堂创作了两件巨幅山水画及大量山水花鸟画。1982 年至 1987 年应中央军委办公厅邀请赴京西山创作，留下大量书画作品，受到中央领导的高度赞扬。

1985 年至 2006 年，吴静山分别在国内和港澳台地区及马来西亚、新加坡、日本、加拿大、美国、南非等国举办个人书画展；1989 年应邀在中国美术学院举办个人画展；2007 年 8 月，在中国美术馆举办了书画作品展，该展览由中央文史研究馆和广东省文史研究馆主办，展出他的山水、花鸟、人物、书法作品近百幅，从不同侧面反映了画家对传统的理解和领悟，对自然山川和生活的热爱，受到广泛好评。中国美术馆收藏了吴静山的两件佳作。2011 年 5 月，吴静山应香港集古斋有限公司邀请赴港展出书画作品,同样受到好评。

吴静山热爱祖国,热爱人民,热爱公益事业。他的很多书画创作都是伴随着时代发展和祖国需要而用心创作的。《甘肃积石山峡》、《革命圣地延安》、《交河故城》、《天台山胜揽》、《泰山后景》、《锦绣江南》、《黄山》、《红军过草原》等一批山水精品,特点鲜明,形质与神韵交相辉映,孕育出画中不同景物各自的典型生命元气和时代特色。潘天寿、谢稚柳、陆俨少、李苦禅、徐邦达等一批名家,对他的人品、学养及画品给予过很高评价。中央文史研究馆原副馆长王楚光在《岭南之俊才 北国展风华——参观吴静山先生书画展有感》一文中,称他"是公认的有实力的书画界的中坚人物";2011年初,著名美术评论家邵大箴在《苍劲雄奇 灵性语言——读吴静山的中国画》文中称"接触画家吴静山的山水画给我们最直接的印象就是'大'——大山水、大气势、大境界"。"吴静山在绘画作品中,将文学修养融入书法、绘画的笔墨中,在运笔、用墨、接替、章法方面有独到的理解。在他那里,行草的大刀阔斧与其大写意的随意挥洒,可谓殊途同归"。

1987年开始,吴静山的作品进入苏富比、佳士德等国际拍卖行。作品为法国巴黎艺术馆、英国皇家博物馆等国内外各大美术馆、博物馆收藏。1985年和2011年香港集古斋分别出版了《吴静山画集》、《吴静山书画集》,1994年中国美术学院出版《吴静山画集》。2007年中央文史研究馆出版《吴静山书画集》。

李　燕

（1943—　　）

　　李燕，字壮北，1943年生，北京人，祖籍山东高唐。李苦禅之子。画家，清华大学美术学院教授。全国政协第九、十届委员。2012年6月被聘任为中央文史研究馆馆员。

　　李燕1958年考入中央美术学院附中，1961年考入中央美术学院中国画系。几十年来，他对中国传统文化进行了多方面的探讨，对国外的文化也多方关注。亦文亦画，亦执教亦演讲，于文、史、哲、宗教、民俗、戏曲、曲艺等等无不投缘。现任中国美术家协会会员，中国周易学会副会长，九三学社中央教育文化委员会委员，李苦禅纪念馆、艺术馆副馆长。

　　作为学者，他视野开阔，与时偕行。学习和研究一直是在坚守中华文明传统的基础上，广泛而又清醒地吸收外国（不止西方）的科学、科技新领域以及文艺领域的新知识。作为教师，他无私地传道授业解惑，自1980年就主动开办了免费的大型国学普及讲座，他的无稿演讲，连续三四小时一贯到底，满场满座，颇受欢迎。

　　作为政协委员,他心系国计民生,特别是人文环境,积极反映社情民意,为国家建言献策。他提出的《首都人文环境保护迫在眉睫》(荣获"优秀提案",曾刊于《光明日报》),率先提出了"人文环保"的新理念。他积极身体力行,呼吁保护北京古城,认为它是北京人文历史环境的宝贵且不可再生的载体,由此他被人们称为保护老北京的"四大铁杆"之一。他曾将他自费拍摄的《首都古建卫士》无偿提供于北京电视台播放,留下了许多珍贵的历史镜头。

　　作为画家,他立足于苦禅大师教诲的"中华国学体系"与"中西合璧"思想,在艺术创作上纵横恣意,笔下珠玑,秉承传统文人画精髓的同时,表现形式、艺术语言又有自己的创新。他的创作题材广泛,人物、山水、花鸟、走兽皆能,注重兼收并蓄,不囿于一家一法,画风随画意而多变,却能各得其妙。特别是他的历史人物画,犹如哲人细语,让人在历史的苍茫中体味到人生的空寞与悠远。1999年底,他创作的《大鹏图》搭乘中国的第一艘试验载人飞船"神州一号",成为人类历史上第一件飞入太空的绘画作品。

　　作为文化使者,李燕热心推动台海两岸的文化交流。他长期担任中国和平统一促进会理事和书画家联谊委员会副主任,利用自己的社会影响力为祖国和平统一事业做出了突出贡献。2009年,在中国和平统一促进会的组织下,李燕率团参访台湾。访问期间,他与台湾军政界、艺术界、宗教界和普通民众进行了深入交流,为促进两岸民间交流交往以及增进台湾民众对于两岸同文同种、同根同源的认同感做出了积极贡献。

在对待传统文化的治学方面,李燕尤遵父亲"勾沉补缺"的教导,做了一些并无现实功利却被时间证明,是对中华文明有益的事情。作为研究《周易》的学者,李燕发现自古以来无人作《易经画传》,于是他决定补此缺漏。他先将《周易》今本与马王堆《帛易》等出土文本对照,调整出一个自觉更正确的《周易》文本,而后译为白话文,并配白描插图450幅,初由和平出版社出版。此书在海峡两岸多次再版,并由外文出版社以英、法、德、西班牙文翻译出版,发行于四海。1994年,李燕与夫人孙燕华拍摄成了十三集电视系列片《胡同古韵》,无偿提供 BTV 与 CETV 电视台播出,引起曲艺界的高度重视,评价为第一次用电视工具保存、弘扬了涵盖京津地区的各曲种曲艺的电视系列片。在首发式上,全国人大副委员长王光英说:"你们是走在前头了。"胡絜青老人说:"这是北京曲艺的复兴。"此片播出十多年后,其意义愈加彰显,中国曲艺家协会聘李燕为曲协刊物《曲艺》的编委,北京曲协则授李燕以"北京曲艺杰出艺术家"荣誉奖,并聘请李燕夫妇为北京曲协的艺术顾问。

李小可

(1944—   )

李小可,1944 年 12 月 20 日生,重庆人。国家一级美术师。李可染之子。2012 年 6 月被聘任为中央文史研究馆官员。

李小可 1946 年随父母迁居北京,入住北京东城西贡院大街。1947 年齐白石老人为作二尺余《年鱼》一幅,上题"二岁小宝"。1948 年搬入北京东城区大雅宝胡同甲 2 号。1956 年水墨作品《千帆图》在英国伦敦举办的国际少年儿童绘画展上获金奖。1958 年水墨作品《北海》在国内外儿童画展上获奖。1960 年进入中央美术学院附中学习美术基础。1962 年应征入伍,在唐山 4582 部队服役期间,成为美术骨干、尖子班成员,评为五好战士。1968—1977 年复员分配至北京内燃机总厂锻工车间打铁近十年,期间坚持美术宣传创作,曾多次获先进劳动者称号。1978 年协助父亲李可染赴黄山、九华山写生讲学,开始随父亲进行系统的山水画研习,此间写生百余幅。1979 年进入北京画院工作。1986—1987 年进入中央美术学院国画系卢沉、周思聪人物画研修班学习。1987 年参加日本著名画家加山又造短期人物画研修班,1989 年在中央工艺美术学院"现代构成"进修班学习。

李小可从对生活的强烈感受中寻找自己个性化的绘画语言,在重体验的基础上重表现,形成了自己的风格。北京、西藏、黄山成为国画《水墨家园》系列的三个重要组成部分。2004 年参加"第十届全国美术作品展",作品《古都老屋》获铜奖;2005 年举办 "水墨家园——李小可水墨作品展"(北京·中国美术馆),2008 年举办 "水墨家园——李小可水墨作品展"(澳门民政总署画廊),2009 年举办"水墨家园——李小可水墨作品展"(台北·国父纪念馆),作品《水墨家园》获北京市文联"庆祝新中国成立 60 周年"文艺作品优秀奖,2012 年举办"水墨家园——李小可水墨作品展"(北京·中国美术馆)。

其代表作有 1998 年创作的水墨作品 《夏》,2009 年夏初创作的巨幅北京题材作品《水墨家园》,2012 年先后创作的七米、十米的黄山题材、西藏题材作品《黄山天下无》、《远古的回声》等。

1988 年与著名摄影家郑云峰赴黄河源头采风,并在黄河源头矗立由父亲李可染题字的"黄河之水天上来,奔流到海不复还"的石碑,前后历时 45 天。这之后,李小可先后三十余次进入藏区体验、采风,拍摄了数万张照片。2007 年开始探索将这些藏区的作品进行再创作,把版画语言与纪实摄影相结合,给原有的作品赋予了新的艺术表现力,这些作品成为李小可《水墨家园》系列外的又一新的艺术表现体系。1993 年举办"李小可西部之行摄影展"（中国美术馆），2005 年举办"藏地——不灭的记忆"李小可摄影作品展（中国美术馆），2010 年版画作品《窗口》在首届中国·广州国际藏书票暨小版画双年展中荣获优秀小版画奖，2011年举办"藏迹——李小可版画作品展"（北京画院美术馆），2012 年举办 "藏迹——李小可版画作品展"（深圳·关山月美术馆）。

　　李小可多年来除坚持创作外，还致力于宣传李可染的艺术精神，弘扬传统文化。自八十年代始，策划、组织李可染艺术展览二十余次，并举办各类大型学术研讨会，同时编辑出版画集数十本。1986 年策划、组织"李可染中国画展"（中国美术馆）；1993 年策划、组织"无限江山——李可染艺术世界展"（台北·历史博物馆）；1997 年编辑《李可染画集》（中文、英文、法文、德文）（北京外文出版社出版）；1998 年策划、组织"李可染中国画展"（上海·上海美术馆、刘海粟美术馆、宝钢艺术中心）；1999 年策划、组织"东方既白——李可染艺术展"（中国美术馆），编辑出版画册《东方既白》（广西美术出版社出版）；2000 年策划、组织"李可染水墨艺术世纪大展"（台北历史博物馆、高雄市美术馆）；2001 年策划、组织"气宇轩宏——李可染的艺术"（香港艺术馆）；2007 年策划、组织"世纪可染——纪念李可染诞辰一百周年"系列活动（中国美术馆），编辑出版画册书籍等十九种；2008 年策划、组织"春放之约——纪念李可染艺术基金会成立十周年"（人民大会堂）；2009 年动员母亲及亲属向北京市政府捐赠李可染书画作品及藏品千余件,价值数十亿元;策划、组织"实者慧——邹佩珠率李小可、李珠、李庚捐赠李可染作品展"(北京画院美术馆),编辑画册《实者慧》;2010年策划、组织"画龙点睛——李可染的世界"(人物篇)(北京画院美术馆),编辑画集《画龙点睛——李可染的世界·人物篇》;2011年策划、组织中国国家博物馆新馆开馆大展"李可染的艺术"(中国国家博物馆),策划、组织"千难一易——李可染的世界"(写生篇)(北京画院美术馆),编辑出版《千难一易——李可染的世界·写生篇》;2012年策划、组织"临风听禅——李可染的世界"(牧牛篇)(北京画院美术馆)。

李小可特别关注西藏美术事业的发展,自筹资金,组织、策划举办了"西藏当代绘画邀请展",为西藏当代画派的形成做出了贡献,积极推动了西藏当代绘画的创作与宣传。2004年策划、组织"雪域彩练——西藏当代绘画邀请展"(中国美术馆、上海美术馆、广东美术馆、深圳关山月美术馆、澳大利亚、悉尼),主编画册《雪域彩练》。此后,开始其"藏迹"系列版画作品的创作。2011年策划、组织"大美西藏——西藏当代绘画邀请展"(北京·民族文化宫),主编出版《大美西藏》画集,参加首届"和美西藏"美术大赛作品展并担任评委(北京军事博物馆、上海民族民俗文化博览馆)。

李小可于2004年在北京画院研修生班开始山水画教学,至今已教授了百余名学生,2005年在此基础上成立"李小可艺术工作室",每年进行大量的写生活动,同时临摹、研究优秀传统艺术作品,经过几年的努力,已逐渐形成"李家山水"的精神面貌和绘画风格。先后举办了"李家山水有传人水墨作品展"、"新曲——李小可艺术工作室迎春作品展"、"山川乡国情——李小可艺术工作室作品展"全国巡展(惠州博物馆、山西美术馆、广州白云国际会展中心、德胜美术馆、莞城美术馆)。

李小可水墨及版画作品被多家美术馆、重要机构、海内外收藏家收藏。1998为中央政府赠送香港回归礼物合作大型国画作品《锦绣中华》。2005年为中央对外联络部、澳门联络处创作作品《苍翠中华》。2006年为钓鱼台国宾馆创作《苍岩松瀑图》。2007年为中央统战部新办公楼大厅创作4米×4米山水作品《江山无尽图》、合作山水画《江山锦绣》。应中央电视台邀,创作《奥运北京》赠送给国际奥委会主席罗格,创作《正月的雪》赠给奥组委中国新闻中心。2011年为人民大会堂创作《青山松云图》,向北京画院捐赠版画作品九十九幅。2012年向关山月美术馆捐赠版画作品十幅。2002年作品《京巷》、《共存》被北京画院收藏;2003年作品《什刹海夏韵图》、《徽州雨》、《颐和园万寿山昆明湖图》被北京画院收藏;2004年作品《历史的符号》被北京画院收藏;2005年作品《家园》、《胡同》、《京巷》被中国美术馆收藏,作品《天坛》被北京画院收藏,作品《家园》被故宫博物馆收藏;2006年作品《家园》被北京画院收藏;2007年作品《云蒙山色》被北京画院收藏;2008年作品《苍桑》被澳门政府收藏,作品《古都今日》被北京画院收藏;2009年作品

《秋》被辽宁省博物馆收藏。

李小可现任中国美术家协会会员，中国美术家协会中国画艺委会委员，中国摄影家协会会员，北京画院艺委会主任，李可染艺术基金会理事长，黄山书画院院长，中华海外联谊会理事，文化部艺术评估委员会委员，中国西藏保护与发展协会理事，中国画协会理事，中国美术家协会河山画会副会长。

梁晓声

（1949—　　　　）

梁晓声，原名梁绍生，1949 年 9 月生于哈尔滨市，祖籍山东荣城。教授，作家。2012 年 6 月被聘任为中央文史研究馆馆员。

1957 年 8 岁入哈尔滨市安广小学。1963 年入哈尔滨市第二十九中学。1966 年初中毕业时逢"文革"。

1968 年下乡，赴黑龙江生产建设兵团第一师一团七营三十七连，当过知青班长、小学老师。1972 年调至一团报导组任报导员。1973 年在"精简机构"中，因政治思想不符合机关知青要求，下放至木材加工厂成为抬木工。1974 年，因一篇发表在《兵团战士报》上的小说《向导》，被复旦大学招生老师所关注，千里迢迢从佳木斯兵团总部来到黑河地区一团所在地，对梁晓声进行面试，是年9月梁晓声入读复旦中文系。1977年从复旦中文系毕业，分配至北京电影制片厂从事电影剧本创作。以上经历，在其具有自传性的文章《我与复旦》、《从复旦到北影》中有所记载。

　　1977年至1988年底，在北京电影制片厂任剧本编辑、编剧。1989年初，调至中国儿童电影制片厂，任艺术委员会副主任。2002年调至北京语言大学人文学院任教授至今。现任中国民主同盟中央委员会常委、文化委员会委员。

　　自八十年代起身为作家的梁晓声，至今创作甚丰，共发表了1700余万字作品，体裁多样。从小说到散文、杂文、政论文、社会时评、电影电视剧作品，皆有公认的优秀代表作品。

陈　来

（1952—　　　）

　　陈来，1952年8月生于北京，祖籍浙江温州。清华大学国学研究院院长，清华大学哲学系教授、博士生导师、校学术委员会副主任。2012年6月被聘任为中央文史研究馆馆员。

陈来 1976 年中南矿冶学院（现中南大学）地质系毕业,1981 年北京大学哲学系研究生毕业，同年留系任教。1985 年北京大学哲学系博士研究生毕业，获哲学博士学位。师从张岱年、冯友兰。1986 年任北京大学哲学系副教授,1990 年晋升教授,1993 年成为博士生导师。1991 年被国务院学位委员会、国家教委授予"有突出贡献的中国博士学位获得者"。1992 年被授予国家级"有突出贡献的中青年专家"。1998 年被评为教育部"跨世纪人才"。曾任北京大学儒学研究中心主任、哲学系学术委员会主任、中国哲学教研室主任,为北京大学中国哲学学科带头人。2009 年调入清华大学。

陈来 1986—1988 年任美国哈佛大学费正清中心鲁斯学人、哈佛大学东亚系访问学人, 1995—1996 年任日本东京大学文学部外国人研究员,1997 年任美国哈佛大学东亚系客座教授,1999 年任日本关西大学东西学术研究所特聘研究员,1999—2000 年任香港中文大学哲学系客座教授,2002 年任香港科技大学人文学部客座教授,2003 年任香港城市大学客座教授,2004 年任台湾中央研究院历史语言研究所访问学人,2006—2007 年任哈佛大学哈佛燕京合作研究访问学人,2008—2009 年任台湾中央大学客座教授。

陈来现兼任中国哲学史学会会长、教育部社会科学委员会委员、全国古籍整理出版规划小组成员、中国朱子学会名誉会长、中华朱熹研究会会长、冯友兰研究会会长、教育部学科指导委员会委员、国家社会科学基金学科评审组专家、国家出版基金评审专家,首都师范大学特聘讲座教授、杭州师范大学钱塘学者讲座教授,香港科技大学、武汉大学、浙江大学、复旦大学等多所大学兼任教授。

陈来的学术领域为中国哲学史,主要研究方向为儒家哲学、宋元明清理学、现代儒家哲学,其研究成果代表了目前本领域的领先水平。个人专著有:《朱熹哲学研究》(中国社会科学出版社,1987)、《朱子书信编年考证》(上海人民出版社,1989)、《有无之境——王阳明哲学的精神》(人民出版社,1991)、《宋明理学》(辽宁教育出版社,1992)、《哲学与传统:现代儒家哲学与现代中国文化》(台湾允晨出版公司,1994)、《古代宗教与伦理——儒家思想的根源》(三联书店,1996)、《陈来自选集》(广西师范大学出版社,1997)、《中国宋元明哲学史》(香港公开大学,1999)、《朱子哲学研究》(华东师范大学出版社,2000)、《现代中国哲学的追寻——新理学与新心学》(人民出版社,2001)、《古代思想文化的世界》(三联书店,2002)、《中国近世思想史研究》(商务印书馆,2003)、《诠释与重建——王船山的哲学精神》(北京大学出版社,2004)、《传统与现代:人文主义的视界》(北京大学出版社,2006)、《燕园问学记》(北京大学出版社,2008)、《东亚儒学九论》(三联书店,2008)、《竹帛五行与简帛研究》(三联书店,2009)、《孔夫子与现代世界》(北京大学出版社,2011)等多种。另编有《中国现代学术经典——冯友兰卷》上下卷(河北教育出版社,1997)、《北大哲学门经典文萃》十种(吉林人民出版社,2005),主编《早期道学话语的形成与演变》(安徽教育出版社,2007)等。

陈来曾获得"中国图书奖"二等奖(1992)、"国家图书奖"提名奖(2002)、"宝钢全国优秀教师奖"(2003)、"教育部人文社会科学优秀成果奖"二等奖(1998)、三等奖(2006)、"北京高等教育教学一等奖"(2004)、"国家高等教育教学奖"二等奖(2005)等多种奖项。多部著作与论文被译为英文、日文、韩文等。2009年三联书店将其已出版的学术专著整合为《陈来学术论著集》十二种出版。

冯　远

(1952—　　　)

冯远,字仲远,祖籍江苏无锡。1952年1月生于上海。中共党员。中国画家、美术教育家。中国文学艺术界联合会副主席,中国美术家协会副主席,清华大学美术学院教授、名誉院长、博士研究生导师。2012年8月任中央文史研究馆副馆长。

冯远1969年初中毕业赴黑龙江生产建设兵团军垦农场务农,历时八年许。1977年招工调入辽宁省文艺创作办公室担任组联工作。恢复高考后,1978 年 12 月入读杭州浙江美术学院中国画系研究生班, 主修中国人物画专业。1980 年毕业创作《秦隶筑城图》入选第二届全国青年美术大展,获银奖。同年留校执教,从事中国画教学、创作、研究。1992 年获评浙江省优秀教师称号,任浙江省政协委员,并当选中华全国青联第六、七届委员。1996 年任学院副院长、院学术委员会副主任。任职期间,执笔制定了中国高等美术教育第一部教学大纲和教学方案、课程设置,推进教学改革,提高教学质量。受文化部教科司委托,执笔起草全国艺术教育改革方案、修订全国艺术教育专业目录等。1999 年获国家有突出贡献中青年专家称号,任教育部艺教委成员,并调任文化部教育科技司司长,贯彻实施国家教育体制改革方案,制定高等艺术教育评估方案,开展社会艺术教育。2001 年任文化部艺术司长、中国文联委员、中国美术家协会副主席。期间,促进各艺术门类创作生产,策划组织并实施 "国家舞台精品工程"、"国家重大历史题材美术创作工程",设立"20 世纪中国美术收藏专项资金"和"京昆艺术专项扶持基金", 撰写了大量文化体制改革的论文和艺术评论文章。2004 年调任中国美术馆馆长,推行内部管理机制改革,开门办馆,优化服务,加强公共教育、对外艺术交流和作品收藏,组织实施"法国印象派艺术大展"和"中国近代绘画四大家"等大型美术展览、学术交流活动。2005 年任中国文学艺术界联合会副主席、党组成员、书记处书记,协调联系服务广大文艺家深入生活、促进创作研究,先后组织策划"中华文化走出去"、"今日中国——中华文化艺术周"等活动赴欧美开展交流,举办多届"两岸四地文化论坛"、"同一个世界——中国画家彩绘联合国大家庭"大型美术国际巡展活动、"中华文明历史题材美术创作工程"等活动。2008年受聘任清华大学美术学院名誉院长,策划实施"首届北京国际设计三年展",筹组中国艺术设计学会,主编大型套书《中国工艺美术全集》等。

　　冯远为政为文两兼顾,坚持美术创作实践与理论研究,作品多以反映历史题材和现实生活为主,以创作大型史诗性主题绘画、现实主义生活题材和古典诗词画作品见长。主要代表作品中有《世纪智者》、《屈赋辞意》、《星火》、《秦嬴政登基庆典图》、《苍生》、《都市人物系列》、《逐日图》、《今生来世》和系列古代诗词画意等。主要论文、论著有《东窗笔录》(全三卷)、《从生命意识到审美知觉》、《重归不似之似》、《回到单纯》、《人的艺术和艺术的人》、《水墨人物画教程》约150余万字;出版作品集、论文集、教材十五种;作品入选国内外重要美术展览、展事活动,获金、银、铜、优秀奖二十余项次;多幅作品入藏国内外美术馆、博物馆、人民大会堂和驻外使馆。曾先后赴美、法、日、俄、韩、奥地利、新加坡、阿根廷等国讲学、参加学术活动、考察访问,并举办个人作品展,参与各类专题学术联展等。

中央文史研究馆馆长、副馆长任职时间

馆　长	副馆长
符定一 　　1951.7—1958.5	叶恭绰 　　1951.7—1968.8 柳亚子 　　1951.7—1958.6 章士钊 　　1951.7—1959.10
章士钊 　　1959.10—1973.7	邢赞亭 　　1960.7—1972.6 徐森玉 　　1960.7—1971.5 陈寅恪 　　1960.7—1969.10 沈尹默 　　1960.7—1971.6 谢无量 　　1960.7—1964.12

商衍鎏

1960. 7—1963. 8

杨东莼

1974. 2—1979. 9

叶圣陶

1980. 4—1988. 2

萧　乾

1986. 7—1989. 4

吴　空

1986. 7—1993. 2

萧　乾

1989. 4—1999. 2

启　功

1989. 4—1999. 10

王楚光

1991. 8—2001. 2

启　功

1999.10—2005.6

袁行霈

1999.10—2006.1

袁行霈

2006.1—

冯　远

2012.8—

中央文史研究馆馆员入馆时间

1951年7月29日入馆

王治昌	田名瑜	邢赞亭	邢　端	宋紫佩
志　琼	邵　章	康同璧	周嵩尧	查安荪
夏仁虎	唐　进	陈云诰	陈半丁	黄　复
叶瑞棻	巢功常	齐白石	齐之彪	刘　武
刘挈园	潘龄皋	萧龙友	罗介丘	梁启勋
康和声	(除名)			

1951年12月入馆

楚中元	彭主邕	汪曾武	陈枚功	李广濂
戴宝辉	漆运钧	石荣暲	吕式斌	胡先春
祝先棻	宋庚荫	徐德培	马宗芗	刘综尧
钟刚中	陈祖基	陈宗蕃	杨德懋	姚　焱
洪　镕	吴家驹	钱来苏	王冷斋	蔡可权
光　升	(辞聘)			

1952年6月入馆

王汉澂	沈　蕃	李宏惠	汪　榘	汪鸾翔
陆和九	武郁芳	孙人和	孙诵昭	孙墨佛
曹景皋	许成琮	曹启蔚	曹蕴键	章启槐
傅润璋	刘孟纯	郑述坚	谢道安	阎朴民
濮绍戡	关文彬	韩敏修	钟一峰	陈继舜

1952年8月入馆

方孝远　　白葆端　　朱启镕　　何筠慈　　李蘧庐
吴承侃　　范更生　　孙似楼　　梁思孝　　章夒一
陆恒修　　陈宜诚　　樊　川　　郑炳勋　　刘盩训
彭八百　　蔡运升(解聘)

1952年11月入馆

于振宗　　王之栋　　沈家彝　　沈兆芝　　李培基
周秉清　　马振彪　　孙丹林　　徐石雪　　陈公穆
曾又馨　　温寿泉　　赵丕廉　　廖世功　　阎幼甫
罗复堪　　王树翰　　张有晋　　浦友梧

1953年5月入馆

张祖馥　　刘放园　　沈炳儒　　朱启钤　　石钟秀

1955年1月入馆

黄右昌　　唐宝潮　　裕容龄　　唐悦良　　闻承烈

1955年3月入馆

周颂声

1955年4月入馆

时敏行

1956年4月入馆

钱均夫

1956年6月入馆

梁令娴　　诸季迟　　邹蕴真　　关赓麟

1956年7月入馆

俞家骥

1956年10月入馆

　　商衍瀛　　　许宝蘅

1956年11月入馆

　　王　耒　　　曾毓隽

1956年12月入馆

　　顾子贞　　　李兆年

1957年4月入馆

　　黄居素　　　王衡永　　　石秉巽　　　冯复光　　　段宗林

　　戴陈霖　　　水钧韶

1957年7月入馆

　　龙　骧

1958年5月4日入馆

　　吴蔼宸

1958年8月入馆

　　谭善洋

1958年12月22日入馆

　　罗方中　　　李光宇

1959年1月7日入馆

　　凌念京　　　寿洙邻

1959年1月14日入馆

　　宫廷璋

1959年8月25日入馆

　　叶镜吾

1959年9月15日入馆

张恨水

1960年4月11日入馆

　方立之

1960 年 4 月 18 日入馆

　　沈裕君　　臧荫松　　　舒之锐

1960 年 5 月 5 日入馆

　　何　封

1960 年 7 月 21 日入馆

　　马宗霍　　王又庸

1960 年 8 月 15 日入馆

　　陈之骥

1961 年 1 月 20 日入馆

　　黄子蕴

1961 年 2 月 9 日入馆

　　康心铭

1961 年 6 月 7 日入馆

　　傅　铜

1961 年 6 月 14 日入馆

　　杨　鹏

1961 年 9 月 4 日入馆

　　赵云浦　　黄君坦

1961 年 9 月 7 日入馆

　　吴朋寿

1961 年 9 月 23 日入馆

汪寿序

1961年11月6日入馆

吴之椿

1961年11月8日入馆

言简斋

1961年11月10日入馆

盘珠祁

1961年12月9日入馆

吕汉云

1962年1月4日入馆

杨维新

1962年2月23日入馆

章以吴

1962年2月27日入馆

吴经文

1962年3月13日入馆

钟履坚

1962年3月15日入馆

丁佑曾

1962年4月20日入馆

韩槐准

1963年1月2日入馆

吴德润

1963年2月16日入馆

许以栗

1964年5月26日入馆

岳翼如

1972 年 1 月入馆

张伯驹

1974 年 7 月入馆

章　可

1977 年 6 月入馆

李淑一

1979 年 10 月入馆

朱海北

1979 年 12 月入馆

王益知

1983 年 5 月入馆

杨萱庭

1984 年 6 月入馆

戴巍光

1985 年 1 月入馆

刘衡如　　戴晓峰

1985 年 4 月 24 日入馆

姜　涛

1985 年 5 月 16 日入馆

宋步云

1985 年 6 月 20 日入馆

溥松窗　　　侯及名

1985年7月31日入馆

洪彦林

1985年11月5日入馆

孙天牧

1986年3月17日入馆

萧　劳

1986年5月6日入馆

张秀龄

1987年2月5日入馆

祝步唐　　　王遐举　　　黄墨谷　　　秦岭云　　　孔凡章

黄　均　　　许麟庐

1988年12月25日入馆

翁偶虹　　　罗　铭　　　黄　畲　　　卢光照　　　朱家溍

李荒芜　　　郁　风　　　冯忠莲　　　尚爱松　　　蒋　路

1991年4月27日入馆

刘北汜　　　刘继瑛

1992年2月10日入馆

吴小如

1993年8月31日入馆

王会庵　　　田世光

1994年7月5日入馆

王世襄　　　林　锴　　　张世简

1995年12月25日入馆

孙　机　　程毅中

1998年9月8日入馆

孙大石　　程莘农　　康　殷　　陈尧光　　侯德昌

杨天石　　杜廼松　　程　熙　　白少帆

1999年8月29日入馆

霍　达

2003年8月21日入馆

欧阳中石　傅熹年　赵仁珪

2007年11月28日入馆

沈　鹏　金开诚　方立天　李学勤　傅璇琮　靳尚谊

舒　乙　朱乃正　韩美林　金鸿钧　陈高华　金默如

樊锦诗　杨延文　张立辰　郭怡孮　宋雨桂　王立平

薛永年　杨力舟　龙　瑞　潘公凯

2009年1月15日入馆

任继愈　　饶宗颐　　王　尧　　资中筠　　王　蒙

李炳华　　陈祖武　　尼玛泽仁　赵德润　　程大利

2011年2月17日入馆

戴　逸　　汤一介　　马振声　　刘梦溪　　陶思炎

2012年6月12日入馆

叶嘉莹　　杨福家　　王永炎　　刘大钧　　吴静山

李　燕　　李小可　　梁晓声　　陈　来　　冯　远

后　记

　　这部传略是萧乾馆长生前倡议编写的。1993年，我馆将这项工作列入日程，由吴志希同志负责撰稿。蒋路、尚爱松两位馆员负责全部稿件的审订工作。几经寒暑，于1996年建馆45周年前内部印发。2001年，为庆祝建馆50周年，决定增补内容后公开出版发行。由吴志希同志负责校订，傅春然同志参加撰写、改写，尚爱松、蒋路、程毅中馆员负责审阅。时隔十余年，我馆又增添了不少新馆员。为此，我馆决定在2001年版传略的基础上，对原有内容进行修订，增补2003年以后新入馆馆员的传略。在首次编撰和两次增订过程中，编委们查阅了大量原始资料，并参考吸收了一些公开发表的书刊资料，引用了一些专家学者的有关著述，一些馆员和馆员的家属亲友提供了宝贵资料。程毅中、程大利馆员详细审阅了本书稿，中华书局给予了热情的帮助。在这里，谨对为此书付出辛勤劳动的所有同志表示衷心的感谢，对书中所引用资料的原作者表示感谢。

　　另外，有三位馆员因辞聘或除名未选入本书。

　　我们虽尽力搜集各种资料，本书不免仍有阙失，尚待以后充实完善。书中疏漏错误之处，恳请读者教正。

编　者

2013年3月